乡村振兴背景下县域产业
高质量发展研究

龚晓菊　时　霞　著

中国财经出版传媒集团

经济科学出版社
Economic Science Press
·北京·

图书在版编目（CIP）数据

乡村振兴背景下县域产业高质量发展研究/龚晓菊，
时霞著．－－北京：经济科学出版社，2023.11
ISBN 978 - 7 - 5218 - 4511 - 2

Ⅰ．①乡…　Ⅱ．①龚…②时…　Ⅲ．①县级经济 - 产
业发展 - 研究 - 中国　Ⅳ．①F127

中国国家版本馆 CIP 数据核字（2023）第 023766 号

责任编辑：李一心
责任校对：蒋子明
责任印制：范　艳

乡村振兴背景下县域产业高质量发展研究

龚晓菊　时　霞　著

经济科学出版社出版、发行　新华书店经销
社址：北京市海淀区阜成路甲 28 号　邮编：100142
总编部电话：010 - 88191217　发行部电话：010 - 88191522
网址：www. esp. com. cn
电子邮箱：esp@ esp. com. cn
天猫网店：经济科学出版社旗舰店
网址：http：//jjkxcbs. tmall. com
北京季蜂印刷有限公司印装
710×1000　16 开　31.5 印张　516000 字
2023 年 11 月第 1 版　2023 年 11 月第 1 次印刷
ISBN 978 - 7 - 5218 - 4511 - 2　定价：110.00 元
（图书出现印装问题，本社负责调换。电话：010 - 88191545）
（版权所有　侵权必究　打击盗版　举报热线：010 - 88191661
QQ：2242791300　营销中心电话：010 - 88191537
电子邮箱：dbts@ esp. com. cn）

序言（一）

乡村振兴是国家战略，是习近平总书记于 2017 年 10 月 18 日在党的第十九次全国人民代表大会中第一次提出的。党的十九大报告指出，农业农村农民（以下简称"三农"）问题是关系国计民生的根本性问题，必须始终把解决好"三农"问题作为全党工作的重中之重，实施乡村振兴战略。作为国家战略，乡村振兴是关系全局性、长远性的国家总布局，是国家发展的核心和关键问题，既关系到我国是否能从根本上解决城乡差别和乡村发展不平衡、不充分的问题，也关系到中国整体发展是否均衡，是否能实现城乡统筹、农业一体的可持续发展的问题。

近几年中央一号文件主要涉及乡村振兴战略，也围绕乡村振兴出台了不少文件。

2018 年中央一号文件《中共中央 国务院关于实施乡村振兴战略的意见》提出各地区、各部门、各乡村要规划出乡村振兴的政策制度框架和体系，到 2035 年，乡村振兴取得决定性进展，农业农村现代化基本实现。同年 9 月，中共中央、国务院印发《乡村振兴战略规划（2018—2022 年）》，对乡村振兴战略的长久实施做出了阶段性谋划。2021 年中央一号文件《中共中央 国务院关于全面推进乡村振兴加快农业农村现代化的意见》提出要构建现代乡村产业体系，立足县域布局特色农产品产地初加工和精深加工，建设现代农业产业园、农业产业强镇、优势特色产业集群。2022 年中央一号文件《中共中央 国务院关于做好 2022 年全面推进乡村振兴重点工作的意见》提出要聚焦产业促进乡村发展，持续推进农村一二三产业融合发展。同年 5 月，中共中央办公厅、国务院办公厅印发《关于推进以县城为重要载体的城镇化建设的意见》，支持具有资源、交通等优势的县城培育发展特色经济和支柱产业。

党的二十大提出全面建设社会主义现代化国家，最艰巨最繁重的任务仍然在农村。2023 年中央一号文件《中共中央 国务院关于做好 2023 年全面推进乡村振兴重点工作的意见》，最大关键点是"加快建设农业强国"，重点工作仍是"全面推进乡村振兴"，推动乡村产业高质量发展。

推动乡村振兴，立足点在县域，以县域为整体推动乡村振兴。县域是城市之末和乡村之尾，县域是国民经济体系中最基本的单元，是区域经济发展的基石，是我国政治经济体系和社会体系最基础、最基本的层级。县域兴，则国家兴；县域强，则国家强。乡村振兴赋予县域发展新的要求和契机，在乡村振兴的背景下，实现县域产业的兴旺发展有助于乡村振兴的更好实现。通过县域产业的合理化和高度化发展，通过县域的一二三产业融合，实现县域产业高质量发展，更好、更快完成乡村振兴的任务并实现县域经济的发展。2022 年中央一号文件提出要大力发展县域范围内比较优势明显、带动农业农村能力强、就业容量大的产业，推动形成"一县一业"发展格局。2023 年中央一号文件提出要做大做强农产品加工流通业、加快发展现代乡村服务业、培育乡村新产业新业态、培育壮大县域富民产业。

我是东方农道文化产业集团股份有限公司的董事长，我们是一家扎根中国乡土，以国家乡村振兴为使命，有着强烈社会责任感的新时代综合服务型集团公司。我和我的团队深耕中国乡建工作近二十年，成功实施了河南开封乡村振兴 1+6 项目、河北阜平县全域脱贫攻坚项目、安徽巢湖三瓜公社、河南信阳平桥郝堂村、河南信阳新县田铺大湾、山东烟台长岛北城村、湖北武当山元和观村、山西大同长城文化带等 400 多个闻名全国的村庄，大部分项目都走上了乡村发展的正轨。经过多年不断摸索和实践，公司形成了一套"大设计＋大运营——东方农道乡村振兴全系统解决方案"，提供乡村大设计、产业规划、品牌建设、集体经济重构、农村金融应用等九大服务板块。在这些成功案例中，河北阜平县就是通过全域脱贫攻坚项目，整县推进乡村振兴工程。

《乡村振兴背景下县域产业高质量发展研究》，以习近平新时代中国特色社会主义思想为指导，结合乡村振兴和高质量发展，依据区域经济学、产业经济学和发展经济学的相关理论，分析县域产业发展的理论性、科学性和系统性，把握乡村振兴和县域产业的内涵、特点、模式以及作用机理、互动机制等，分析县域产业发展现状和存在问题，构建乡村振兴背景下县域产业发展的指标体系，探讨乡村振兴背景下县域产业高质量发展的发展模式、发展战略和对策建议。

从乡村振兴实践来看，本书具有很强的实践意义和指导作用。

东方农道文化产业集团股份
有限公司董事长　田野

序言（二）

    县域经济是国民经济的基本单元。县域兴，则国家兴；县域强，则国家强。县域是高质量发展的主战场。党的十九大报告指出，我国经济已由高速增长阶段转向高质量发展阶段，推动经济高质量可持续发展，对实现我国县域经济发展具有十分重要的现实意义。在乡村振兴背景下，实现县域经济高质量发展的关键是县域经济由以前不平衡不充分的发展逐渐向集约、高效等多方面的转向。县域经济实现高质量发展的目标是我国实现乡村振兴、新型城市化、新型工业化建设的必经之路。

    产业兴则县域兴，哪里的产业发展得好，哪里的经济发展水平就高。实现我国县域产业高质量是县域经济发展的基础和关键。产业是经济发展的基础，是县域经济发展的重要支撑，有什么样的产业结构就有什么样的经济发展水平，县域产业是县域经济发展的重要动力和"脊梁"，高质量的县域经济发展的基础和前提是实现我国县域产业高质量发展。县域经济的高质量发展必须依托县域产业结构优化调整，县域产业创新转型升级，即实现县域产业的高质量发展。长期以来，我国县域产业发展滞后，发展落后的县域产业已经成为制约县域及县域经济发展的关键短板，实现县域产业的发展，必须强化和实现我国县域产业的专业化与特色化的发展，加快跨越升级发展，县域产业高质量的发展能够进一步创新县域农业、工业以及服务业产业发展模式，实现农业现代化、新型工业化等产业升级转型的目标，也能够更好实现和带动乡村振兴。因此，研究县域产业的高质量发展成为当务之急，具有十分重要的意义。

    《乡村振兴背景下县域产业高质量发展研究》的选题，响应了国家发展战略，该书根据我国目前现阶段的县域经济发展的时代特征，在乡村振兴的背景下，深入而且详细地探讨实现我国县域产业高质量发展的重要理论依据、现实依据、发展现状和发展过程中存在的难点以及发展思路和对策,有助于通过县域产业的高质量发展更加进一步推进我国县域经济向高质量发展转变。

众所周知,乡村振兴是国家战略,是党的十九大做出的重大决策部署,是决战全面建成小康社会、全面建设社会主义现代化国家的重大历史任务,落实乡村振兴战略的一个重要依托,便是以产业振兴乡村。县域是乡村之首,大力发展县域产业,以县为整体推进乡村振兴,优先发展农业农村,实现产业兴旺,可以更好体现乡村振兴战略。县域也是我国国民经济发展的重要组成部分,是经济发展较弱的地方,县域兴则国家兴;实现乡村振兴战略,就要大力发展县域产业,以产业推动县域经济发展。特别是在乡村振兴背景下,实现县域产业的高质量发展,可以更好促进国民经济发展。本书丰富了区域经济学、产业经济学、创新经济学、发展经济学、高质量发展关于县域产业高质量发展的相关理论;揭示了乡村振兴和县域产业发展之间的内在关系和作用机理。另外,本书还梳理了我国典型地区的县域产业发展现状与特点,并就发展模式、指标体系、特色产业、一二三产业融合等方面进行了系统分析,提出了乡村振兴背景下县域产业发展战略和对策建议。本书可以为各级政府制定乡村振兴背景下县域产业发展政策提供决策和参考。总体来说,本书具有较高的学术水平,富含理论和现实意义。

该书的学术创新表现在:(1)提出大力发展县域产业的重要性,构建县域产业发展的理论分析框架,创新提出县域产业的发展战略和产业政策研究。(2)结合乡村振兴,研究县域产业发展研究,揭示产业发展和乡村振兴之间的内在关系和作用机理,丰富了我国乡村振兴、高质量发展的相关理论和内容。(3)第一次系统研究乡村振兴背景下县域产业及其高质量发展,具有一定的创新性和开拓性。

该书体现的学术价值:(1)把县域产业发展和乡村振兴战略结合起来研究,通过对我国县域产业发展现状的考察,提出乡村振兴背景下我国县域产业高质量发展的思路和对策,可以为各级政府制定乡村振兴背景下县域产业发展政策提供决策和参考。(2)建立县域产业发展的多层次指标体系和乡村振兴评价体系,对乡村振兴和县域产业发展实践评价有一定指导意义。(3)把乡村振兴和县域产业发展以及区域经济高质量发展、城镇化发展等结合研究,探讨乡村振兴背景下县域产业高质量发展的多重意义。

北京区域经济学会会长 杨德勇

目　录

绪　　论

一、研究背景及研究意义

（一）研究背景

乡村振兴战略是由党的十九大报告首次提出的，2018 年 9 月，中共中央、国务院印发《乡村振兴战略规划（2018—2022 年）》，对乡村振兴战略的长久实施做出了阶段性谋划，明确了当前阶段的目标任务及具体措施。2021 年 2 月，中央一号文件《中共中央 国务院关于全面推进乡村振兴加快农业农村现代化的意见》正式发布，文件指出立足县域布局特色农产品产地初加工和精深加工，建设现代化产业园、农业产业强镇、优势特色产业集群，壮大县域经济，统筹县域产业，承接产业转移，培育支柱产业。2022 年 2 月发布的中央一号文件提出要做好全面推进乡村振兴重点工作。聚焦产业促进乡村发展，持续推进农村一二三产业融合发展，大力发展县域富民产业。支持大中城市疏解产业向县域延伸，引导产业有序梯度转移。大力发展县域范围内比较优势明显的产业。2022 年 5 月，中共中央办公厅、国务院办公厅印发《关于推进以县城为重要载体的城镇化建设的意见》，提出：支持具有资源、交通等优势的县城发挥专业特长，培育发展特色经济和支柱产业，强化产业平台支撑，提高就业吸纳能力，发展成为先进制造、商贸流通、文化旅游等专业功能县城。

可以看出，乡村振兴战略对县域发展提出新的要求。当然，县域发展对乡村振兴以及地区发展乃至新发展格局的构建至关重要。一般来讲，县域兴，国家兴；县域强，国家强。县域是国民经济体系中最基本的单元，是国家经济发展战略的实施和国民经济政策实施的基本单元。县域经济是我国国民经济快速健康稳定运行与增长的关键节点，截至 2019 年底，全国有县级行政区划单位共 2846 个（其中：965 个市辖区、387 个县级市、1323 个县、117 个自治县、49 个旗、3 个自治旗、1 个特区、1 个林区）[1]，县域土地总面积 896 万多平方公里，占国土总面积的 93%，县域内人口总数 9.15 亿，占全国总人口的 71%，县域经济的 GDP 占全国 50% 以上[2]，在促进城乡一体化、协调区域发展中发挥重要作用。我国最早是在党的十六大提出"要发展和壮大县域经济"的战略的，党的十九大又进一步提出实施乡村振兴战略，从县域经济发展角度来看，县域经济发展被赋予更多的内涵和更加艰巨的任务，关乎我国全面小康、全面深化改革、供给侧结构性改革以及构建双循环新发展格局等一系列重大战略的有效实施。

县域是高质量发展的主战场，党的十九大报告指出，我国经济已由高速增长阶段转向高质量发展阶段，推动经济高质量可持续发展，对实现我国县域经济发展具有十分重要的现实意义。真正实现县域经济高质量发展的目标应依托县域经济的高质量发展。在乡村振兴背景下，要想实现县域经济高质量发展的关键是县域经济由以前不平衡不充分的发展逐渐向集约、高效等多方面的转向。我国县域经济实现高质量发展的目标是实现乡村振兴、新型城市化、新型工业化建设的必经之路。

产业兴则县域兴，实现我国县域产业高质量发展是县域经济能够实现高质量发展的基础和关键。产业是经济发展的基础，是县域经济发展的重要支

---

① 中华人民共和国民政部编. 中华人民共和国行政区划简册 2020 ［M］. 北京：中国地图出版社，2020.

② 国家统计局农村社会经济调查司. 中国县域统计年鉴（县市卷）–2019 ［M］. 北京：中国统计出版社，2019.

撑，有什么样的产业结构就有什么样的经济发展水平，县域产业是县域经济发展的重要动力和"脊梁"，高质量的县域经济发展的基础和前提是实现我国县域产业高质量发展。县域经济的高质量发展必须依托县域产业结构优化调整，县域产业创新转型升级，即实现县域产业的高质量发展。县域产业高质量的发展，其实质就是根据我国目前的社会主义矛盾而提出的新要求、新思路，县域产业由不协调不合理的发展阶段向要素资源自由流动的创新、协调、绿色、开放、共享的高质量发展阶段的转变。长期以来，我国县域产业发展滞后，落后的县域产业已经成为制约县域及县域经济发展的关键短板，实现县域产业的发展，必须强化和实现我国县域产业的专业化与特色化的发展，加快跨越升级发展。县域产业高质量的发展能够进一步创新县域农业、工业以及服务业产业发展模式，实现农业现代化、新型工业化等产业升级转型的目标，也能够更好地实现和带动乡村振兴。因此，研究县域产业的高质量发展成为当务之急，具有十分重要的意义。

（二）研究意义

改革开放以来，我国经济快速发展，已经成为世界第二大经济体，但呈现出明显的城乡二元经济结构，大多数农村地区还很落后。目前中国经济发展也遇到很多困难，在乡村振兴的背景下，大力发展县域经济和县域产业就成为最好的选择。实现高质量的县域产业发展，能够增强我国地方经济发展实力，实现区域协调发展，就近解决农民就业问题和增加农民收入。本书根据我国现阶段的县域经济发展的时代特征，在乡村振兴的背景下，深入而且详细地探讨实现我国县域产业高质量发展的重要的理论依据、现实依据、发展现状和发展过程中存在的难点以及发展思路和对策，目的在于通过县域产业的高质量发展进一步推进我国县域经济向高质量发展转变。

1. 本书的理论意义

（1）构建乡村振兴背景下县域产业发展的理论分析框架，丰富区域经济学、产业经济学、创新经济学、发展经济学、高质量发展关于县域产业高质量发展的相关理论。

（2）第一次系统而全面地研究乡村振兴背景下县域产业高质量发展，揭示乡村振兴和县域产业发展之间的内在关系和作用机理，具有一定的创新性和开拓性。

2. 本书的现实意义

（1）根据对我国县域产业发展现状的考察，提出乡村振兴背景下我国县域产业高质量发展的思路和对策，可以为各级政府制定乡村振兴背景下县域产业发展政策提供决策和参考。

（2）把乡村振兴和县域产业发展以及巩固拓展脱贫攻坚成果、城镇化发展等结合研究，使乡村振兴背景下县域产业高质量发展研究具有多重意义。

二、文献综述

关于县域产业发展的研究，国内外学者从不同角度进行了一定程度的探讨。

（一）国外关于县域产业发展的研究现状

县域经济属于区域经济学一部分，具有明确的地域划分。在西方国家，一般将县称为郡，属于国家的二级经济和行政地区，一般只承担社会管理的职能。因此，国外的区域经济研究中没有专门对郡的研究。国外学者对区域经济的研究对我国区域经济以及县域产业的研究具有重要的借鉴作用。

1. 关于产业区位选择研究

关于产业区位选择，最早追溯到农业区位。1826 年，德国经济学家约翰·杜能（Johan Heinrich Von Thunnen）在《孤立国同农业和国民经济的关系》一书中指出：农场与城市距离的不同，会导致农业成本因空间上的差异而形成阶梯性的地租，影响农业土地资源的分配格局。虽然杜能假定的国土资源均匀分布，运输工具仅马车的孤立国不存在，但揭示了产业位置、土地的利用和地租三者之间的关系[1]。20 世纪初，德国经济学家阿尔弗雷德·韦伯（Alfred Weber, 1909）发表了《工业区位论》，韦伯的区位理论又称"最小运输成本理论"，主要是研究成本和运输费用为内涵的工业区位理论，提出了区位因子体系，认为工业的最优区位应选在运费最低点，工业区位随着工业的发展以及经济增长而转移[2]。美国经济学家胡佛（Hoover, 1931,

---

① 杜能. 孤立国同农业和国民经济的关系 [M]. 北京：商务印书馆，1986.
② 阿尔弗雷德·韦伯. 工业区位论 [M]. 北京：商务印书馆，2017.

1948）在《区域理论与制鞋、制革工业》与《经济活动的区位》中认为运输成本费用要从线路运输费用与站场装卸费用考虑，并提出了运费最小区位分析方法。

20 世纪 60 年代，以行为经济学为主的区位理论逐渐兴起，该行为理论突破了新古典区位理论的理性经济人、信息完全、市场完全出清的三大假定，主要代表有麻起、乌德、德伊等，注重有限理性的动态性，而不是以前研究的完全理性的静态性，其中德伊认为，有限理性具有不完全信息、有限预测、动态偏好的特征。以行为经济学为主的区位理论是行为与区位的结合，注重区位主体的选择过程与区位动机，与新古典区位理论相比，行为区位理论将运输成本、市场和原料等外部因素都考虑在内。20 世纪 80 年代，形成以美国经济学家弗农（Vernon R，1996）为代表的区位理论以柔性生产方式为核心，认为产品的生命周期可以分为研发阶段、增长阶段、衰退阶段，或也可以分为较长的产品生命周期与较短的产品生命周期，不同的生命周期阶段对应不同的区位特征①。例如产品在研发阶段，产品的产业区位大多位于大城市的中心；产品大量生产阶段，产业区位于靠近城市的郊区；产品的衰退阶段，产业的区位位于非城市的区域。产品的生命周期越短，产业区位越靠近大城市的中心，因为这种产品要不断进行技术革新，获得竞争力的优势。

20 世纪 90 年代，保罗·克鲁格曼（Paul R. Krugman，1991）开始注重非经济因素的分析，突破新古典经济理论的市场结构是完全竞争与边际收益递减的假定，在经济模型中引入空间因素，并对产业集群给予了高度的关注。他认为，社会经济活动的集聚与规模效应有紧密联系，能够导致收益递增。产业的聚集是要素成本、边际收益递增、要素移动等非经济因素之间相互作用的结果②。

2. 关于产业集群的研究

19 世纪英国经济学家马歇尔（Alfre Marshall）认为，"产业区"是同一种产业的大小企业在一定地理空间集中，这种集中能带来规模经济与范围经济，是建立在亚当·斯密分工的理论基础上，认为分工与产业园区有着密切的关系，分工的深化、生产经营活动的专业化与分工推动了地区专业化的进

---

① 弗农. 产品周期中的国际投资与国际贸易［M］. 广州：中山大学出版社，1996.

② 克鲁格曼. 地理和贸易［M］. 北京：中国人民大学出版社，2000.

一步形成①。此后，1990年，迈克尔·波特（Mark Peter）在《国家竞争优势》中明确产业集群的概念，认为产业集群是在某一特定领域中的一种现象，既是彼此之间联系密切的企业以及和企业发展相关的其他支撑机构在空间集聚的现象，也是一种企业与企业之间相互持续竞争的现象，这种地理范围的聚集有助于促进企业与企业进行更加细化和专业化的分工以及之间的相互协作，降低规模经济效应②。波特的产业集群不仅在理论性分析研究框架与概念，它也是一种良好的政策分析工具，波特以具有特别明显工业化特征的地区或者国家作为样本对其产业集群展开详细的分析，发现产业集群的逐渐出现是工业化演变过程中呈现的一种重要表现形式。在产业集群的内涵上，波特的观点是在地理范围上的集中和特定领域中具有相互关联业务的企业、厂商、商品和服务供应商、专业化以及特色化的供应商以及相关机构之间的相互合作与竞争关系。

国外还有很多学者从其他视角对产业集群的发展进行了研究。在后福特生产时代的生产聚集演变中，以斯科特（Scott）为代表的加利福尼亚学派提出"新产业空间"的概念，认为基于增长中心的高技术形成的作用力，主要源于生产中的分工、公司间交易活动的结构以及地方化发展中内生性出现的集聚经济。20世纪80年代，塞伯（Sabel）首次提出"柔性专业化"的概念，该理论认为柔性专业化是集中于产业集群内的不同规模的企业之间进行灵活的分工，相互协作。

随着研究的深入，国外学者对产业集群的研究，从靠近资源、交通的位置实现低成本模式的集群选择，逐渐向具有动态性、灵活性、规模性的产业集群研究发展，更加注重对产业区域品牌效应以及提升区域的竞争力与生产效率的研究。

3. 关于产业和区域经济增长的研究

经济增长与产业结构具有密切的双向互动关系。17世纪，配第在《政治算术》中指出经济增长与产业结构之间的关系，揭示劳动力在产业部门之间的流动，劳动力会从生产效率低的部门向高生产率产业部门之间的转移。在配第的研究基础上，克拉克指出，随着人们收入的提升，第三产业会吸纳更

---

① Marshall A, Principles of Economicals, London；Macmillan，1920：1877 – 1890.

② 迈克尔·波特著，李明轩等译. 国家竞争优势［M］. 北京：华夏出版社，2002.

多的劳动力，人均国民收入水平的提升会使劳动力在三个产业之间转移。美国经济学家库兹涅茨收集和整理了 20 多个国家的数据，系统地将三次产业分为"农业部门""工业部门""服务部门"，并提出收入的提升是影响需求的主要因素，第二产业比重增加会提升人均收入。在工业结构的演进过程，霍夫曼依据 20 多个国家的时间序列数据进行了分析，他提出霍夫曼定理，主要分析制造业中资本资料工业与消费资料工业的比例关系。在产业结构升级路径方面，1932 年，日本经济学家赤松要提出了"雁行发展模式"，揭示开放经济下，发展中国家如何逐渐参与国际分工和实现产业结构高度化的途径①，从发展经济学视角出发，著名经济学家刘易斯（1954）提出针对发展中国家的二元结构模型，认为随着剩余的劳动力由农业部门不断向工业部门的转移，一个地区的二元经济结构将不会存在，即工业部门会不断扩大，农业部门慢慢缩小②。美国经济学家罗斯托经过长期的研究认为，经济增长的一个重要标志是以该地区主导产业更替为标志的产业结构演化过程，主导产业通过扩散效应，发挥优势的辐射作用，带动相关产业的发展，从而促进区域产业结构的优化。③ 钱纳里（1989）在《工业化与经济增长的比较研究》构建国民生产总值市场占有率模型，得到描述产业结构发展指标的"标准结构"。认为经济结构转变是导致经济增长的关键原因，在非均衡条件下，生产要素会流向具有高收益的部门④。罗斯托（2001）则认为在非均衡动态过程中，产业核心能力增强是因为产业结构的转化，这个过程使资本、技术、劳动力得到配置，最终提升了经济增长⑤。法比奥·蒙托比奥（Fabio Montobbio，2002）通过构建计量模型认为产业结构的变化对经济增长起到了重要的作用。弗朗科·马雷尔巴（Franco Malerba，2005）通过经验实证进行研究，从创新视角分析产业动态和产业演进，指出要从市场需求角度、协同化等多方面理解创新与产业与经济增长演进的关系。

---

① 佟家栋，周申编. 国际贸易学：理论与政策 [M]. 北京：高等教育出版社，2007，P. 12.

② Lewis W A. Economic development with unlimited supplies of labor [J]. The Manchester School，1954，72（5）：139 – 191.

③ 罗斯托. 经济增长的阶段 [M]. 北京：中国社会科学出版社，2001.

④ [美] 钱纳里等. 工业化和经济增长的比较 [M]. 上海：上海三联书店，1989，pp. 71 – 95.

⑤ W·W 罗斯托. 经济增长的阶段：非共产党宣言 [M]. 郭熙保，王松茂，译. 北京：中国社会科学出版社，2001，pp. 9 – 12.

（二）国内关于县域产业发展的研究现状

国内学者关于县域产业的研究，主要涉及县域经济、县域产业、乡村振兴与县域产业高质量发展三个方面。

1. 县域经济

（1）县域经济的理论基础。

学者们从不同角度对研究县域经济的理论基础进行了探索：凌耀初（2003）认为县域经济的理论基础是增长理论、不平衡理论和可持续发展理论；林卿等（2004）认为县域经济的理论基础包括区域发展阶段理论、梯度转移理论和增长极理论；刘俊杰（2005）认为研究县域经济的理论包括区域空间结构理论、区域结构转换理论、城市化和城乡一体化理论三大方面。

（2）县域经济的概念。

关于县域经济的概念界定，学者们有不同的看法。孙学文（1990）认为县域经济是以县域经济为中心，以乡镇经济为纽带，以乡村经济为基础的区域性经济；李小三（2000）认为县域经济是国民经济的基础，具有承上启下、链接城乡的作用；陈锡文（2001）认为县域经济包括城镇经济和农村经济；江文胜（2004）认为县域经济其本质是区域经济的一个分支结构；刘国斌（2008）认为县域经济是在县级行政区划下的功能完备的边缘性区域经济；张毅（2009）认为县域经济是具有地方特色的区域经济。

（3）县域经济的特点。

许多学者对县域经济的特点从不同角度进行了研究。厉以宁（2000）认为县域经济是国民经济中处于基础层次的行政单位，具有综合性和独立性的特点；闫恩虎（2004）认为县域经济体现了我国转型经济中城市、乡镇和农村的三元结构；高焕喜（2008）认为县域经济具有区域性、整体性、系统性、复合性、层次性、开放性等特点。

（4）县域经济的作用。

有些学者对县域经济的作用进行了研究。许宝健（2009）认为发展县域经济是解决我国"三农"问题以及统筹经济社会发展的重要方式；青平（2017）认为发展县域经济是稳定我国国民经济增长的内在要求[①]；曹亚梅

[①] 青平. 发挥县域经济在稳增长中的支撑作用 ［N］. 广西日报，2017 – 06 – 16 (6).

（2020）认为县域经济可以吸收农村剩余劳动力，促进产业转化的重要支撑点①；王璐、周霖（2016）认为县域经济的发展为我国城镇化建设提供了强大的助力②；张健等（2014）认为县域经济的发展会加快我国建设城乡一体化的进程③。

（5）县域经济的发展水平。

县域经济在近些年的发展过程中既有提升，同时也存在着许多问题，许多学者从不同角度分析研究了县域经济的发展水平。胡红杰（2020）以河南省为例探讨县域经济发展水平，认为目前虽然河南省已经有 8 个县入围百强县，但是河南省县域产业结构转型升级依旧困难重重④；王丽洁（2016）通过对京津冀县域经济发展水平的实证研究发现，京津冀县域产业发展呈现出空间聚集性的特点⑤；岳立等（2020）以甘肃省为例进行实证研究，结果表明甘肃省县域经济发展处于中低水平⑥。

（6）县域经济竞争力。

对于县域经济竞争力的研究始于 20 世纪 80 年代，在 90 年代后期进入热烈期。许多学者建立了县域经济竞争力评价指标体系。金辉等（2006）等构建了评价我国县域经济竞争力的系统模型，整个评价体系包含 3 个子系统、14 个一级指标以及 62 个二级指标⑦；靳贞来（2006）通过对国家评价国际和城市综合竞争力的标准，结合县域经济的发展特点，构建县域经济竞争力评价体系，并且使用三维模型比较分析不同路径⑧；王慧霞（2007）运用 TOP-SIS 方法研究了 2004 年河北省县域经济竞争力，分析得出了河北省县域经济

---

① 曹亚梅. 浅谈县域经济发展对实现脱贫攻坚、乡村振兴的促进作用 [J]. 全国流通经济，2020（21）：112 – 113.

② 王璐，周霖. 县域经济对城镇化的推动作用研究——以阜平县为例分析研究 [J]. 企业导报，2016（17）：96.

③ 张健，李宇瑾. 县域经济在新型城镇化建设中的作用研究 [J]. 现代经济信息，2014（9）：459 – 460.

④ 胡红杰. 发挥战略优势 提升县域经济发展水平 [N]. 河南日报，2020 – 04 – 24（7）.

⑤ 王丽洁. 京津冀县域经济发展水平研究 [D]. 北京：北京林业大学，2016.

⑥ 岳立，雷燕燕. 新时期甘肃省县域经济高质量发展水平测度及空间差异研究 [J]. 甘肃行政学院学报，2020（5）：113 – 123，128.

⑦ 金辉，钱焱，苗壮. 县域经济竞争力评价 [J]. 统计与决策，2006（20）：57 – 59.

⑧ 靳贞来. 县域经济综合竞争力的内涵及评估体系探讨 [J]. 生产力研究，2006（3）：118 – 119.

竞争力的布局特点①；史贞（2014）通过主成分分析法研究山西省县域经济竞争力发展水平②；唐石（2015）在建构评价县域经济竞争力的指标体系中，运用了效益、结构、科技等五个关键因素③。

（7）县域经济发展模式。

对于县域经济的发展模式，国内一些学者从不同的角度进行了研究：王怀跃（2001）认为县域经济的发展模式包括山区型、发达型、贫困型和郊区型；王曼（2006）将县域划分为沿海型、内陆型和边境型、农业型、工业型和服务型、内向型和外向型等④；禁玲、李春城（2007）认为我国县域目前有以下集中类型，包括农业主导、工业主导、第三产业主导和资源禀赋主导四种模式；刘广燕（2017）⑤、卢辉（2017）⑥、丛盛日（2017）⑦、高红燕（2016）⑧等众多学者从县域发展特征、地理位置、主导产业、资源优势、发展方式等方面总结出多种不同类型的县域发展模式，具体可概括为：产业集聚型、特色产业主导型、农牧业业主主导型、高新技术企业主导型、龙头企业主导型、经济联合型、劳动经济型、对外贸易型、自然资源开发启动型等。

（8）县域经济发展战略。

县域经济是国民经济发展的基础，大力发展县域经济，对促进国民经济稳定增长具有重大意义。王怀岳（2002）在《中国县域经济发展实论》中，提出要促进县域经济更好更快发展⑨；刘国斌、赵儒煜（2009）认为县域经济发展要遵循核心发展规律，通过特色经济培育资源优势，进而转化为区位优势⑩；肖志明（2010）在《县域经济发展模式》中提出县域经济的发展形

① 王慧霞. 县域经济竞争力及其 TOPSIS 评价模型研究 [J]. 生产力研究，2007 (5)：17 –19,22.

② 史贞. 中国县域经济综合指标评价研究——以山西省为例 [J]. 学术论坛，2014, 37 (1)：80 –83.

③ 唐石. 县域经济竞争力评价研究和提升对策——以江苏省为例 [J]. 北京交通大学学报（社会科学版），2015, 14 (4)：26 –32.

④ 王曼. 县域经济发展动力机制与发展模式研究 [D]. 上海：华东师范大学，2006.

⑤ 刘广燕. 对县域经济分类发展模式的思考 [J]. 中国集体经济，2017 (7)：16 –17.

⑥ 卢辉. 河南省县域经济发展模式探索 [J]. 合作经济与科技，2017 (16)：10 –11.

⑦ 丛盛日. 县域经济分类发展模式之我见 [J]. 中国市场，2017 (19)：36.

⑧ 高红燕. 浅谈中国县域经济发展模式 [J]. 经贸实践，2016 (23)：122.

⑨ 王怀岳和他的《中国县域经济发展实论》[J]. 人民论坛，2002 (2)：59.

⑩ 刘国斌，赵儒煜. 论县域经济"亚核心"发展规律 [J]. 吉林大学社会科学学报，2009, 49 (1)：151 –157, 160.

成是一个曲折的过程。

2. 县域产业

（1）县域产业的概念。

县域经济属于区域经济的概念范畴，在地理空间上，以县级行政区域作为单位划分；其经济调控的主体，是县级层面的政权；其经济发展，以市场需求为中心，统筹配置资源；其经济特点，则以当地长期形成的特色产业为依托。

从我国县域经济的发展历程中可以看出，县域产业作为组成县域经济的基础，构成国民经济的触角，涵盖一二三产业各个类别，不同类别的产业对应着不同的生产、流通、消费、分配各环节，但其经营对象和范围都是围绕共同产品展开的。

（2）县域产业发展理论。

在党的十六大会议上提出的"要大力发展县域经济"的国家经济背景下，各地的县域经济进入了发展的黄金时期。在这个整体的国家发展大背景下，县域产业、县域特色产业发展的相关理论得以不断丰富。

如南开大学经济学院刘俊杰所著的《县域经济发展与小城镇建设》（2005），将理论铺垫分为区域空间结构理论、区域结构转换理论、城市化、城乡一体化理论，其中区域空间结构理论包括增长极和聚集经济理论、核心—外围理论、区域分工演进理论等。区域结构转化理论包括二元结构理论、改造传统农业理论①。李文祥所著的《县域经济论》（2005），将区域发展阶段理论、梯度转移理论和增长极理论作为县域经济发展的理论依据，在叙述理论依据后又从自然资源、人力资源、生产力水平、经济制度、管理水平、经济结构、经济环境、无形资产、城镇化水平、生产与生活方式等方面分别论述了影响县域经济发展的因素②。从他们的研究来看，主要是从县域经济是一种特殊的区域经济来考虑，有关区域经济发展的理论也应当适用于县域经济。

（3）县域产业结构调整。

我国大量学者在学习、研究国外学者相关文献、理论政策方面的研究基础

---

① 刘俊杰. 县域经济发展与小城镇建设［M］. 北京：社会科学文献出版社，2005.
② 李文祥. 县域经济论［M］. 兰州：兰州大学出版社，2005.

上对我国县域产业结构的转型升级有了更进一步的理解和认识，并获得了相当大的成就，对于我国县域层面的产业结构转型升级的指导有着重要引领作用。

有关资源型县域产业结构调整内容及模式的研究，邹连坪（2011）通过对资源型县域产业结构调整研究，认为资源型县域经济是县域经济中的特殊群体，其产业结构受中央政府宏观经济政策，地方政府的行政管理，资源禀赋等因素影响。其产业结构调整包括产业结构的调整与产业内部结构的调整以及主导产业更替三方面内容，产业结构调整必须在遵循特有的产业结构升级规律的同时，坚持科学发展观①。杨佩刚、王可、宋宝萍、宋文飞（2013）通过研究认为资源枯竭型县域产业结构调整可以通过依据自身优势发展下游产业，加快高新技术产业园区建设，选取合适的主导产业等不断推动产业结构优化升级②。

有关县域产业结构调整政策支持方面的研究，章睿、王越、孙武军（2012）通过研究认为产业结构的调整离不开资金的支持以及完善的区域金融扶持体系的保障③。刘飞（2015）通过研究提出了制造业升级与金融结构调整密不可分，从金融结构调整入手，提出间接融资比例与制造业中重工业行业和低能耗行业密切相关，大银行资产占比与高附加值行业密切相关。特别提出了在"新常态"下，制造业的升级与银行调整业务结构以及发挥出直接融资作用相辅相成，二者缺一不可④。

（4）县域主导产业的选择。

在我国经济发展的现阶段来看，实证研究在县域主导产业的选择中的地位越来越重要，其中在文献研究中的体现则为，在对某个县域区域的主导产业进行相关理论层面上的分析之后，反过来再用相关实地检测出的研究结果指导当地产业的选择和发展。

在如何选择县域的主导产业上，国内大多数学者采取了建立相关指标体系从而对整体发展情况进行评估的分析方式。陈晓剑、王淮学（1996）根据

① 邹连坪．资源型县域产业结构调整研究［D］．北京：中央民族大学，2011．

② 杨佩刚，王可，宋宝萍，宋文飞．资源枯竭型城市的产业结构调整研究——以白银市为例［J］．西安交通大学学报（社会科学版），2013，33（5）：22-28．

③ 章睿，王越，孙武军．区域经济转型升级的金融支持研究［J］．软科学，2012，26（8）：68-72．

④ 刘飞．省域金融结构调整与制造业结构升级［J］．金融论坛，2015，20（4）：72-80．

其已建立的主导行业指标体系将县域层面的主导行业选择决策标准分为两个层次：第一层次是六大选择原则，第二层次是根据科学、可比性和数据可用性原则设计 16 个选择指标，对选定行业进行评价①。

孟庆红（1997）认为投资给相关县域主导产业的要素应是可再生、可循环的，这样可以确保生产因素能够持续投资于县域主导产业，不因资源枯竭而失去产业的持续发展，从而导致不可挽回的产业衰退现象。据此，她认为要形成一套生产因素的可再生基准。在选择县域的主导产业的过程中，不应该将大量的不可再生资源作为其发展基础产业的主导产业。

关爱萍和王瑜（2002）从社会、经济可持续发展的角度来看，区域主导产业的选择，还应重视环境保护，因此提出了持续发展和环保选择基准，把环境保护作为一个重要的衡量指标，突出"绿色产业"的地位②。

钱雪亚和严勤芳（2002）根据其评估体系指出，就业吸收率是能否作为一个领先行业的基本标准。县域层面的主导产业应能够大力缓解城乡之间的就业压力，吸纳大量就业人口，高效地吸收、利用丰富农村、城市劳动力的比较优势，有效地转化产业成果。

冯德雄（2006）建立一套评价县域层面发展指数的相关指标体系，运用了熵值法对其县域主导产业的选择进行了分析和评价。在他的研究中心，主导产业的选择关乎于县域经济、县域产业能否高质量发展，但能否正确地选择其县域产业的主导产业，是一个较为困难和复杂的过程，在选择的过程中，跟当地的自然资源、地理位置、历史发展基础以及人文因素结合得比较密切。各个县域地区在选择县域主导产业时，不能仅仅依靠实证的定性分析，也应该结合自身特点，从实际出发，采取定性、定量方式的结合，进而科学地选择当地的县域主导产业③。

（5）县域特色产业的类型。

县域特色产业承载了发展县域产业、经济的重大任务，我国大部分研究学者将县域特色产业的分析摆在了十分重要的地位。截至目前，我国学者对于我国县域层面的特色产业研究大致分为以下几类。

---

① 陈晓剑，王淮学. 主导产业的选择模型［J］. 中国管理科学，1996（4）：18－23.
② 关爱萍，王瑜. 区域主导产业的选择基准研究［J］. 统计研究，2002（12）：37－40.
③ 冯德雄. 县域主导产业选择研究［J］. 科技进步与对策，2006（2）：105－107.

①对特色产业内涵、性质、表现形式以及理论渊源等方面进行的研究。包括戴宾、杨建的《特色产业的内涵及其特征》①，杨伯亚的《特色产业论》②，王芳的《特色经济的内涵》③，钱峰的《县域经济与特色产业》④ 等。

②将特色产业理论应用于实践、指导实践，对产业实践进行考察并从中探索产业发展规律的研究。包括赵宏利的《三江源生态经济区特色产业发展构想》⑤，邵永平的《发展伊犁特色产业的几点思考》⑥，刘园丽的《河北省县域经济和特色产业的问题及建议》⑦，张东旭的《发展县域特色产业的要素分析》⑧ 等。

③对特色产业的选择和培育方面的研究。包括胥留德的《论特色产业的选择》⑨，张守忠的《基于灰色系统理论选取青岛市的特色产业》⑩ 等。

④对特色产业发展的配套措施和支撑保障体系所做的研究。包括李欣婷的《运用现代科学发展观指导区域特色产业开发》⑪，王建军和石增谊的《金融支持地方特色产业问题研究》⑫ 等。

⑤县域产业高质量发展指标体系的研究。研究县域产业高质量发展的基础在于构建其评价指标体系，而县域产业高质量发展主要包含产业结构的协调优化以及产业发展上的合理分工。

（6）县域产业集群模式。

产业集群在这个特定的县域区域层面中，对于县域产业的转型优化升级起到了关键作用。在我国县域范围内，产业集群正在一些发展势头迅猛、发展质量较高的地区形成并发展，相较于中部和西部而言，我国东部县域经济的县域集群发展得十分迅速。我国在县域产业集群方面的研究在如何促进产

① 戴宾，杨建. 特色产业的内涵及其特征［J］. 农村经济，2003.8.
② 杨伯亚. 特色产业论［M］. 北京：红旗出版社，2000.3.
③ 王芳. 特色经济的内涵［J］. 甘肃社会科学，2004.2.
④ 钱峰. 县域经济与特色产业［J］. 山东科技管理，2005.1.
⑤ 赵宏利. 三江源生态经济区特色产业发展构想［J］. 开发研究，2004.3.
⑥ 邵永平. 发展伊犁特色产业的几点思考［J］. 中共伊犁州委党校学报，2006.1.
⑦ 刘园丽. 河北省县域经济和特色产业的问题及建议［J］. 邢台学院学报，2009.2.
⑧ 张东旭. 发展县域特色产业的要素分析［J］. 理论前沿，2002.8.
⑨ 胥留德. 论特色产业的选择［J］. 经济问题探索，2002.11.
⑩ 张守忠. 基于灰色系统理论选取青岛市的特色产业［J］. 资源开发与市场，2005.4.
⑪ 李欣婷. 运用现代科学发展观指导区域特色产业开发［J］. 农业与技术，2005.3.
⑫ 王建军，石增谊. 金融支持地方特色产业问题研究［J］. 济南金融，2005.11.

业集群发展和研究其内部机制上较为集中。

王平（2005）指出产业集群应该充分体现当地特色，相关产业的发展不应脱离当地自然资源及人文禀赋，如此，县域产业才能好得到长久、持续的健康发展①。郑文智（2005）指出在对县域层面的产业集群问题进行研究时，其当地县域经济与产业发展基础以及人力、环境、资金等方面资源研究不可忽视②。

其中，部分学者也采取了构建量化模型的方式对县域层面的产业集群进行研究。李源新和许慧莹（2006）构建了县域层面产业集群的数理模型，他们指出县域产业集群要得到更为长远的发展，县域层面的经济融资状况显得尤为重要③。龚克、魏建国和宋扬（2006）则从湖北省的县域经济出发，为研究当地县域产业集群状况的发展建立相应的实证研究模型④。

在我国经济发展的历史进程中，自然禀赋以及人文资源等的影响从来都不是可以忽略的，由于我国地势辽阔，各地资源分布不均。我国县域区域在发展产业集群的过程当中，要科学地制定适合自身产业发展的道路，从自身的特色出发。

3. 乡村振兴与县域产业高质量发展

（1）乡村振兴的内涵。

党的十九大报告中首次提出乡村振兴战略，近年来关于乡村振兴战略的内涵、范围界定等研究越来越多。黄祖辉（2018）认为，通过乡村振兴解决我国社会主要矛盾，并不是乡村振兴战略代替城市化战略⑤；李长学（2018）认为，乡村振兴从振兴对象到经济、政治、文化、社会和生态建设等方面都与"新农村建设"有明显差别⑥；杨华（2019）认为，乡村振兴的本质是县域的全面振兴⑦；田先红（2021）实施乡村振兴战略要充分发挥县域的自主性⑧；

① 王平. 发展县域产业集群 [J]. 群众，2005 (8)：34 – 35.
② 郑文智. 基于社会资本的县域产业集群政策研究 [J]. 华侨大学学报（哲学社会科学版），2005 (1)：17 – 22.
③ 李源新，许慧莹. 县域产业集群融资状况调查 [J]. 南方金融，2006 (7)：62 – 63, 67.
④ 龚克，魏建国，宋扬. 促进湖北县域产业集群发展的对策研究 [J]. 华中农业大学学报（社会科学版），2006 (6)：61 – 63, 79.
⑤ 黄祖辉. 准确把握中国乡村振兴战略 [J]. 中国农村经济，2018 (4)：2 – 12.
⑥ 李长学. "乡村振兴" 的本质内涵与逻辑成因 [J]. 社会科学家，2018 (5)：36 – 41.
⑦ 杨华. 论以县域为基本单元的乡村振兴 [J]. 重庆社会科学，2019 (6)：18 – 32.
⑧ 田先红. 论乡村振兴的县域自主性 [J]. 新疆师范大学学报（哲学社会科学版），2021, 42 (3)：89 – 99, 2.

熊钧等（2020）认为乡村振兴战略实施的根本支撑在于县域振兴，其本质是以县域为载体统筹各方力量发挥外源带动力量来支撑①。

（2）县域产业高质量发展现状。

学者们以不同地区具体的县域产业为角度对县域产业高质量发展进行了研究。秦立军（2018）以新宁县的脐橙产业为研究对象，探析了新宁县积极探索以演艺形式发展脐橙文化，推动当地旅游业发展，推动县域产业高质量发展②；程培先（2019）以河北省保定地区为研究对象，分析探讨县域特色产业集群发展，认为必须促进产业转型升级，同时需要培育龙头企业③；侯水平（2019）以四川省的康养产业为研究对象，认为县域经济会发展出一条高质量的绿色发展新途径；陈智霖、韦艳南和杨鹏（2019）认为广西县域产业的发展一定要按照高质量发展为导向，强化县域特色产业发展④。

（3）乡村振兴与县域产业高质量发展。

通过文献梳理发现，结合乡村振兴直接探讨县域产业较少，对于乡村振兴战略的研究，大多学者从间接的角度探讨产业与乡村振兴的问题，袁祖怀（2018）以安徽省凤台县为例，对乡村振兴与县域产业高质量发展进行了研究，提出要以三大革命为抓手，建设美丽乡村之路；张建伟等（2020）认为需要构建"产业、生产、经营、服务"相融合的现代农业体系⑤。熊钧等（2020）认为应该顺应产业的融合。立足县域统筹谋划，实现乡村的全面振兴⑥。李从玉和潘旺旺（2020）认为助力乡村振兴的关键在于依托县域特色优势产业，培育发展优势产业，发挥龙头企业的带动作用⑦。

---

① 熊钧，钟晓成，杨波，梁志元. 论以县域为载体推进乡村振兴——内在机理与金融服务路径 [J]. 西南金融，2020（12）：14-23.
② 秦立军. 加快产业融合升级 推动县域经济高质量发展 [J]. 新湘评论，2018（21）：30.
③ 程培先. 县域特色产业集群高质量发展研究 [J]. 河北企业，2019（9）：78-80.
④ 陈智霖，韦艳南，杨鹏. 加快推进县域产业高质量特色发展 [J]. 广西城镇建设，2019（10）：60-70.
⑤ 张建伟，图登克珠. 乡村振兴战略的理论、内涵与路径研究 [J]. 农业经济，2020（7）：22-24.
⑥ 熊钧，钟晓成，杨波，梁志元. 论以县域为载体推进乡村振兴——内在机理与金融服务路径 [J]. 西南金融，2020（12）：14-23.
⑦ 李从玉，潘旺旺. 深化农村改革助推乡村振兴——山东省阳信县依托特色优势产业振兴引领农业农村现代化 [J]. 人民论坛，2020（34）：72-73.

（三）文献述评

综上所述，国内外关于县域产业的相关研究是多方面的，所形成的研究成果为我国县域产业的发展和实际应用提供了丰富的借鉴经验和必要的理论基础。

国外研究主要集中于区域经济，主要从产业区位选择、产业集群、产业结构升级、产业促进经济增长、区域经济增长几方面进行了研究，国外研究目标主要以国家为单位，且更多侧重于向理论研究。国外对产业区位的研究、经济增长的研究以及产业集群的研究为区域经济增长以及区域产业发展提供理论基础与指导。但是经济增长理论的研究、产业集群相关理论的研究以及区位理论的研究等缺少具体的地域范围，因为在实际的经济增长过程中，并不是任何一种理论放在任一地区都能促进该地区经济增长的，即有的区域适合平衡相关理论，有的区域可能适合非均衡发展理论；有的区域适合的区位理论是以柔性生产方式为核心的发展方式，有的区域可能适合行为经济学为主的理论区位。

国内学者关于县域产业进行了更多维度的研究，主要涉及县域经济、县域产业以及高质量发展三个方面。国内的研究偏向于对现有实际的分析和对理论的应用，同时研究对象以省和县为主。学者们对于县域经济的概念、特点、作用等方面基本进行了全方位的研究，以具体省份为例对县域经济发展水平、发展竞争力和发展模式进行了具体探讨，指出了发展过程中存在的问题，同时发掘了县域发展的成功经验，为县域经济的发展提供了合适的路径选择；在县域产业方面的探讨为我国县域产业的发展提供了充足的理论依据，并为县域产业发展存在的问题提出相应的解决方法。在发展过程中，县级行政单位必须因地制宜，根据本地区经济发展实际情况以及当地产业的发展现状、以后的发展趋势等，制定符合当地特色的产业集群发展模式及路径。

近几年来，我国经济的发展已经由高速发展转向为高质量发展，国内学者对县域经济和县域产业进行了大量研究，但针对乡村振兴背景下县域产业高质量发展的思路与对策方面的研究缺乏系统性和综合性，县域产业高质量的政策研究还不够深入。县域产业的高质量发展关系到我国构建双循环的新发展格局，关系到我国乡村振兴战略的全面实施，然而多数学者多是以个别地区县域经济的发展情况进行描述和分析，并未过多引入高质量发展的方法和路径。因此，本书将这两者有机结合起来，围绕乡村振兴战略发展去深入探讨县域产业实现高质量发展的理论依据、现实依据、发展难点以及发展思路和对策，旨在进一步推进县域产业由不平衡不充分发展向高质量发展转变，从而推进乡村振兴背景下县域产业全面深入发展。

三、基本思路

本书的基本思路：首先在文献综述的基础上分析理论基础，其次对县域产业发展现状进行考察并加以实证分析，最后构建乡村振兴背景下县域产业高质量发展战略和政策体系。技术线路见图0.1。

四、研究内容

1. 乡村振兴背景下县域产业高质量发展的理论基础

以习近平新时代中国特色社会主义思想为指导，结合乡村振兴战略，依据区域经济、产业经济和发展经济的相关理论，从理论上探讨乡村振兴背景下县域产业的发展，分析县域产业发展的理论性，把握乡村振兴背景下县域产业发展的内涵、特点、模式以及作用机理等，构建县域产业发展和优化升级的理论框架，探讨县域产业高质量发展的理论基础。

2. 乡村振兴与县域产业高质量发展的互动机制

（1）乡村振兴战略的提出给县域产业发展带来了新的机遇，一方面，乡村振兴为县域产业的发展带来了新的契机；另一方面，乡村振兴战略也对县域产业的发展提出了新要求、新任务、新挑战。因此，乡村振兴可以推动县域产业的高质量发展。

（2）县域产业是县域经济发展的基础，更是乡村振兴战略的基础。乡村振兴的核心是产业兴旺，乡村产业是县域产业的组成部分。县域产业高质量发展可以助力乡村振兴，为乡村振兴注入新的活力。

（3）构建乡村振兴与县域产业高质量发展协同机制，实现两者的协同发展具有重要意义。全面系统地厘清乡村振兴与县域产业发展之间的互动机制有助于更好地构建乡村振兴与县域产业高质量发展"命运共同体"，实现二者有机良性互动。

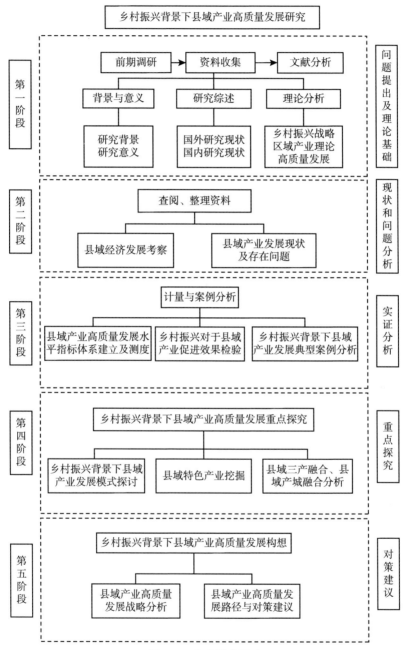

图 0.1　本书技术线路

3. 我国县域经济考察

从总体出发，首先分析我国改革开放以来县域经济总体的发展状况，然后分析我国东部、中部、西部、东北四个地区的县域经济发展的现状和特点，并依据现状分析县域经济在发展过程中存在的问题。

4. 县域产业发展现状及存在问题

利用统计年鉴数据及其他资料，首先对中国县域产业发展的总体状况进行考察，主要从县域产业发展现状、三次产业的变化，各产业占比，主导产业、支柱产业及优势产业的发展情况进行分析，分析影响我国县域产业发展的问题，尤其对乡村振兴战略实施以来的县域产业发展情况进行阶段性考察，然后从区域经济发展差异性出发，进一步分析东部地区、中部地区、西部地区、东北地区四个地区县域产业发展现状以及特点，总结出这些区域的差异性并分析影响四个区域县域产业发展存在的问题。

5. 乡村振兴背景下县域产业高质量发展的指标体系

（1）县域产业发展指标体系及其测度结果。通过理论分析构建评价县域产业发展的多层次指标体系，测算出县域产业发展指数的综合值，分析县域产业发展的区域分布格局，并进一步分析每一层次产业对县域产业发展的影响程度。

（2）乡村振兴指标体系构建及其测度结果。根据乡村振兴战略"二十字"总体要求构建乡村振兴发展指标体系并进行测度，为进一步探究县域产业与乡村振兴之间的联系提供实证依据。

（3）乡村振兴与县域产业耦合协调度分析。建立县域产业发展与乡村振兴二者之间的耦合协调度模型，测度不同地区县域产业发展与乡村振兴之间的耦合协调度，进一步探究乡村振兴与县域产业发展之间的协调发展情况。

6. 乡村振兴背景下县域产业发展的实证分析

乡村振兴对于县域产业发展的影响程度如何？此外，乡村振兴战略对于县域产业的促进效果是从政府着手实施即存在还是满足一定条件后效果更为显著？最后，乡村振兴对于县域产业的发展是否具有区域异质性？本章将通过建立回归模型逐个进行检验。

7. 乡村振兴背景下县域产业发展案例分析

搜集不同省市、不同经济发展水平、不同产业结构的县域单位，通过典型案分析产业发展现状、影响因素、优化路径，找出乡村振兴背景下影响县域产业发展的共同因素以及不同之处，进一步探究县域产业的高质量发展。

8. 乡村振兴背景下县域产业高质量发展模式探讨

在乡村振兴背景下，采取什么样的产业发展模式？什么样的产业发展模式适合当地县域的发展？这些问题不仅对于我国经济来说具有非常重要的意义，而且从国家战略方面上来看对于实现乡村振兴也是非常关键的。产业发展模式应该根据县域情况，立足当地县域发展具有的优势和潜力，突出产业经济差异化发展，提升县域经济在我国经济发展中的重要性。探讨发展模式在县域产业发展中的重要作用，并结合当前具有借鉴意义的县域产业发展模式，归纳适合各地发展的县域产业发展模式，为县域产业高质量发展提供模式参考。

9. 乡村振兴背景下县域特色产业挖掘

研究乡村振兴背景下现阶段县域产业发展的内生动力以及挖掘潜在增长点。不同地区，不同县域的资源有所不同、产业基础、社会文化背景方面存在不同的差异，关键要因地制宜做好特色产业挖掘。在此基础之上提出乡村振兴背景下县域特色产业选择。分别从我国东部、中部、西部和东北四大区域来分析我国经济发展的区域经济特征，然后结合我国当前的县域产业发展现状探讨其特色性发展，最后探讨如何挖掘我国县域特色产业，更好推进乡村振兴。

10. 乡村振兴背景下县域产业三产融合

农村三产融合也是乡村振兴战略的重要内容。目前，我国经济增速放缓，乡村振兴更为迫切，因此，有必要准确把握乡村振兴战略与农村三产融合发展的多维价值取向，厘清农村三产融合发展的实践逻辑及其路径，更好地利用乡村振兴战略提供的政策优势和环境，提升农村生产融合效果，补齐农村产业发展短板。

11. 乡村振兴背景下县域产城融合

乡村振兴战略重点任务是乡村，城市化是人口与非农业在空间的聚集地，解决我国城乡之间发展不平衡和发展不充分、乡村大量劳动力流失等问题，城市化是现代化的必经之路，必然导致乡村人口的减少。但乡村振兴战略的提出不是逆城市化的过程，并非意味着用乡村振兴战略替代城市化战略或者放缓城市战略。同理，城镇化也不应阻碍乡村的振兴。在此基础上，针对我国目前的县域产业与城乡发展进行分析，一方面为我国县域产业发展提出新的要求，另一方面有助于实现两大发展战略的有效衔接。

12. 乡村振兴背景下县域产业高质量发展战略

结合"十四五"规划和乡村振兴战略，依据县域产业发展现状和存在的问题，分析乡村振兴背景下县域产业高质量发展的政策指导及发展战略。包括确定发展总体目标、指导原则；实施创新驱动、优化县域现代产业体系、支持新兴产业发展、健全生态保障机制、发展绿色环保产业等发展战略。

13. 乡村振兴背景下县域产业高质量发展路径与对策建议

在县域产业发展现状基础上，研究县域产业的高质量发展，针对影响产业发展的制约性约束因素，提出符合实现乡村振兴的县域产业发展的对策建议，以及选择可发展的实现路径，以及东部、中部、西部、东北各地区相应对策建议。其中包括：县域产业政策，县域产业规划，调整产业结构，提供财政和资金支持政策，推动制度创新，培育龙头企业、发展优势、支柱、主导产业；强化科技创新和人才培养，实现相应人力资本政策等。

五、研究方法及创新之处

（一）研究方法

1. 文献研究法

对国内外相关研究的成果进行梳理，通过对本研究领域的相关政策文件及报告进行分析、总结与借鉴，并结合我国县域产业发展的实践经验，分析县域产业现状和存在的问题。

2. 比较分析法

本书深入分析我国分区域的县域产业发展情况及模式，并对其进行比较分析研究，从地理位置、自然资源、产业发展现状、依托力量、主要路径等多方面考虑，在比较中发现问题、寻找差距，从而找到对策，探索优化县域产业空间格局产业发展的对策建议。

3. 理论分析和实证分析相结合

结合区域、产业理论及高质量发展，分析县域产业发展现状及相关问题，通过实证分析对乡村振兴背景下县域产业发展的各项分析指标进行量化，探索影响县域产业高质量发展的因素，分析不同地区的乡村振兴战略实施的具体情况。

4. 案例分析法

通过对典型县域进行分析，总结县域产业发展中的经验教训，为各地县域产业发展情况提供借鉴。

（二）创新之处

1. 研究理论的创新

构建乡村振兴背景下县域产业发展理论框架。本研究创新性地将研究对象锁定在县域单位，将研究重点聚焦在县域产业，充分考察研究了县域产业的发展现状、特点以及存在的问题，尤其是在乡村振兴战略大背景下，以乡村振兴战略的深刻内涵为基础，从理论角度探讨了乡村振兴战略与县域产业之间的双向互动机制，同时也丰富了区域产业发展内容。

2. 研究内容的创新

创新性地将县域产业发展与乡村振兴战略结合进行研究。目前多有学者单独研究乡村振兴，也有部分学者研究县域经济，较少学者研究县域产业，极少数学者将县域产业与乡村振兴战略结合起来进行研究。本书充分考虑二者的深刻内涵，将两者有机结合起来，进行全面系统的梳理研究，并重点研究乡村振兴背景下县域产业的发展模式、县域特色产业挖掘以及三产融合、产城融合，这些研究内容对于我国县域产业发展及优化具有积极意义。此外，本研究还将我国按照东部、中部、西部和东北进行划分，分析这四大区域的产业发展现状、特点和存在问题等。

3. 研究方法的创新

本书运用多种研究方法进行研究，主要有文献研究法、理论分析法、比较分析法、调查研究法以及实证分析法，此外本书借助经济地理中耦合协调度模型，充分分析了县域产业发展与乡村振兴之间的协调程度，为研究各地区乡村振兴背景下县域产业发展的地区分布格局以及产业内部格局提供了实证基础。

4. 政策建议的创新

本书以乡村振兴背景下的县域产业发展为重点，在县域产业层面提出了县域产业发展战略以及县域产业发展路径与对策建议，此外，本书还根据东部、中部、西部、东北区位、自然资源以及县域产业发展基础的差异，有针对性地为不同地区乡村振兴背景下县域产业发展提出因地制宜的政策建议，为各地区县域产业发展政策的制定提供参考。

第一章

乡村振兴背景下县域产业高质量发展的理论基础

本章依据乡村振兴、区域经济、产业经济的相关理论以及高质量发展的主要内容，探讨在乡村振兴背景下县域产业高质量发展的理论基础。首先探讨乡村振兴战略的内涵、意义目标和主要任务，然后准确把握县域产业的内涵、特点、模式及作用机理等，从区域经济的角度探讨县域经济的发展，从产业经济的视角探讨县域产业发展的理论基础，从高质量发展的角度（包括内涵、模式、体系）分析县域产业的优化升级，尝试构建乡村振兴背景下县域产业高质量发展的理论框架。

第一节　乡村振兴战略

乡村振兴是社会主义新时代的重要主题与战略。在党的十九大报告中，党中央第一次提出了实现乡村振兴的伟大构想，对乡村振兴战略做出了详细规划，阐述了乡村振兴战略的理论基础、科学内涵和实现路径。乡村振兴战略是在深刻分析我国新时代社会主义建设现状的基础上，为从根本上解决农业、农村和农民即"三农"问题而做出的战略规划，是解决我国"三农"问题的总抓手，对实现我国农村现代化发展具有重要的现实意义。本节通过对乡村振兴的内涵和意义、主要目标的阐述，为本研究提供理论基础。

一、乡村振兴战略的内涵

当前，中国特色社会主义建设已经进入新阶段，新时代社会的主要矛盾也已转化为人民日益增长的美好生活需要和不平衡不充分的发展之间的矛盾。在这样的背景下，党中央提出乡村振兴战略，对于解决"三农"问题、实现农业现代化发展，具有十分重要的意义和深刻内涵。具体来说，实施乡村振兴战略的总要求是产业兴旺、生态宜居、乡风文明、治理有效、生活富裕。

（一）产业兴旺

产业兴旺是乡村振兴战略的关键任务和重点，产业兴则百业兴。首先，实施产业兴村强县行动，产业兴旺并不是指一类产业或一家企业的兴盛，也不是一个产业向专业化做大做强，而是全村全县多产业共同发展，例如农业有绿色高效农业、特色的现代化畜牧业、农畜产品加工业、农产品流通业、休闲农业、旅游农业等多元化产业形式共存。其次，农业相较于其他产业具有区域性强的特点，在发展中如果一味地追寻规模化和标准化，则会违背市场客观规律。如在自然资源丰富、土壤肥沃、劳动力集中的地区，大力推动规模化产业化生产，而对于我国高原地区，如西藏、甘肃等地区，其土地呈现碎片化分布，实现规模化和产业化生产较为困难，又如四川、重庆、贵州等多山省份，规模化生产将更难实现，因此不能够片面强调生产规模和生产收益，而应做到因地制宜，对不同的地区进行不同的规划，打造一村一品、一县一业发展新格局。最后，要实现产业兴旺必须要做到产业的融合发展，即一二三产业相辅相成，相互促进共同发展，构建农村一二三产业融合发展体系。产业在深度和广度上都要实现融合，例如农产品加工行业向上下游拓展，实现与农产品生产产业以及农产品流通、销售等产业的融合发展，为农民带来更多的收入途径，提高农民的收益，从而实现产业内部和产业之间的相关融合。

（二）生态宜居

生态宜居是从生活环境角度出发，对乡村振兴提出的要求。生态宜居就是要建立适宜农民生产生活，满足精神和物质上双重需求的环境。但要注意因地制宜，不能将城市的规划方式、规划格局照搬到农村来，这不仅给生态环境带来较大压力，还会对农民的生产生活产生负面的影响。生态宜居的生活环境，要求在不破坏原有农村生态环境的基础上，建立绿色低碳可持续发展的居住环境，保留农村原有的自然生态和社会生态。空气、土地、林业是一个命运共同体，自然生态是农民赖以生存的自然生态圈，我国大部分农村生态环境良好。在社会生态方面，产业间的循环生态圈，有待继续完善。不断推进乡村绿色发展，打造人与自然和谐共生发展新格局。

（三）乡风文明

乡风文明是从文化习俗等角度出发，对乡村振兴提出的要求。乡风是指一个乡村在经过几百年或几千年时间沉淀下来的，能够被大多数农民接受的，符合农民精神追求的，在指引农民对事物发展客观规律的认知具有重要意义的，集合了一代一代传承的建筑外貌、风俗风气、文化习俗、思维方式和公序良俗等内容。乡风文明既包括了历史发展所遗留的老物件、老古董、老建筑等物质资源，也囊括了世世代代流传下来的优秀传统文化、工艺技艺等精神资源。随着经济的快速发展，农民的生产生活也向更好的方向发展，收入有所提高，但经济发展过快也为农村带来了一些负面影响，如某些农村的传统文化正在逐渐消失，一些传统技艺面临着失传的困境，农民间交往单薄，攀比竞争等现象增多，封建迷信抬头，陈规陋习死灰复燃等一系列现象破坏了农村的风气。如何让农村文化回归并助力乡风文明建设，实现乡村文明，为振兴提供精神上的助力和保障，也是乡村振兴的内容和任务。

（四）治理有效

治理有效要求在长期内，以调和而非主导为基础达到预期的目的，得到预期的效果。乡村是我国治理的最基本的单元，是我国治理的最基本起点，也是建设新时代社会主义国家的坚实基础。乡村治，则国家安。乡村是国家建设的重要组成，乡村要振兴，乡村就要治理。现阶段，随着城市化和城镇化的迅速发展，城市城镇的高薪资、舒适的生活环境吸引很多劳动者前往，造成农村人员外流，这为乡村的治理带来很大的麻烦。以前利用村规来约束农民进行乡村治理已经不适合现在的新形势，需要综合运用，要从自我、道德、法律等角度多方式多角度治理农村，以推进农村的现代化发展进程。

（五）生活富裕

生活富裕是乡村振兴的根本目标。生活富裕包括两种含义：物质生活富裕和精神生活富裕，其中物质生活富裕主要指农民的收入富足、衣食住行无忧以及生活环境舒适宜人；精神生活富裕主要指有信仰有信念，意志力和道德信条坚定等，只有所有人物质生活富裕、精神生活富裕才能真正实现生活富裕。当前，我国农村集体活动、传统节日、传统技艺等文化逐步消失匿迹，大量劳动力流失导致留守儿童、留守老人失去安全感等。乡村振兴的生活富裕目标就是要从农民收入、生活条件、精神需求等角度出发推动农村农民的生活富裕，通过多种方式构建多种途径鼓励农民生产，为农民增收提供更加丰富的渠道，提高农民收入水平，实现城乡共同富裕。同时政府要在精神文化方面，鼓励农民参与文化集体活动、继承传统技艺，提倡对优良传统文化的继承和发扬。

二、乡村振兴战略的重大意义

乡村是一个地域综合体，具有自然、经济、社会等特征，是我国人民生活的最基本空间，与城镇和城市联系紧密，相互影响，具有生产、生活、生态、文化等多种功能。我国社会的基本矛盾也已发生转变，矛盾中不平衡不充分的问题在城乡之间最为突出，要真正做到缓解社会基本矛盾，实现全面建成小康社会的目标，成为社会主义现代化强国，这个过程中，最关键的节点就在农村，最艰难的任务在农村，最强的动力也在农村。[①] 在此基础上党中央准确观察形势，提出了实现乡村振兴战略规划，具有重要的意义。

---

① 人民日报评论员：牢牢把握农业农村现代化这个总目标——论学习习近平总书记关于实施乡村振兴战略重要讲话精神_滚动新闻_中国政府网：http://www.gov.cn/xinwen/2018 – 09/30/content_5326896.htm.

（一）理论意义

乡村振兴战略的实施为解决新时代我国社会主要矛盾提供理论依据。社会主要矛盾所涉及的不平衡主要包括区域、领域和群体之间的不平衡，在城乡之间，城市与乡村发展不平衡、城市居民与农村居民收入不均衡等现象尤为突出。深入实施乡村振兴战略，对于实现农业农村现代化高质量发展，农民增收增益，缩小城乡差距有重要的作用。目前，我国经济发展主要集中在大城市或中心城市，乡村所面临的基础设施、资金支持、人才流失等难题是制约乡村振兴的关键障碍。乡村振兴战略正是基于此提出了针对性措施和合理性目标，正是从根本上解决我国社会主要矛盾的角度出发，着眼于城乡不平衡，从工业化、城镇化、农业产业化、信息化四个方向出发，逐步缓解现今社会的主要矛盾。

（二）实践意义

乡村振兴战略对于探索乡村建设规律，建设美丽乡村具有实践意义。我国几千年的悠远历史，孕育了淳朴的乡村生活生产方式，悠久厚重的农耕文明维护着传统农业社会的基本运行，农耕文明不仅包括农业生产，其中蕴含的知识、道德、习俗等文化对现今社会也产生了很大影响。步入21世纪，虽然我国已经进入了信息化的新时代，文化呈现多元化发展，传播迅速，但仍不能摒弃延续了数千年的传统文化和农耕文明。

改革开放以来，城市和城镇发展迅速，对人才的吸引力越来越强，导致乡村人员流失严重，乡村文化也面临着严峻的挑战。乡村振兴，一方面要振兴经济、振兴产业、振兴生态；另一方面也要振兴文化。振兴乡村文化，一方面是要化解城乡之间文化发展不平衡不充分的矛盾，从文化设施建设、公共服务等多方面，加大对乡村文化振兴的支持；另一方面加大文化宣传，加强农民对传统文化、传统美德传承的重视和支持。近年来，我国设立的中国农民丰收节为乡村文化振兴和农耕文明传承提供了很好的机会。乡村振兴战略从经济基础和上层建筑建设两个方面，立足于现实国情，构建符合乡村建设规律的乡村振兴战略，具有很强的实践意义。

（三）全局性意义

乡村振兴战略对于建设社会主义现代化强国、实现中华民族的伟大复兴具有全局性意义。农业现代化的发展水平在一定程度上影响了一个国家现代化建设的进程，乡村振兴战略从全局性角度出发，从多方面阐述了影响农业现代化进程的多种因素，并从产业融合、绿色发展、"互联网＋"、产业扶贫、产业集聚等方面提出具体举措目标，为推动农村产业的高质量可持续发展提供参考。只有完成农业农村现代化进程才能够进一步推动社会现代化的全面实现。

三、乡村振兴战略主要目标

根据中共中央、国务院的战略部署，各地区、各部门、各乡村在 2020 年基本规划出乡村振兴的政策制度框架和体系，对具体思路举措做出筹划，使全面建成小康社会的目标如期实现，具体目标如表 1.1 所示。

表 1.1　　　　　　乡村振兴战略规划具体目标

目标	具体内容
制度保障	2022 年，乡村振兴的政策制度框架和体系基本健全
粮食安全	保障水平得到提高，绿色农业稳步发展，农业体系基本成形
产业发展	一二三产业融合发展，脱贫攻坚进一步深入
基础设施	基本条件逐步改善，社会保障体系初步建立
传统文化	优秀文化得到继承发展，农民精神文化需求得到满足
治理能力	乡村基层组织建设逐步完善，乡村治理能力进一步提升
生态建设	居住环境进一步改善，美丽乡村建设稳步推进

乡村振兴战略规划具体目标指数如表 1.2 所示。

表1.2   乡村振兴战略规划具体目标指数

产业兴旺				
主要目标	粮食综合生产能力	农业科技进步贡献率	农业劳动生产率	农产品加工产值与农业产值比	休闲农业与乡村旅游接待人数
2022年目标值	>6亿吨	61.5%	5.5万元/人	2.5	32亿人次
属性	约束性	预期性	预期性	预期性	预期性

生态宜居			
主要目标	畜禽粪污综合利用率	村庄绿化覆盖率	对生活垃圾进行处理的村占比	农村卫生厕所普及率
2022年目标值	78%	32%	>90%	>35%
属性	约束性	预期性	预期性	预期性

乡风文明			
主要目标	村综合性文化服务中心覆盖率	县级及以上文明村和乡镇占比	农村义务教育学校专任教师本科以上学历比例	农村居民教育文化娱乐支出占比
2022年目标值	98%	>50%	68%	13.6%
属性	预期性	预期性	预期性	预期性

治理有效				
主要目标	村庄规划管理覆盖率	建设有综合服务站的村占比	村党组织书记兼任村委会主任的村占比	有村规民约的村占比	集体经济强村比重
2022年目标值	90%	>53%	50%	100%	9%
属性	预期性	预期性	预期性	预期性	预期性

生活富裕			
主要目标	农村居民恩格尔系数	城乡居民收入比	农村自来水普及率	具备条件的建制村通硬化公路的比例
2022年目标值	29.2%	2.67	85%	>100%
属性	预期性	预期性	预期性	约束性

资料来源：中共中央、国务院印发《乡村振兴战略规划（2018－2022年）》。

2021 年 1 月，中央一号文件《中共中央 国务院关于全面推进乡村振兴加快农业农村现代化的意见》作为 21 世纪以来第 18 个指导"三农"工作的中央一号文件，对乡村振兴战略目标做了进一步阐述，文件提出要实现农业产业强镇、优势特色产业集群，壮大县域经济，统筹县域产业，承接产业转移，培育支柱产业。

2022 年的中央一号文件提出要做好全面推进乡村振兴重点工作。聚焦产业促进乡村发展，持续推进农村一二三产业融合发展，大力发展县域富民产业。

第二节　县域经济和县域产业的内涵

县域经济是国民经济的基本单元，本部分分析县域经济和县域产业的基本内涵。

一、县域经济的内涵

（一）县域经济的出现

1. 历史上的县域经济

早在 2000 多年前秦朝就开始置县，就出现县域规划的概念。从公元前 221 年秦始皇设立郡县制以来，县域经济的发展在中国历史学上一直都是重要的经济问题。

在传统经济时代，一直实行的是重农抑商的经济发展政策，随着历史的逐渐发展，中国县域经济发展模式变得更加的单一、脆弱和萧条，整个封建王朝的发展历程也由最初的兴盛走向衰败，由富强走向贫弱。

县域经济作为我国国民经济的一个重要组成部分，县域的强弱直接关系到一个国家整体的经济实力，关系到国家的整体的兴旺发达水平。从某种角度而言，县域经济的发展就是我国经济的发展史。

2. 改革开放前的我国县域经济

改革开放前，县域县级市数量保持相对稳定，改革开放后，县和县级市数量开始有较大的变动，县和县级市数量占县级行政区划单位比例由 1949 年的 86.56% 降至 2013 年的 69.44%。1949 年至 1980 年城镇化率由 10.64% 增至 19.39%，以后每年的城镇化率呈现较快的增长①。

（二）县域经济概念的提出

县域经济属于区域经济范畴，主要以县的行政区划作为地理空间，以县为中心，以乡为纽带，以农村为腹地，呈现出了拥有区域经济的特色和功能。党的十六大明确提出了"壮大县域经济"的发展战略。不同的学者对于县域经济的内涵有不同的看法。综合而言，县域经济是以县域行政区划为地理环境，将市场作为发展的导向，以县级政权为调控主体，优化资源配置，拥有区域性特色、功能完备的区域经济，属于区域经济范畴。

（三）县域经济的特点

县域经济特点表现在 8 个方面：

（1）县域经济是国民经济中最基础的基本单元。是功能完备的综合性经济体系，其运行相对独立，且具有一定的能动性和综合性。其活动涉及生产、流通、消费、分配各环节，一二三产业各部门。县域经济是国民经济的基础层次和基本细胞。

（2）县域经济是一种行政区划型区域经济，是区域经济的一部分，县域经济属于区域经济范畴，和区域经济的特征一样具有协调性、联动性以及动态发展。县域经济是以县城为中心、乡镇为纽带、农村为腹地的区域经济。从行政区划来看，县域经济是以县级行政区划为基础的区域经济。

（3）县域经济具有一个特定的地理空间，是以县级行政区划为地理空间，区域界线明确。

（4）县域经济具有地域特色，这种地域特色与其地理区位、历史人文、特定资源相关联。

（5）县域经济是以市场为导向。县域经济虽然是在县级行政区划上形成的，有一个县级政权作为市场调控主体，但它又不同于县级行政区划，随着市场经济的发展，县域经济要突破县级行政区划的约束，在更大的区域内进

---

① http：//www. china – county. org/shisijie/zhongjunbaogao015. htm.

行资源配置,获取竞争优势。

(6)县域经济不同于国民经济,县域经济不能搞"小而全",要注重发挥比较优势,突出重点产业。

(7)县域经济体现的是城市经济、乡镇经济和农村经济并存的三元结构,核心问题是"三农"问题,即"农村、农业、农民"问题。

(8)县域经济是以农业和农村经济为主体,工业化、城镇化、现代化是县域经济的发展主题和方向。发展县域经济是实行全面小康的重要任务。

(四)县域经济发展的重要性

县域经济的概念起源于20世纪80年代~90年代后期,县域经济的理论研究开始逐渐走向成熟。县域经济具有相对综合而且独立的特点,在行政区划中也属于基础的层级。县域经济发展与城乡经济通过县域经济的核心"三问题",即"农村、农业、农民"问题紧密相互联系。县域经济重要性主要体现在:

(1)县域经济在国民经济中具有基础性的地位,是国民经济中具有综合性的基础单元。县域占国土面积的95%,经济总量占全国50%以上的水平,财政收入占23.6%,总的投资量占全国的1/3。[①] 我国人口约13亿,其中有9.3亿人口是农村户籍,从人口、土地、经济总量数据来看,县域经济是国民经济的重要组成部分,具有较为基础的作用。

(2)县域经济是民生经济,是乡村经济,是实现乡村全面振兴的重点和落脚点。县域经济是以县域为中心,乡镇为纽带、广大农村为腹地,是联系城乡经济的枢纽和桥梁,因此加快县域经济发展的步伐,是繁荣我国乡村经济,推动县域经济持续发展的重要举措,是解决我国"三农"问题的关键一步。

(3)县域经济发挥着承上启下的作用,连接城市与乡村,统筹城乡之间的发展关键环节。因此,县域经济发展直接与广大农民群众相联系,是把"农业、农村和农民"与经济紧密连接起来,是确保国民经济持续发展。

---

① http://cn.chinagate.cn/economics/2008-07/10/content_15987880.htm.

二、县域产业的内涵

（一）产业的地位和作用

产业是生产和经营具有密切替代关系的产品或服务的企业的集合。这些企业往往具有相似的生产经营技术、工艺水平、经营管理等基本特征。为国民经济提供产品或劳务的各行各业，从生产到流通、服务、文化、教育，再到部门、行业，都可以称为产业。产业是社会分工的产物，随着社会分工的出现而产生，随着社会分工的发展而发展。人类社会经历了漫长的农业社会，直到工业革命才开始进入工业社会，农业、工业、商业三大产业才真正形成。从此工业取代农业成为社会经济发展的主导力量。

产业的概念正是在工业化过程中，在产业革命发生、机器大生产出现时形成的。随着社会经济的发展，社会分工和专业化程度的提高，产业的内涵和外延才逐步扩大到三次产业，包括国民经济的所有部门。产业是企业的集合体，从经济现实看，任何一个企业总是在特定产业中生存和发展的，国民经济也是由各个具体产业构成，即大量的经济活动都发生在产业领域。哪里的产业发展得好，哪里的产业结构合理，哪里的经济就发展得好。

（二）产业经济的内容

产业经济属于中观经济，是企业的集合体，是国民经济的基础，国民经济的许多活动都发生在产业经济这个中观层次。

产业经济研究包括产业组织、产业结构、产业发展、产业政策几个方面的内容。其中，产业结构涉及农业发展、制造业以及战略性新兴产业的发展、文化产业、服务产业等第三产业的发展等。产业政策涉及政府对产业的导向和影响。从产业经济层面来，产业经济的发展影响着中国经济的发展速度、结构升级、动力转换，产业经济持续发展关系到中国经济是否可持续发展。

（三）产业结构和经济发展的关系

（1）产业结构优化是经济发展过程中必不可少的一部分。一个社会经济取得快速的发展不仅包括经济数量的增长，而且包括经济结构的改善和生活质量的提高，其中经济结构以产业结构为主。可见，产业结构的改善本身就是经济发展过程中的一部分。同理，产业结构的改善同样是意味着经济在不断取得发展，反之，社会经济的快速发展必然要改善一个地区产业结构的调整。

（2）产业结构状况是经济兴旺发达的重要标志。衡量经济发展水平的标准不是经济增长、规模扩张和数量增长，而是产业结构状况。产业结构转型升级和优化程度是衡量一个社会或地区经济发展水平的主要指标。

（3）产业结构优化是经济可持续协调发展的必要条件。社会经济要协调可持续发展，产业结构要具有合理性，数量比例要合理，投资与产出的关系要平衡，要满足社会再生产的条件。否则，必然会出现比例失衡、结构失衡、短缺和积压，即使是简单的再生产也难以维持。

（四）区域产业与区域经济的关系

区域经济发展的出发点是寻求稀缺区域资源的最优配置，进行帕累托改进，逐步发展到帕累托最优状态，以获得最佳的综合收益。区域经济协调发展是指在国民经济发展过程中，既要保持国民经济高效运行和适度增长，又要促进各地区经济发展，稳定区域内经济差异。区域经济是否发展、区域与区域之间经济是否协调发展，以及区域内部之间经济是否协调发展，关键是区域产业的发展，包括产业的布局、产业的选择、产业的结构等。区域产业是区域经济能够活跃发展的动力，是区域经济发展的"脊梁"。同时，区域产业也协调着区域与区域之间的经济发展，与区域内部的经济发展。一个地区，区域产业的布局，以及演变格局决定着该区域现在以及未来的发展环境，决定着区域未来的发展动力，在国内、国际中是否有足够的竞争力。区域产业合理布局能有效地解决我国区域经济发展的差距，减弱东部、中部、西部、东北区域发展及其不平衡的态势，同时也可以促进区域经济的特色化的发展，经济高质量的发展。相反，区域经济发达的地域也会推动这区域产业向更高层次的格局演进，区域产业的布局更加合理化，也使得区域产业发展更加有活力。

（五）县域产业的地位

1. 县域产业的定义

县域产业是指在县域范围内产业的发展、构成及相互关系。县域产业是县域经济的主要表现和支撑点，哪个县的产业发展得好，哪个县的经济发展水平就高，所以要想发展县域经济，县域产业的发展就成为首要考虑的问题。

2. 县域产业的作用

县域产业是县域经济发展的基础，是县域经济发展的动力源泉。县域经济发展，产业是关键，县域产业是县域经济发展的支柱。不同的县域产业集群，县域产业空间组织及县域支柱产业的选择都会影响县域经济的发展。

（1）县域产业是县域经济发展的重要保障。

县域产业是发展县域经济的重要推动力。县域经济是依托自身县域的资源禀赋，充分发挥区位、生态、文化、资源等自身优势，做强做优的特色经济。县域特色产业兴旺发展是县域经济发展的重要支撑，因此增强县域经济的动力，县域产业的高质量发展有助于县域经济的高质量发展，县域产业是县域经济稳定协调发展的重要保障。

（2）县域产业升级转型为县域经济发展提供活力。

我国整体经济进入新常态，国民经济的发展特点明显放慢，提质、增效、升级、转型，实现以上的国民经济发展目标依赖于县域产业的转型升级，县域产业的转型升级是我国县域经济实现高质量发展的重要途径。县域产业的升级转型涉及县域产业的高度化、县域产业的合理化、县域产业的信息化已经智能化，县域产业的转型升级为实现我国县域高质量的发挥提供了充足的内生动力，加强县域经济抵御风险的能力。

（3）县域产业发展是实现全面乡村振兴的关键一步。

县域经济的发展对于解决县域民生经济问题至关重要，因为县域经济是以农村为腹地的区域经济。县域经济是与"三农"密切相关的民生经济，县域产业是将农业、农村和农民与县域经济相连接的桥梁。实现乡村的全面振兴在县域、难点在县域，发展的潜力也在县域。目前来看，县域经济是国民经济发展的短板，补足县域经济发展短板，关键是解决县域产业如何发展，县域产业的发展不仅有助于县域经济的发展，还有助于乡村振兴战略的实现。

（4）县域产业是持续巩固产业扶贫成果的关键一步。

改革开放以来，我国县域的数量无论是从绝对数量还是相对数量来看，都呈现逐年减少的趋势，但县域依然是我国广大农民的聚集地，中国的农业生产活动主要在县域，中国农民的主要生活在县域，我国县域经济在本质上是乡村经济，民生经济，与"三农"问题紧密相连。因此，巩固精准扶贫成果，实现产业兴旺的主要对象是县域与农民相联系的产业，通过发展县域产业带动县域农村地域的经济提档升级，实现农村劳动力、县域独特优势资源合理配置。总之，产业扶贫与县域产业发展有机结合的思路是探索以县为单位，市场为导向，调整经济结构，整合当地资源，整村推进，连片开发，以产业发展带动农民增加收入，使县域贫困地域的人群由"输血型"向"造血型"转变。

3. 县域产业在县域经济发展中重要地位

发展县域经济重要途径是大力发展县域产业，实行合理的县域产业结构和生产力布局，包括合理的产业政策、生产力布局、生产力要素配置。发展县域经济应确立县域支柱产业，优化产业结构，产业立县，走产业化的经营道路。其中，县域支柱产业的建立不是盲目地发展高新技术产业，而是在现有特色产业基础上，依托县域传统产业基础上进行相关产业优化，充分发挥县域的比较优势，实现县域经济的发展。

（六）县域产业发展路径选择

县域产业对县域经济的推动，越来越受到人们的重视。关于县域产业的选择，有几种思路。

1. 优先发展农业和农产品加工业

县域内产业多数是农业，可以优先发展农业，加快农业产业化的进程，依托县域特色，发展渔业、畜牧业、养殖业等，形成有县域特色的主导产业，并以此为基点，带动三次产业的发展，从而提升县域经济。

2. 立足特色产业

特色产业具有明显优势，具有很强生命力和竞争性。县域要根据自己的资源禀赋因地制宜发展具有特色优势的产业。

3. 选好支柱产业

发展县域经济，关键是培植优势产业，结合县域实际情况发展特色产业，调整产业结构，选择两三个支柱产业，把实现产业规模，打响产业品牌。

4. 做好传统产业升级

在县级主要发展传统产业，而不是盲目追求高新技术产业、新兴产业。但是，发展传统产业就要引进现代技术改造传统产业，不断创新。

5. 实现县域产业的一二三产业融合发展

大力发展农业现代化，发展农产品加工产业，实现第一产业和第三产业的融合，大力发展观光农业和乡村旅游。

第三节　区域经济理论与县域经济发展

本部分阐述与县域经济发展相关的区域经济理论，探讨县域经济发展的理论基础。

一、区域经济理论溯源

区域经济学是一门研究区域经济发展方法与理论的应用经济学，是 20 世纪 50 年代在经济学与生产力布局学、地理学的基础上发展起来的一门新兴学科，已经建立起自己的理论体系与研究方法。

区域经济学最早源于古典区位理论，主要研究个人或企业的区位决策问题。1826 年，杜能出版《孤立国同农业和国名经济的关系》一书，最早提出了区位问题，他认为农场与城市距离的不同，会导致农业成本因空间上的差异而形成阶梯性的地租，揭示了产业位置、土地利用与地租三者之间的关系。然而，杜能一系列的假定并不符合实际情况，农业生产的自然条件也是千差万别的。

德国经济学者阿尔弗雷德·韦伯作为工业布局理论的创始者，其《工业区位论》主要研究成本和运输费用，认为工业的最优区位应选在运费最低点，因此韦伯的区位理论又称"最小运输成本理论"。

20 世纪 30 年代初，西方资本主义国家面临经济衰退，经济繁荣的地区逐渐转变为经济萧条的区域。面对这种世界性的经济危机，一些国家提出从区域的角度研究经济的发展，但由于各种因素的限制，并未上升到对区域经济的理论研究。"二战"后的几十年，国与国之间、区域与区域之间的经济发展差距逐渐增加，这种状况引起西方学者的重视。面对这种区域间的经济两极分化日益增加、失业率的上升，美国、法国、德国以及日本开始制定国家干预的政策，帮助落后地区经济的发展，目标实现由不平衡发展到平衡发展的追求,建立地区间合理分工协作的综合优势经济结构,促进区域经济理论的发展。

二、区域经济增长理论

(一)平衡发展理论

在哈罗德—多马新古典经济增长模型理论中对于经济的增长强调均衡发展理论。平衡发展理论认为各部门各地区之间生产要素是相互依赖的,不能仅仅对某一部门或地区进行投资。如果仅对某一个部门单独的投资会影响其他部门或地区的发展。所以,在经济社会发展过程中,主张左右的部门都应该均衡发展。其中主要有罗森斯坦—罗丹的大推进理论与纳克斯的平衡增长理论。

1943 年,在《东欧与东南欧的工业化问题》一书中,罗森斯坦—罗丹提出大推进理论,主张发展中国家各个工业部门需要同时均衡发展的一种理论。要想使发展中国家突破贫困的恶性循环,应该在国民经济体系中进行大规模的投资,让国民经济各部门能够全面发展。罗森斯坦—罗丹指出经济发展的关键是要形成工业化,工业化的形成需要大量的资本,分散的、小规模的资本不能形成适合经济大规模发展的氛围。因此提出应该同时在多个工业部门中进行大规模的投资,相互之间创造需求,产生外部效应与规模经济效应。

1953 年,纳克斯在《不发达国家的资本形成问题》一书提出落后贫穷的国家或者地区需要解决"贫困恶性循环"理论,需要国民经济多个工业部门进行大规模的资本投入。两种基本的恶性循环第一个是人均收入低导致需求不足和市场狭小、人均国民收入低,第二个是收入低、储蓄低、投资低、资本不足、劳动生产率低收入低。打破恶性循环,首先就需要有足够的资本,突破资本的约束,能够解决资本问题的关键是解决有效需求不足的问题。根据萨伊定律,在广大范围的各工业部门同时投资,平稳地增加产量,市场就会扩大,需求弹性能够提升,从而能够摆脱恶性循环。罗森斯坦罗丹大推进理论和纳克斯的平衡增长理论都强调各地区生产力的均衡分布,各部门协调发展,最终实现区域经济的协调发展。

（二）不平衡发展理论

1. 增长极理论

法国经济学家弗朗索瓦·佩鲁（Francois Perroux，1950）提出增长极理论，该理论的主要观点是首先在经济较发达地区形成增长极，然后带动周边地区的经济发展。增长极的主要作用体现在三个方面。第一是区位经济。区位经济是由于从事某项经济活动的若干企业或联系紧密的某几项经济活动集中于同一区位而产生的。区位经济是通过互补或生产密切相关的产业相互集中，凭借自身地理位置优势而获得较多的经济效益。第二是规模经济。规模经济的产生能够节约区域或企业内部的生产成本，降低管理成本、减少广告费的支出和非生产性支出的费用，让产品边际成本降低，进而使劳动力的生产效率提升。第三是外部经济。外部经济对增长极产生有利的影响。经济活动在一定范围内的集聚会使周围的厂商以较低成本获得相应的技术知识或者产品劳务，从而降低自身的生产成本，增加整体的利益。

2. 循环累积因果理论

缪尔达尔（Gunnar Myrdal，1957）提出了循环累积因果理论，该理论认为市场力量的作用一般趋向于强化区域间的不平衡，在经济发展的过程中，会产生回流效应和扩散效应。回流效应经济发展落后地区的资源会流向经济发达地区，进一步加剧落后地区的贫穷；扩散效应指经济发达地区的资本流向经济落后地区，促进落后地区的经济的发展。总之，理论认为经济发展最初是从一些较好的地区开始，在初始优势的区域将会累积各种自然资源，通过不断积累促使该地区经济超前发展，最终导致增长区域和滞后区域之间发展差距越来越大。

在经济发展过程中更容易产生回波效应，产生扩散效应时，落后地区资源会更加贫乏，更加制约当地经济的发展，因此缩小区域之间的发展差距，促进区域经济的协调发展，需要政府有效干预，这一理论对于发展中国家解决区域经济发展不平衡问题具有重要的指导作用。

3. 赫希曼不平衡增长理论

美国经济学家阿尔伯特·赫希曼（Hirschman，1958）在《经济发展战略》一书中提出了不平衡增长理论。该理论的核心内容主要包括三大部分，分别是"引致投资最大化""联系效应"和优先发展"进口替代工业"。不平衡增长理论由于经济发展落后地区缺少资本，所以应该发展具有带动性的产业进行投资，最后通过产生的规模效应或者外部经济效应带动相关部门的经济发展，通过具有带动性的部门投入有效额解决资本不足的问题。赫希曼将经济发展的路径看作由主导部门链接落后地区，通过选择若干战略部门投资，解决资本不足的问题，然后创造发展机会。另外，他还从现有资源的稀缺和企业家的缺乏等方面对平衡增长理论进行了批评，指出其不可行性。他肯定了大规模投资对促进经济发展的重要性，但强调如何使投资得到有效的利用。在如何选择优先进行投资的部门的问题上，赫希曼批评了当时占统治地位的哈罗德一多马模型（Harrod – Domar model），认为经济的发展并不主要取决于资本形成，而是取决于现有资源并最大限度地发挥其效率的能力，进而指出在国民经济中，各产业、部门之间存在着某种关系，即"联系效应"（context effects），分为前向联系和后向联系。

4. 核心—边缘理论

在 1966 年，美国地理学家弗里德曼（Friderman）在《区域发展政策》一书中提出了核心—边缘理论，该理论已经作为经济落后国家研究空间经济的重要且有力的分析工具。核心边缘理论主要是在解释如何由互相不关联、相互孤立、不平衡发展转变为相互协同的均衡发展的区域系统。

弗里德曼根据熊彼特的创新思想提出了空间极化理论，认为基本的创新群通过积累最终能够集成大规模的创新系统，经济发达的地区具备创新的基础，对经济社会的发展具有支配的作用，经济发展落后的边缘区发展更多是依赖核心区域的发展，与核心区的地域子系统，具有依附的关系。

弗里德曼非常重视核心区在空间系统中的作用。他认为，核心区是空间系统任何网络结构的核心节点，空间系统可以有全球级、大陆级、国家级、地区级和省级。核心区主导周边地区重大决策的核心系统之一具有决定性意义，因为它可以决定区域内空间系统的存在和运行效果。任何特定的空间系统都可能有多个核心区，特定核心区的区域范围会随着相关空间系统的自然规模或范围而变化。

5. 梯度转移理论

梯度转移理论认为，产业结构的状况决定了区域经济的发展，然而地区的经济部门决定产业的状况，特别是其主导产业在工业生命周期中所处的阶段。如果其主导产业部门由处于创新阶段的专业部门所构成，这些部门能够给该区域发展带来较快的发展潜力，将该区域列入高梯度区域。梯度转移理论认为，创新活动是决定区域发展梯度层次的决定性因素，高梯度地区的创新活动作为活跃。随着时间的推移及产品生命周期阶段的变化，该项产品生产活动会逐渐从高梯度地区转向低梯度地区，而这种梯度转移过程主要是通过多层次的城市系统扩展开来的。

因此，梯度转移理论主张加快发展经济发达地区，根据产品所处的不同生命周期，生产要素不断向欠发达地区的转移来带动落后地区的经济发展。梯度推进理论也有一定的局限性，主要在于实践中容易扩大地区间的发展差距，梯度转移理论忽视了高梯度地区有落后地区，落后地区也有相对发达地区的事实，经济发展的区域梯度都是人为设定的，可能把不同梯度地区发展的位置凝固化了，使发达的地方更发达，落后的地方更落后，进一步扩大了区域的发展差距。

不平衡发展理论对县域经济实践指导意义。不平衡理论注重经济效率，把其放在区域布局的首位，注重率先发展增长极，通过集中资源实现某一区域的经济快速增长，然后通过经济发达的区域以此带动经济落后区域的发展。不平衡发展理论在制定我国县域经济发展战略时具有重要意义，应用范围较广。第一，我国县域经济具有不平衡发展特征，认识到县域间不平衡的现实，条件好的地方应较快地发展起来，根据产品的生命周期处于不同的阶段，从而带动落后地方经济发展。第二，不平衡发展理论有较强的适应性。无论是发达地区还是不发达地区，经济发展水平都具有一定的差异性，特别是不发达地区，经济发展水平和条件往往呈现出梯度性，因此县域可以根据自己实际情况，通过经济发展水平由高到低，具有梯度性的实现县域经济战略布局，实现县域经济的振兴。

第四节　产业经济理论和县域产业发展

一、产业结构演变理论

产业结构演变理论是以产业之间的技术经济联系及其联系方式为研究对

象，寻求最优的经济增长途径为目的的应用经济理论。产业结构演变规律主要是由低级到高级再到产业结构的合理化。

（一）配第—克拉克定理

英国古典经济学创始人威廉·配第在其 1690 年出版的名著《政治算术》中研究了英国、法国、荷兰的经济结构及其形成的原因和政策，指出"工业的收益比农业多得多，而商业的收益又比工业多得多"，不同产业间相对收入差异，促使劳动力向高收入的产业转移，这种转移对经济发展有利，威廉·配第初步揭示了工业和商业的比重会扩大的趋势。1940 年，克拉克以配第的研究为基础，对 40 多个国家的和地区在不同时期三产业劳动投入产出资料进行整理和归纳。进一步总结了产业结构变迁的规律。后人则把配第和克拉克的研究成果并列起来称为"配第—克拉克定理"。克拉克认为，随着经济不断发展以及人均国民生活水平的不断提升，劳动力会在产业之间发生转移。劳动力会由第一产业转移至第二产业，当人均国民收入不断提升的时候劳动力会继续转移，由第二产业向第三产业转移。从横向比较来看，也能得出相互类似的结论。人均国民收入水平高的国家，第一产业相关的劳动力占该国家劳动力的比重相对较小，而第二、第三产业中劳动力占的比重相对较大；反之，经济发展落后的国家，农业劳动力的占比占全部劳动力的占比较大，第二、第三产业中劳动力的占比则比较小。该理论也指出劳动力在产业之间转移的原因，分析主要是从三次产业的特征出发，第一产业主要是为人们提供生活的必需品，随着人民收入的不断提升，人们会减少生活必需品的支出比例，从而间接减少对第一产业农产品的需求。同时，随着生活技术水平进步与进一步地提升，也会相应减少对劳动力的需求，剩余的劳动力也会向第二、第三产业转移。第二产业主要是制造业，消费结构的变化随着收入变化具有较大的弹性。随着投资的增加，技术进步，消费支出用于耐用品的支出比重是不断上升的，对劳动力的需求也不断增加。第三产业劳动力相对比重上升的主要原因是服务业与信息产业发展。因为人们生活水平的提升，开始注重多元化的非物质文化的消费，导致大量的劳动力去满足这种消费结构的变化的趋势。

（二）库兹涅茨定理

20 世纪 40 年代，美国经济学家库兹涅茨对产业结构做出了进一步的探讨，将三次产业分为"农业部门""工业部门""服务部门"，收集和整理了20多个国家数据，分析国民收入与劳动力在产业间的分布，通过时间序列与横截面分析，认为农业部门创造的国民收入占全国国民收入的比重与农业占全部劳动力的比重在逐渐下降，农业劳动力相对比重的减少，反映出农业的产出也在减少，这也是一个国家发展过程中存在的普遍现象。工业部门取得的国民收入的相对比重总体呈现稳定上升的趋势，然而，工业部门的劳动力相对比重并没有表现较大的变动，反映出工业化达到一定的发展水平后，第二产业并不能够吸收大量的劳动力，但在一个国家的经济发展过程中，第二次产业在国民收入的增长是具有较大贡献的。服务业部门的劳动力比重在大部分的国家都呈现上升的趋势，大体上来看，第三次产业具有很强大的吸纳劳动力的特性。一般在工业化先进的国家里，第三产业的规模最大，无论劳动力还是国民收入的比重都超过一半。

（三）霍夫曼定理

德国经济学家霍夫曼对工业化过程的工业结构演变规律做了开拓性研究，1931年霍夫曼出版了《工业化的阶段和类型》，他对第二产业内部结构的演变规律做出更深层次的探讨。霍夫曼对20个国家时间序列进行分析，注重分析制造业中消费资料工业与资本资料工业之间比例关系。该比关系用公式表现为消费资料工业净产值和资本资料工业净产值之比。根据霍夫曼比例，将工业化划分为四个阶段。工业化的第一个阶段是消费资料工业在制造业中占据主导地位，资本资料工业还不发达；第二个阶段，资本资料工业取得较快的发展，消费资料工业的规模比资本资料工业的规模要大得多；第三个阶段，消费资料工业和资本资料工业的规模处于相同的发展水平；第四个阶段，资本资料工业的规模要大于消费资料工业的规模。

霍夫曼定理也有一定的不足：一是仅仅从工业化内部比例关系分析工业化过程是不全面的；二是忽略了各国之间产业发展的生产率的差异。另一些学者认为，资本资料与消费资料之间是较难划分的，用75%以上划分消费资料与工业资料的归属在行业内也是很难确定的。

二、产业结构调整理论基础

（一）比较优势理论

以"绝对优势"理论为基础，创立了比较优势理论。它是国际贸易理论的基础和核心。绝对优势是国际分工和国际贸易原因。生产技术的差异将导致劳动效率与生产成本的绝对差距。因此，贸易方应当进口不具有绝对优势的产品，生产和出口具有绝对优势的产品。不过，李嘉图进一步指出，每个国家应该主要集中精力生产具有"比较优势"的产品。他认为，国际贸易的基础并不局限于生产技术的绝对差异。只要国与国之间在生产技术上存在相对差异，就会出现生产成本和产品价格的差异。因此，不同国家的不同产品具有比较优势，使国际分工和国际贸易成为可能。李嘉图的比较优势理论从另一个维度弥补了绝对优势理论。20世纪初，俄林和赫克歇尔进一步提出了要素禀赋理论，以弥补比较优势理论的不足。

（二）要素禀赋学说

要素禀赋理论是指狭义的赫克歇尔—俄林理论，又称要素比例理论。这一理论的基本思想是，地区或国家之间生产要素的差异是其分工和贸易的主要原因。该模型认为资本、土地等生产要素与劳动力一起在生产中发挥着重要作用，影响着劳动生产率和生产成本。同时，从生产要素比重的差异而不是生产技术的差异来解释生产成本和商品价格的差异，从而解释比较优势的产生。不同的商品生产需要不同的生产要素配置，不同国家生产要素的存款准备金率和资源禀赋也不同，这是国际贸易的基础。即资本充足的国家出口资本密集型产品，进口劳动密集型产品。劳动力丰富，许多出口劳动密集型产品，进口资本密集型商品。他们充分发挥了各自的比较优势，满足了彼此的需要。实质上，比较优势理论和要素禀赋理论是以国际贸易为例发展起来的，用来解释国际分工和资源的合理有效配置。

三、产业布局理论

(一) 农业区位理论

1826 年，德国农业经济学家杜能在《孤立国同农业和国民经济的关系》一书中指出：假定国土均属平原，运输工具为马车，平原中央的唯一城市是全国农民购买产品、销售农产品的市场。他认为，在农业布局上，并不是哪个地方适合种什么就种什么，由于农场与城市距离的不同，会导致农业成本因空间上的差异而形成阶梯性的地租，因此级差地租影响农业的土地的分配格局。根据特定农场根据距离城市的远近，他设计了孤立国六层农业圈。

杜能的孤立国六层农业圈假设在一个土地和资源分布均匀的孤立乡村，在相同的自然、交通和技术条件下，只有围绕中心城市的马车，各地的农产品净收入是由各地与中心城市的距离所带来的运价差决定的。这样农产品的净收入就变成了市场距离的函数。第一层叫自由农业区，主要生产易腐蔬菜、鲜奶等食品；第二层是林带，为城市提供木柴和木材；第三～第五层，以农业与粮食生产为主，不过呈现集约化逐渐降低的发展趋势；第六层是广阔的畜牧业带，最外面是荒芜的郊区。

虽然杜能假定的国土资源均匀分布，运输工具仅马车的孤立国不存在，但揭示了产业位置、土地利用与地租三者之间的关系。其理论意义在于阐明农产品市场的距离对农业生产集约度和土地利用类型（农业类型）的影响，并首次以土地利用方式（或农业类型）来确定区位呈现出一定的客观规律性和区位之间优势的相对性。圆层结构理论在实践中被广泛应用于不同层次、不同类型的空间布局规划中。20 世纪 60 年代，赫施曼、威廉和弗农在不平衡理论和工业生产生命周期理论的基础上提出了梯度转移理论。梯度推移理论在圈层结构理论的基础上进一步拓展，认为产业跨区域产业转移是不同区域或层次由高到低的转移，因为人力资本的上升和差别租金导致生产成本的上升和收入。

(二) 工业区位论

20 世纪初，德国经济学者阿尔弗雷德·韦伯发表了《工业区位理论：区位的纯粹理论》，假定政策、政治制度、技术、气候等实际因素与特殊因素以及地价、房价等普通因素都不起作用，主要关注运输成本与工资对工业区位的影响。主要是研究成本和运输费用为内涵的工业区位理论，提出了区位因子体系，认为工业的最优区位应选在运费最低点，工业区位随着工业的发展以及经济增长而转移，因此韦伯的区位理论又称"最小运输成本理论"。在 1914 年，阿尔弗雷德·韦伯发表的《工业区位理论：区位的一般理论及资本主义的理论》中针对工业区位的问题和资本主义国家人口的集聚进行了综合分析。

韦伯理论的中心是由生产地的区位因素决定，工厂所在地位于生产成本最低、节约成本最多的地方。韦伯根据适用于所有工业部门的一般区位因素和仅适用于某些特定行业的特殊区位因素对区位因素进行了分类，如纺织业的空气湿度、食品加工和制造业的易腐性，最后确定了三个一般区位因素：运费、劳动力成本、集聚与分散。韦伯将此过程分了三个阶段：第一阶段，工业生产是加工生产中最有利的货运区位，即每个地区基础产业的区位网络由货运第一区位因子勾勒出来；第二阶段，第二局部区位因素劳动力成本首先对网络进行修正，使工业生产区位从最低运费导向最低劳动力成本。第三阶段，单独的力量（凝聚或分散）形成的集聚或者分散因素改变了基础网络，使工业生产地位从最低的货运量向其他地方集中（分散）。

勒施（1946）提出市场区位理论，他认为市场的利润是决定区位的关键因素，企业也一定会找到属于自己的利润最大化的点。胡佛（Hoover，1931，1948）在《区位理论与皮革制鞋工业》和《经济活动的区位》两本书中基于韦伯的工业区位理论进行修改，他认为运输成本费用要从线路运输费用与站场费用考虑，大城市工业集中的重要原因之一是企业布局交通线路的终点优于交通线的中间区位。但这时期的区域经济学研究主要是在微观层面。

（三）柔性生产方式的核心区位理论

柔性生产方式的核心区位理论主要有两个理论基础。一是产品周期理论，二是柔性专业化理论。在产品生命周期理论中，随着产品与生产技术的周期变化，从而影响产业区位的选择。

20 世纪 80 年代，形成以弗农（Vernon R）和梅尔奇克（Melciki E J）代表的主要是以柔性生产方式为核心的区位理论，认为产品的生命周期可以分为研发阶段、增长阶段、衰退阶段，或也可以分为较长的产品生命周期与较短的生命周期，不同的生命周期阶段对应不同的区位特征。例如产品在研发阶段，产品的产业区位大多位于大城市的中心，产品大量生产阶段产业区位于靠近城市的郊区，产品的衰退阶段产业的区位位于非城市的区域。产品的生命周期短，产业区位越靠近大城市的中心，因为这种产品要不断进行技术的革新，获得竞争力的优势。

在柔性专业化理论中，解释了之前的相关区位理论不能解释的专业化中小企业的区位特点，主要表明了多品种小数量生产方式的中小企业区位特征。由于自身的特点，柔性专业化企业为了减少企业经营风险以及面临的不稳定性，往往重视企业间的相互合作，最终的结果形成马歇尔产业地区的空间形式。

产业结构理论对县域产业发展具有一定的指导意义。通过对产业结构以及产业结构调整理论以及对产业布局理论的梳理，能够看出县域产业的发展可以依据产业结构以及产业布局等理论基础。我国县域面临的资源禀赋不同，地理区位、交通条件等不同，会形成不同的县域类型如资源型县域、农业县域、服务业型的县域等，县域产业要结合自身的特点运用产业经济理论，即产业布局、产业结构、产业结构调整等基础理论，发展我国的县域产业。如科学合理的产业布局是实现县域经济发展的有效手段。我国县域数目多，同样县域类型也多，如资源型、贸易型以及出口型等，合理的产业布局与区位的选择能够给县域带来更多的活力，增强县域产业的稳固性，增强县域经济发展的持久动力，使县域产业的发展更加具有活力。我国的县域占据全国大部分领土，每个县域的经济发展都需要结合当地的实际县域产业的发展状况，依托当地的资源发展条件，不同的产业布局对我国县域经济的发展具有重要的意义。

第五节　高质量发展与县域产业发展高质量

高质量发展和县域产业优化升级目标一致，是县域产业发展的方向。

一、高质量发展的内涵

党的十九大报告指出，我国经济已经从高速增长阶段转向高质量发展阶段。现阶段，中国社会的主要矛盾是人民日益增长的美好生活需要和不平衡不充分的发展之间的矛盾。高质量发展是立足中国国情的。高质量发展的本质和内涵是发展理念、增长方式、发展动力、资源配置和"道路创新"的转变。它不仅是产品的高质量，更是"中等收入"条件下经济增长方式的转变，是主要矛盾条件下经济发展观念的转变。

从我国经济高质量发展的角度看，高质量发展是一种经济发展方式、结构和动力的状态，能够不断满足人民群众的现实需要。经济高质量发展的第一步，就是要认清新的发展理念；第二步，坚持质量第一、效益第一；第三步，以供给侧结构性改革为主线；第四步，供给体制和产业结构向中高端发展；第五步，国家经济创新竞争力不断增强；第六步，满足人民日益增长的美好生活需求的要求，从经济政策演变、产品生产、产业结构等方面对经济活力进行全面阐述。

从"新发展观"看，高质量发展是一种更公平、更高效、更高水平、更可持续的发展，是从规模的"量"向结构的"质"的转变，是从"有"向"好"的转变，同时，高质量发展体现了新的发展观，创新是第一动力，协调是内生特征，绿色成为普遍形式，开放成为必由之路，成果共享是根本发展。微观层面的高质量发展是产品和服务满足消费者的需求：一是落实新发展理念，二是提高经济投入产出效率，三是强化经济风险控制意识，四是应对突发事件能力。

高质量的内涵是从不同层面总结出来的，但总的方向是一致的。第一，基本宗旨是满足人民生活的需要；第二，创新、协调、绿色、开放、共享的新发展理念紧密结合；第三，高质量创新是提高综合效率的根本动力；第四，从微观产品层面和宏观产业结构和效率层面，对流通、流通和需求提出了更高的要求。

二、高质量发展的体系

推动高质量发展，必须建立适合高质量发展、引领高质量发展的指标体系。一方面，有利于为高质量发展提供客观标准和参考体系，明确高质量发展的概念。另一方面，有利于区县间高质量发展的评价，为高质量评价提供参考。最后，有利于最终判断各地区的发展、高质量发展趋势，有针对性地解决高质量发展过程中存在的问题。

高质量发展指标体系分为六个方面：动态变化指标、产业升级指标、结构优化指标、质量变化指标、效率变化指标和民生指标。我们还可以从经济活力、创新效率、绿色发展、人民生活、社会和谐等方面构建高质量的发展指标。基于对高质量发展的认识，构建高质量发展指标体系可以突出以下三个方面的评价指标体系。

（1）反映经济结构和产出效率的指标，提高生产要素效率。经济结构主要是调整高质量发展的主攻方向，为推进产业结构的优化升级，应注重先进制造业、生产性服务业、高新技术产业产值占比，提高制造水平。产出效率指标是速度规模向质量效益转型的要求，提升产出效率，应注重人均 GDP、劳动生产效率、居民收入、规模以上工业亩均增加值等指标衡量，将区域发展的立足点由 GDP 的衡量转向高质量的效益。

（2）体现以人民为中心，提高生活质量和幸福感的指标。一方面是人民的幸福感，反映发展的共享成果，主要指标有居民收入增长率、基尼系数、恩格尔系数、失业率、城乡基本养老保险、城乡基本医疗保险覆盖率。另一方面是绿色生态，绿色生态反映的是生态环境的改善和资源的利用效率，应注重考察土地的资源利用效率、能源利用效率、碳排放量以及循环利用程度，以促进节约资源和保护环境的空间格局。

（3）体现我国经济活跃程度的指标。经济的活跃程度是高质量发展的保障，是实现高质量发展的动力。经济的活跃程度表现在科技创新与开放合作方面。创新是引领高质量发展的动力，对于科技创新的指标衡量有企业研发机构和企业研发投入、产业技术创新中心、自主知识产权、品牌、关键核心技术等，推动区域的不断转型。在开放合作方面，开放是高质量发展的必由之路，提升开放水平，应重视国际的合作、引进先进的技术在创新、出口产品的质量与附加值、贸易比重等指标，促进国内与国际两个市场的发展。

三、县域产业高质量发展

1. 县域产业高质量发展内涵

县域产业的高质量发展是高质量内涵要求的一部分，高质量发展包括县域产业的高质量发展。高质量发展的内涵可以概括为六个方面：第一，落实新的发展理念，即创新是第一动力，协调是内生特征，绿色是普遍形式，开放是必由之路，共享是根本宗旨。第二，坚持质量第一、效益第一的原则，向现代经济制度发展迈进。第三，供给侧结构性改革是发展红线，是质量变革、效率变革和权力变革的有效发展。第四，供给体系和产业结构向中高端发展，实现总供给、总需求和结构的动态平衡发展。第五，国民经济创新能力和竞争力显著增强。第六，更高效、更公平、更可持续的发展，能够满足人民日益增长的美好生活需求。

我们对高质量内涵的理解是从高质量经济发展的角度出发的。因此，它间接要求县域产业动力转换、结构调整和质量优先，要求县域产业实现高质量发展。

2. 县域产业高质量发展的重要性

县域产业要实现高质量的发展，必须将发展的着力点与落脚点放在县域产业调整上，以供给侧结构性改革为主线，加快县域产业的高质量的发展。从经济高质量发展的视角来看，目前，县域产业的发展成为制约县域经济高质量发展的关键短板。例如，我国县域产业面临长期处于"不大不强不优"的发展格局、产业布局相对分散、重大产业建设断档、产业链条短、产品附加值低等问题。一系列产业问题制约着县域经济的发展，县域经济缺少快速发展的动力，然而，这一系列的产业问题，都需要高质量的发展理念来解决，即实现县域产业高质量的发展。突出县域产业高质量发展的特色，立足资源禀赋、产业基础、区位特征，聚焦产业突出的矛盾和关键环节，实现县域产业换挡升级。

3. 县域产业高质量发展的指标体系构建

构建县域产业高质量发展的指标体系，是判断县域产业高质量发展的主要评判标准。除了要准确理解和把握高质量发展的内涵，还要关注产业高质量的内涵。

构建县域产业高质量发展的评价指标体系，要注重三次产业结构占比，充分把握高质量内涵，并作为依据。

县域产业高质量发展内涵深刻、意义深远，县域产业发展是县域经济发展的核心内容，县域产业高质量发展主要是县域产业的升级发展，即县域产业的合理化和高度化发展，既包括农业高质量发展，也包括农业与其他产业协调发展；既表明县域第一产业高质量发展，也体现县域第二、第三产业高质量发展；既包括三产的高度发展，也包括三产的融合发展。三者的相互协同深刻阐述了乡村振兴战略中"产业兴旺"。

县域产业发展指标体系的构建，为了更好地贯彻执行乡村振兴战略，进一步从实证角度探究县域产业发展的水平，从县域第一、第二、第三产业发展的内涵出发，深入探究各个产业的发展水平，最终综合评价县域产业高质量发展水平。产业发展层次下包含产业产值、产业增加值、产业从业人员比重等十项具体指标。

县域产业高质量发展的指标体系的构建将能更好地贯彻乡村振兴战略，实现县域产业的升级发展。

第二章

乡村振兴与县域产业高质量发展的互动机制

2021 年中央一号文件提出要做大做强县域经济，发展主导产业，承接产业转移，推进乡村现代化建设的进程。2022 年中央一号文件对乡村振兴战略做出进一步筹划，提出聚焦产业促进乡村发展，大力发展县域富民产业。2023 年中央一号文件进一步提出要培育壮大县域富民产业，完善县乡村产业空间布局，提升县域产业承载和配套服务功能。县域作为连接城镇和乡村发展的关键节点，在推动城乡经济协同发展，承接城市产业转移、布局乡村产业结构，缓解城乡发展不平衡等方面发挥着重要的作用，在乡村振兴方面也发挥着重要的作用。而县域产业的兴旺关乎着县域经济的发展水平，只有深刻认识乡村振兴与县域产业之间的关系，才能推动城乡融合发展，实现城乡共同富裕。在推动县域产业高质量发展的同时，实现乡村振兴。与此同时，县域产业发展也要紧紧把握住乡村振兴战略提供的机会，将乡村振兴战略提供的政策福利落实到位、利用充分，以强县富民为主要目标，以改革为助力，通过城乡协同发展，找准县域产业在区域产业中的位置，充分发挥县域产业的优势特点，推动县域产业的战略性、全局性布局，助力乡村振兴。由此可见，我们要充分认识乡村振兴与县域产业发展的关系，促进县域产业高质量发展，推动城乡融合发展，更好推进农业农村现代化。本章主要研究乡村振兴与县域产业融合发展的互动机制，为促进县域产业向高级化和合理化发展，深入实施乡村振兴战略提供理论基础。

第一节 乡村振兴战略的提出和产业要求

一、乡村振兴战略的提出

乡村振兴战略是习近平总书记于 2017 年 10 月 18 日在党的第十九次全国代表大会中第一次提出的。党的十九大报告指出，农业、农村、农民、问题，即"三农"问题是关系国计民生的根本性问题，必须始终把解决好"三农"问题作为全党工作的重中之重，实施乡村振兴战略。近年来乡村振兴战略系列纲领性文件如表 2.1 所示。

表 2.1   **近年来乡村振兴战略系列纲领性文件**

时间	主要文件
2018.01.02	《中共中央 国务院关于实施乡村振兴战略的意见》（2018 年中央一号文件）
2018.05.31	《国家乡村振兴战略规划（2018—2022 年）》
2018.09	《乡村振兴战略规划（2018—2022 年）》
2019.06.17	《国务院关于促进乡村产业振兴的指导意见》
2021.02.21	《中共中央 国务院关于全面推进乡村振兴加快农业农村现代化的意见》（2021 年中央一号文件）
2021.04.29	《中华人民共和国乡村振兴促进法》
2022.02.22	《中共中央 国务院关于做好 2022 年全面推进乡村振兴重点工作的意见》（2022 年中央一号文件）
2023.02.14	《中共中央 国务院关于做好 2023 年全面推进乡村振兴重点工作的意见》（2023 年中央一号文件）

2018 年中央一号文件指出：到 2020 年，各地区、各部门、各乡村基本规划出乡村振兴的政策制度框架和体系，对具体思路举措做出筹划；到 2035 年，乡村振兴取得决定性进展，农业农村现代化基本实现；到 2050 年，乡村全面振兴，农业强、农村美、农民富全面实现。[①]

2021 年中央一号文件指出：要构建现代乡村产业体系，把产业链主体留在县城，立足县域布局特色农产品产地初加工和精深加工，建设现代农业产业园、农业产业强镇、优势特色产业集群。推进农村一二三产业融合发展示范园和科技示范园区建设。到 2025 年创建 500 个左右示范区。

2022 年中央一号文件对乡村振兴战略提出了进一步的要求。文件提出要聚焦产业促进乡村发展，持续推进农村一二三产业融合发展，要大力发展县域富民产业。支持大中城市疏解产业向县域延伸，引导产业有序梯度转移。大力发展县域范围内比较优势明显、带动农业农村能力强、就业容量大的产业，推动形成"一县一业"发展格局。

2023 年中央一号文件进一步提出要举全党全社会之力全面推进乡村振兴，加强农业现代化。

二、乡村振兴战略的产业要求

（一）培育特色产业

1. 培育特色现代种养业

通过创新生产形式，产业链上下游融合，不断提高种养业产品质量，推动农产品生产、畜禽养殖向规模化、标准化、绿色化等方向发展，为农民创收增收。保障粮食的有效供给，结合地方特色发展特色种养业，加大对农产品从生产、加工到销售等全过程的方式创新，通过农田特殊保护制度助力标准农田建设。加强对畜禽养殖业疾病疫情防控能力的监督，推动奶业、渔业、林业转型升级。结合各地区资源环境特色，多种类多方式发展当地特色现代种养业，加强对当地特色种养业挖掘。鼓励乡村建设工厂、产品车间等基础

① 2018 年中央一号文件公布全面部署实施乡村振兴战略_滚动新闻_中国政府网（www.gov.cn）：http://www.gov.cn/xinwen/2018-02/04/content_5263760.htm.

设施，支持当地特色种养业向集约化、规范化方向发展。

2. 培育特色加工流通业

依据地区特色发展特色农产品加工业，鼓励农民通过农村合作社、农场等方式对农产品进行初加工，鼓励有条件的乡村建立一批加工强县和精加工基地。加深产品生产业与下游流通业融合，建立一批集农产品生产、批发、销售于一体的大型市场的建立，加大对基础物流、冷链物流基础设施的投入，构建物流网络。

3. 培育特色第三产业

加大对特色农产品、特色手工业品等的挖掘积极倡导对乡村特色传统文化、非物质文化遗产的继承和发扬，加大对传统工艺、传统文化的保护。根据农村自然资源特色开发特色旅游项目，鼓励农村建立设施齐全、功能完备的旅游度假村，鼓励农民参与民宿、康养基地的建设，建设一批美丽休闲乡村、乡村旅游重点村；加强对乡村服务业的改造，加大对农村传统商店、集市等改造，完善生活性服务业的建设；加大投资，促进农村电子商务的发展，推进农村物流网点的建设。

（二）优化产业布局

加强县域对乡村的统筹，合理规划产业分布，促进从县城到乡镇到农村的层级分工，协调三者功能有机衔接。发挥中心乡镇在县城和农村之间的节点作用，以县城发展带动乡镇进而带动乡村产业发展，支持发展速度快、发展态势好的地方利用自身产业基础和资源禀赋，建设以乡镇为中心的产业集群，引导产业下沉带动乡村产业发展，实现基础设施、信息通信、公共服务三者的互联互通，加快三者间产业生产要素的流通和集聚，带动农村产业快速发展。

（三）促进产业融合

鼓励农村主导产业利用自身规模，领导带动农村合作社、小农户等产业联合体的形成，加大对产业关联度高、辐射能力强、参与主体多样的产业的投资，支持产业融合模式的发展，实现各产业利用资源禀赋协同发展，共同承担风险，共分利益；促进多类型产业融合发展，鼓励跨界产业要素、人才、设施的沟通交流，在深度和广度上加强产业的交叉融合，形成以农业为中心的多业态发展形式，推进"农业＋加工流通业""农业＋休闲旅游业""农业+信息产业"等多形式融合发展；基于县域自身优势，创建要素汇集、主体丰富、形式多样的模范产业示范园区；在建立完善的利益联结机制的基础上，逐步推进产业融合，引导企业与农民签订多元的合作方式，如分红型、股权型、契约型等，为农村农民提供更丰富的收入渠道，提高农民的生活水平。

（四）推进质量兴农、绿色兴农

加强对农产品绿色质量标准体系完善的监督，根据国家和国际标准，制定农业生产投入品、农产品加工业等领域的国家和行业标准，建立统一的绿色农产品入市标准；政府协助农村产业对国际市场的调查，制定相应的生产计划和产品标准，实现农产品向国外流动，引导获得国际认可的农产品走向国际市场；实现农产品产业规范化、规模化生产，鼓励多元主体建立承载能力强的标准化生产基地，推进农产品质量安全标准体系的设立和实施，完善农产品质量的监管机制，完善对农药、饲料、兽药等产品的质量管理体系，促进废塑料薄膜和包装废物的回收利用；开展农产品品牌推广活动，构建农产品品牌目录体系。鼓励政府培育质量好、特色鲜明的地方性公共品牌，培养"地方"和"乡镇"产品品牌；提倡资源保护型和节约型的生产方式；促进种植业、养殖业等循环集约化发展，充分发挥农业生态圈的作用，加大对可循环利用资源的投入。

（五）培育创新创业主体

通过创建乡村农业高新技术产业园和科技示范区，加大对科技研发的投入力度，加强产业与高校、科研所的交流合作，促进科研成果的落地，将高新技术的产业应用作为解决农业领域的若干难题的重要方式。建立高质农产品和优秀农产品生产技术的共享平台，实现资源共享，推进公共技术服务的普及化发展；通过设立创新和创业培训基地，引导农民工、技术人才、退役军人返回家园，投入乡村建设，加强创新和创业培训，加大对农村工匠、工艺能人、经营管理者等主体培训，提高农村地区的创新和创业精神，改善产业生产、销售方式，提高产品生产效率，拓宽产品销售途径。

（六）强化组织保障

各地方按照乡村振兴的规划目标、产业要求，把乡村振兴战略作为一项关键任务放在乡村发展的首要位置。由政府牵头、相关部门辅助、民间力量协调、农村农民参与，加强各部分的统筹协调，推进乡村振兴战略的实施；完善农村产业监测体系，推进一二三产业融合发展研究；宣传推广农村产业发展典型案例，将成功经验分享至全国，在乡村范围内营造勇于创新，敢于创造的发展环境。①

第二节　乡村振兴推动县域产业高质量发展

通过对乡村振兴战略提出和产业要求的具体分析，我们发现只有厘清乡村振兴战略和县域产业发展之间的关系，才能在推进县域产业高质量发展的同时，实现农村现代化发展，完成乡村振兴的总目标。

一、乡村振兴推动县域产业发展的作用机理

（一）乡村振兴对县域产业发展的支持作用

农村的现代化发展可以为县域产业发展提供坚实的基础。乡村振兴战略为县域产业的发展提供坚实的支撑作用，为县域产业的发展提供基本保障和有力支持。我国农村目前正经历着关键性的转折点，在这样关键时刻，要根据县域产业发展的客观事实，抓住乡村振兴的历史机遇，助力乡村振兴战略的扎根、发芽、结果。县域产业连接城市产业和乡村产业的重要节点，在促进产业联通、优化产业结构、推进新型城镇化进程、吸纳农村滞留劳动力等方面发挥重要作用。大力促进县域经济发展必须要加快县域产业向合理化、高级化发展，这是解决城乡发展不平衡不充分主要矛盾的重要途径。而在具体实施中，要坚持一个县一个特色产业、一个乡镇一个特色品牌、一个村一个特色企业的发展模式，因地制宜，重点培养，实行差异化经营。最后，仅仅依靠要素驱动产业发展是远远不够的，还要加大对技术、人才的引进力度，引导产业逐步向创新驱动发展，促进全产业链条的建立和完善，提高产业对

---

① 国务院印发. 关于促进乡村产业振兴的指导意见，https：//baijiahao. baidu. com/s？id＝1637692249873354552&wfr＝spider&for＝pc.

资源的利用效率，减少资源的浪费，为县域产业发展增添新的动力。

（二）乡村振兴对县域产业发展的引领作用

乡村发展对县域产业发展至关重要。乡村振兴发展对县域产业的引领，进一步推动了县域产业全面发展。产业的快速发展对促进经济的高质量发展发挥着重要的作用。现阶段，我国农村产业融合发展水平不断提高，农业主导企业发展、农业旅游小镇等特色产业的建设，为农村的外流劳动力和滞留劳动力提供了更加丰富的就业机会和就业岗位，提高了农民的生活水平，加强了农村收入结构优化，进而创新发展乡村新面貌。2021 年中央一号文件做出"发展富民乡村产业"重要指示，为各乡村建设因地制宜的特色农业产业链，成立新型农业园区，培养新时代农业经营主体等目标，做出了详细的部署。加强政策落实力度，增强农村产业的融合发展，同时为农村农民收入不断提高创造了有利条件。

（三）乡村振兴对县域产业发展的保障作用

乡村振兴战略为县域产业融合发展提供了强有力保障。县域是工业与农业两大经济以及宏观与微观经济的交汇点，是促进国家经济高质量发展的新增长点，是国民经济发展的主要引擎。乡村振兴发展能够促进城乡间各种要素、资源等的整合，提高资源、空间等的利用率，进而加快城乡基本公共服务在农村的普及化发展，促进工人农民相互促进、城市乡村优劣势互补、三次产业融合、经济繁荣发展的新型工农城乡关系的建设。农业农村现代化在社会主义现代化发展中发挥着重要作用，作为四个现代化发展的重要内容，是促进县域产业融合发展的重要动力。现阶段，对实现农业农村现代化发展来说，我国农村主要还存在基础薄弱、相关人口数量多、完成难度大等问题，仍需加快实施相关政策措施。然而，农业农村的现代化发展对我国社会主义经济发展有着直接相关性。因此，加强乡村振兴战略实施对于县域产业发展稳步发展提供了一定的保障作用。

二、乡村振兴推动县域产业高质量发展的优化路径

乡村振兴战略中排在首位的就是产业兴旺，只有产业快速发展，才能实

现乡村振兴，现如今县域产业的发展蒸蒸日上，对推动乡村振兴战略目标的实现发挥重要作用，但县域产业在发展过程中依然存在着许多的制约因素，因此要想破解这些难题，就必须借助于乡村振兴战略，因地制宜，全面落实政策法规，推动农村现代化进程，实现县域产业高质量发展。

(一) 助力农业转型升级

乡村振兴的目标是让农民过上好日子，而县域农业的发展也是其他产业发展的基础，因此通过乡村振兴战略助力县域农业快速发展，助力农业转型升级。改革开放以来，县域农业实现稳步发展，农产品产量逐年提升，农民生活水平逐步提升，但部分地区由于土地、水利等资源的限制，县域农业生产动能逐渐减弱，农民增收难度逐步加大，尤其是西部和东北地区部分县域受到国家相关政策的影响，粮食价格持续走低，给农民生产生活的提升带来消极影响。因此加快农业的转型升级、提高农产品附加值、增加农民收入途径迫在眉睫，乡村振兴战略正是根据这些目标制定的具体政策，对于拓展农业各项功能，加快县域农业转型升级，实现县域产业多元化发展进程具有重要意义。

(二) 推动县域产业三次产业一体化发展

促进县域一二三产业一体化发展，是加快县域产业现代化、提高产业发展质量，增加居民收入的重要途径。县域初级产品加工业能够起到联通一二三产业的关键作用，从产品的生产到加工，从包装到运输，从研发到推广，从信息到服务，贯穿县域产业的三产全过程，因此要发展多种经营形式，倡导合作社和主导企业的合作交流，通过雇佣制、合作制、股份制等形式着力推动县域初级产品加工业的快速发展，对县域加工产业进行权责清楚、经营有序的管理方式，逐步构建标准化、规模化的产业形式。以乡村振兴为助力，推动县域三产业一体化发展与新型城镇化、新农村建设共同发展，促进县域产业兴旺，拓宽县域居民的收入途径，释放改革开放和乡村振兴的红利，为居民增收创造条件。

另外，县域初级产品加工业的完善发展，为提升价值链和利益链，形成产业一体化发展新格局提供可能性。在乡村振兴战略实施下，部分县域通过"合作社 + 基地 + 加工流通"模式，将多元的经营主体分散到加工、流通、营销等多个环节；除此之外还可以通过建立集"规范化原料采集、规模化加工、网络化物流配送"于一体的产业园区，实现县域城乡一体化，三次产业一体化的格局。

（三）推动第三产业蓬勃发展

随着经济的发展，现在各级政府都将重心逐渐转移到第三产业的发展上来，对于整体经济的发展具有巨大的推动作用。乡村振兴战略可以因地制宜、因时而动，促进县域第三产业尤其是旅游业的发展，为县域的经济发展注入新血液，激发新动力。县域旅游业还可以通过乡村振兴战略的全面规划，综合利用自然资源、区位优势、习俗文化等要素，制定产业改革规划，实现旅游业的科学布局。除此之外，乡村振兴战略在资金引进、商业模式升级、景观景点布置、水路电网铺设等方面实现旅游业的可持续发展，推动第三产业蓬勃发展也发挥着重要的作用。

第三节　县域产业发展助力乡村振兴

县域产业作为连接城市产业群和乡村产业的中心节点，在发挥区域内部资源配置功能方面发挥着重要的作用。发展县域产业已成为"以工补农、以城带乡"的最佳桥梁，是实现乡村振兴战略的重要动力。

一、县域产业助力乡村振兴的作用机理

发展县域产业，将促进农业农村产业全面振兴。县域主导产业的兴旺将产生产业链效应，促进前向产业、后向产业和副产业的繁荣发展。通过发展县域产业，形成以主导产业为核心、基础产业为辅助、战略性产业为创新源泉的产业体系。县域产业助力乡村振兴的作用机理主要体现在以下三个方面。

（一）农村产业结构优化升级

基于价值链的县域产业发展，不仅促进了县域产业的壮大，提高了县域现代化和工业化水平，还促进了县域第二、第三产业的融合发展。通过深入

挖掘县域生态旅游、特色小镇、休闲观光、文化体验、健康养老等功能和多元价值，促进全区资源整合、多元化增值，促进一二三产业融合协调发展，优化县域产业资源的配置，促进产业结构向着合理化和高级化水平发展。随着全县一二三产业的不断融合，涌现出一大批龙头企业、农村合作社等新型经营主体。与单一农户相比，企业更能准确把握市场中消费者的需求。因此，随着区域产业一体化的深入发展，通过"公司＋农户""公司＋基地＋农户""公司＋合作社＋农户"，同时完善农民与企业的利益耦合机制，企业可以迅速将消费信息的需求传递给市场上的农民，农民种植和加工农产品，根据消费者的需求推动农业供给侧结构性改革，促使县级产业结构优化升级。

（二）发展壮大特色产业

随着县域主导产业的优化升级，县域有限的自然资源和劳动力可用于发展少数特色产业，使这些产业得到快速发展。根据当地自然资源、生态、文化等特点，通过充分开发已有资源，发展地方特色产业，实现"一县一业、一村一品"农业特色优化发展之路。比如，在景区多的地区，有限的资源和劳动力可以用来发展旅游业，而在县域特色的地方，有限的资源可以用来发展休闲旅游产业，实现特色发展，走高质量、特色发展之路。同时，随着三次产业融合的不断深入，将彻底改变县域产业的空间组织模式。

（三）形成县域产业集群

县域产业集群是一种具有资源依赖性、区域空间性、产业集聚性、组织协作性、优势互补性的有机共同体。根据国内外经验总结，产业集群的发展需要经历：产业集聚发展阶段、产业链形成阶段和产业集群阶段的三个阶段。县域产业集群在一二三产业集聚的基础上，进一步有机融合，形成价值链，在价值链的基础上，通过特定地理空间的集聚，逐步实现管理、研发的一体化，金融等产业，最终形成集群。县域一二三产业融合，强调在注重农业基础地位的前提下，三次产业深度融合发展。随着产业集群的不断壮大，一二三产业的联系更加紧密。大数据、互联网等高新技术不断融入县域农业、个人定制、农业企业直销等一大批新型业态，彻底改变了传统农业产业，同时，县级产业整合也深刻改变了农业的空间组织形式。随着新型农业空间组织形式的不断发展壮大，反过来又会促进县域工业的发展。如三次产业融合的乡村工业园、特色小镇、共享农场等，随着农业产业空间组织形式的发展，又反过来推进农业产业基础巩固和进一步提高农业现代化水平，实现农村工业全面振兴，促进乡村全面振兴（见图2.1）。

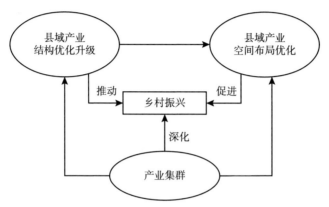

图2.1 县域产业推动乡村振兴的作用机理

二、县域产业助力乡村振兴的优化路径

（一）提高农民收入，促进农民就近就业

农村振兴的基本支撑是人力资源。但目前的情况是，县域和农村劳动力的留用率较低。为了生存，大量青年劳动力不得不到大城市打工谋生，农村劳动力的流失阻碍了县域产业和乡村产业的进一步发展。而县域产业的壮大会为农村外流劳动力开发更多的就业岗位，一方面，可以让当地农民就近工作，保证经济来源；另一方面，更多的人留守在乡村也将带动乡村消费，为乡村产业发展注入更多的动力，进一步振兴当地经济。

（二）促进产业多元发展

目前，我国县域大规模的产业体系没有完全形成，县域产业发展主要以单一形式为主。县域产业的发展壮大，不仅可以促进农村小企业向县域或城市产业的多元化、规模化融合，比如农产品加工业与流通业、零售产业的融合，还能促进单一农产品向多元化农产品的转化，提高产业间的资源配置效率和利用效率，增加农产品附加值。另外，完善的产业布局和多元化的产业结构可以为企业降低生产成本，进而提高县域产业产品的市场竞争能力。

立足县域产业发展，实现产业繁荣，促进城镇化和乡村振兴同步发展。在县域实现产业繁荣，更有可能实现农民更多更好的就地就业。以县为单位整体发展三次产业，更有可能实现三次产业的逐步融合，逐步完善和巩固农村产业体系，实现县域产业的发展，进而促进农村的振兴，最终实现全面振兴。

（三）加快城镇化建设

县域产业向高级化、合理化发展能够推动县城产业高质量发展，提高农村产业的经济活力，有利于加快新型城镇化建设。以县域产业发展促进乡村产业振兴，能够优化中心城镇资源配置效率，为当地农村农民提供更多的产业红利，为优化他们的生产生活条件提供可能，同时让更多的外流劳动力和滞留劳动力投入县域产业的发展中，也能够反过来加速县域产业的发展，进而加速农村现代化发展进程，为逐步实现城镇化建设提供坚实的基础。

通过发展县域产业推动乡村产业振兴，可以为生活在农村中的大部分农民提供更加舒适的生活环境，构建更加和谐的乡村秩序；除此之外，还可以实现中心城镇与农村的和谐发展，促进资源在两者之间的流动，推进城镇化进程，着力建设中心集镇，从而实现较高程度的农民城镇化。

（四）营造和谐乡村，建立有效治理的乡村

建设美丽、富裕、有效治理的农村的离不开政府的财政支持。发展县域产业，一方面，可以为农村的建设和发展提供更多的启动资金；另一方面，县域产业发展带动农民增收，收入较高的农民也有经济实力参与到农村的建设活动中，如每户出资一定金额建设农村公路、农村基础设施等。通过国家和农户自身两种资金支持，可以为农村建立美好的生活环境，有利于营造和谐的乡风。

第四节 构建乡村振兴与县域产业高质量发展协同机制

乡村振兴战略的重要内容是产业兴旺，县域产业的发展是乡村产业兴旺

的基础，可以说乡村振兴和县域产业发展互为基础互为作用，其相互发展可以称为"命运共同体"。所以要构建乡村振兴与县域产业高质量发展协同机制。

一、构建协同机制的现实意义

（一）激发县域产业活力，实现农村生活富裕

乡村振兴战略的总要求是"产业兴旺、生态宜居、乡风文明、治理有效、生活富裕"，其中产业兴旺是第一要求。与城镇相比，我国农村地区的基础设施配置不完善，部分产业发展较为滞后，因此要想实现农村地区跨越式发展，必须从产业着手。在乡村振兴大背景下，县域产业的发展迎来了重大的机遇，县域单位要及时抓住机遇，充分加以利用，实现产业的发展，加快实现农业农村现代化，特别是要紧密结合当前数字技术的发展，实现数字技术与农业农村的结合，农业与其他产业的结合，真正在乡村振兴的背景下，做强做大农村产业。

（二）吸纳农村人力资源回流，建设文明乡村

乡村振兴的根本支撑是人力资源，人力资源是实现其他发展的最终基础。然而，基于我国大部分农村，土地少、人口多，地区生态环境承载能力相对较弱的现实，为了获得更多经济收入，农村剩余劳动力大量向外部转移已成为一种趋势，在县级城区、园区、特色镇等地区大力发展实体经济，县域单位正好在城区与乡镇的中间地带，这种良好的区位优势为劳动力的流动提供了独特的便利条件。县城低廉的生活成本和舒适的生活环境，能够吸引一部分农村剩余劳动力参与到县域产业和乡村振兴的建设中，这不仅增加了他们的收入，同时也扩大了县域自身的消费能力，为从根本上保留人力资源发挥重要作用。县城农民工在增收的前提下，可以实现兼顾工作和家庭，县乡政府也可以做到更有效的管理和服务，从而更好推动农村风土人情的转变，实现农村地区良好乡风建设。

（三）实现城乡融合发展，推进新型城镇化建设

发展壮大县域产业，不仅有利于加快县城的城市发展水平，也有利于活

跃农村经济，促进城乡协调融合发展。与大城市相比，县级单位具有县城到农村距离最短、田间到市场距离最短、农民融入城市代价较低等绝对优势。发展壮大县域产业，有利于加快县城新型城镇化进程。第七次人口普查数据表明：全国人口中，居住在城镇的人口为 9.02 亿，占 63.9%，2020 年我国户籍人口城镇化率为 45.4%，城镇化进程取得了明显的成效，但县域产业的发展水平与发达地区仍有较大差距，尤其是中西部地区。因此，只有大力推进县域城镇化的建设，才能促进城乡区域一体化发展，加快新型城镇化进程，实现县域发展，实现城乡均衡发展。

二、构建协同机制的现实路径

在乡村振兴的背景下实现县域产业高质量发展，要将系统、整体、辩证的思维贯穿乡村产业振兴的全过程中，将乡村产业兴旺与县域产业发展相协调，通过完善县域产业布局、促进县域产业的发展，助力乡村振兴。谨防出现"千篇一律""千村一面"的现象。

（一）国家、省级、县域三级层面制定县域产业发展规划

在国家层面，实现乡村振兴的进程中，国家一级要在政策、资金、人才等方面支持产业兴旺，带动县域产业发展，领导县域产业转型升级，为县域产业结构向合理化高级化发展提供必要的支持，同时通过实现县域产业的高质量发展，提高县域产业的辐射能力和影响力，也为乡村振兴提供可能。除了政策、资金、人才等方面的关注，国家层面应该重点完善顶层设计，就不同县域的发展情况、资源禀赋、劳动力能力等，布局不同的产业形式，打造县域、乡镇、农村特色小镇，提高整个县的综合能力，从更高的层次推进县域产业发展。

省级层面出台全省域的县域产业发展助力乡村振兴规划，促进本省的县域产业发展。

县级城镇必须带头促进产业复兴。县级领导组织要掌握产业发展的主动权和领导权，采取更多措施完善产业链，促进发展。在努力发展和加强高科技产业的同时，全国县域必须充分利用各自的独特优势，依靠各城区和产业园区，壮大县域特色产业的发展。着眼于与世界 500 强、中国 500 强等优秀

企业的交流合作，完善招商引资流程，打造亲商重商的营商环境，吸引有能力的企业和优质资本落户，做强县域产业，做大县域经济。

（二）以资源为依托，实现县域的特色产业发展模式

乡村产业兴旺是乡村振兴中的重要内容，乡村振兴和县域产业发展，发展目标和内容有很多相似之处，这就意味着二者是融为一体的，本质是相同的，二者应相互包容，加强沟通，协调发展，共同兴旺。要从宏观和长远的角度出发，看待县域产业发展和乡村产业兴旺的关系，同时要把乡村兴旺作为发展县域产业的前提。

县域产业的范围主要包括县域的三次产业，但由于各地资源和经济发展水平的差异，县域产业的发展也是各具区域特色，因此，要实现乡村振兴，繁荣农村产业，壮大县域产业，就必须注重中国独特的地区特色和优势，提升县域独特的产业资源开发能力，挖掘县域特色产业。鼓励有条件的县域大力发展主导产业，对于我国中西部制造业基础薄弱，服务业发展落后的地区来说，县域产业的本质就是县域农业，因此，在产业生产中依赖农业农村资源，不仅是壮大农村产业的基础，也是县域产业升级的主要动力。在县域产业发展中，无论是在农村产业振兴的基础上，促进县域产业的发展，还是以县域产业的发展为基础，都要扎根城镇和乡村，发挥农民的创造性精神，引导县域产业的振兴。

（三）推动三次产业融合发展

统领产业兴旺和县域产业振兴，需要重视一二三产业联合发展，不断加深产业链的纵向横向融合，提高供应链的内在价值，逐步提高乡村和县域产品的附加值，给农民带来用制度变迁、路径和转型的红利，社会主义新农村建设进入由"生产发展"向"产业发展"转变的时期，我们可以看到，农业不再是单一发展的产业，而是与第二、第三产业交融前进。

2021年中央一号文件指出要推进示范园和科技园建设，涉及农业与第二产业和第三产业融合，详细说明要实现三产融合，要使农业成为优势产业，农民成为有吸引力的职业。总之，县域产业和乡村作为一个整体区域产业发展振兴，要摒弃"农业是弱势产业"的落后思想，加大力度构建"农业＋"模式发展的多种模式，打造利益耦合机制，加快乡村产业兴旺和壮大县域产

业的进程，为县域居民和农民增收增益提供机会。

（四）以新发展理念为指导，统筹乡村振兴与县域产业高质量发展

统筹乡村振兴与县域产业，关键是要以新发展理念为指导，构建乡村振兴与县域产业发展的"命运共同体"。创新既是产业快速发展的第一推动力，又是实现乡村产业兴旺和县域产业振兴的助力引擎；协调是可持续发展的内在要求，是缩小城乡差距、实现乡村振兴与县域产业发展相互支持、相互融合的有效途径。只有强调协调发展理念，坚持乡村振兴平衡适度，才能使县域产业顺利完成产业升级和供给侧结构性改革，逐步走上高质量发展之路；绿色和开放被认为是车的两轮、鸟的翅膀，这两个因素能够促进乡村振兴、县域产业发展的同时，实现与大自然和谐共处，又能合理化产业分工，充分利用相互依存、彼此促进的比较优势，保证县域产业与周边乡村协调创新和公平竞争，最终形成具有自身特色和差异化发展的新模式；共享是指把乡村振兴和县域产业发展看成休戚与共的"命运共同体"，加强资金、人员、技术、信息、数据等在各县域和乡村之间的充分沟通和快速交流，从而在共建共享的过程中真正实现城乡发展一体化。

综上所述，新时期的乡村振兴是县域产业升级发展背景下的振兴，是县域产业发展与乡村振兴趋同、融通导致的结果。因此，只有全面统领县域产业与乡村振兴的发展，才可以实现相互扶持、相互帮助，以乡村振兴为突破口和重点，推进农业农村农民现代化的进程，以乡村振兴为借力点，带动县域产业的快速发展，实现县域经济的繁荣，带动县域居民和农民增收增益。

| 第三章 |

我国县域经济考察

本章先从总体出发，分析县域经济在国民经济中的地位与作用，县域经济在我国的发展状况。然后根据其发展水平的差异，将全国的县域分为东部地区、中部地区、西部地区、东北地区四个部分，区分不同地区县域经济的具体发展情况，分析不同地区县域经济的现状和特点。

第一节　改革开放 40 年来县域经济发展

首先阐述县域经济在国民经济中的重要地位和作用，然后重点回顾我国改革开放以来的县域经济发展历程，分析县域经济发展特点。

一、县域经济在国民经济发展的地位和作用

古人云："郡县治，则天下安。"县域兴，则国家兴。县域经济的发展多以当地特色农业、特色旅游服务业为主，与"三农"发展紧密地联系

在一起，县域经济发展总是离不开农村、农业、农民，以此直接联系老百姓的经济水平。在县域经济的发展过程中，县域经济是国民经济发展的基础与保障。"民乃安邦，县乃国之基"，县域是社会稳定运行的保障，是经济发展的重要原材料生产基地，协调我国区域发展不平衡具有重要作用。

县域经济的地位和作用表现在以下方面：

（一）县域经济是国民经济发展的基础

"民乃邦之本，县乃国之基"，从这个意义上看，县域经济对全社会经济发展的水平与规模具有重要的影响。县域集中着丰富的石油、森林、矿藏等自然资源，农产品的生产与再加工，劳动力供给都对县域发展有着很大的依赖。对于拉动国内产品的消费需求与刺激国内的经济增长，发展县域经济至关重要。目前，全国约有 3 万个城镇，县域零售总额占全国的 1/2 以上，算上农民在大中城市的购买商品总额占据60%，广大的县域是中国最具有潜力的消费市场，因此，加快县域经济的发展，提升广大农民的收入水平，能够有效社会需求不足，经济发展疲软的问题，从而促进国民经济健康持续地发展。

（二）县域经济是国民经济增长的重要支撑

扩大内需是拉动中国经济快速增长的重要引擎，是保持中国经济快速增长的重要推动力。中国拥有 13 多亿的人口，9 亿多的人口在县域内，扩大内需的潜力主要在县域。一方面，县域具有较多的人口，收入水平低，具有较高的边际消费倾向，拥有国内最大的消费群体。另一方面，县域的基础设施改造、技术改造都具有很大的发展空间，面临着巨大的投资需求，提升县域人民的生活水平，加大基础设施的建设，充分地拉动县域的消费需求与投资需求，为国民经济又好又快的发展提供重要的动力支撑。

（三）县域经济是促进区域经济协调发展的关键

县域经济是以县域为中心、以乡镇为纽带、以广大农村为腹地，联系城乡的国民经济的桥梁。县域经济的发展决定着区域经济发展是否协调发展，国民经济的兴旺发达，对国民经济的发展格局具有决定性的影响。改革开放以来，我国区域之间发展差异较大，表现为发展不平衡，区域间的发展缺乏协调性。"县域兴则全省兴，县域强则全省强"，在县域经济综合竞争力排名中，江苏、山东、浙江的经济强县占地高达 2/3，三省份经济实力在全国排名位于前 4 名，因此县域经济是促进国民经济协调发展的关键举措。

（四）县域经济是国民经济的重要组成部分

从哲学角度看，县域经济与国内经济是局部与整体的关系，国民经济起着领导、统筹、支配的作用，县域经济则处于服从与从属的关系。在经济学角度，国民经济的发展方向对县域经济具有引导作用，县域经济是国民经济不可或缺的重要组成部分，对整个国民经济的发展具有重要的推动作用。因此，国民经济发展为县域经济的发展创造更多的有利条件，例如基础设施的完善，良好的投资环境，县域经济的发展也会拉动农民的消费热情，刺激消费，促进国民经济的发展。

（五）县域经济是实现社会主义新农村建设的重要保障

农村经济是县域经济的发展的基础，农业是中国县域的基础产业。农业的发展与农村的建设紧密结合起来，但社会主义新农村的建设不仅仅是自给自足的传统农业的发展，还应根据"宜农业则农业、宜工业则工业、宜商业则商业、宜旅游则旅游、宜贸易则贸易、宜服务业则服务业"的原则发展经济，应该充分依托县域本身的气候、地理与自然资源禀赋进行产业的横向拓展和纵向的延伸，提高产品的附加值。只有县域经济发展起来，才能为农村的发展提供广阔的平台，同步提升农村居民的收入和消费水平，促进农村经济的发展与社会主义新农村的建设。

（六）发展县域经济是促进国内双循环的重要内容

党的十九届五中全会通过的《中共中央关于制定国民经济和社会发展第十四个五年规划和二〇三五年远景目标的建议》提出，要加快构建以国内大循环为主体、国内国际双循环相互促进的新发展格局。以国内大循环为主体，要立足于扩大内需，其中短期动力来自最终消费，构建完整的内需体系，但当前我国面临消费原动力不足的问题；中长期，要求进一步优化营商环境，融入国际分工与全球的产业链，使国内与国际双循环相互促进发展。发展县域经济是促进国内双循环的重要一环，我国县域面积占全国的 90% 左右，县域人口约有 9 亿人，因此我国县域经济实现高质量的发展，能够扩大国内内需，为国内的循环提供充足的动力。

二、改革开放以来我国县域经济的发展历程

1978 年改革开放以后，中国县域经济逐渐发展。改革开放以来，我国的县域经济发展主要分为蹒跚起步阶段（1978～1992 年）、探索中的快速发展阶段（1993～2003 年）、全面推进阶段（2004～2013 年）、加速发展阶段（2014 年至今）。

（一）蹒跚起步阶段（1978～1992 年）

中共十一届三中全会后，我国农村实行了家庭联产承包责任制，极大解放了农村的生产力。该时期县域经济正处于蹒跚起步阶段，我国的工业基础薄弱，国民财富较少，县域经济发展缓慢，县域经济的发展主要是资源主导，依托当地丰富的矿产、水产资源发展。该时期县域经济发展的差异，主要体现在资源禀赋的差异、自然条件的差异，如大庆市依靠大规模的石油开采和加工实现县域经济的快速发展，当时的国家政策也是以资源的分布状况规划产业分布。

（二）探索中的快速发展阶段（1993～2003 年）

邓小平同志南方谈话发表后，我国县域经济进入快速发展的探索阶段。以建立社会主义市场经济体制为目标，全面推进经济体制改革和扩大开放，推进能源产业基地建设，大规模调整经济结构。在这时期是市场经济体制探索建立时期，实行企业所有权与经营权的分离，在明确产权的情况下，县域企业活力增强，县域经济获得较快的发展。在这时期发展的县域经济主要是依靠政策进行现代化的企业制度改革，发展乡镇经济，引进外资非公有制逐渐成为县域经济发展主导产业。这一时期，县域经济占我国 GDP 的比重超过50%。2003 年，中共十六届三中全会提出"大力发展县域经济"。县域经济GDP 约占全国的 52%。

（三）全面推进阶段（2004～2013 年）

党的十六大提出"大力发展县域经济"后，我国县域经济发展进入全面发展阶段。这一时期，社会主义市场经济体制基本建立，我国进入市场经济时期，县域经济发展越来越突出。行业发展由低层次的分散管理向高层次的专业化、规范化管理转变。初步实现了"发达县率先发展、中等县加快崛起、欠发达县超越"的格局。在促进县域经济全面发展的过程中，注重高新技术产业和工业园区的带动，鼓励县域实现现代农业、工业和服务业的快速发展。

（四）加速发展阶段：2014 年至今

2014 年至今，我国县域经济的生产总值占据国民经济的比重有所变化。根据《中国县域经济发展报告（2016）》，400 个样本县（市）地区出现负增长的现象，负增长的经济体有 20 多个，有 11 个县（市）县域经济的降幅超过 10%，尤其是山西。东北三省等依靠资源开采和重工业的资源县域经济体出现严重的经济增速下滑，许多企业面临着产能过剩与财务危机等一系列的问题，不仅给欠发达地区县域经济体带来挑战，而且曾经发达的县域面临发展转型的问题，如山西省的县域在 2000 年左右依托丰富的煤炭、矿产资源兴起许多的强县，在 2017～2019 年的《中国县域经济发展报告》中，山西省没有县域百强县。根据《2019 赛迪县域经济百强研究》显示，其中百强县占据 25% 的县域生产总值，10% 的全国生产总值，与 2013 年的数据相比，县域经济占比呈下降的趋势。新时期，对我国县域经济发展提出了高质量的要求，县域经济高质量发展更加注重外生与内生的有机统一，更加注重制度的内外协调。中国经济正在由高速增长阶段向高质量阶段转变。高质量经济发展的提出，标志着我国县域经济发展将进入一个新阶段。

三、县域经济发展现状及其特点

截至 2019 年，我国 31 个省份共有县级单位 2846 个。平均每县级单位 32 万人（山西 26/河北 46/河南 82）。其中东部有 448 个县（市）、中部有 477 个县（市）、西部有 741 个县（市）、东北部有 147 个县（市）。

（一）我国县域经济发展现状

1. 县域经济成为国民经济的重要组成部分

县域经济的高质量发展是推动国民经济发展、促进国内大循环的重要一环。2013 年，县域生产总值呈现逐年递增的发展趋势，但县域生产总值的递增速度要落后于全国的生产总值增加速度，因为县域在全国的占比逐年下降，但我国县域经济占我国生产总值的比重较大，我国县域土地面积占全国 90% 左右，约有 9 亿的人口，县域经济发展仍具有较大的发展潜力，应扩大国内的需求，促进全国经济的快速发展（见表 3.1）。

表 3.1   2013～2020 年县域生产总值占比

年份	全国县域生产总值（亿元）	全国生产总值（亿元）	占比
2013	339468.1	588019	0.577
2014	365273.3	636463	0.574
2015	379294.8	689052	0.550
2016	414928.0	743585	0.558
2017	427459.8	827122	0.517
2018	458524.7	900309	0.509
2019	480987.3	990865	0.484
2020	501215.7	1013567	0.494

资料来源：根据 2013～2021 年《中国县域统计年鉴》整理所得。

2. 县域城乡固定资产投资占全国的比重呈现逐年增加趋势

随着供给侧结构性改革的逐步推进，以及高质量经济发展的要求，在全国范围内，固定资产投资呈增长趋势。2009～2020 年的 11 年间，我国固定资产投资增速超过 20%，主要是基础设施投资，如铁路、公路、管道、房地产等基础设施建设。2015 年后，我国全国固定资产投资增速开始放缓。在乡村振兴背景下，县域固定资产在全国的比重逐年上升，2013 年以前，县域固定资产投资约占全国的 40%。2013 年以后，县域固定资产投资占全国 60% 以上。具体如表 3.2 所示。

表 3. 2 　　　　　　　　　　　**2009～2020 年固定资产投资占比**

年份	县域（亿元）	全国（亿元）	占比（%）
2009	98968.0	224846	44.02
2010	127417.0	278140	45.81
2011	157554.5	338220	46.58
2012	235459.4	519322	45.34
2013	274230.2	436528	62.82
2014	322383.9	502005	64.22
2015	353694.9	551590	64.12
2016	396076.9	606466	65.31
2017	407983.1	631684	64.59
2018	442627.8	635636	69.64
2019	356981.2	551478	64.70
2020	349988.1	518907	67.47

资料来源：根据 2009～2020 年《中国县域统计年鉴》整理所得。

3. 县域公共财政支出远大于县域公共财政收入

近年来，随着县域经济的发展，县级财源建设不断壮大，我国的县域公共财政收入由 2009 年的 10875.46 亿元，增加至 2020 年的 31235.91 亿元；县域的公共财政支出由 2009 年的 45354.65 亿元，增加至 2020 年的 137869.02 亿元，增加了 92514.37 亿元，总体来看，我国县域的公共支出份额大于县域公共收入。具体如表 3.3 所示。

表 3. 3 　　　　　　　　　　　**2009～2020 年县域公共财政收入与支出**

年份	县域公共财政收入（亿元）	县域公共财政支出（亿元）	占比
2009	10875.46	45354.65	0.24
2010	13045.98	53985.69	0.24
2011	16327.22	64364.11	0.25

续表

年份	县域公共财政收入（亿元）	县域公共财政支出（亿元）	占比
2012	19187.52	73383.38	0.26
2013	22102.17	80981.76	0.27
2014	24609.60	90058.54	0.27
2015	26606.72	99612.90	0.27
2016	27477.22	105455.98	0.26
2017	28685.24	111279.51	0.26
2018	29895.07	118159.43	0.25
2019	30981.24	120894.31	0.25
2020	31235.91	137869.02	0.23

资料来源：根据2009~2021年《中国县域统计年鉴》整理所得。

4. 县域经济呈现非均衡的发展格局

从我国县域经济发展的综合实力来看，我国经济发达的县域主要分布在东部沿海经济相对发达的地区。中西部地区县域经济发展水平相对落后。根据《中国县域经济发展报告（2018）》显示，综合竞争力百强县（市）主要分布在东部地区，西部地区百强县（市）数量最少。东部地区百强县（市）为76个，中、西部地区百强县（市）分别为15个和9个。在东部地区，长三角百强县（市）数量最多，江苏省、浙江省有46个县（市）。分省看，河北、内蒙古、辽宁、江苏、浙江、安徽、福建、江西、山东、河南、湖北、湖南、广东、四川、贵州等17个省份有百强县。其中，江苏、山东、浙江占据65席，江苏百强县（市）有25席，浙江有21席，山东有19席。在被调查的25个省份中，山西、吉林、黑龙江、广西、重庆、青海、宁夏、新疆无百强县。

5. 欠发达省份县域经济占较大比重

县域经济是我国国民经济发展的重要引擎和重要推动力，在各省市的经济发展中起着非常重要的作用，2018年，在全国31个省份中，县域地区生产总值占全省生产总值比例高于50%的有19个省份，这些省份主要分布在我国的中部地区、东北地区、西部地区，其中县域经济占省域经济比例最大的为贵州，高达 74.4%，接下来依次是河南、新疆、河北，只有北京、上海和天津不足 10%；除北京、上海、天津、广东外，其余各省区的县域地区生产总值比均为 40% 以上。由此可见，经济越发达的地区，县域经济 GDP 比重占比相对较低。

（二）我国县域经济的特点

1. 区域性

我国县域经济是以县级行政区划为基础的区域经济，在空间上具有区域范围和行政边界。县域经济的发展受当地历史文化风俗、自然地理环境、自然资源、相关特色产业特点等地域因素的影响。绝大多数经济活动都发生在特定的范围内，表现出一定的稳定性和独立性。在一定的空间里有一定的决策权和监管权。我国县域具有明显的历史、地理、自然、社会等地域因素，具有明显的区域特色。

2. 市场性

县域经济虽然具有明确的行政边界，但不等同行政区域。随着市场经济的发展，我国县域经济具有开放性，会在更大区域内进行资源的配置，形成跨区域的经济相互合作，获得竞争优势。

3. 农村性

我国县域大部分的土地和人口属于农村，县域经济与"三农"发展密切相关，"三农"问题是县域发展的核心问题。我国的县域发展不仅要求经济的增长而且承担着保障国家粮食安全的重要任务，多数县域以农业作为自己的支柱产业。因此，中国的县域经济在本质上属于乡村经济，农村经济，农民经济，以农业为基础，与城市相结合的经济，因此县域经济的发展主要是围绕农业、农村和农民为主题的发展。

4. 差异性

我国地域辽阔县域与县域之间在生产力水平、自然条件、地理位置、资源分布状况、产业之间结构等方面存在着很大差异性，县域经济的发展具有严重的不平衡性，县域经济的差异性以及县域社会差成为全面建成小康社会的难点与重点。例如，中国东部的县域的人力流、资金流、物质流与信息流具有较强的开放性，县域经济发展水平远高于中部与西部。总的来说，根据地形、自然环境以及历史发展等因素，我国东部、中部、西部、东北四大经济发展区域的县域经济表现出明显县域之间的差异性与梯度性。

5. 基础性

"县乃国之基,民乃邦之本。"在国民经济的系统中县域经济是最基本的层级,具有区域的基础性与基本支柱的特性。振兴经济、安定社会以及经济社会发展的相关指标都是要靠县域实现,县域经济的发展不仅解决国家的粮食安全问题、就业问题,而且能够从基础的角度影响人的矛盾运动性质、规模与方向。

6. 系统性

我国县域是具有相对独立性的行政区域,县域经济在决策上有一定的自主权,是一个功能完备的综合性经济体系,由多部门结构、多种所有制形式和多级生产力构成的地域性生产综合体。可以根据国家经济发展政策,结合本地实际情况,独立地制定有利于自身发展计划和规则。它不仅有公有制经济,也有非公有制经济;不仅有生产经营性企业,也具有经济社会管理部门,是社会与经济功能比较齐全,综合的国民经济小系统。

(三)我国县域经济发展存在的问题

1. 县域经济发展缺少必要要素支撑

在城市发展的过程中,资本、人才、劳动力和先进的科学技术是必不可少的因素,是长远推动城市发展的动力。从全国来看,大部分的县域经济发展缺少这些必要的有利因素,经济发展的空间受到限制。在资本要素方面,商业银行的重点放在城市,城市的发展具有更多可用的资金来源,县级与县以下的地域偿债能力弱,经济具有更大的不确定性,能够回到农村或乡的贷款较少,使乡镇企业的融资发展受到限制,县域的金融发展比较滞后。在劳动要素方面,本科、研究生以上学历的人口占城市的比例要高于农村高中生以上劳动占农村居民的比例,城乡的劳动素质差距逐渐增大,人才的缺乏与流失影响了县域科技的进步,从而制约县域生产力水平的提升。

2. "三农"问题是制约县域经济发展的关键问题

"三农"问题是县域经济的核心问题,是区别于城市经济的重要内容。县域经济的发展是我国全面建成小康社会的关键问题。改革开放以来,中国逐渐走向现代化,然而县域中农村经济的发展与国外的类似于县的经济具有较大的差距,我国县域经济既要面临着以农业和农村为中心,又要面临着小生产与大市场的现状。目前，农业组织化程度低。一家一户分散经营，信息不完全对称，使流通环节受阻，规模难以经营，难以创造更高的土地的利用效率和劳动力生产效率，在承包经营条件下，对于我国的县域而言集约经营与规模经营缺乏制度与组织保障。

3. 产业结构不合理，缺乏特色主导产业

2019 年全国 GDP 中第一产业已经下降到 8% 的水平，从全国总体来看，产业结构逐步趋向"三、二、一"发展模式，从东部、中部、西部以及东北地区看全国的县域产业结构，东部县域经济最为发达，产业结构多数是"三、二、一"的发展模式，中部县域主要是以第二产业为主导产业，但第一产业的占比要高于全国的平均水平，西部县域经济发展的差距要远远大于东部地区，即使县域经济速度高于全国的 2 倍，但经济总量过小，第一产业占比接近 20%，制约了西部县域的发展。

国家工业化与城镇化的发展也促进了县域对工业与城镇的发展，引入高新技术产业与资本密集型产业来振兴当地的经济，由于必要生产要素的缺乏，又制约着这些产业的技术革新和循环发展。目前，许多县域的发展不再是单一的县域经济结构，而是注重第一产业、第二产业与第三产业的融合发展，但是县域"小而全"的问题严重，没有形成自己的特色产业与主导产业。

4. 资源环境制约县域经济可持续发展

1978 年以来，我国县域经济得到充分的发展，截止到 2019 年，县域经济规模逼近 50 万亿元，但在县域经济发展过程中，对生态环境带来巨大的压力。经济发展过程中，盲目地追求工业化和城镇化，具有明显特色的农业县改为工业县，发展低端制造业，造成水土流失，土地荒漠化，资源的浪费，从根本上违背了县域经济可持续发展的目标。我国的县域国土面积约占全国的 90%，人口密度大，占全国 2/3 左右，但重要的矿产资源主要分布在山西、东北三省地区等。起初，具有丰富矿产的县域依托自身的资源禀赋逐渐发展起来，但这种发展是一种粗放的发展模式，以污染水资源、破坏生态环境为代价暂时性取得的经济总量的增长，在长期来看，只是生产总值的增加，县域经济并没有得到发展。目前，资源矿产已经成为制约资源型县域经济发展的瓶颈，多数县域迫切需要解决"高投入、高消耗、高排放、不协调、低效益、难循环"的经济发展模式。例如乡镇企业废水排放量占全国 21%，工业废气排放量占全国 23%～67%，在污染的企业里，乡镇企业污染明显高于城市，因此环境资源问题成为制约我国县域经济可持续发展的"瓶颈"。

5. 县域民营经济发展不充分

民营经济具有较高的活跃程度，更加遵循市场经济的发展规律，有利于县域之间生产要素的广泛流动和市场资源的优化配置，充分活跃县域经济。从民营经济发展角度来看，东部沿海地域，尤其长江三角洲地区县域民营经济占国民经济的比重在80%以上，西部欠发达的县域民营经济的比重在50%以下。尽管国家出台许多有关有利于民营经济发展，强调民间资本与外商投资同等的重要，但与国际市场竞争相比且与国有经济相比，县域的民营经济缺少规模与品牌，产品的附加值低端，特别西部县域、部分中部县域的民营经济仅是依靠传统的生产技术，对农产品的再加工，再生产。县域经济的民营企业分布相对分散，没有形成聚合效应与规模效应。对于县域民营经济发展受到制约的另一因素是体制性的不公平竞争，审批环节烦琐，增加了生产成本，削弱了民间资本的竞争力，而且在国内技术市场的复杂特殊性使民营经济在技术市场的行为较混乱，产生较高的成本与经营风险。

第二节　东部地区县域经济考察

东部地区是我国经济发达地区，在国家发展战略中属于率先发展的地区，这个地区的县域经济发展基础较好。

一、东部地区经济地位

（一）地理位置

中国东部地区包括河北、北京、天津、山东、江苏、上海、浙江、福建、广东、海南10个省份，是中国最发达的区域。该地区约占全国13.6%的面积和42%的人口。

（二）自然资源

中国东部地理条件优越，与其他区域相比，优势明显。我国东部县域地区总水资源量丰富，各主要流域水资源量超过全国平均水平。土地资源丰富。其中，耕地在我的的东部平原及丘陵地区和季风区域的盆地分布较为广泛。中国东部地区是我国矿产资源最为丰富的地区之一，世界上已经发现的金属矿物在中国东部基本上有相当大的探明储量。

（三）经济地位

1. 区位优势明显

中国主要工业基地如上海、南京、杭州、辽宁中南部、北京、天津和唐山地区都集中于这里，重要的农业基地，如珠江三角洲地区、华北平原的大部分、长三角等地也分布在东部地区。从全国看东部沿海地带经济和科学技术发展水平较高，工业、农业、交通运输业和通信设施的基础好，商品经济比较发达，与海外有传统的经济联系，信息灵通，对外交通便利。拥有深圳、珠海、汕头、厦门、海南五个经济特区和14个沿海港口城市，长江三角洲、珠江三角洲、福建和广西沿海、辽东半岛和山东半岛等经济开放区都在这一地带。

2. 工业基础雄厚

在我国各省份的生产总值排名中，位列前四位的广东、江苏、山东、浙江都位于东部地区。上述四省份生产总值总量约为34万亿元，约占我国GDP总量的34.4%，而整个东部地区生产总值总量约占全国总量的51.6%，占据了半壁江山。广东自1989年GDP首次登顶以来，一直位居全国第一。2018年深圳、广州经济总量都超过2.3万亿。特别是深圳发展更引人注目。2018年，深圳经济增长7.6%，经济总量达到2.42万亿，超过香港，位居东京、上海、北京和首尔之后，居亚洲城市第五位。

3. 已率先进入经济腾飞的快车道

从经济总量来看，中国经济发展总体上达到了小康水平，但经济发展很不平衡，经济发展的贡献主要由东、中部地区特别是东部地区完成。

我国的工业生产基地主要集中在东部和中部地区，资本积累、投资和基础工业和基础设施建设等方面来看，实现了率先发展。其思想观念的开放程度、经济发展的市场化程度、社会管理的规范化程度明显优先于中西部地区。

二、东部地区县域经济发展现状

我国东部地区县域区域地形以平原、丘陵分布为主，地形较为平坦。自改革开放以来，我国东部地区县域的乡镇企业具有相当程度的发展活力，为县域经济的发展提供了强劲动力，而这种乡镇企业的分布大多呈现分散状态，而我国东部县域地区的地形优势，有利于乡镇企业规模的不断扩大和集聚。而从 1990～2000 年初的十年时间里，园区产业的兴起则在更大程度上带动了县域经济的发展，园区产业的大规模发展，是在产业的不断积聚和扩张的基础上大力发展起来的，这同样得益于东部县域地区的地形优势。随着园区产业的不断壮大，发展主力也由乡村地区逐渐转向城市。进入 21 世纪以来，在工业化进程的推动下，我国东部县域地区的经济发展逐渐在城市群中得以壮大，逐渐成长为拥有一定规模的区域网状经济。

东部地区共有县级单位 418 个，其中福建 56 个、广东 57 个、海南 15 个、河北 118 个、浙江 53 个、江苏 41 个、山东 78 个（东部地区部分县域列举见表 3.4）。

表 3.4 东部地区部分县域行政区划

省份	市	县级市、县
	福州市	福清市、闽侯县、连江县、罗源县、闽清县、永泰县、平潭县
	龙岩市	漳平市、长汀县、上杭县、武平县、连城县
	南平市	邵武市、武夷山市、建瓯市、顺昌县、浦城县、光泽县、松溪县、政和县
	宁德市	福安市、福鼎市、霞浦县、古田县、屏南县、寿宁县、周宁县、柘荣县
	莆田市	仙游县
福建省	泉州市	石狮市、晋江市、南安市、惠安县、安溪县、永春县、德化县、金门县
	三明市	永安市、明溪县、清流县、宁化县、大田县、尤溪县、沙县、将乐县、泰宁县、建宁县
	厦门市	
	漳州市	云霄县、漳浦县、诏安县、长泰县、东山县、南靖县、平和县、华安县
	共计	56

续表

省份	市	县级市、县
广东省	佛山市	
	广州市	增城市、从化市
	河源市	紫金县、龙川县、连平县、和平县、东源县
	惠州市	博罗县、惠东县、龙门县
	江门市	台山市、开平市、鹤山市、恩平市
	揭阳市	普宁市、揭东县、揭西县、惠来县
	茂名市	高州市、化州市、信宜市
	梅州市	兴宁市、大埔县、丰顺县、五华县、平远县、蕉岭县
	清远市	英德市、连州市、佛冈县、阳山县、连山壮族瑶族自治县、连南瑶族自治县
	汕头市	南澳县
	汕尾市	陆丰市、海丰县、陆河县
	韶关市	乐昌市、南雄市、始兴县、仁化县、翁源县、新丰县、乳源瑶族自治县
	深圳市	
	阳江市	阳春市、阳西县
	云浮市	罗定市、新兴县、郁南县
	湛江市	廉江市、雷州市、吴川市、遂溪县、徐闻县
	肇庆市	四会市、广宁县、怀集县、封开县、德庆县
	珠海市	
	东莞市、中山市、潮州市	
	共计	57
海南省	海口市	
	三亚市	
	省直辖县级市：文昌市、琼海市、万宁市、五指山市、东方市	
	省辖县：临高县、澄迈县、定安县、屯昌县、昌江黎族自治县、白沙黎族自治县、琼中黎族苗族自治县、陵水黎族自治县、保亭黎族苗族自治县、乐东黎族自治县	
	共计	15

续表

省份	市	县级市、县
河北省	保定市	涿州市、定州市、安国市、高碑店市、雄县、唐县、易县、蠡县、安新县、容城县、涞水县、阜平县、定兴县、高阳县、涞源县、望都县曲阳县、顺平县、博野县
	沧州市	泊头市、任丘市、黄骅市、河间市、沧县、青县、献县、东光县、海兴县、盐山县、肃宁县、南皮县、吴桥县、孟村回族自治县
	承德市	承德县、兴隆县、平泉县、滦平县、隆化县、丰宁满族自治县、宽城满族自治县、围场满族蒙古族自治县
	邯郸市	武安市、临漳县、成安县、大名县、涉县、磁县、邱县、鸡泽县、广平县、馆陶县、魏县、曲周县
	衡水市	深州市、枣强县、武邑县、武强县、饶阳县、安平县、故城县、景县、阜城县
	廊坊市	霸州市、三河市、固安县、永清县、香河县、大城县、文安县、大厂回族自治县
	秦皇岛市	昌黎县、抚宁县、卢龙县、青龙满族自治县
	石家庄市	辛集市、晋州市、新乐市、井陉县、正定县、行唐县、灵寿县、高邑县、深泽县、赞皇县、无极县、平山县、元氏县、赵县
	唐山市	遵化市、迁安市、滦州市、滦南县、乐亭县、迁西县、玉田县
	邢台市	南宫市、沙河市、内丘县、柏乡县、隆尧县、宁晋县、巨鹿县、新河县、广宗县、平乡县、威县、清河县、临西县
	张家口市	蔚县、康保县、张北县、阳原县、赤城县、怀来县、涿鹿县、沽源县、怀安县、尚义县
	共计	118
浙江省	杭州市	建德市、临安市、桐庐县、淳安县
	湖州市	德清县、长兴县、安吉县
	嘉兴市	海宁市、平湖市、桐乡市、嘉善县、海盐县
	金华市	兰溪市、义乌市、东阳市、永康市、兰溪市、武义县、浦江县、磐安县
	丽水市	龙泉市、青田县、缙云县、遂昌县、松阳县、云和县、庆元县、景宁畲族自治县

续表

省份	市	县级市、县
浙江省	宁波市	余姚市、慈溪市、象山县、宁海县
	衢州市	江山市、常山县、开化县、龙游县
	绍兴市	诸暨市、嵊州市、新昌县
	台州市	温岭市、临海市、玉环市、三门县、天台县、仙居县
	温州市	瑞安市、乐清市、龙港市、永嘉县、平阳县、苍南县、文成县、泰顺县
	舟山市	岱山县、嵊泗县
	共计	53
江苏省	常州市	溧阳市
	淮安市	涟水县、盱眙县、金湖县
	连云港市	灌南县、东海县、灌云县
	南京市	
	苏州市	常熟市、张家港市、昆山市、吴江市、太仓市
	宿迁市	沭阳县、泗阳县、泗洪县
	泰州市	兴化市、靖江市、泰兴市
	无锡市	江阴市、宜兴市
	徐州市	新沂市、邳州市、丰县、沛县、睢宁县
	盐城市	东台市、响水县、滨海县、阜宁县、射阳县、建湖县
	扬州市	仪征市、高邮市、宝应县
	镇江市	丹阳市、扬中市、句容市
	南通市	启东市、如皋市、海门市、海安县、如东县
	共计	41
山东省	滨州市	惠民县、博兴县、阳信县、无棣县、邹平市
	德州市	宁津县、齐河县、武城县、平原县、夏津县、临邑县、庆云县、乐陵市、禹城市
	东营市	广饶县、利津县
	菏泽市	曹县、单县、成武县、鄄城县、郓城县、巨野县、东明县
	济南市	平阴县、商河县

省份	市	县级市、县
山东省	济宁市	鱼台县、金乡县、嘉祥县、微山县、汶上县、泗水县、梁山县、曲阜市、邹城市
	聊城市	临清市、阳谷县、莘县、东阿县、冠县、高唐县
	临沂市	费县、沂南县、沂水县、郯城县、兰陵县、平邑县、蒙阴县、临沭县、莒南县
	青岛市	胶州市、平度市、莱西市
	日照市	五莲县、莒县
	泰安市	新泰市、肥城市、宁阳县、东平县
	威海市	乳山市、荣成市
	潍坊市	昌乐县、临朐县、青州市、诸城市、寿光市、安丘市、高密市、昌邑市
	烟台市	莱州市、龙口市、莱阳市、招远市、栖霞市、海阳市
	枣庄市	滕州市
	淄博市	桓台县、高青县、沂源县
	共计	78
北京市		
上海市		
天津市		

资料来源:《中国县域统计年鉴(2019)》。

(一)全国经济发展的先锋地带

根据 2020 年统计年鉴,2019 年东部县生产总值达到 224120.67 亿元。东部县处于改革开放的前沿,是县级改革发展的实验领域。自改革开放以来,东部各县开始主导发展。人均 GDP 比 1952 年的 132 元增长了 264 倍,达到 34942 元。与 1952 年的 310.6 亿元相比,东部县的生产总值增长了 721 倍。此外,与全县经济发展水平相比,2008 年东部县人均 GDP 明显高于 22698 元。2019 年,我国国内生产总值 986515 亿元,东部县生产总值 224120.67 亿元,占国内生产总值的 1/4,成为推动国民经济增长的重要力量。

（二）经济增长稳中有增

在经济发展效率及总量方面，东部县域地区的优势一直十分明显，同样在经济发展体制机制及开放程度上，东部县域地区作为全国县域范围内的示范区域，在引领全国经济发展进入新阶段的过程中，起着至关重要的作用。

2019 年，在中国百强县名单中，东部县域地区占据 71 个席位。江苏、山东、浙江三省分别占 26 席、19 席和 18 席。在百强县前 10 名中，江苏占 6 席，昆山、江阴、张家港、常熟包揽前 4 位。2013 年至 2020 年，东部县域地区各省份的县域 GDP 持续增长。2020 年，北京、天津、河北、上海、江苏、浙江、福建、山东、广东、海南的县域 GDP 分别为 2247.19 亿元、1356.12 亿元、2456.98 亿元、1890.12 亿元、70918.12 亿元、39870.10 亿元、26758.19 亿元、37189.32 亿元、33516.12 亿元、24568.09 亿元。东部各县 GDP 占全国 GDP 的 22.62%（见表 3.5）。

表 3.5 　　　　　　2013～2020 年中国东部县域地区生产总值　　　　单位：亿元

年份	北京	天津	河北	上海	江苏
2013	1088.19	1698.63	21003.73	897.14	41516.32
2014	1189.47	2000.74	21737.26	940.59	45255.86
2015	1275.42	2134.79	22157.81	977.06	48069.41
2016	1381.79	1736.45	23465.52	1040.51	51591.40
2017	1580.05	2009.64	24069.37	1112.17	58029.78
2018	1712.74	2139.53	24516.15	1293.45	62388.17
2019	2137.12	1276.23	2367.67	1602.70	65136.00
2020	2247.19	1356.12	2456.98	1890.12	70918.12
年份	浙江	福建	山东	广东	海南
2013	23514.53	12354.62	31612.87	32414.03	15952.08
2014	25333.88	13691.71	34194.55	32232.47	17577.79
2015	26738.53	14773.62	35255.55	31292.72	16504.54
2016	29397.59	16120.94	37486.42	32100.89	18118.80
2017	32253.37	18031.73	40317.50	32074.68	19832.30

续表

年份	浙江	福建	山东	广东	海南
2018	35310.74	20211.21	42425.59	30693.92	22142.22
2019	38621.80	23454.61	34270.39	31602.88	23423.05
2020	39870.10	26758.19	37189.32	33516.12	24568.09

资料来源：根据 2013～2021 年《中国统计年鉴》整理所得。

在东部县域经济的动态变化上，位次上升较快的县（市）基本呈现出县域经济增速稳定、行业利润和区域投资增长较好的特点，部分县（市）投资拉动效果显著。

（三）居民生活水平不断提高、消费质量明显改善

党的十八大指出，县域居民收入继续保持快速增长的趋势。具体来看，东部县域地区居民间分配差距拉近，消费水平、质量不断提升，结构不断优化，居民的居住环境也在不断优化，生活水平不断提升，这也是我国实现小康社会的基本体现。

近 40 年来，中国东部地区县域居民收入持续增长，消费水平有了很大提高。2018 年，我国东部县域地区居民人均可支配收入达 25974 元，扣除物价因素，比改革开放初年实际增长约 23 倍，年均增长率高达 9%。其中，居民人均消费超过 18000 元，扣除相应物价因素，与改革开放初年相比增长约8%。具体来讲，东部县域地区居民收入结构不断优化，其中财产性、经营性收入占比不断提高，工资收入占比有所下降。2018 年，我国东部地区县区城镇居民人均营业净收入达到 4065 元，比 1981 年年均增长 19.5%。比例达到11.2%，比 1981 年提高 9.9 个百分点。1990 年以来，利息已成为东部县区城镇居民财产性收入的主要渠道，收入水平有了很大提高。2018 年，东部县域居民储蓄存款达 14168883 亿元。

2018 年，我国东部县域地区居民人均营业净收入超过 4000 元，与 1981年相比年均增长率超过 19%，同比增长率达到 9.9%。进入 20 世纪 90 年代以来，我国东部县域地区居民财产性收入中占比最高的为利息，收入结构得到较大程度上的优化。2020 年，北京、天津、河北、上海、江苏、浙江、福

建、山东、广东、海南十地分别实现储蓄存款余额 2642.31 亿元、1631.56
亿元、28571.91 亿元、1621.81 亿元、30972.78 亿元、30547.45 亿元、
4333.81 亿元、27141.23 亿元、26571.34 亿元、1917.04 亿元（见表3.6）。

表 3.6　　　　　2013～2020 年中国东部县域地区居民储蓄存款余额　　单位：亿元

年份	北京	天津	河北	上海	江苏
2013	1764.45	947.92	14589.08	1000.01	18361.82
2014	1895.90	1066.59	16388.63	1047.95	18312.57
2015	1983.35	1142.32	18481.57	1083.26	20662.58
2016	2120.02	1242.45	20485.29	1178.12	24805.28
2017	2253.56	1123.28	22678.52	1279.21	26912.15
2018	2345.74	1431.98	25561.81	1421.61	28942.45
2019	2445.44	1521.08	27541.87	1531.23	29042.34
2020	2642.31	1631.56	28571.91	1621.81	30972.78
年份	浙江	福建	山东	广东	海南
2013	17076.60	2507.29	14295.09	15707.56	1017.61
2014	18564.67	2727.26	16388.59	16650.79	1144.11
2015	20483.97	2961.86	18453.86	17530.28	1119.16
2016	23134.90	3309.91	20908.63	19134.21	1248.31
2017	24971.03	3707.48	22619.49	20272.70	1428.00
2018	28537.45	4133.74	25141.76	22574.99	1597.30
2019	29531.65	4234.77	26142.67	24571.98	1796.03
2020	30547.45	4333.81	27141.23	26571.34	1917.04

资料来源：根据 2013～2021 年《中国统计年鉴》整理所得。

县域居民收入来源由单一的集体经营收入转为家庭经营、工资、转移收
入并驾齐驱。2018 年，县域居民人均经营净收入 5028 元，比 1978 年年均增
长 13.5%；占比为 37.4%，比 1978 年提高 10.6 个百分点。随着县域土地经
营制度改革不断深化以及现代农业快速发展，大量农业劳动力从土地上分离

出来，进入城市或乡镇企业工作，工资性收入逐渐成为县域居民收入的主要来源。同时，随着家庭联产承包责任制制度在我国东部县域地区的广泛施行，"农户"则成为有一定独立生产能力的经营单位，顺理成章地，家庭经营收入成为该地区收入来源的主要部分。据 2018 年相关数据显示，我国东部县域地区人均经营净收入超过 5000 元，与改革开放初年相比年均增长超过 13%，占比达到了 1/3 以上，提高了近 11 个百分点。随着经济发展和消费环境的改善，居民的收入水平和消费水平不断提升。

（四）公共财政、税收收入逐年递增，地方财力壮大

近年来，在县域经济持续发展的带动下，县域层面财政建设的力度也在不断加强，实现了相当程度的经济积累。在持续金融衰退的国际大背景下，2019 年我国东部县域的财政收入仍呈现上升态势，收入结构也在不断优化升级，经受住了较大考验。2020 年，东部县域十省份的北京、天津、河北、上海、江苏、浙江、福建、山东、广东、海南县域财政总收入达 17854.86 亿元，同比增长 3.09%，东部县域十地分别实现 230.97 亿元、167.17 亿元、1709.12 亿元、445.90 亿元、4790.12 亿元、3890.12 亿元、590.11 亿元、2789.10 亿元、1897.01 亿元、213.01 亿元，超年初预算，实现三年翻番目标（见表 3.7）。

表 3.7　　　　　　2013～2020 年中国东部县域地区公共财政收入　　　　单位：亿元

年份	北京	天津	河北	上海	江苏
2013	138.51	246.33	1019.35	128.65	3478.96
2014	157.23	218.33	1135.35	144.46	3869.54
2015	175.57	229.17	1226.90	169.67	4307.42
2016	186.09	200.50	1234.47	209.83	4307.69
2017	201.53	185.54	1318.22	232.00	4310.83
2018	218.04	200.74	1426.18	251.00	4663.89
2019	228.74	161.02	1668.14	402.39	4560.72
2020	230.97	167.17	1709.12	445.90	4790.12

续表

年份	浙江	福建	山东	广东	海南
2013	1886.21	346.11	1913.39	1250.55	234.73
2014	2100.68	474.18	2143.13	1389.22	222.63
2015	2426.07	475.38	2352.40	1464.26	191.92
2016	2675.14	578.90	2491.28	1503.36	198.38
2017	2998.04	553.76	2545.99	1663.92	231.00
2018	3359.91	529.71	2601.90	1841.63	268.99
2019	3709.72	531.19	2640.81	1766.44	176.69
2020	3890.12	590.11	2789.10	1897.01	213.01

资料来源：根据 2013~2021 年《中国统计年鉴》整理所得。

　　我国县域经济的发展状态目前已由高速增长转变为高质量发展，而高质量的经济发展则是经济可持续发展的关键。财政收入作为国家治理的基础和关键支柱，在优化资源配置、公平收入分配等方面，发挥着不可或缺的作用。近年来，我国东部县域各省积极落实各项财税政策，努力聚拢、扩大新增财源，东部县域地区位于我国经济最发达的区域，工业、农业经济基础都十分雄厚，近年来东部县域地区财政收入的增长迅速，东部县域地区十地实现各项税收收入（见表3.8）。

表3.8　　　　　2013~2020 年我国东部县域地区的各项税收收入　　　单位：亿元

年份	北京	天津	河北	上海	江苏
2013	386.70	151.92	1547.94	291.58	5012.69
2014	420.16	107.39	1614.12	330.19	5550.77
2015	454.76	116.85	1566.72	372.10	6123.51
2016	520.71	100.68	1610.12	450.02	6095.40
2017	482.95	127.77	1968.20	580.98	5941.24

续表

年份	北京	天津	河北	上海	江苏
2018	447.93	162.15	2405.92	750.05	5790.97
2019	489.34	231.13	25098.12	809.12	5981.23
2020	509.12	345.78	27087.12	908.12	689.12

年份	浙江	福建	山东	广东	海南
2013	1755.43	350.43	2102.34	1763.15	122.88
2014	2047.63	349.63	1958.71	1685.87	156.33
2015	2085.84	422.57	2039.96	1773.49	147.71
2016	2303.00	421.40	2054.06	1222.99	148.44
2017	2604.27	442.97	2157.50	1934.01	174.70
2018	2944.91	465.64	2266.15	3058.40	205.61
2019	3078.12	589.12	2598.12	3298.12	306.33
2020	3241.27	698.12	2790.87	3589.98	409.12

资料来源：根据 2013~2021 年《中国统计年鉴》整理所得。

（五）区域经济带发展迅速，规模经济实力壮大

在我国创新驱动发展战略作用的带动下，我国东部县域地区一些县域经济发展已经突破了市场分割和地方分割的阻碍，实现了与周边城市的良好互动。以义乌、昆山、锦江、常熟等县域地区代表的县域经济发展，在长三角、珠三角等大规模区域发展的优势基础上，加速发展为资金、科技人才、科技和信息资源的产业链和创新链的有机整合发展。我国四大经济发展区域的总体分布特征呈现出"东部快、西部慢"，这与我国经济发展过程中东部、西部、中部、东北四个地区的经济发展趋势一致。

三、东部县域经济发展特点

（一）自然资源、地理区位发展条件优越

传统农业经济的发展则带动了县域经济的初步发展，当今，我国县域经

济的发展仍然对当地的自然资源有较大的依赖，以自然资源为依托仍是我国众多的县域经济初步发展及壮大的特点。东部县域地区资源禀赋高，约束较少，其人口集聚、自然条件优越。京津冀、沪宁杭地区在此集中，而重要的农业平原基地，如珠江三角洲、黄淮海平原、长江三角洲等地也分布在这一带。从全国范围来看东部县域沿海地带的科学和经济发展水平较高，教育、金融等资源丰富。其中，我国对外开放的海南、珠海、汕头、深圳、厦门5个经济特区，五个经济开放区以及14个沿海港口城市，都在这一地带。我国东部县域区域与境外有长期的经济、文化联系。长久以来，东部地区县域拥有着优越的地理区位条件，各类交通网发达，集聚众多大中小城市，人力资源丰富。作为我国改革开放前已经工业、商业较发达的东部县域沿海地区，在改革开放后则形成了我国"东、中、西"三个梯度的开发非均衡发展战略，从此我国的县域经济发展程度也相应呈现出"东、中、西"三个梯度。

（二）生产要素投入水平高

资金资本是国家经济增长最基本、最关键的高质量生产要素，资本形成的速度、结构及质量则是完整经济体壮大的基本约束条件。东部沿海县域区域在地理位置及自然资源禀赋上的优势使自身获得了在经济发展中的先发优势，可以高效率地利用国内、国际双市场，所以人力、金融资本相对丰富。从我国东部县域地区整体的经济发展态势来看，三产稳定、高质量发展。尤其是第三产业的迅猛发展，已经占 GDP 近一半的份额，从数据上体现了东部县域地区金融、科技、教育、服务业、通信业等行业发展良好，为经济的整体发展提供了充足动力。由于历史等原因，东部县域地区拥有相当数量的重点高校，以及数量庞大的高科技产业企业、互联网公司。与此同时，东部县域地区聚集众多跨国公司及大型企业研发核心部门，使东部县域地区在高科技含量高的产业上有着巨大优势。而东部县域地区具有的便捷的地理条件赋予了其在航运方面的领先地位，加之其在工业方面的深厚基础，又由于东部县域沿海区域自贸区高速发展的拉动，第三产业的高质量发展为东部县域区域的经济增长带来持久的活力。同时东部县域地区在金融层面上也取得了巨大进展。

（三）城镇化水平高

城镇化率对于县域经济增长的速度及质量的影响是至关重要的，它在一定程度上反映了县域经济发展的方式是否合理，结构是否优化。与地广人稀的西部县域相比，东部县域地区拥有地理环境、人才优势以及城镇化水平高等特点。其中高水平的城镇化率加速了当地生产要素集聚速度以及人才资源集中的规模，这都不约而同地提高了东部县域地区的经济发展水平。东部沿海县域城镇化在很大程度上高于中西部地区。县域城镇化的增长率高于8%的县域主要分布在东部沿海地区的两湖平原区，高城镇化率的县域主要积聚在珠三角、长三角等地区。昆山模式、温州模式等具有当地特色的县域市场化、工业化则促进了当地的县域城镇化。

（四）生产效率领先全国

经济增长的两大重要源泉是生产要素投入的增加和生产要素效率的提升，当前，县域经济的发展不能仅仅依靠增加生产要素数量的投入来扩张生产规模，必须转变经济发展方式，通过提高生产要素的效率和质量来实现经济的可持续发展。

我国东部县域地区在我国范围来看经济发展水平最高、开放时间最长，程度最深。在产品市场中获取产品信号的能力更强、更灵敏和真实，从而可以给其带来更高的资源配置效率。有关数据显示，东部县（市）包揽发展指数前20名。

第三节　中部地区县域经济考察

本节阐述中部地区的县域经济发展现状，首先整体概括中部六省自然资源状况以及在我国的经济地位，其次根据县域经济历年的发展指标分析中部六省县域经济的发展状况以及县域经济的发展特点。

一、中部地区基本情况

(一) 地理位置

中部地区包括山西省、河南省、安徽省、湖北省、江西省和湖南省。中部地区陆地面积约102.8万平方公里，占全国陆地总面积的10.7%。中部地区地理位置优越，拥有武汉都市圈、鄱阳湖生态经济区、长株潭城市群等重要的城市群，是我国在中部崛起战略的重要经济腹地，是实现区域经济发展的重要目标。

(二) 自然资源

中部地区自然资源丰富。有丰富的矿产资源，也是我国重要的食品生产基地和能源原料基地。山西省被誉为"煤铁之乡"和"能源重化工基地"；安徽省土地资源、水资源、矿产资源丰富；湖南省以"有色金属之乡"和"非金属矿产之乡"而闻名；江西省铜、钨等居第一位，稀土、锂等居第二位。

(三) 中部的经济地位

1. 经济规模小于东部大于西部

1990年，中部六省的生产总值占全国的21.6%，为3815.4亿元，东部地区约占全国的60%，西部地区占全国的18.4%，2018年中部六省的生产总值为192659亿元，全国的生产总值为900310亿元，约占全国的21.04%，其中东部占65.2%，西部生产总值占全国的13.76%。整体来看，中部的经济规模小于东部大于西部，并且中部经济规模与东部经济规模有较大的差异，一方面是因为东部省份较多，另一方面是因为东部沿海地区拥有雄厚的资金与技术。

2. 中部具有"双向开拓，四面出击"的特点

中部地区发展外向型经济的工业基础、科技人才以及市场机制都落后于东部沿海地区。然而，沿海地区的经济发展战略是使我国经济发展能够走出去，由封闭式走向开放式，因此中部地区可以引进资金、技术实施进口替代。从中部的地理位置看，中部地带适合开放式的内向为主的战略，在国内市场

东西拓展，四面出击，形成中部内地资源优化—生产开发—市场结构合理的模式。

3. 中部具有以重工业和城市经济为主体的地区经济特征

中部地区工业基础雄厚，具有许多大中型的主导企业，形成一批中心辐射的城市群体。例如，中部地区形成以武汉城市圈、环长株潭城市群等，承东启西，连接南北，作为长江经济带的重要组成部分，促进中部地区的崛起战略，推动国民经济的发展。从工业固定资产存量看，东部占全国的44.5%，中部占32.8%，西部占24.3%，中部的工业总产值约为全国的35%，煤炭工业占全国同行业的60.75%左右，电行业平均占全国的42%，石油工业平均占全国的36.7%，建材行业平均占全国的37.18%，中部工业行业占全国行业比重大的主要是资源型行业。中部构成的经济结构、城市结构与空间结构对以后中国经济发展具有有力的推动作用。

4. 中部地区是我国重要的核心经济增长地带

2000 年以后，国家推出西部大开发战略和振兴东北老工业基地战略，中部地区开始作为一个经济区划的概念，2005 年中部六省作为一个区域正式成立，纳入国家区域战略范畴。2016 年，国家发改委发布《促进中部地区崛起"十三五"规划》，提出支持武汉、郑州建设国家中心城市，巩固和加强长沙、合肥、南昌、太原等省会城市地位。中部地区将发展壮大经济增长极，壮大长江中游、中原城市群，形成南北呼应、共同支撑中部崛起的核心增长区。

二、中部县域经济发展现状分析

截至 2019 年 1 月，中部六省共有 96 个县级市、392 个县、9 个自治县，共计 477 个县级单位。其中，山西省辖 11 个县级市、80 个县，河南省辖 22 个县级市、83 个县，安徽省辖 9 个县级市、52 个县，湖北省辖 25 个县级市（其中 3 个省直辖县级市）、36 个县、2 个自治县，湖南省辖 18 个县级市、61 个县、7 个自治县，江西省辖 11 个县级市、80 个县（见表 3.9）。

表 3.9 中部地区部分县域行政区划

省份	市	县级市、县
山西省	长治市	长子县、沁县、沁源县、平顺县、武乡县、襄垣县、黎城县、壶关县
	大同市	左云县、阳高县、浑源县、天镇县、广灵县、灵丘县
	晋城市	高平市、泽州县、陵川县、阳城县、沁水县
	晋中市	祁县、寿阳县、昔阳县、平遥县、灵石县、左权县、和顺县、榆社县、介休市
	临汾市	古县、吉县、隰县、蒲县、曲沃县、翼城县、襄汾县、洪洞县、安泽县、浮山县、乡宁县、大宁县、永和县、汾西县、霍州市、侯马市
	朔州市	山阴县、右玉县、应县、怀仁市
	太原市	古交市、阳曲县、清徐县、娄烦县
	忻州市	代县、定襄县、五台县、繁峙县、宁武县、静乐县、神池县、五寨县、岢岚县、河曲县、保德县、偏关县、原平市
	阳泉市	平定县、盂县
	吕梁市	临县、岚县、兴县、方山县、中阳县、柳林县、文水县、交城县、交口县、石楼县、汾阳市、孝义市
	运城市	夏县、绛县、新绛县、临猗县、万荣县、闻喜县、稷山县、垣曲县、平陆县、芮城县、河津市、永济市
	共计	91
河南省	安阳市	林州市、安阳县、汤阴县、滑县、内黄县
	鹤壁市	浚县、淇县
	焦作市	沁阳市、孟州市、修武县、博爱县、武陟县、温县
	开封市	杞县、通许县、尉氏县、兰考县
	洛阳市	偃师市、嵩县、孟津县、新安县、栾川县、汝阳县、宜阳县、洛宁县、伊川县
	漯河市	舞阳县、临颍县
	南阳市	邓州市、南召县、方城县、西峡县、镇平县、内乡县、淅川县、社旗县、唐河县、新野县、桐柏县
	平顶山市	叶县、郏县、宝丰县、鲁山县、舞钢市、汝州市
	濮阳市	范县、清丰县、南乐县、台前县、濮阳县
	三门峡市	义马市、灵宝市、渑池县、卢氏县

续表

省份	市	县级市、县
河南省	商丘市	永城市、睢县、民权县、宁陵县、柘城县、虞城县、夏邑县
	新乡市	卫辉市、辉县市、长垣市、新乡县、获嘉县、原阳县、延津县、封丘县
	信阳市	新县、息县、罗山县、光山县、商城县、固始县、潢川县、淮滨县
	许昌市	禹州市、长葛市、鄢陵县、襄城县
	郑州市	巩义市、荥阳市、新密市、新郑市、登封市、中牟县
	周口市	项城市、扶沟县、西华县、商水县、沈丘县、郸城县、太康县、鹿邑县
	驻马店市	西平县、上蔡县、平舆县、正阳县、确山县、泌阳县、汝南县、遂平县、新蔡县
	济源市（省直辖市）	
	共计	105
安徽省	安庆市	桐城市、怀宁县、潜山市、太湖县、宿松县、望江县、岳西县
	蚌埠市	怀远县、五河县、固镇县
	亳州市	涡阳县、蒙城县、利辛县
	池州市	东至县、石台县、青阳县
	滁州市	天长市、明光市、来安县、全椒县、定远县、凤阳县
	阜阳市	界首市、临泉县、太和县、阜南县、颍上县
	合肥市	长丰县、肥东县、肥西县、庐江县、巢湖市
	淮北市	濉溪县
	淮南市	凤台县、寿县
	黄山市	歙县、休宁县、黟县、祁门县
	六安市	霍邱县、舒城县、金寨县、霍山县
	马鞍山市	当涂县、含山县、和县
	宿州市	砀山县、萧县、灵璧县、泗县
	铜陵市	枞阳县
	芜湖市	无为市、南陵县
	宣城市	宁国市、郎溪县、广德市、泾县、绩溪县、旌德县
	共计	59

续表

省份	市	县级市、县
湖北省	鄂州市	
	恩施土家族苗族自治州	恩施市、利川市、建始县、巴东县、宣恩县、咸丰县、来凤县、鹤峰县
	黄冈市	武穴市、麻城市、团风县、红安县、罗田县、英山县、黄梅县、浠水县、蕲春县
	黄石市	大冶市、阳新县
	荆门市	钟祥市、京山市、沙洋县
	荆州市	石首市、洪湖市、松滋市、监利市、监利县、江陵县、公安县
	十堰市	丹江口市、郧西县、竹山县、竹溪县、房县
	随州市	广水市
	武汉市	
	咸宁市	赤壁市、嘉鱼县、崇阳县、通城县、通山县
	襄阳市	老河口市、枣阳市、宜城市、南漳县、谷城县、保康县
	孝感市	应城市、安陆市、汉川市、孝昌县、大悟县、云梦县
	宜昌市	远安县、兴山县、秭归县、长阳土家族自治县、五峰土家族自治县、宜都市、当阳市、枝江市
	省直辖县级行政单位	桃市、潜江市、天门市、神农架林区
	共计	63
湖南省	长沙市	浏阳市、宁乡市、长沙县
	常德市	津市市、汉寿县、石门县、临澧县、桃源县、安乡县、澧县
	郴州市	资兴市、安仁县、桂阳县、宜章县、汝城县、嘉禾县、临武县、桂东县、永兴县
	衡阳市	耒阳市、常宁市、祁东县、衡阳县、衡东县、衡山县、衡南县
	怀化市	洪江市、沅陵县、辰溪县、溆浦县、中方县、会同县、新晃侗族自治县、芷江侗族自治县、通道侗族自治县、麻阳苗族自治县、靖州苗族侗族自治县

续表

省份	市	县级市、县
	娄底市	冷水江市、涟源市、双峰县、新化县
	邵阳市	武冈市、邵东县、洞口县、邵阳县、新邵县、绥宁县、新宁县、隆回县、城步苗族自治县
	湘潭市	湘乡市、韶山市、湘潭县
	湘西土家族苗族自治州	吉首市、龙山县、古丈县、永顺县、凤凰县、泸溪县、保靖县、花垣县
湖南省	益阳市	沅江市、南县、桃江县、安化县
	永州市	道县、蓝山县、新田县、江永县、双牌县、祁阳县、宁远县、东安县、江华瑶族自治县
	岳阳市	汨罗市、临湘市、岳阳县、华容县、湘阴县、平江县
	张家界市	慈利县、桑植县
	株洲市	醴陵市、攸县、茶陵县、炎陵县
	共计	86
	景德镇市	浮梁县、乐平市
	九江市	武宁县、彭泽县、永修县、修水县、湖口县、德安县、都昌县、瑞昌市、共青城市、庐山市
	南昌市	南昌县、安义县、进贤县
	萍乡市	莲花县、泸溪县、上栗县
	上饶市	鄱阳县、婺源县、铅山县、余干县、横峰县、弋阳县、玉山县、万年县、德兴市
江西省	新余市	分宜县
	宜春市	丰城市、樟树市、高安市、铜鼓县、靖安县、宜丰县、奉新县、万载县、上高县
	赣州市	石城县、安远县、宁都县、寻乌县、兴国县、定南县、上犹县、于都县、崇义县、信丰县、全南县、大余县、会昌县、瑞金市、龙南市
	吉安市	吉安县、永丰县、永新县、新干县、泰和县、峡江县、遂川县、安福县、吉水县、万安县、井冈山市

续表

省份	市	县级市、县
江西省	抚州市	南丰县、乐安县、金溪县、南城县、资溪县、宜黄县、广昌县、黎川县、崇仁县
	鹰潭市	贵溪市
	共计	73

资料来源：2019年中国县域统计年鉴。

（一）中部六省经济平稳增长

近年来，中部地区发挥自身优势，地区生产总值取得了稳步的发展。2008～2018年中部六省的生产总值呈现逐年递增趋势，从64040亿元增加到192659亿元，增长了200.84%。其中就每个省份而言，各省地区生产总值均呈现出了逐年上升的趋势，如表3.10所示。10年间，各省地区生产总值总量有了显著提升。

中部六省经济总量占比稳步上升。2008～2020年，中部六省经济总量占比从2008年的19.92%上升到2020年的21.94%，上升了2.02个百分点。总体来看保持在20%左右，如表3.10所示。

表3.10　　　　　　　2008～2020年中部六省GDP情况

年份	山西（亿元）	安徽（亿元）	江西（亿元）	河南（亿元）	湖北（亿元）	湖南（亿元）	中部（亿元）	全国（亿元）	占比（%）
2008	7315	8851	6971	18018	11328	11555	64040	321500	19.92
2009	7358	10062	7655	19480	12961	13059	70577	348498	20.25
2010	9200	12359	9451	23092	15967	16037	86109	411265	20.94
2011	11237	15300	11702	26931	19632	19669	104473	484753	21.55
2012	12112	17212	12948	29599	22250	22154	11627	539116	21.57
2013	12665	19229	14410	32191	24791	24621	127909	590422	21.66
2014	12761	20848	15714	34938	27379	27037	138679	644791	21.51
2015	12766	22005	16723	37002	29550	28902	146950	686449	21.41

续表

年份	山西 (亿元)	安徽 (亿元)	江西 (亿元)	河南 (亿元)	湖北 (亿元)	湖南 (亿元)	中部 (亿元)	全国 (亿元)	占比 (%)
2016	13050	24407	18499	40471	32665	31551	160645	740598	21.69
2017	14973	27018	20818	44552	35478	33902	177244	824828	21.49
2018	16818	30007	21985	48056	39367	36426	192659	900310	21.40
2019	17026.8	3714	34757.5	54259	45828	39752.12	195337	985333	19.82
2020	17651.93	38680	25691.5	54997	43443.4	41781.49	222245	1013567	21.94

资料来源：根据 2008~2021 年《中国统计年鉴》整理所得。

(二) 中部六省县域经济呈现上升趋势

2013~2019 年，在中部迅速崛起的背景下，作为中部经济发展组成部分的县域经济快速发展起来，中部六省总的县域生产总值呈现逐渐增加的趋势，7 年间，县域生产总值增加了 43073 亿元。分省来看的数据见表 3.11。

表 3.11　　　　　　　中国六省县域 GDP 历年情况　　　　　单位：亿元

年份	山西	河南	安徽	湖南	湖北	江西	中部
2013	7515	23063	9221	14673	12354	8712	75538
2014	7521	25113	9981	15778	13263	10066	81722
2015	7530	26104	11068	16492	13541	10849	85583
2016	7123	28232	11710	18911	14200	11889	92065
2017	7228	30680	13054	19847	15317	12373	98500
2018	7318	32670	15067	21847	16318	14323	107543
2019	9569	34211	18044	22310	19679	14798	118611
2020	10578	43215	22034	25334	20659	26765	138321

资料来源：根据 2013~2021 年《中国县域统计年鉴》整理所得。

(三) 中部六省百强县域经济综合实力较弱

2018 年，中部有 24 个县（市）入选样本 400 个县，其中有 14 个进入全国县域经济竞争力 100 强，占样本比例为 14%。全国县域经济竞争力 100 强排名，中部六省共有 14 个县位于 100 强。其中河南省有 6 个县，湖南省有 3 个县，江西省有南昌县，安徽省有 3 个县，湖北有 1 个县，为枣阳市，湖南省的县域经济竞争力的排名均位于百强县 20 名之内，具有较高的经济发展潜力。详见表 3.12。

表 3.12 中部县域百强县

省份	县（市）	排名	省份	县（市）	排名
江西	南昌县	51	河南	新郑市	34
安徽	肥西县	88		新密市	55
	林州市	91		登封市	65
	肥东县	100		巩义市	66
湖南	长沙县	7		中牟县	84
	浏阳市	15		荥阳县	86
	宁乡市	18			
湖北	枣阳市	99			

资料来源：中国县域经济发展报告（2018）。

（四）中部六省县域经济产业结构逐渐合理化

近年来，中部县经济迅速崛起，成为推动中部崛起的重要力量。产业结构反映一个国家或一个地区的经济结构及发展动力。产业结构的调整是解决发展滞后，产业落后的重要措施。改革开放以来，我国产业结构不断调整，根据实际情况，逐渐向产业结构合理化与高度化的方向演进。2018 年，中部县域的产业结构为 12.6∶56.7∶30.7；全国县域产业结构为 9.7∶45.8∶44.5。中部县域的产业结构模式主要是"二、三、一"的产业结构模式。

在中部县域经济强县中，第二产业占比高达 60% 以上，如湖南省的长沙县第二产业占比为 64.2，浏阳市第二产业占比为 64.4，制造业的发展为长沙县域和浏阳市注入较高的活力（见图 3.1）。

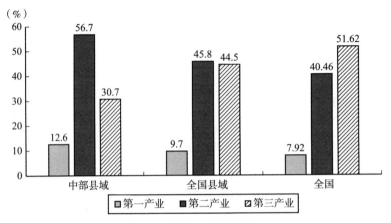

图 3.1　县域产业结构占比

资料来源：2018 年《中国县域统计年鉴》。

（五）地方政府财政一般预算支出大于预算收入

中部六省县域政府的财政收入与所在省份经济发展具有紧密的关系。河南省、安徽省、湖南省、湖北省与江西省经济在中部崛起战略下迅速发展，经济发展取得显著的成效。从 2008 年到 2020 年，县域地方财政一般预算收入不断增加，如河南省作为中部六省经济最发达的省份，11 年间，河南县域地方财政一般预算收入由 2009 年的 422.13 亿元增加至 2356.34 亿元。总的来看，中部地区县域财政一般预算收入的快速增加表明经济发展迅速。具体如表 3.13 所示。

表 3.13　　　　　　　　中部六省县域地方政府财政一般预算收入　　　　单位：亿元

年份	山西	河南	安徽	湖南	湖北	江西
2008	259.31	401.54	168.26	213.97	170.56	209.30
2009	267.66	422.13	222.55	303.32	217.04	264.16
2010	323.88	514.13	293.24	329.10	283.52	377.86
2011	407.19	878.45	428.89	473.71	453.14	503.39
2012	503.34	987.06	542.91	546.21	563.07	685.67
2013	618.89	878.45	718.60	610.12	676.75	925.36

续表

年份	山西	河南	安徽	湖南	湖北	江西
2014	559.46	987.06	868.81	722.11	780.82	1085.48
2015	453.38	1223.32	972.63	802.73	936.27	1134.78
2016	443.39	1290.34	1029.01	885.97	910.63	1178.95
2017	453.69	1310.37	1279.01	905.97	998.73	1258.94
2018	463.23	1320.33	13732.00	1059.77	1008.72	1358.57
2019	740.78	2251.33	1586.07	1497.38	889.53	1471.80
2020	790.12	2356.34	1987.12	1678.12	960.34	1785.45

资料来源：根据 2008~2021 年《中国统计年鉴》整理所得。

中部六省县域政府一般预算支出与一般预算收入具类似的发展趋势，随着经济的发展支出在逐年增加。12 年间，中部省份县域一般预算支出增加在 2.8 倍到 4.4 倍。中部六省县域的一般预算收入与支出相比较，中部六省的预算支出均大于预算收入，具体如表 3.14 所示。

表 3.14　　　　　　　**中部六省县域地方政府财政一般预算支出**　　　　　单位：万元

年份	山西	河南	安徽	湖南	湖北	江西
2008	5807305	10768101	5614825	7852835	5737620	6298198
2009	6623266	13770785	7896874	10749212	8339174	8224319
2010	8176698	15738003	9620964	12337410	11025919	10067486
2011	10155913	28472696	13511294	15299490	13408763	12605009
2012	12175865	29057905	15815756	18591343	16253793	16006821
2013	14301641	28472696	19815861	22041076	18501206	18453138
2014	14146309	29057905	19109150	30685088	20967872	21030061
2015	15567977	32283221	21732629	30062898	21042696	24473689
2016	15936325	36781148	24248153	33790411	22902486	26718011
2017	16367977	37883221	25032629	34062898	23937321	27918012
2018	16367977	37883221	25032629	34062898	23937321	27918012
2019	22405586	54076219	33027674	41671975	33049922	35601750
2020	23456582	59073410	34567906	49633974	39149452	39002310

资料来源：根据 2008~2021 年《中国统计年鉴》整理所得。

（六）城乡居民储蓄存款余额与年末金融机构各项贷款余额增长稳定

城乡居民的储蓄存款余额在一定程度反映了该地区居民的生活水平与经济的活跃程度，2020 年，河南省城乡居民储蓄存款余额位于中部六省的首位，达到 242319065 亿元左右，其他省份的城乡居民储蓄存款余额超过 1 万亿元。从增长倍数来看，中部县域城乡居民储蓄存款余额增长 3 倍到 4 倍多不等，具体如表 3.15 所示。

表 3.15　　　　　　　中部六省县域城乡居民储蓄存款余额　　　　　　单位：万元

年份	山西	河南	安徽	湖南	湖北	江西
2008	31885695	47912770	23341761	33970917	27823975	22674553
2009	34400341	54669844	30234771	39254016	32374873	28634481
2010	41093067	67854895	35803579	46156310	40606112	34305654
2011	46226973	78730827	44684737	57852138	47769132	41635175
2012	54130416	94858336	54591228	64912154	58733658	48830389
2013	62343827	111448250	56381942	76065166	70448579	57372912
2014	67857653	125895280	75079906	85190673	80915103	66272882
2015	74791699	145507880	87297347	101972927	92641549	77081685
2016	81823185	167538549	95771379	120464417	104873730	80855632
2017	83293742	172648232	96732826	123726382	115237382	82239382
2018	89296541	182678831	10737826	133728976	125237909	97290882
2019	108685386	232317666	139907519	157731643	141200321	116304685
2020	118235376	242319065	153403521	187734645	170034567	133353357

资料来源：根据 2008~2021 年《中国统计年鉴》整理所得。

金融机构的贷款余额在一定程度上反映当地的经济建设及经济投资的活跃程度。2020 年，中部六省除山西省，其他 5 省县域年末金融机构各项贷款余额达到 1 万亿元以上。12 年间，从增加的速度来看，山西省县域年末金融机构各项贷款余额仅仅增加 4 倍左右，河南省、安徽省、湖南省、湖北省与江西省县域年末金融机构各项贷款余额在 7~8 倍左右，远高于山西县域金融机构各项贷款力度（见表 3.16）。

表 3.16 中部六省县域年末金融机构各项贷款余额 单位：万元

年份	山西	河南	安徽	湖南	湖北	江西
2008	16495681	28364540	13247651	18660931	14131888	14067429
2009	18510848	36533826	18758385	23399007	18834944	20570118
2010	23496281	47302854	24771528	28552691	24897104	25495039
2011	30049837	52562991	32845401	37783898	29131908	30883555
2012	34703651	58966702	40038555	39929879	37522624	38075248
2013	40468470	74253616	46981153	48872705	44682285	46307467
2014	43138003	86661664	58477642	54053926	53560112	55863903
2015	46002225	97556348	66322309	69084654	62265242	67683629
2016	48852500	110115849	72217783	84737548	70268507	80836526
2017	50924834	112938443	81927261	91872673	75178293	82119283
2018	52924454	122948463	91976278	10889667	80178789	83168281
2019	64410144	164201583	137412904	131158324	107107280	132743385
2020	69432145	194901523	147434908	151258094	121102345	190843450

资料来源：根据 2008~2021 年《中国统计年鉴》整理所得。

（七）城镇固定资产投资完成额差异较大

从 2008~2020 年，中部六省城镇固定资产投资完成额呈现普遍上涨的趋势，河南省县域城固定资产投资完成额已经达到 3 万亿元，远高于其他中部省份县域城镇固定资产投资完成额，安徽省与江西省城镇固定资产投资完成额处于相同的发展水平，在 1.3 万亿元左右，湖南省与湖北省县域城镇固定资产投资完成额比较接在 1.7 万亿元左右，山西省的县域城镇固定资产投资完成额远低于其他中部 5 省的县域城镇固定资产投资完成额，小于 1 万亿元，具体如表 3.17 所示。

表 3.17　　　　　　　中部六省县域城镇固定资产投资完成额　　　　单位：万元

年份	山西	河南	安徽	湖南	湖北	江西
2008	16208816	56183386	20097070	19596991	17129331	20836174
2009	20340848	69506310	29451046	29084515	25749519	31067038
2010	26712802	97185257	40304636	39344851	29763556	40962943
2011	34295082	115640348	43797093	58678082	50404299	44774041
2012	48322851	136772550	53465210	74503135	70674821	60880269
2013	63386759	176771246	74000665	99200826	101393917	73649500
2014	74985877	205621245	96245669	112863845	122700624	93252803
2015	86864509	229487857	103406192	143376326	148291275	109723565
2016	87783014	276891151	126641596	161048530	159710695	129869381
2017	88117643	298756321	136474828	176582732	169827363	134262722
2018	89127345	308746329	156456968	199582335	1992397233	154282342
2019	90122344	328746908	166423568	219582395	2192345231	194342122
2020	91122785	338767329	196452458	239534375	229239132	204229372

资料来源：根据 2008～2021 年《中国统计年鉴》整理所得。

三、中部地区县域经济发展特点

（一）中部县域经济发展具有不平衡性

中部县域经济发展具有不平衡性，从总体来看，河南县域经济实力远大于山西县域经济的实力，山西省是中部六省唯一没有全国百强县的省份。从县域的生产总值来看，山西的县域生产总值增加值远小于相邻的河南县域生产总值。在各省内部来看，各省县域经济发展具有很强的区位性，比如江西经济发达的县域（南昌县、上饶县）主要分布在赣北地区，湖北县域经济发达的县域主要是分布在长江经济带上。

（二）中部县域经济发展以制造业为推动力

中部县域经济的主要推动力是制造业与资源型的产业，在早期，中部地区位于珠三角、长三角、闽三角区域，受到"吸虹效应"影响，具有较少的经济发展机会，2008 年金融危机后，东部沿海地区的产业逐渐转移到内地，中部省份的制造业活跃起来，例如南昌县在汽车及零部件、食品饮料和医药仪器三大传统支柱产业集群的基础上，加快发展智能装备制造、集成电路和新材料新能源三大新兴产业；老河口市积极发展氢能能源汽车、智能网联汽车、光电等产业。

（三）中部县域经济仍表现为农业大县、工业小县的特征

中部地区是我国的粮食生产基地，中部六省粮食面积占全国粮食播种面积的 29% 的水平，中部丢弃粮食产量占全国粮食产量的 1/3。中部六省除经济发达的县域外，多数县域表现为农业大县、工业小县的特征，如湖南经济比较发达的县域，麻城市的三次产业占比为 18.27∶39.89∶42.84，南漳县的产业结构占比为 16.6∶40.4∶43 等，农业生产占比远高于全省以及全国的平均水平。中部省份的县域第二产业总值和规模以上工业的数量与东部地区的江苏、山东与浙江相比具有较大差距。河南工业发展位于中部第一，但与东部浙江省相比，规模以上工业总产值仅有浙江省的 48.5%。

（四）中部县域经济发展程度有明显的区位性

中部地区有以武汉城市圈、环长株潭城市圈、环鄱阳湖城市群为主题的长江中游城市群。湖北、湖南、江西的经济强县主要分布在长江中游城市群内，如湖北的仙桃、宜昌、潜江，江西的南昌、九江、景德镇；湖南的长沙、株洲、岳阳等。中原城市群有河南的洛阳、开封，山西的晋城、长治，安徽的部分县级市。在都市群或城市群以外的县域经济发展水平较差。

（五）中部六省县域经济面临新旧动能转换难题

中部六省县域依托自身丰富的自然资源迅速发展起来，随着高新技术的发展，传统的县域传统的特色制造业呈现逐渐下降的发展趋势，例如安徽的无为电缆厂、生物医药产业以及山西省的多数资源县域，湖南省长沙县、浏阳市、宁乡市、南昌市、登封市以及巩义市等传统产业都面临着新旧动能转换或者县域经济发展转型的难题。中部六省县域经济的发展水平与东部县域经济具有较大的差距，江苏省、浙江省与山东省的百强县数目占据全国的

60%以上，中部六省县域经济的发展水平与东部县域经济具有较大的差距。

第四节　西部地区县域经济考察

本节阐述我国西部地区县域经济发展现状，首先分析了我国西部的经济地位，然后分析概括西部县域经济的发展现状及发展特点。

一、西部地区基本概况

（一）地理位置

我国西部地区疆域辽阔，占地面积约为 686 万平方公里，占全国总面积的 71%，总共拥有 12 个省份，包括西南 5 省份：云南、四川、西藏、贵州、重庆，西北 5 省份：陕西、甘肃、青海、新疆、宁夏，以及内蒙古和广西。

（二）自然资源

西部拥有丰富的自然资源，据统计，中国 60% 以上的矿产资源分布在西部地区。其中，45 种主要矿产资源的工业储量占全国的近 50%，西部地区能源资源探明储量占全国的 55% 左右。西部山区地貌多样，水电资源丰富，占全国总蕴藏量的 80% 以上。西部地区有众多的旅游资源。兵马俑、莫高窟等众多中外文化景观。黄果树、九寨沟、石林等西部旅游景点具有良好的经济效益。

（三）经济地位

1999 年末，我国正式启动"西部大开发"战略，这一战略的实施，使我国西部的经济得到了快速发展，与东部地区的差距逐渐拉小。

2019 年，国家提出新一轮西部大开发要求。在"双循环"新发展格局下，新疆加快丝绸之路经济带核心区建设，形成西向交通枢纽和商贸物流、文化科教、医疗服务中心；重庆、四川、陕西等地区打造内陆开放高地；甘肃、陕西等地发挥丝绸之路经济带重要通道和节点作用；贵州、青海等地推动绿色丝绸之路建设；内蒙古深度参与中蒙俄经济走廊建设。以上地区充分发挥工业省份和区域优势的特点，最后形成合力开创"一带一路"2.0 新阶段。

1. 西部加速发展对于工业化突破资源瓶颈具有重要意义

改革开放以来，中国的许多产业在国际市场上已经名列前茅，但是经过多年的勘探开发，我国自然资源遭到了过度使用，资源瓶颈已经构成为我国工业化进程中的一大阻力。西部地区是我国最重要的后备资源集聚地，截至2001 年，新疆的原油产量已经接近 2000 万吨，占我国石油总产量的 1/6，占当年石油进口量的 1/3。

2. 西部经济的发展促进国民经济的增长

近些年来，西部地区的经济呈现快速发展，其主要表现在三个方面。一是政府政策逐渐从特区经济转向西部省区；二是西部地区在经历了"脱贫奔小康"的时期之后进入了一个新发展阶段，工业化、城市化的不断推进，使西部地区资源呈现出加速聚集的状态；三是对外开放为西部地区带来了更多的发展机会。

3. "一带一路"倡议推进西部大开发战略

"一带一路"倡议为中国全面深化改革指定了新的蓝图，对于深化中国与周边国家的经贸合作，促进西部大开发战略深入实施，扩大对外开放空间具有重大意义。

改革开放以来，我国经济发展的不平衡问题日益突出。东部沿海地区持续快速发展，中西部地区相对滞后、发展缓慢。"一带一路"倡议的提出重塑了中国的发展格局，其中丝绸之路在西部地区划出了 10 个省（市）。边界周围有超过 10 个国家，占 80% 的国家边境，中国和周边国家共建新亚欧大陆桥，和巴基斯坦共同建设中巴经济走廊，这些建设促进了西部地区经济的增长，有助于西部地区融入世界经济。

4. 新时代"西部大开发"战略提升西部经济发展

2019 年，中央深化改革委员会第七次会议审议通过了《关于推动形成新时期西部大开发新格局的指导意见》（以下简称《意见》），提出推动形成西部大开发新格局。《意见》明确指出，"加强措施，推动形成西部大开发新格局，是党中央、国务院从全局出发的新格局，根据中国特色社会主义进入新时代和西部大开发，区域协调发展进入新阶段的新要求和新时期西部大开发战略的提出，并不意味着放弃旧的西部大开发战略，但要摆好中国区域发展的棋盘"。

二、西部县域经济发展现状

近些年来,县域经济占国民经济的比重越来越大,县域经济得到了快速发展,占据各省经济的比重也越来越大,已经成为推动西部各省经济发展的强劲动力。西部各省凭借县域经济的快速发展,各省经济实力有了大幅度提升。

(一) 西部地区经济实现了增速发展

近几年,西部地区得益于西部大开发战略和"一带一路"建设,经济在持续的高速度、高质量增长,经济增速水平超过全国。

从 2010~2021 年的数据能够发现,西部各省的经济都有了长足的发展,各省经济活力不断提高。四川 GDP 从 2010 年的 16899 亿元增长到 2021 年的53851 亿元,云南 GDP 从 2010 年的 7220 亿元增长到 2021 年的 27100 亿元,贵州 GDP 从 2010 年的 4594 亿元增长到 2021 年的 19586 亿元,西藏 GDP 从2010 年的 507 亿元增长到 2021 年的 2080 亿元,重庆 GDP 从 2010 年的 7894亿元增长到 2021 年的 27894 亿元,陕西 GDP 从 2010 年的 10022 亿元增长到2021 年的 29801 亿元,甘肃 GDP 从 2010 年的 4119 亿元增长到 2021 年的10243 亿元,青海 GDP 从 2010 年的 1350 亿元增长到 2021 年的 3347 亿元,新疆 GDP 从 2010 年的 5437 亿元增长到 2021 年的 16000 亿元,宁夏 GDP 从2010 年的 1643 亿元增长到 2021 年的 4522 亿元,内蒙古 GDP 从 2010 年的11655 亿元增长到 2021 年的 20514 亿元,广西 GDP 从 2010 年的 9502 亿元增长到 2021 年的 24741 亿元。详见表 3.18。

表 3.18　　　　　　**2010~2021 年西部各省份 GDP 总量情况**　　　　单位:亿元

年份	四川	云南	贵州	西藏	重庆	陕西
2010	16899	7220	4594	507	7894	10022
2011	21027	8751	5702	606	10011	12391
2012	23850	10310	6802	701	11459	14451

续表

年份	四川	云南	贵州	西藏	重庆	陕西
2013	26261	11721	8007	816	12657	16045
2014	28537	12815	9251	921	14265	17690
2015	30103	13718	10503	1026	15720	18022
2016	32681	14870	11734	1151	17559	19400
2017	36980	16531	13541	1311	19500	21899
2018	40678	17881	14806	1478	20363	24439
2019	46616	23224	16769	1698	23606	25793
2020	48599	24500	17827	1903	25003	26182
2021	53851	27100	19586	2080	27894	29801
年份	甘肃	青海	新疆	宁夏	内蒙古	广西
2010	4119	1350	5437	1643	11655	9502
2011	5020	1635	6610	2061	14246	11714
2012	5650	1885	7505	2327	15988	13031
2013	6268	2101	8444	2565	16832	14378
2014	6835	2301	9273	2752	17770	15673
2015	6790	2417	9325	2912	18033	16803
2016	7152	2572	9650	3150	18633	18245
2017	7677	2643	10882	3454	16103	20396
2018	8246	2865	12199	3705	17289	20353
2019	8718	2966	13597	3748	17213	21237
2020	9017	3006	13798	3921	17360	22157
2021	10243	3347	16000	4522	20514	24741

资料来源：西部各省国民经济和社会发展统计公报整理所得。

西部大开发战略深入实施，西部各省的经济发展得到了质的飞跃，十年来的快速发展使西部各省的 GDP 排名有了进步，四川 GDP 总量从 2010 年的第 8 名上升到了 2021 年的第 6 名，并且一直保持稳定发展。云南从 2010 年的第 24 名上升到了 2021 年的第 18 名。贵州从 2010 年的第 26 名上升到了

2021 年的第 22 名。重庆的 GDP 排名从 2010 年的第 23 名上升到了 2021 年的第 16 名，总共上升了 7 名。陕西的 GDP 排名从 2010 年的第 17 名上升到了 2021 年的第 14 名。其他省份排名变化不大。内蒙古的 GDP 排名略有下降，从 2010 年的第 15 名下降到了 2021 年的第 21 名（详见表 3.19）。

表 3.19　　　　　　2010~2021 年西部各省份 GDP 排名变化情况

省份	2010年	2011年	2012年	2013年	2014年	2015年	2016年	2017年	2018年	2019年	2020年	2021年
四川	8	9	9	8	8	6	6	6	6	6	6	6
云南	24	26	24	24	29	23	20	23	20	18	18	18
贵州	26	28	26	26	22	25	21	25	25	22	20	22
西藏	31	34	31	31	28	31	27	31	31	31	31	31
重庆	23	25	23	23	20	20	19	19	17	17	17	16
陕西	17	19	17	17	16	15	14	15	15	14	14	14
甘肃	27	29	27	27	24	27	23	27	27	27	27	27
青海	30	33	30	30	27	30	26	30	30	30	30	30
新疆	25	27	25	25	23	26	22	26	26	25	24	23
宁夏	29	22	29	29	26	29	25	29	29	29	29	29
内蒙古	15	17	15	15	15	16	15	16	21	20	22	21
广西	18	20	18	18	18	17	17	18	18	19	19	19

资料来源：根据西部各省份国民经济和社会发展统计公报整理。

（二）西部县域经济发展现状

中国西部地区共计 818 个县。其中甘肃有 69 个县级单位，广西有 60 个，贵州有 71 个，宁夏有 13 个，内蒙古有 80 个，青海有 37 个，陕西 77 个，西藏有 66 个，四川有 128 个，新疆有 93 个，云南有 112 个，重庆有 12 个（详见表 3.20）。

表 3.20 西部地区部分县域行政区划

省份	市	县级市、县
甘肃省	白银市	靖远县、会宁县、景泰县
	定西市	通渭县、陇西县、渭源县、临洮县、漳县、岷县
	甘南藏族自治州	合作市、临潭县、卓尼县、舟曲县、迭部县、玛曲县、碌曲县、夏河县
	嘉峪关市（省辖市）	
	金昌市	永昌县
	酒泉市	玉门市、敦煌市、金塔县、瓜州县、肃北蒙古族自治县、阿克塞哈萨克族自治县
	兰州市	永登县、皋兰县、榆中县
	临夏回族自治州	临夏市、临夏县、康乐县、永靖县、广河县、和政县、东乡族自治县、积石山保安族东乡族撒拉族自治县
	陇南市	成县、文县、宕昌县、康县、西和县、礼县、徽县、两当县
	平凉市	泾川县、灵台县、崇信县、华亭市、庄浪县、静宁县
	庆阳市	庆城县、环县、华池县、合水县、正宁县、宁县、镇原县
	天水市	清水县、秦安县、甘谷县、武山县、张家川回族自治县
	武威市	民勤县、古浪县、天祝藏族自治县
	张掖市	民乐县、临泽县、高台县、山丹县、肃南裕固族自治县
	共计	69
广西壮族自治区	百色市	田东县、平果市、德保县、靖西市、那坡县、凌云县、乐业县、田林县、西林县、隆林各族自治县
	北海市	合浦县
	崇左市	扶绥县、宁明县、龙州县、大新县、天等县、凭祥市
	防城港市	上思县、东兴市
	贵港市	平南县、桂平市
	桂林市	阳朔县、灵川县、全州县、兴安县、永福县、灌阳县、资源县、平乐县、龙胜各族自治县、恭城瑶族自治县
	河池市	宜州市、南丹县、天峨县、凤山县、东兰县、罗城仫佬族自治县、环江毛南族自治县、巴马瑶族自治县、都安瑶族自治县、大化瑶族自治县

省份	市	县级市、县
广西壮族自治区	贺州市	昭平县、钟山县、富川瑶族自治县
	来宾市	合山市、忻城县、象州县、武宣县、金秀瑶族自治县
	柳州市	柳城县、鹿寨县、融安县、融水苗族自治县、三江侗族自治县
	南宁市	隆安县、马山县、上林县、宾阳县、横县
	钦州市	灵山县、浦北县
	梧州市	苍梧县、藤县、蒙山县、岑溪市
	玉林市	容县、陆川县、博白县、兴业县
	共计	60
贵州省	安顺市	晋定县、镇宁仲依族苗族自治县、天岭仲依族苗族自治县、紫云苗族布依族自治县
	毕节市	大方县、黔西县、金沙县、织金县、纳雍县、赫草县、威宁彝族回族苗族自治县
	贵阳市	清镇市、开阳县、息烽县、修文县
	六盘水市	水城县、盘县
	黔东南苗族侗族自治州	黄平县、施秉县、三穗县、镇远县、岑巩县、天柱县、锦屏县、剑河县、台江县、黎平县、榕江县、从江县、雷山县、麻江县、丹寨县
	黔南布依族苗族自治州	荔波县、贵定县、瓮安县、独山县、平塘县、罗甸县、长顺县、龙里县、惠水县、三都水族自治县
	黔西南布依族苗族自治州	普安县、晴隆县、贞丰县、望谟县、册亨县、安龙县
	铜仁市	江口县、石阡县、思南县、德江县、玉屏侗族自治县、印江土家族苗族自治县、沿河土家族自治县、松桃苗族自治县
	遵义市	赤水市、仁怀市、桐梓县、绥阳县、正安县、凤冈县、湄潭县、余庆县、习水县、道真仡佬族苗族自治县、务川仡佬族苗族自治县
	共计	71
宁夏回族自治区	固原市	西吉县、隆德县、泾源县、彭阳县
	石嘴山市	平罗县
	吴忠市	盐池县、同心县、青铜峡市

续表

省份	市	县级市、县
宁夏回族自治区	银川市	永宁县、格兰县、灵武市
	中卫市	中宁县、海原县
	共计	13
内蒙古自治区	阿拉善盟	阿拉善左旗、阿拉善石旗、额济纳旗
	巴彦淖尔市	五原县、磴口县、乌拉特前旗、乌拉特中旗、乌拉特后旗、杭锦后旗
	包头市	固阳县、达尔罕茂明安联合旗、土默特右旗
	赤峰市	林西县、宁城县、敖汉旗、巴林左旗、巴林右旗、翁牛特旗、喀喇沁旗、克什克腾旗、阿鲁科尔沁旗
	鄂尔多斯市	杭锦旗、乌审旗、达拉特旗、准格尔旗、鄂托克旗、鄂托克前旗、伊金霍洛旗
	呼和浩特市	托克托县、武川县、清水河县、土默特左旗、和林格尔县
	呼伦贝尔市	满洲里市、牙克石市、扎兰屯市、额尔古纳市、根河市、阿荣旗、陈巴尔虎旗、新巴尔虎左旗、新巴尔虎右旗、莫力达瓦达斡尔族自治旗、鄂伦春自治旗、鄂温克族自治旗
	通辽市	霍林郭勒市、开鲁县、库伦旗、奈曼旗、扎鲁特旗、科尔沁左翼中旗、科尔沁左翼后旗
	乌海市	
	乌兰察布市	资县、化德县、商都县、兴和县、凉城县、四子王旗、察哈尔右翼前旗、察哈尔右翼中旗、察哈尔右翼后旗、丰镇市
	锡林郭勒盟	多伦县、镶黄旗、正蓝旗、正镶白旗、太仆寺旗、阿巴嘎旗、苏尼特左旗、苏尼特右旗、东乌珠穆沁旗、西乌珠穆沁旗
	兴安盟	突泉县、扎赉特旗、科尔沁右翼前旗、科尔沁右翼中旗
	共计	80
青海省	果洛藏族自治州	玛沁县、班玛县、甘德县、达日县、久治县、玛多县
	海北藏族自治州	海晏县、祁连县、刚察县、门源回族自治县
	海东市	互助土族自治县、化隆回族自治县、循化撒拉族自治县、民和回族土族自治县

续表

省份	市	县级市、县
青海省	海南藏族自治州	共和县、同德县、贵德县、兴海县、贵南县
	黄南藏族自治州	同仁县、尖扎县、泽库县、河南蒙古族自治县
	海西蒙古族藏族自治州	德令哈市、格尔木市、茫崖市、乌兰县、天峻县、都兰县
	西宁市	湟源县、大通回族土族自治县
	玉树藏族自治州	玉树市、杂多县、称多县、治多县、囊谦县、曲麻莱县
	共计	37
陕西省	安康市	白河县、旬阳县、镇坪县、平利县、岚翱县、紫阳县、宁陕县、石泉县、汉阴县
	宝鸡市	太白县、凤县、麟游县、千阳县、陇县、眉县、扶风县、岐山县、凤翔县
	汉中市	佛坪县、留坝县、镇巴县、略阳县、宁强县、勉县、西乡县、洋县、城固县
	商洛市	柞水县、镇安县、山阳县、商南县、丹凤县、洛南县
	铜川市	宜君县
	渭南市	富平县、白水县、蒲城县、澄城县、合阳县、大荔县、潼关县、韩城市、华阴市
	西安市	周至县、蓝田县
	咸阳市	武功县、淳化县、旬邑县、长武县、彬县、永康县、礼泉县、乾县、泾阳县、三原县、兴平市、彬州市
	延安市	黄陵县、黄龙县、宜川县、洛川县、富县、甘泉县、吴起县、志丹县、子长市、延长县、延川县
	榆林市	子洲县、清涧县、吴堡县、佳县、米脂县、绥德县、定边县、靖边县、府谷县、神木市
	共计	77

续表

省份	市	县级市、县
西藏自治区	阿里地区	噶尔县、措勤县、普兰县、革吉县、日土县、札达县、改则县
	昌都市	芒康县、贡觉县、八宿县、左贡县、边坝县、洛隆县、江达县、丁青县、察雅县、类乌齐县
	拉萨市	尼木县、当雄县、林周县、曲水县、墨竹工卡县
	林芝市	朗县、墨脱县、米林县、察隅县、波密县、工布江达县
	那曲市	索县、嘉黎县、申扎县、巴青县、聂荣县、尼玛县、比如县、班戈县、安多县、双湖县
	日喀则市	定结县、萨迦县、江孜县、拉孜县、定日县、康马县、吉隆县、亚东县、昂仁县、岗巴县、仲巴县、萨嘎县、仁布县、白朗县、聂拉木县、谢通门县、南木林县
	山南市	琼结县、措美县、加查县、贡嘎县、洛扎县、曲松县、桑日县、扎囊县、错那县、隆子县、浪卡子县
	共计	66
四川省	阿坝藏族羌族自治州	马尔康县、汶川县、理县、茂县、松潘县、九寨沟县、金川县、小金县、黑北县、壤塘县、阿坝县、若尔盖县、红原县
	巴中市	通江县、南江县、平昌县
	成都市	都江堰市、彭州市、崇州市、邛崃市、简阳市、金堂县、郫县、大邑县、蒲江县
	达州市	万源市、宣汉县、开江县、大竹县、渠县
	德阳市	广汉市、什邡市、绵竹市、中江县
	甘孜藏族自治州	康定市、泸定县、丹巴县、九龙县、雅江县、道孚县、炉霍县、甘孜县、新龙县、德格县、白玉县、石渠县、色达县、理塘县、巴塘县、乡城县、稻城县、得荣县
	广安市	华蓥市、岳池县、武胜县、邻水县
	广元市	旺苍县、青川县、剑阁县、苍溪县
	乐山市	峨眉山市、犍为县、井研县、夹江县、沐川县、峨边彝族自治县、马边彝族自治县

续表

省份	市	县级市、县
四川省	凉山彝族自治州	西昌市、盐源县、德昌县、会理县、会东县、宁南县、普格县、布拖县、金阳县、昭觉县、喜德县、冕宁县、越西县、甘洛县、美姑县、雷波县、木里藏族自治县
	泸州市	泸县、合江县、叙永县、古蔺县
	眉山市	仁寿县、洪雅县、丹棱县、青神县
	绵阳市	三台县、盐亭县、梓潼县、平武县、北川羌族自治县、江油市
	内江市	威远县、资中县、隆昌县
	南充市	阆中市、南部县、营山县、蓬安县、仪陇县、西充县
	攀枝花市	米易县、盐边县
	遂宁市	蓬溪县、射洪县、大英县
	雅安市	荥经县、汉源县、石棉县、天全县、芦山县、宝兴县
	宜宾市	江安县、长宁县、高县、珙县、筠连县、兴文县、屏山县
	资阳市	安岳县、乐至县
	自贡市	荣县、富顺县
	共计	128
新疆维吾尔自治区	阿克苏地区	阿克苏市、库车市、温宿县、沙雅县、新和县、拜城县、乌什县、阿瓦提县、柯坪县
	阿勒泰市	富蕴县、福海县、清河县、布尔津县、哈巴河县、吉木乃县
	巴音郭楞蒙古自治州	库尔勒市、轮台县、尉犁县、若羌县、且末县、和静县、和硕县、博湖县、焉耆回族自治县
	博尔塔拉蒙古自治州	博乐市、阿拉山口市、精河县、温泉县
	昌吉回族自治州	昌吉市、阜康市、呼图壁县、玛纳斯县、奇台县、吉木萨尔县、木垒哈萨克自治县
	哈密市	伊吾县、巴里坤哈萨克自治县
	和田地区	和田市、和田县、于田县、墨玉县、皮山县、洛浦县、策勒县、民丰县
	喀什市	疏附县、疏勒县、泽普县、莎车县、叶城县、伽师县、巴楚县、英吉沙县、麦盖提县、塔什库尔干塔吉克自治县

续表

省份	市	县级市、县
新疆维吾尔自治区	克拉玛依市	
	克孜勒苏柯尔克孜自治州	阿图什市、阿克陶县、阿合奇县、乌恰县
	塔城地区	塔城市、乌苏市、额敏县、沙湾县、托里县、裕民县、和布克赛尔蒙古自治县
	吐鲁番市	鄯善县、托克逊县
	乌鲁木齐市	乌鲁木齐县
	伊犁哈萨克自治州	伊宁市、奎屯市、霍尔果斯市、伊宁县、霍城县、巩留县、新源县、昭苏县、特克斯县、尼勒克县、察布查尔锡伯自治县
	石河子市、阿拉尔市、图木舒克市、五家渠市	
	共计	93
云南省	楚雄彝族自治州	楚雄市、双柏县、牟定县、南华县、姚安县、大姚县、永仁县、元谋县、武定县、禄丰县
	大理白族自治州	大理市、祥云县、宾川县、弥渡县、永平县、云龙县、洱源县、剑川县、鹤庆县、漾濞彝族自治县、南涧彝族自治县、巍山彝族回族自治县
	德宏傣族景颇族自治州	芒市、瑞丽市、梁河县、盈江县、陇川县
	迪庆藏族自治州	香格里拉市、德钦县、维西傈僳族自治县
	红河哈尼族彝族自治州	蒙自市、个旧市、开远市、弥勒市、建水县、石屏县、泸西县、元阳县、红河县、绿春县、屏边苗族自治县、河口瑶族自治县、金平苗族瑶族傣族自治县
	昆明市	安宁市、富民县、宜良县、嵩明县、石林彝族自治县、禄劝彝族苗族自治县、寻甸回族彝族自治县
	丽江市	永胜县、华坪县、玉龙纳西族自治县、宁蒗彝族自治县
	临沧市	云县、凤庆县、永德县、镇康县、沧源佤族自治县、耿马傣族佤族自治县、双江拉祜族佤族布朗族傣族自治县

续表

省份	市	县级市、县
云南省	怒江傈僳族自治州	泸水市、福贡县、贡山独龙族怒族自治县、兰坪白族普米族自治县
	普洱市	景东彝族自治县、西盟佤族自治县、墨江哈尼族自治县、澜沧拉祜族自治县、宁洱哈尼族彝族自治县、景谷傣族彝族自治县、江城哈尼族彝族自治县、孟连傣族拉祜族佤族自治县、镇沅彝族哈尼族拉祜族自治县
	曲靖市	宣威市、陆良县、师宗县、罗平县、富源县、会泽县
	文山壮族苗族自治州	文山市、砚山县、西畴县、马关县、丘北县、广南县、富宁县、麻栗坡县
	西双版纳傣族自治州	景洪市、勐海县、勐腊县
	玉溪市	通海县、华宁县、易门县、峨山彝族自治县、新平彝族傣族自治县、元江哈尼族彝族傣族自治县、澄江市
	昭通市	鲁甸县、巧家县、盐津县、大关县、永善县、绥江县、镇雄县、彝良县、威信县、水富市
	保山市	施甸县、龙陵县、昌宁县、腾冲市
	共计	112
重庆市（共12）		城口县、丰都县、垫江县、忠县、云阳县、奉节县、巫山县、巫溪县、石柱土家族自治县、秀山土家族苗族自治县、酉阳土家族苗族自治县、彭水苗族土家族自治县

资料来源：根据近年县域统计年鉴整理所得。

随着东部沿海地区的土地、劳动力、环境成本的上升，东部沿海地区的劳动密集型产业加快向西部地区转移，西部地区承接了部分东部地区的产业，经济增长的后发优势逐渐凸显，与东中部地区的经济差距正在缩小；西部各县域的基础设施也在不断地完善，对外开放的步伐逐渐加快。具体情况表现为：

1. 西部地区县域经济总量不断增加

实施西部大开发战略以来，西部地区经济得到了快速发展。在"一带一路"、精准扶贫等政策的支持下，西部县域经济呈现高质量、高水平的发展态势。从总体来看，虽然个别省份的县域经济总量有所下降，但是整个西部县域经济总量呈现出稳定上升的趋势，西部县域经济总量从 2013 年的 76346.48 亿元增长到 2020 年的 125464.59 亿元，县域经济规模不断增加（详见表 3.21）。

表 3.21　　　　　　2013~2020 年中国西部县域地区生产总值　　　　单位：亿元

年份	四川	云南	贵州	西藏	重庆	陕西
2013	15147.30	8172.23	5929.56	554.82	5413.56	9574.46
2014	16555.16	8854.63	6824.86	633.12	6155.79	10320.74
2015	17612.79	9492.29	7968.87	709.51	6701.08	9911.93
2016	19126.61	10371.17	8316.32	791.98	7424.31	10472.93
2017	22725.73	11414.31	8424.79	911.59	8274.61	11998.30
2018	23135.15	12279.48	11338.76	1062.05	9695.60	13239.34
2019	26157.29	16131.19	12071.64	1230.96	11875.02	13740.50
2020	26938.47	17539.64	12833.71	1301.65	12424.50	13615.65

年份	甘肃	青海	新疆	宁夏	内蒙古	广西
2013	3725.97	1489.64	5765.42	1096.86	12573.25	6993.40
2014	4011.30	1353.53	6730.91	1191.81	13263.48	7492.08
2015	3939.89	1332.99	7142.91	1278.45	13348.38	8420.09
2016	4180.05	1392.60	6899.02	1375.60	13817.94	8073.14
2017	4077.20	1339.31	7577.94	1509.95	10005.21	9492.59
2018	4541.89	1748.82	8020.81	1528.47	10781.08	10755.70
2019	5020.68	1858.29	9509.77	1682.24	10751.92	10957.90
2020	5280.17	1930.74	9527.38	1765.42	10815.15	11492.11

资料来源：根据 2013~2021 年《中国统计年鉴》整理所得。

近些年来，西部县域经济发展迅速，与东中部之间的差距逐渐缩小，西部地区承接了部分东部产业，经济增长的后发优势明显。随着各省对于县域经济的逐渐重视，县域经济的发展进入了高速阶段，对于整个西部经济的发展起到了巨大的推动作用。西部县域经济总量占比在 2013~2020 年间保持在

60%左右，最高为66.86%，最低为57.19%（详见表3.22）。

表3.22　　　　　　　2013～2020年西部县域地区生产总值占比情况

年份	西部县域地区生产总值（亿元）	西部地区生产总值（亿元）	占比（%）
2013	76436.48	126094.40	60.62
2014	83387.41	138082.89	60.39
2015	87859.18	145371.17	60.44
2016	104841.67	156796.60	66.86
2017	97751.52	170917.51	57.19
2018	108127.15	184302.61	58.67
2019	120987.40	205185.00	58.97
2020	125464.59	213273.00	58.83

资料来源：根据2013～2021年《中国统计年鉴》整理所得。

随着县域经济的快速发展，我国西部各县域对各省经济增长的贡献越来越大，2013～2020年西部各省县域生产总值占各省生产总值的比重都超过了半数。四川省县域生产总值的占比基本保持在57%～60%，云南省县域生产总值的占比一直保持在65%以上，贵州省的县域生产总值的占比在2016年以前已经突破了70%。内蒙古县域生产总值的占比虽然在2017年有所下降，但基本维持在70%左右，对内蒙古经济的发展贡献极大。从这几年的数据中可以看出，西部各省县域经济增长较快，对各省经济发展具有非常大的推动作用（见表3.23）。

表3.23　　2013～2020年西部各省县域生产总值占西部各省生产总值比重　　单位：%

省份	2013年	2014年	2015年	2016年	2017年	2018年	2019年	2020年
四川	57.68	58.01	58.51	58.53	61.45	56.87	56.11	55.43
云南	69.72	69.10	69.20	69.75	69.05	68.67	69.46	71.59
贵州	74.05	73.77	75.87	70.87	62.22	76.58	71.99	71.99
西藏	67.99	68.74	69.15	68.81	69.53	71.86	72.50	68.40
重庆	42.77	43.15	42.63	42.28	42.43	47.61	50.31	49.69

续表

省份	2013 年	2014 年	2015 年	2016 年	2017 年	2018 年	2019 年	2020 年
陕西	59.67	58.34	55.00	53.98	54.79	54.17	53.27	52.00
甘肃	59.44	58.69	58.02	58.45	53.11	55.08	57.59	58.56
青海	70.90	58.82	55.15	54.14	50.67	61.04	62.65	64.23
新疆	68.28	72.59	76.60	71.49	69.64	65.75	69.94	69.05
宁夏	42.76	43.31	43.90	43.67	43.72	41.25	44.88	45.02
内蒙古	74.70	74.64	74.02	74.16	62.13	62.36	62.47	62.30
广西	48.64	47.80	50.11	44.25	46.54	52.85	51.60	51.87

资料来源：根据中国县域统计年鉴及统计公报整理所得。

2. 产业结构调整逐步优化

2019 年西部县域三次产业结构的比例分别为 16.18%、39.55% 和 44.27%。[1] 2013~2019 年，西部县域第二产业的比例在下降，第三产业在逐步增强，总体来看西部地区在产业结构调整过程逐步优化，产业结构逐步向更高层次升级。

根据数据显示，2013 年西部县域第二产业占据最大比重，第三产业次之，最少的是第一产业。从 2015 年以后，第一产业发展比重大体保持不变，第二产业的比重在逐年下降，而第三产业比重在连续增加，在 2018 年，第二产业与第三产业的比重大体持平，这表明近年来西部地区工业化发展较好，第三产业产值逐年稳步提升，经济产值由第一产业和第二产业逐步向第三产业转移，产业经济结构也由"二三一"逐步向"三二一"过渡转移（详见表 3.24）。

表 3.24　　　　2013~2020 年西部县域三次产业增加值及占比情况

年份	第一产业增加值（亿元）	第二产业增加值（亿元）	第三产业增加值（亿元）	第一产业占比（%）	第二产业占比（%）	第三产业占比（%）
2013	13378.05	38620.64	24437.79	17.50	50.53	31.97
2014	14093.53	42865.19	26428.69	16.90	51.40	31.69

① 《中国县域统计年鉴（乡镇卷）-2018》编辑委员会．黄秉信主编，中国县域统计年鉴 [M]．北京：中国统计出版社，2018，4.

续表

年份	第一产业增加值（亿元）	第二产业增加值（亿元）	第三产业增加值（亿元）	第一产业占比（%）	第二产业占比（%）	第三产业占比（%）
2015	15465.31	41195.83	31198.04	17.60	46.89	35.51
2016	15590.16	42801.47	46450.05	14.87	40.82	44.30
2017	15818.22	44211.24	37722.06	16.18	45.23	38.59
2018	17387.46	47185.37	43554.32	16.08	43.64	40.28
2019	19579.07	47851.03	53557.30	16.18	39.55	44.27
2020	21578.81	48547.61	55338.17	17.20	38.69	44.11

资料来源：根据 2013~2021 年《中国统计年鉴》整理所得。

3. 居民生活水平不断提高，居民储蓄消费能力增加

居民消费水平，在一定程度上反映西部地区的经济发展状况，西部地区居民消费水平提高，意味着西部地区居民生活水平的提高。改革开放 40 多年来，随着我国经济实力和综合国力的不断增强，城乡居民的生活水平也在不断提高。得益于西部大开发等战略的深入实施，现阶段西部县域居民的消费储蓄等水平也在逐年上升。从整个西部县域来看，西部县域城乡居民储蓄存款余额从 2008 年的 18491.61 亿元增长到了 2019 年的 93652.71 亿元，增长了 3 倍多。按各个省来看，增长最多的省是四川省，从 2008 年的 4928 亿元增长到了 2019 年的 24586.83 亿元，增长了 19658.83 亿元。增长最少的是西藏，只增长了 327 亿元。广西、贵州、云南、内蒙古、陕西、重庆的增长处在相似的位置（见表 3.25）。

表 3.25　　　　2008~2019 年西部县域城乡居民储蓄存款余额　　　单位：亿元

省份	2008年	2009年	2010年	2011年	2012年	2013年	2014年	2015年	2016年	2017年	2018年	2019年
甘肃	1293	—	1876	2078	2603	3345	3735	4307	4746	5225	5825	6879.53
广西	1901	2334	2764	3464	4168	4931	5566	6039	6826	7564	8580	9137.01
贵州	1225	1463	1812	2276	2724	3531	3974	4456	5245	6037	6515	7044.63
云南	2129	2666	3302	3280	4679	5493	6127	6826	7759	8589	9494	10456.78

续表

省份	2008年	2009年	2010年	2011年	2012年	2013年	2014年	2015年	2016年	2017年	2018年	2019年
内蒙古	1616	2021	2454	2897	3652	4138	4518	4945	5813	6381	7119	7720.03
宁夏	246	254	321	392	515	597	672	750	792	852	975	1074.80
青海	—	267	333	415	543	642	704	789	868	981	1043	1107.47
陕西	2169	2686	3137	3687	4466	5226	5883	6642	7450	8424	9310	10370.45
四川	4928	5980	7038	8337	10100	11953	13505	15147	16929	18931	21365	24586.83
西藏	27	42	—	48	56	79	115	191	287	345	354	368.62
新疆	1363	1646	1763	2522	3064	3235	3544	3885	4516	4735	5624	6490.48
重庆	1595	1396	1672	3101	3715	4274	4825	5583	6190	6826	7554	8415.78

资料来源：根据 2018~2020 年《中国统计年鉴》整理所得。

4. 固定资产投资额逐年增加

近些年来，西部地区借助西部大开发战略部署，积极投身社会主义现代化建设，不断发挥自身优势，又依托"一带一路"建设带动作用，经济发展取得了很大成就，投资增速明显加快。除贵州省在 2016 年县域固定投资额有所下降以外，其余西部各省的县域固定投资额均有所上升，其中增长最快的省份是四川省，从 2008 年的 3370 亿元增长到了 2016 年的 17561 亿元，增长了 14190.91 亿元；增长最慢的是西藏，只增加了 1339.45 亿元。总体来看，2008~2016 年，西部县域总体固定资产投资额从 15759.24 亿元增长到了 99981.25 亿元，增加了 534.43%，西部县域投资增速明显（见表 3.26）。

表 3.26 　　　　　2008~2016 年西部县域固定资产投资 　　　单位：亿元

省份	2008 年	2009 年	2010 年	2011 年	2012 年	2013 年	2014 年	2015 年	2016 年
甘肃	894	—	1979	2636	4621	5400	5756	6282	7012
广西	1739	2776	3815	5249	6946	6753	7609	8864	9515
贵州	838	1110	1628	2533	5432	7875	10103	11634	10170
云南	1285	2020	2475	3610	4957	6537	7922	9506	11902
内蒙古	3199	4767	5679	6272	8066	9700	10893	8735	9690

续表

省份	2008 年	2009 年	2010 年	2011 年	2012 年	2013 年	2014 年	2015 年	2016 年
宁夏	324	459	536	658	1045	1379	1514	1742	1762
青海	—	264	379	610	984	1528	1718	1677	1902
陕西	1819	2737	3396	4178	5991	7856	9080	10064	11966
四川	3370	5269	6343	8635	10079	12129	14072	15319	17561
西藏	119	154	—	—	248	401	510	874	1459
新疆	1002	1272	1458	2511	3863	5080	6277	6515	7084
重庆	1171	1084	1685	3328	4533	6052	7208	8633	9959

资料来源：根据 2018~2017 年《中国统计年鉴》整理所得。

5. 地方财政实力不断增强

近年来，随着县域经济的发展，县级财源建设不断壮大，西部各省县域地区的社会事业有了蓬勃发展，2020 年西部各省县域公共财政收入达到 6642.70 亿元。增加最多的省份是四川省，最少的是青海省（见表 3.27）。

表 3.27　　　　　　　　2008~2020 年西部县域公共财政收入　　　　单位：亿元

省份	2008 年	2009 年	2010 年	2011 年	2012 年	2013 年	2014 年	2015 年	2016 年	2017 年	2018 年	2019 年	2020 年
甘肃	49	—	77	109	138	276	225	230	266	266	238	235	242
广西	150	178	205	259	346	400	472	520	532	550	498	518	518
贵州	109	171	225	335	480	624	763	796	833	883	756	648	639
云南	222	263	329	405	512	639	682	736	802	843	809	864	863
内蒙古	272	355	457	602	736	799	879	888	910	674	664	692	723
宁夏	24	27	40	59	72	81	92	92	96	100	97	91	94
青海	—	25	33	43	52	81	88	98	91	77	65	66	71
陕西	149	193	247	320	395	477	513	513	532	514	580	538	481
四川	268	326	450	616	736	836	949	1034	1206	1596	1835	2045	1490
西藏	8	10	—	12	16	23	37	40	64	58	132	93	105
新疆	165	182	213	350	427	535	595	596	675	697	685	735	735
重庆	115	105	147	348	391	438	588	660	646	654	629	671	682

资料来源：根据 2008~2021 年《中国统计年鉴》整理所得。

总体来看，2008～2020 年，西部县域公共财政支出从 6246.26 亿元增长到了 31372.16 亿元，增长了 402.25%，增速明显（见表 3.28）。

表 3.28　　　　　　2008～2020 年西部县域公共财政支出　　　　　单位：亿元

省份	2008年	2009年	2010年	2011年	2012年	2013年	2014年	2015年	2016年	2017年	2018年	2019年	2020年
甘肃	500	—	781	932	1110	1343	1384	1562	1708	1867	2083	2186	2338
广西	496	724	898	1170	1444	1591	1716	2060	2255	2458	2596	3010	3219
贵州	556	676	928	1190	1555	1746	2011	2331	2488	2750	2831	3082	3110
云南	774	1019	1288	1648	2048	2313	2587	2870	3063	3357	3674	4213	4116
内蒙古	737	963	1157	1468	1739	1934	2060	2351	2358	2191	2454	2544	2693
宁夏	112	144	197	258	324	352	373	393	453	507	540	557	588
青海	—	179	282	430	502	530	648	688	707	761	811	907	932
陕西	519	688	903	1120	1406	1562	1635	1799	1935	2149	2258	2722	2606
四川	1616	1794	2221	2253	2558	3088	3391	3775	3983	4385	4683	5136	5090
西藏	75	104	—	141	197	254	323	515	784	691	816	1047	1125
新疆	520	682	837	1241	1408	1625	1771	2016	2312	2688	2924	3537	3422
重庆	342	368	474	934	1098	1150	1339	1574	1661	1872	1919	2091	2134

资料来源：根据 2008～2021 年《中国统计年鉴》整理所得。

6. 金融机构发展迅速

随着经济的快速发展，西部各省市和自治区对第三产业的发展愈发重视起来，第三产业的占比也在逐年增加，以西部县域年末金融机构各项贷款余额来看，十年来，西部各省县域的金融机构贷款呈现上升趋势。总体来看，西部县域年末金融机构贷款余额从 2008 年的 13926.21 亿元增长到了 2019 年的 96497.46 亿元，增长了 592.92%，增长速度明显（见表 3.29）。

表 3.29　　　　2008～2019 年西部县域年末金融机构各项贷款余额　　　单位：亿元

省份	2008年	2009年	2010年	2011年	2012年	2013年	2014年	2015年	2016年	2017年	2018年	2019年
甘肃	882	—	1564	1923	2504	3295	4124	5096	5854	6548	6812	7367
广西	1276	1931	2343	2973	3471	4214	4881	5440	6060	7210	7855	9154

续表

省份	2008年	2009年	2010年	2011年	2012年	2013年	2014年	2015年	2016年	2017年	2018年	2019年
贵州	1184	1578	1974	2404	2939	4380	4690	5789	6981	8958	10182	12191
云南	2280	30302	3743	3701	5282	6204	7133	8116	8971	10002	11163	12383
内蒙古	1935	2832	3636	4451	5175	5908	6717	7347	8321	9452	9276	9273
宁夏	333	406	508	615	742	897	1027	1079	1442	1231	1271	1301
青海	—	287	351	467	641	791	975	1035	1070	1281	1348	1521
陕西	1336	1746	2124	2562	3042	3548	4125	4485	4945	5374	5079	6444
四川	2861	4200	5213	5968	7779	8446	9715	10737	11953	16665	15859	12893
西藏	40	53	—	50	67	94	238	668	712	896	926	957
新疆	1001	1347	1578	2559	3092	3788	4601	5097	6053	6714	7175	8074
重庆	799	927	1050	2212	2735	3285	3907	4366	5104	5904	6731	7939

资料来源：根据2008~2020年《中国统计年鉴》整理所得。

7. 县域经济实力分布不均

从赛迪咨询经济研究中心发布的2020年西部百强县名单可以看出，西部百强县发展不均衡。西部地区东部的内蒙古、宁夏、陕西、重庆在百强中占29席，东南部的四川、云南、贵州、广西占63席，西北部的新疆、西藏、青海、甘肃仅占8席，西部地区东部和东南部经济发展占主导地位，在西部百强县中占92席（详见表3.30）。

表3.30　　　　　赛迪西部县域100强（2020年榜单）

排序	县（市、区）	所在省份	排序	县（市、区）	所在省份
1	准格尔旗	内蒙古自治区	7	昌吉市	新疆维吾尔自治区
2	仁怀市	贵州省	8	乌审旗	内蒙古自治区
3	伊金霍洛旗	内蒙古自治区	9	西昌市	四川省
4	神木市	陕西省	10	大理市	云南省
5	盘州市	贵州省	11	鄂托克旗	内蒙古自治区
6	库尔勒市	新疆维吾尔自治区	12	府谷县	陕西省

续表

排序	县（市、区）	所在省份	排序	县（市、区）	所在省份
13	兴义市	贵州省	41	蒙自市	云南省
14	安宁市	云南省	42	达尔罕茂名安联合旗	内蒙古自治区
15	金堂县	四川省	43	开阳县	贵州省
16	广汉市	四川省	44	邛崃市	四川省
17	简阳市	四川省	45	个旧市	云南省
18	韩城市	陕西省	46	横县	广西壮族自治区
19	彭州市	四川省	47	伊宁市	新疆维吾尔自治区
20	新津县	四川省	48	什邡市	四川省
21	灵武市	宁夏回族自治区	49	凤翔县	陕西省
22	都江堰市	四川省	50	中江县	四川省
23	楚雄市	云南省	51	水城县	贵州省
24	江油市	四川省	52	忠县	重庆市
25	达拉特旗	内蒙古自治区	53	五家渠市	新疆维吾尔自治区
26	清镇市	贵州省	54	峨眉山市	四川省
27	石河子市	新疆维吾尔自治区	55	邻水县	四川省
28	格尔木市	青海省	56	霍林郭勒市	内蒙古自治区
29	南部县	四川省	57	文山市	云南省
30	宜威市	云南省	58	仁寿县	四川省
31	阿拉尔市	新疆维吾尔自治区	59	绵竹市	四川省
32	射洪市	四川省	60	靖边县	陕西省
33	崇州市	四川省	61	鄂托克前旗	内蒙古自治区
34	土默特右旗	内蒙古自治区	62	渠县	四川省
35	泸县	四川省	63	定边县	陕西省
36	垫江县	重庆市	64	都匀市	贵州省
37	桂平市	广西壮族自治区	65	灵山县	广西壮族自治区
38	弥勒市	云南省	66	景洪市	云南省
39	岑溪县	广西壮族自治区	67	博白县	广西壮族自治区
40	兴平市	陕西省	68	凤县	陕西省

续表

排序	县（市、区）	所在省份	排序	县（市、区）	所在省份
69	宣汉县	四川省	85	修文县	贵州省
70	锡林浩特市	内蒙古自治区	86	云阳县	重庆市
71	奉节县	重庆市	87	富昌县	四川省
72	威远县	四川省	88	岳池县	四川省
73	东乌珠穆沁旗	内蒙古自治区	89	大竹县	四川省
74	藤县	广西壮族自治区	90	平南县	广西壮族自治区
75	开远市	云南省	91	蒲城县	陕西省
76	大邑县	四川省	92	金沙县	贵州省
77	合浦县	广西壮族自治区	93	三原县	陕西省
78	安岳县	四川省	94	满洲里市	内蒙古自治区
79	闽中县	四川省	95	三台县	四川省
80	宾阳县	广西壮族自治区	96	陆川县	广西壮族自治区
81	托克托县	内蒙古自治区	97	织金县	贵州省
82	凯里市	贵州省	98	威宁彝族回族苗族自治县	贵州省
83	城固县	陕西省	99	阿克苏市	新疆维吾尔自治区
84	隆昌县	四川省	100	福泉市	贵州省

资料来源：赛迪顾问研究所整理所得。

三、西部县域经济特征

西部县域经济除具备县域经济的一半特征外，还有其特殊性：

（一）区域发展不平衡

从近几年的发展现状来分析，西部县域经济发展存在着严重的区域不平衡性，其中四川省县域经济的发展处于"领头羊"的地位，在近几年的百强县名单中，四川省是入围最多的省份，而宁夏与青海只有一个县入围，且排名靠后。

同时从上文 2013～2019 年西部县域经济的经济发展指标中可以看出，处于领头地位的四川省的县域经济生产总值是处于末尾的宁夏、青海等省份县域生产总值的 10 倍以上，包括居民存款总数、财政收入、年末金融机构各项贷款等指标均可以体现现阶段我国西部县域经济发展存在着区域不协调性。

（二）严重的对外依赖性

西部地区县域工业发展相对落后，经济活力较弱，财政收入较低，但政府支出没有减少，这就需要中央和省级政府转移财政收入。这样，西部县域对上级政府和财政拨款的依赖性较强。县域经济主要是第二产业，生活资料更多地提供给东部地区和中部地区的城市。因此，西部地区县域经济的发展更依赖外部。

（三）西部县域政府具有主导性

西部县域市场经济不活跃，城镇居民少。与中东部地区经济相对较好的县域相比，政府具有较强的主导作用。政府的财政支出，包括经济投入、基础设施投资和居民转移支付，对当地的经济、科技、教育、文化、卫生等都有决定性的影响。这些社会事业的发展几乎完全依靠县级财政支出。因此，西部地区政府对县域经济发展具有强大的促进作用，县域政府在县域经济发展中发挥着不可替代的作用。

（四）西部县域经济受资源和市场的双重约束

20 世纪 90 年代以来，中国产业结构调整和升级的步伐不断加快。西部县域经济的发展主要受到资源和市场的制约。其影响主要体现在以下两个方面：首先，随着资源的进一步开发，资源的过度开发导致资源枯竭越来越严重，开发成本越来越高，环境污染和生态平衡越来越突出，项目投资效益下降，风险增大。其次，由于市场环境的变化和竞争的加剧，支持西部县域经济的乡镇企业普遍表现出市场不相容。最后，乡镇企业规模小，产品档次低，管理水平低，生产缺乏规模效应，产品缺乏竞争力，导致乡镇企业效益普遍下降。

（五）与东部经济发展存在较大差距

随着西部地区经济的不断发展，县域经济水平也在迅速提高。但与东部地区经济发展相比，西部县域发展速度普遍落后，人均收入和财政收入相对较低。相对而言，县域经济比乡镇经济和农村经济更具市场化，与外界的信息和资源交流更为频繁。农村经济还具有明显的小农经济特征，与乡镇经济、县域经济有明显的分界线，经济呈现出明显的二元性。虽然这种情况随着市场化进程发生了变化，但西部地区土地辽阔，运输成本和信息传输成本相对较高。因此，西部县域经济的交易成本很高，导致西部县域经济结构具有很强的二元性。

第五节　东北地区县域经济考察

本节首先概括东北三省在我国的经济地位，然后分析东北三省县域经济的发展状况以及县域经济的发展特点。

一、东北地区基本概况

（一）东北地区地理位置

东北地区总面积78.8万公里，占全国陆地面积的8.2%，主要是指东北三省，包括黑龙江省、吉林省和辽宁省。地处中国东北和东北亚核心地带，地形以平原、丘陵、山地为主，西北部是大兴安岭，北部是小兴安岭，东部是长白山，有松花江、黑龙江、乌苏里江、庐江等河流。东北平原南部为辽河平原，北部为松嫩平原，合称松辽平原。

（二）自然资源

东北地区矿产资源丰富，主要金属矿物和非金属矿物资源在我国占有重要地位，主要分布在鞍山和本溪，约占全国储量的1/4；松辽平原蕴藏着丰富的地下石油资源，探明储量约占全国的一半。大庆油田（中国最大的油田）、辽河油田和吉林油田是三大油田。东北地区煤炭资源总储量约 723 亿吨。

（三）经济地位

东北地区是新中国的工业摇篮和重要的农业基地。随着改革开放的深入，东北地区的经济地位发生了重大变化。改革开放后东北地区已成为一个相对落后的地区。随着地区差异的不断扩大，2003 年提出了振兴东北等老工业基地的战略，从 2003～2013 年，东北地区经济增长总体超过全国平均水平。2019 年，辽宁省在全国排名第 14 位，黑龙江省和吉林省分别居第 23 位和第 24 位。

二、东北地区县域经济发展现状

截至 2020 年 2 月，辽宁省有 16 个县级市、17 个县、8 个自治县；吉林省有 20 个县级市、16 个县、3 个自治县；黑龙江省有 21 个自治县，45 个县，1 个自治县，共计 147 个县级单位（见表 3.31）。

表 3.31 　　　　　　　　　　东北部县域行政区划

省份	市	县级市、县
黑龙江省	大庆市	肇州县、肇源县、林甸县、杜尔伯特蒙古族自治县
	大兴安岭地区	呼玛县、塔河县、漠河市
	哈尔滨市	尚志市、五常市、宾县、依兰县、方正县、巴彦县、木兰县、通河县、延寿县
	鹤岗市	萝北县、绥滨县
	黑河市	北安市、五大连池市、嫩江市、逊克县、孙吴县
	鸡西市	虎林市、密山市、鸡东县
	佳木斯市	同江市、富锦市、抚远市、桦南县、桦川县、汤原县
	牡丹江市	海林市、宁安市、穆棱市、东宁市、绥芬河市、林口县
	七台河市	勃利县
	齐齐哈尔市	讷河市、龙江县、依安县、泰来县、甘南县、富裕县、克山县、克东县、拜泉县

省份	市	县级市、县
黑龙江省	双鸭山市	集贤县、友谊县、宝清县、饶河县
	绥化市	安达市、肇东市、海伦市、望奎县、兰西县、青冈县、庆安县、明水县、绥棱县
	伊春市	铁力市、嘉荫县、丰林县、南岔县、汤旺县、大箐山县
	共计	67
吉林省	白城市	洮南市、大安市、镇番县、通榆县
	白山市	临江市、抚松县、靖宇县、长白朝鲜族自治县
	长春市	德惠市、公主岭市、榆树市、农安县
	吉林市	蛟河市、桦甸市、舒兰市、磐石市、永吉县
	辽源市	东丰县、东辽县
	四平市	双辽市、梨树县、伊通满族自治县
	松原市	长岭县、乾安县、扶余县、前郭尔罗斯蒙古族自治县
	通化市	梅河口市、集安市、通化县、辉南县、柳河县
	延边朝鲜族自治州	延吉市、图们市、敦化市、珲春市、龙井市、和龙市、汪清县、安图县
	共计	39
辽宁省	鞍山市	海城市、台安县、岫岩满族自治县
	本溪市	本溪满族自治县、桓仁满族自治县
	朝阳市	北票市、凌源市、朝阳县、建平县、喀喇沁左翼蒙古族自治县
	大连市	瓦房店市、庄河市、长海县
	丹东市	宽甸满族自治县
	抚顺市	抚顺县、新宾满族自治县、清原满族自治县
	阜新市	阜新蒙古族自治县、彰武县
	葫芦岛市	绥中县、建昌县、兴城市
	锦州市	凌海市、北镇市、黑山县、义县
	辽阳市	灯塔市、辽阳县
	盘锦市	盘山县
	沈阳市	新民市、康平县、法库县

续表

省份	市	县级市、县
辽宁省	铁岭市	调兵山市、开原市、铁岭县、西丰县、昌图县
	营口市	盖州市、大石桥市
	共计	41

资料来源：根据相应年份《中国县域统计年鉴》整理所得。

（一）东北三省经济发展相对缓慢

2008～2018 年，在全国经济快速发展的环境下，东北三省的经济呈现艰难发展的趋势。东北三省的经济发展缺少动力，面临着产业结构调整以及转型的压力。东北三省的辽宁省在全国的排名主要在第 14 位，黑龙江和吉林省的排名在第 23 位与第 24 位。从增长速度来看，2018 年全国的增速为 6.6%，东北三省平均的增速为 4.96，低于全国的经济增速，辽宁省的经济增速为 5.7%，吉林省的经济增速为 4.5%，黑龙江省的经济增速为 4.7%（见表 3.32）。

表 3.32　　　　　　　　　　　东北三省历年 GDP 情况　　　　　　　　单位：亿元

年份	辽宁省	吉林省	黑龙江省
2008	13461	6424	8310
2009	15065	7203	8288
2010	18278	8577	10235
2011	22025	10530	12503
2012	24801	11937	13691
2013	27078	12981	14383
2014	28627	13804	15089
2015	28743	14274	15084
2016	22038	14886	15386
2017	23942	15289	16200
2018	25315	15074	16361

年份	辽宁省	吉林省	黑龙江省
2019	24909.50	11726.80	13612.70
2020	25115.00	12311.32	13698.50

资料来源：国家统计局。

（二）东北县域经济发展水平不一

就东北三省县域生产总值来看，辽宁省县域生产总值要高于吉林省的县域生产总值，吉林省的县域生产总值整体高于黑龙江的县域生产总值。从2013～2020年，辽宁省县域生产总值由12603.48亿元逐渐下降至6998.10亿元，下降的原因一部分是辽宁省县域逐渐减少，另一部分的原因是东北三省整体经济环境呈疲软的状态；吉林省县域生产总值变动较为稳定，整体趋势变动不大，黑龙江县域生产总值总体呈现下降的趋势，整体发展水平落后于辽宁省与吉林省（详见表3.33）。

表3.33　　　　　　**2013～2020年东北三省县域生产总值**　　　　单位：亿元

年份	辽宁县域GDP	吉林县域GDP	黑龙江县域GDP
2013	12603.48	7791.69	6529.91
2014	10851.99	8182.66	7755.58
2015	10604.79	7939.94	7205.58
2016	7191.46	8287.79	7206.64
2017	6005.55	7886.69	6876.61
2018	6105.54	7786.60	6774.45
2019	6876.68	7286.64	6908.81
2020	6998.10	7189.10	7045.12

资料来源：根据2013～2021年《中国县域统计年鉴》整理所得。

（三）东北三省县域公共财政支出大于收入

1. 东北三省县域公共财政收入波动较大

东北地区经济最发达的是辽宁省，2008～2014年间，辽宁省县域的公共财政收入大幅度增长，由 2008 年的 2155987 万元增加到 9063157 万元，6 年间辽宁省县域的公共财政收入增长接近 4 倍，与此同时吉林省与黑龙江省的县域公共财政收入也在增长，分别增长至 3738408 万元与 3024674 万元，但辽宁省县域公共财政收入是吉林与黑龙江省县域公共财政收入的 2 ~ 3 倍的差距。2014 年后，吉林省与黑龙江省的县域公共财政收入保持稳定增长的趋势，但辽宁省县域的公共财政收入却大幅度下降，2015 年辽宁省公共财政收入为 4230271 万元，2017 年东北三省的县域公共财政收入处于同一水平为 3714544 万元，然后出现分化，吉林省县域公共财政收入保持不变，辽宁省增加，黑龙江省下降。具体如图 3.2 所示。

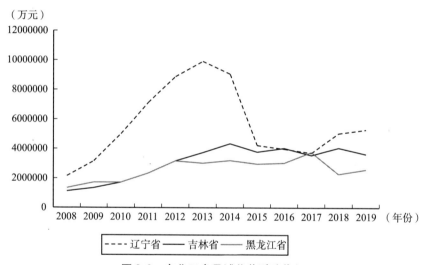

图 3.2 东北三省县域公共财政收入

资料来源：根据 2008 ~ 2019 年《中国县域统计年鉴》计算整理所得。

2. 东北三省县域公共财政支出稳定增长

总的来看，2008 ~ 2019 年东北三省县域公共财政支出是增长的。吉林与黑龙江的县域公共财政支出呈现逐渐增加的上升趋势，黑龙江省的县域公共财政支出在东北三省中处于最靠前的位置，黑龙江省的县域公共财政支出由 2008 年的 5688276 万元增长至 2017 年的 17942126 万元，吉林省的县域公共财政支出由 2008 年的 4296891 万元增长至 2017 年的 15930601 万元。辽宁省的公共财政支出有较大的波动，2008 ~ 2014 年一直是增长的趋势，之后开始下跌，2017 年辽宁省公共财政支出为 1168333 万元，然后上升。具体如图 3.3 所示。

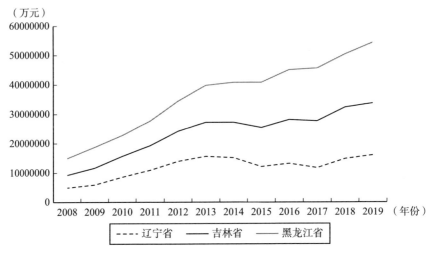

图 3.3　东北三省县域公共财政支出

资料来源：根据 2008～2019 年《中国县域统计年鉴》计算整理所得。

（四）东北三省县域年末金融机构各项贷款余额与城乡居民储蓄存款余额分析

1. 东北三省县域年末金融机构各项贷款余额相对稳定

东北三省县域年末金融机构各项贷款余额呈现稳定增长的趋势，县域年末金融机构各项贷款程度反映当地经济的活跃程度，2014 年之前，辽宁省县域年末金融机构各项贷款余额远高于吉林省与辽宁省，2008 年辽宁省年末金融机构贷款余额为 16501319 万元，2017 年的贷款余额为 46164656 万元，2014 年后，辽宁省县域年末金融机构贷款余额的增速减缓，辽宁省、吉林省与黑龙江省的县域年末金融机构各项贷款余额逐渐接近相同的发展水平，2017 年吉林省县域年末金融机构贷款余额为 51123719 万元，黑龙江省县域年末金融机构贷款余额为 47405776 万元。

2. 东北三省县域城乡居民储蓄存款余额差异较大

总体来看，东北三省县域城乡居民储蓄存款余额呈现逐年递增的趋势。在东北三省中，辽宁省县域城乡居民储蓄存款余额远高于吉林省与黑龙江省县域城乡居民储蓄存款余额。2008年辽宁省县域城乡居民储蓄存款余额为25355965万元，截止到2017年已经达到70339254万元，增加接近3倍，吉林省与黑龙江省的县域城乡居民储蓄存款余额处于相同的增长水平，吉林省县域城乡居民储蓄存款余额由14817629万元增加至51123719万元，黑龙江省县域城乡居民储蓄存款余额由18109315万元增加至51769381万元。

（五）东北三省固定资产投资比重较小

从东北三省县域固定资产来看，辽宁省县域固定资产投资变动幅度较大，2008~2014年辽宁省的固定资产投资由22228758万元增长至109018017万元，在这期间辽宁省的经济也在迅速发展，2014年的固定资产投入量是吉林省和黑龙江省固定资产投入量的2倍。2014年后，辽宁省县域投资总额大幅度下降，2017年减少至26675894万元，然而吉林省与黑龙江省呈现稳定增加的趋势，固定资产投资总额均高于辽宁省的投资总额，具体如图3.4所示。

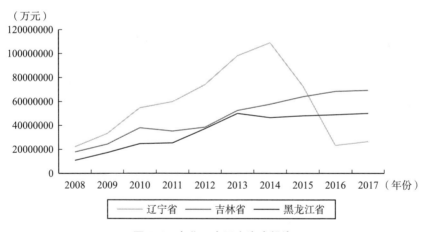

图3.4 东北三省固定资产投资

资料来源：根据2008~2017年《中国县域统计年鉴》整理所得。

（六）东北地区县域百强县发展落后

在2018年，从综合竞争力百强县的分析来看，有17个省份拥有竞争力百强县（市）。在2018年县域经济竞争力排名中，仅有辽宁省大连市瓦房店市排在县域经济100强内，综合竞争力排名在第60位，其中经济规模竞争力排名 43 位，经济结构竞争力排名 192 位，市场竞争力排名 251 位，公共财政竞争力 168 位，金融竞争力排在 74 位。总体来看，东北区域县域经济与东部沿海地区的山东、江苏、浙江的县域经济综合实力有很大差距，山东、江苏、浙江三省的县域百强县占据 65 席，东北县域经济的发展在全国处于发展缓慢的层次，因此也制约着东北区域经济的振兴。

三、东北地区县域经济特征

（一）东北三省县域经济低于全国平均水平

东北三省的县域生产总值占比也低于全国的平均水平。例如，辽宁省县域生产总值的占比低于 40%，远低于全国的平均水平。

（二）黑龙江省与吉林省稳定发展，辽宁省县域经济下降

近年来，吉林省与黑龙江省的县域经济保持稳定的增长。黑龙江省由于特殊的地理位置、气候条件和复杂地形的综合影响，黑龙江省县域经济发展差异较大。黑龙江省发达县主要集中在哈尔滨、大庆等周边地区，其他县域经济发展水平较低。吉林省县域经济保持稳定增长的趋势，2013～2017 年，吉林省与黑龙江省的县域经济生产总值维持在 7000 亿元与 6000 亿元的发展水平，变动幅度较小。

辽宁省县域经济近年来县域经济呈下降趋势。从县域生产总值来看，2013～2017 年，辽宁省县域生产总值由 12603.48 亿元逐渐降至 6005.55 亿元，下降 6597.93 亿元。从 2008～2014 年，辽宁省的各项发展指标呈现较快的发展水平，2014 年县域经济出现下滑。

（三）东北县域经济具有农业大县的特征

东北县域经济具有农业大县的特征，东北地区具有丰富的耕地资源，耕地面积占全国的 17.4%，人均耕地面积相当于全国的 2.1 倍，依靠丰富的自然资源条件，东北地区形成许多从事生商品粮为主要特色的农业县域，农业县域作为东北县域发展的主体，东北 196 个县域中有 138 个为农业县域，农业型的县域人口、面积、生产总值占东北地区的 74.7%、70.6%、60.4%。

黑龙江省农业的增加值占全省第一产业的 56% 的比重，这种农业大县，工业小县的发展模式县域经济的发展难以充满活力。

（四）县域民营经济发展落后，面临资源转型

县域经济发展主要是依靠民营经济、中小企业、轻工业，资本密集型、技术密集型的工业很难在县域发展起来，东北地区一直走的是发展重工业化的道路，分布在大中城市的国有大中型企业是经济发展的主要支撑，中小企业与民营企业发展落后，导致东北地区县域经济发展落后，加工型县域发展滞后。东北地区现有加工型县域 9 个，仅占东北地区县域总数的 4.6%。在 2018 年县域经济竞争力排名中，仅有辽宁省大连市瓦房店市排在县域经济 100 强内，综合竞争力排名在第 60 位。黑龙江省与吉林省的县域没有进入百强综合县，间接地反映出东北地区的县域经济市场竞争弱，难以吸引外部产业进入县域内。

东北县域具有丰富的自然资源，例如森林资源、煤炭、矿产是东北县域的三大支柱产业，东北县域依托资源在 21 世纪初迅速地发展起来，面临资源转型的问题，县域经济尤其是依托资源的县域经济转型迫在眉睫，转换经济增长的动力。

（五）固定资产投资步伐加快，发展后劲逐渐增强

2008 年以来，辽宁省、吉林省与黑龙江省县域固定资产投资呈现稳定的上升趋势，尤其在 2008~2014 年，东北三省的县域固定资产投资逐年加快，在这期间，辽宁省的固定资产投资由 22228785 万元增加到 109018017 万元，但由于经济转型辽宁省县域固定资产投资增速放缓。然而，伴随工业省建设步伐的加快，吉林省与黑龙江省的固定资产投资步伐逐年加快，为县域经济的发展提供充足的发展动力。吉林省固定资产投资由 17872491 万元增加至 2017 年的 69309872 万元，黑龙江省固定资产投资由 10872794 万元增加至 50098746 万元。在固定资产投资中，激发了市场活跃增长点，例如吉林省县域的通榆县依托吉林特色的资源优势发展中国有机食品产业、集安市发展绿色食品基地、德惠市发展无公害的蔬菜生产基地、汪清县发展绿色食品黑木耳基地等，东北三省县域整体表现出固定资产投资逐年增加的发展趋势，为今后东北振兴的崛起提供新的动力。

（六）东北县域经济增速由快转慢

随着东北工业基地振兴战略的实施以及 2005 年县域扩权后，东北三省的县域经济得到迅速的发展，2000~2006 年，吉林省县域经济总量由 1055 亿元上升至 2161 亿元；2006~2008 年，吉林县域经济总量由 2161 亿元上升至 3300 亿元。从目前的经济发展来看，东北县域经济发展由快转慢，县域经济占全省的比重呈现下降的趋势。2013 年辽宁省县域经济占全省的 60%，2014 年后辽宁省县域经济总量大幅度下降，2017 年全省总值不到 40%。吉林省 2013 年县域经济总量占全省的 60%，2017 年占比在 52%，黑龙江省县域经济在 2013 年占全国生产总值的 48%，2017 年县域经济占全国的 42%，总体来看，东北县域经济的发展面临转型发展难题，县域经济发展呈现下降的发展趋势。

| 第四章 |

县域产业发展现状及存在的问题

产业兴则县域兴。本章先从总体出发，分析县域产业在县域经济的地位与作用，然后将全国的县域分为四个部分，即东部地区、中部地区、西部地区以及东北地区，分析各个地区县域产业发展现状，主要是从县域产业发展现状、三次产业的变化，各产业占比，主导产业、支柱产业及优势产业的发展情况来分析，最后分析县域产业发展过程中存在的问题及影响因素。

第一节　县域产业发展总体概况

产业的地位和作用，决定了它在县域经济发展中的重要性，哪里的县域产业发展得好，哪里的县域经济就发展得好。由于我国的二元经济结构及大城市虹吸效应，我国县域产业受到很大约束。本节在分析县域产业发展现状的基础上，探讨县域产业发展过程中存在的问题。

一、县域产业在国民经济和县域经济的地位和作用

（一）县域产业是县域经济发展的重要保障

县域经济是国民经济最具有综合性的基本单元，县域产业是发展县域经济的重要推动力。县域产业的合理化、高端化、智能化、信息化会促进县域经济的发展。因此，在新时代下，县域产业的高质量发展会推动县域经济的高质量发展，从而推动国民经济的发展。县域经济也是一种特色经济，依托县域的资源禀赋，充分发挥区位、生态、文化、资源等优势。县域产业的合理规划与布局会影响到县域产业的发展。

（二）县域产业转型升级是实现县域经济高质量发展的内生动力

"十三五"期间，进入新常态后，我国县域经济增速明显放慢的特点，经济发展的旋律开始向提质、增效、升级、转型方向的转变，实现这些目标需要县域产业的转型升级，需要县域产业的高质量发展。县域产业的转型升级是我国县域经济实现高质量发展的重要途径，为县域实现高质量发展提供内生动力，增强县域经济抵抗国内外市场风险的能力。

（三）发展县域产业是全面建成小康社会的迫切要求

县域经济是民生经济，是农村为特色的区域经济。我国全面建设和实施小康社会的立足点在县域，发展县域经济对解决县域民生经济问题具有十分重要的意义。由于县域自身的特点，县域经济更多的是与民生、"三农"相关的经济。县域经济是与"三农"密切相关的民生经济。县域产业是连接"三农"与县域经济的桥梁。乡村振兴建设的基础在于县域，难点在于县域，潜力在于县域。加快县域经济发展的核心问题是如何发展县域产业。县域产业的发展不仅有利于县域经济的发展，而且直接关系到全面建成小康社会。

（四）发展县域产业是解决农村剩余劳动力的有效途径

我国农村人口基数大，土地资源相对匮乏，县域经济的滞后发展，农业资源的结构矛盾，产生大量的农村剩余劳动力。农村劳动剩余的增加一方面

会降低资源的有效利用，另一方面会产生一些社会问题。县域可以积极承接发达地区的淘汰的产业，充分利用剩余的劳动力，提高广大农民的收入水平。在县域产业发展过程中多是以当地特色产业为发展基础，也为县域的脱贫攻坚奠定了坚实的基础。

二、县域产业发展现状

（一）第一产业增加值主要来源于县域

改革开放以来，第一产业作为全国的主导产业，主要是以简单的农产品生产为主。随着经济的快速发展，第一产业的占比呈现逐年下降的发展趋势。2020 年，全国的三次产业结构为 7.7∶37.8∶54.5，第一产业占比低于 10% 的发展水平。第一产业以农业为主，农产品的发展，主要聚集在我国的县域内，县域的农业发展水平可以体现中国的农业发展状况。从 2010 年至 2020 年，全国第一产业的增加值占生产总值的比重维持在 8%～9%，从全国来看，第一产业增加值的占比处于较低的比重。从全国县域看，县域是我国第一产业增加值增长的主要地域。2010 年，全国县域第一产业增加值为约 37148.35 亿元，占全国第一产业增加值的 96.7%，2010～2019 年全国县域第一产业增加值占全国第一产业增加值的比重一直保持稳定的发展趋势，平均为 96%（详见表 4.1）。

表 4.1　　　　　　　　　全国县域第一产业增加值占比

年份	全国县域第一产业增加值（亿元）	全国第一产业增加值（亿元）	占比（%）	全国第一产业增加值占 GDP 比重（%）
2010	37148.35	38430.8	96.7	9.3
2011	42487.14	44781.4	94.9	9.2
2012	47315.04	49084.5	96.4	9.1
2013	52336.79	53028.1	98.7	8.9
2014	53390.08	55626.3	97.6	8.7

年份	全国县域第一产业 增加值（亿元）	全国第一产业 增加值（亿元）	占比（%）	全国第一产业增加值 占 GDP 比重（%）
2015	56850. 76	57774. 6	98. 4	8. 4
2016	58891. 38	60139. 2	97. 9	8. 1
2017	59952. 91	62099. 5	96. 5	7. 6
2018	62552. 25	64734	96. 6	7. 2
2019	61843. 45	70467	87. 8	7. 1
2020	63421. 23	713089	88. 1	7. 2

资料来源：根据 2010～2021 年《中国县域统计年鉴》整理所得。

（二）县域第二产业占比较大

制造业已经成为拉动经济快速增长的引擎，在我国的东部与中部地区，制造业发展迅速，中部经济强县的第二产业占比高达 60% 以上，东部县域的第二产业占比虽然低于中部，但每年的增加值要快于中部。从全国来看，我国县域的第二产业增加值占 GDP 的比重呈现下降的发展趋势，由 2010 年的46.5% 降至 2019 年的 39.0% 的水平。从县域来看，第二产业是我国县域的主导产业，2010～2012 年，我国县域第二产业增加值占国内县域生产总值的比例逐渐上升至 50%，2012 年后，县域第二产业增加值占国内第二产业增加值始终维持在 60% 左右。县域第二产业增加值占国内第二产业增加值呈现稳定增长趋势，成为推动我国制造业发展的重要推动力（详见表 4.2）。

表 4.2　　　　　　　　我国县域第二产业增加值占比

年份	全国县域第二产业 增加值（亿元）	全国第二产业 增加值（亿元）	占比（%）	全国第二产业增加 值占 GDP 比重（%）
2010	94766. 04	191629. 8	49. 5	46. 5
2011	114563. 01	227038. 8	50. 5	46. 5
2012	159431. 73	244643. 3	65. 2	45. 4
2013	174381. 07	261956. 1	66. 6	44. 2

年份	全国县域第二产业增加值（亿元）	全国第二产业增加值（亿元）	占比（%）	全国第二产业增加值占GDP比重（%）
2014	183906.49	277571.8	66.3	43.3
2015	182762.08	282040.3	64.8	41.1
2016	188852.24	296547.7	63.7	40.1
2017	200231.51	332742.7	60.2	40.5
2018	216185.54	366000.9	59.1	40.7
2019	204913.86	386165.0	53.1	39.0
2020	211368.90	397612.0	59.0	39.4

资料来源：根据2010~2021年《中国县域统计年鉴》整理所得。

（三）县域第三产业发展迅速

我国服务业的发展实力日益增强，对国民经济的影响也越来越大，在就业、外贸、外资与经济增长等方面发挥着重要作用。从全国来看，改革开放前，服务业对GDP的贡献仅为28.4%，低于第二产业33.4个百分点。改革开放后，随着城镇化与工业化的快速推进，企业、居民、政府等部门对服务业的需求日益旺盛，1978~2018年，服务业对GDP的贡献率提升了23.8%，2020年，我国第三产增加值为553977亿元，占GDP的54.5%。从全国的县域来看，全国县域第三产业增加值占全国第三产业增加值的比重相对稳定，维持在40%的占比，全国县域第三产业的增速要低于整体第三产业的增速。在全国形成第三产业为主导产业，服务业的发展程度快于制造业，从县域看，制造业的发展速度要快于服务业的发展速度（见表4.3）。

表4.3　　　　　我国县域第三产业增加值占比

年份	全国县域第三产业增加值（亿元）	全国第三产业增加值（亿元）	占比（%）	全国第三产业增加值占GDP比重（%）
2013	116389.26	277979.10	41.9	46.9
2014	130618.69	308082.50	42.4	48.0

年份	全国县域第三产业 增加值（亿元）	全国第三产业 增加值（亿元）	占比（%）	全国第三产业增加 值占 GDP 比重（%）
2015	142926.99	346178.00	41.3	50.5
2016	170932.37	383373.90	44.6	51.8
2017	172123.38	425912.10	40.4	51.9
2018	193462.69	469574.60	41.2	52.2
2019	214229.97	534233.00	40.1	53.9
2020	224311.93	553977.00	40.4	52.9

资料来源：根据 2013~2021 年《中国县域统计年鉴》整理所得。

（四）工业百强县主要分布在苏浙鲁地区，县域工业发展不均衡

2019 年中国工业百强县（市）中 78 个县级市、18 个县和 4 个旗的 GDP 达到 8.9 万亿元。规模以上工业企业超过 5 万户，从业人数超过 1000 万人，工业增加值 4.3 万亿元。苏鲁浙是百强工业县最多的省份，工业百强县江苏省有 25 个、山东省有 19 个、浙江省有 18 个，苏鲁浙共计 62 个。[①] 从工业百强县分布来看，我国工业百强县主要分布在东部沿海地区，尤其是长江三角洲地区，县域产业创新最活跃的地区，县域工业发达，县域经济发展相对均衡，主要产业是高新技术产业、创新型产业、资本密集型产业；中部地区规模结构还不够突出，但在积极承接东部转移的产业，主要产业是资源型产业与传统制造业，工业百强县数目东部地区多于西部地区；西部县域产业发展相对落后，技术创新水平较低，严重制约县域经济的活力，主要产业是农牧业、能源产业。

（五）县域三产融合发展程度高

随着资源和环境约束压力的逐渐凸显，长江三角洲地区、珠江三角洲地区的产业结构不断合理化与高度化，发达地区的"虹吸效应"对传统产业的生产要素需求在逐渐减弱，传统的产业逐渐向中部以及西部地区转移，

---

① 根据《中国县域经济发展报告（2020）》整理。

为中西部县域产业的发展提供机遇，在产业转移的过程中，多数的产业仍分布在城市圈、都市圈县域的附近，形成一定的产业集群，充分发挥规模经济效应。

县域产业的发展更注重三次产业的相互融合，重视品牌特色，如潜江市的虾稻共建产业，实现了三产业的相互融合发展，将养殖、种植、产品加工相互结合。县域产业的发展过程中更注重县域自身特色的产业的发展，实现一二三次产业的融合。我国县域产业的发展根据"一县一业""一乡一特""一村一品"等发展原则，通过"企业 + 合作社 + 农户"方式，支持农户创办农家乐和景区门店，延伸"观光旅游 + 消费"产业链，与农村电子商务"一村一品一店"行动计划相互结合，并且发展商贸物流业扶贫产业加工贸易园区的建设，打造农产品与旅游业行业的产业聚集。

三、县域产业的特点

（一）县域产业发展呈现梯度性

根据全国县域经济排名 400 强的县域产业结构的整理，2018 年全国的县域产业结构为 10.7：47.2：42.1，第二产业作为县域经济发展主导产业，东部县域的产业结构占比与全国的产业结构占比类似，是 4：39.8：56.2，尤其是东部沿海地区的县域产业的发展远超过西部地区。中部县域产业结构最突出的特点是制造业发展显著，中部地区也在积极承接东部地区，长江三角洲地区、珠江三角洲地区的制造业，浏阳市、长沙县、宁兴市的制造业占比均超过 60%。西部与东北部县域的三次产业结构具有相同的特征，为"三、二、一"的产业发展模式，主要表现为资源依赖型的产业以及农牧业。

我国县域产业结构与县域经济发展相类似，呈现梯度性差异。东部县域经济发达，第一产业比重在 4% 左右，服务业的比重为 56.2%，中西部与东北部的县域经济与东部县域经济相比属于欠发达地区，其中第一产业比重相对突出。中部县域的制造业比重大，服务业发展水平落后于第二产业，西部与东北部的县域制造业发展落后于东部与中部。

（二）县域产业结构单一，发展不稳定

产业结构的单一性制约着产业的升级改造，使一个地区的经济发展具有不稳定性，在短期会实现经济的快速增长，在长期，随着经济的转型，会为县域经济发展带来不稳定性。例如中部的山西省，县域产业主要是煤炭资源型的产业，在 21 世纪初期山西的县域经济发展迅速，但随着资源的压力，环境保护等问题，县域产业发展的制约直接影响到县域经济的发展，2018 年山西县域中没有进入百强县的名单。广西南宁市上林县、来宾市忻城县、河池市都安县以及百色市平果市是广西的贫困县，依托当地气候、土地、水利发展种桑养蚕产业带动农民脱贫致富，短期来看能够促进县域经济发展，农民的脱贫，但县域单一的产业结构容易受到市场的冲击，使县域经济的发展不具有长期稳定性。

（三）县域产业发展具有明显的地域性

我国县域广阔，自然条件千差万别，资源禀赋不尽相同，发展基础迥异，县域产业在发展过程中既要考虑地域差异性和群体特性，还要考虑地理位置、自然资源、发展水平和技术条件等客观因素，对于部分落后县域，产业的选择与企业的选择都具有一定的难度。例如东部县域大多是资本密集型、高新技术产业、信息技术产业，中部与东北部县域产业主要依托当地自然禀赋发展资源产业、汽车制造、生物医药产业、装备制造业等，西部地区产业相对以农业、牧业以及轻工业为主，不同地区产业的情况与县域所处的环境具有很大的联系。

（四）县域发展向工业大县转变

改革开放以来，我国的县域经济由以农业为主导产业逐渐转向以制造业为主导产业，县域经济产生巨大的转变。2019 年中国工业百强县（市）含78 个县级市、18 个县和 4 个旗，社会消费品零售总额 2.9 万亿元，固定资产投资 5.7 万亿元。① 经济工业百强县主要分布在东部沿海地区，中部制造业

---

① 中国工业百强县（市）、百强区发展报告（2019 年），https：//www.sohu.com/a/354801267_120056153.

强县主要分布在长江经济带，武汉都市圈附近，多数的县域呈现是工业大县，工业主要是以与资源密切相关的中小型的加工制造业为主，但西部具有农业大县，工业小县特征的县域较多。但从 2018 年的中部县域产业结构来看，第二产业占比为 56.7%，西部县域产业结构第二产业占比 38.9，比重均高于第一产业，整体来看我国县域具有农业大县、工业小县的特征。

四、县域产业发展存在的问题

（一）产业结构不合理

我国县域产业经过长期的发展，实现了三产增加值质的飞跃，但总体来看，我国县域产业的结构依然是不合理的。各省县域产业的发展主要还是依托工业部门，在发展过程中主要依靠知识结构简单、综合素质低的加工工人，县域产业发展中知识比重较小。虽然随着经济的发展，各省逐渐将重心移到了第三产业尤其是服务业和高新技术产业上，但其份额依然没有超过第二产业，且与发达国家的二、三产的比例相比，还存在着很大的差距。

以西部为例，西部县域产业主要以资源型产业为主，如水电、煤炭等，并且西部县域新兴产业的培育机制尚未成熟，内生动力不足，因此总体来看西部县域产业结构比较单一，转型升级的难度很大。就西部发展最迅速的四川省而言，2013～2018 年，四川省县域三次产业的占比平均保持在 16%、50%、34%，第二产业依然占据最大比重，三次产业结构不合理，县域产业之间发展不平衡。

（二）产业化水平较低

现阶段，我国大部分县域产业水平程度较低，工业化推进目标不明确，传统产业效率低下，特色产业发展缓慢。在县域第一产业中，传统农业依然占有很大比重，现代化农业发展速度缓慢，产业结构升级依然需要很长的时间。同时在县域工业化的进程中，对于所获资源无法合理利用，造成资源的很大浪费，从而无法转换成经济效益，大多数的工业依然呈现出"小而全、数量多、规模小、效益低"的特点。第三产业虽然已经在快速发展，但是，目前我国的部分县域受各种因素的影响，科技水平还存在着不太高的状况，与社会和时代的发展要求不相符。从总体来看，我国县域产业依然存在着产业化水平低的问题。

以中部县域为例，中部许多县域的产业以"五小"为主，生产出的产品大多是知名度、科技含量低，产品附加值低，在激烈的市场竞争中难以争得一席之地，同时许多工业园区都是"小而全"，没有合理的产业定位和布局，工业效益低，难以带动经济发展。

（三）县域之间产业发展差距较大

由于地理位置、资源禀赋以及政策支持等各方面的因素，我国县域之间的产业发展差距明显，从总体来看，东部沿海地区县域产业发展迅速，且第三产业的发展逐步与第二产业持平，经济效益明显。中西部主要以第二产业为主导，资源型产业占据主要地位，而东北部传统农业依然占据很大比重，从整体来看，我国县域之间产业发展极度不平衡。改革开放后，中国经济发展进入了快车道，随着政策的大力支持，我国县域的发展也得到了快速的提升，但是由于中国不健全的分配制度，使许多县域出现了经济及产业发展不均衡和两极化的现象。这一现象不仅表现在县域城乡居民的收入差距和发展水平上，也表现在县域产业结构等不合理，各县域之间发展不平衡等方面，以及各县域的医疗条件、教育水平、投资环境等方面也存在着巨大的差距。

东部沿海发达地区的县域产业发展与欠发达地区的中西部县域之间的发展就存在着巨大的不平衡现象。改革初期，为刺激经济增长，国家实行了"东部先行"的策略，使东部沿海地区的发展明显快于其他地区，从前文的数据分析中可以看出，东部县域产业的增加值明显高于中西部，且三次产业比例也优于其他地区，这使我国整体县域产业的不均衡现象更加严重。

（四）县域产业发展的劳动力素质偏低

目前，大多数县域经济发展面临着产业要素极度匮乏的问题。第一，土地是"三农"最宝贵的资源，也是县域经济发展的最大资本。近年来，随着中心城市和开发区的大量占用，农民失地、失业、倒闭的情况十分严重。第二，农业产业化。目前，农业产业化仍处于初级阶段。农产品增值部分主要在城市完成，农民不能直接受益。第三，中央对农民的补贴，由于层层截留，没有真正分配给农民。第四，信贷资金不足，四家国有商业银行退出农村，使农民缺乏必要的金融支持。同时，邮政储蓄等存款业务的渗透加剧了农村资金的外流。此外，县域劳动力素质明显偏低。据统计，目前县域单位 6 岁以上人口平均受教育年限为 7 年，43% 的县域人口受过小学教育。

（五）缺乏人才

县域产业各方面的发展都需要大量的人才，但当前我国的人才大都向中心城市流动，同时县域的人才支撑体系不健全，导致县域"失血"严重，人才严重匮乏。人才的缺失导致县域产业许多项目缺少人力的推动，使大部分的县域产业缺乏技术创新和研发能力，科研水平难以持续发展。县域民营企业多为家族式企业或家庭作坊式个体工商户，企业核心管理人员多为家人、亲属，文化水平普遍不高。另外，企业内部存在着任人唯亲、人情管理、缺乏激励等问题，对企业的长远发展造成了不良影响。

以河北省县域为例，河北省不少县域创新能力不足，高新技术对促进产业增长的贡献度较低。在经营战略方面，企业不重视创新战略和激励机制，创新意识淡薄，研发机构不健全，相关维权政策缺失，导致企业技术创新动力严重不足，产品档次低，大部分是低端产品，对于先进的高端设备或精品来说，从国外进口成本很高。

（六）县域金融支持不到位

县域金融服务不足。一是银行基层分行信贷能力不足。基层分行员工老龄化问题比较严重，文化程度不高，业务素质较低，贷前筛选合适的企业，贷后风险控制能力不足，与发展新客户相比更倾向于维持老客户，与贷款相比更倾向于吸收存款。二是县域金融机构产品难以满足县域金融需求。虽然县域金融机构推出了许多新产品，但仍然缺乏能够更好地满足县域经济发展需要的金融产品。自上而下实施的金融产品大多有"城市化"痕迹，针对性差，准入门槛高，适用范围有限。三是县域金融机构金融服务宣传不到位。银行机构的手段相对简单。他们通过流动宣传车、网点滚动屏幕和印刷品进行宣传。在介绍产品内容时，他们只简单介绍了产品的基本要素和日常业务的发展情况，导致客户无法定位自己的贷款产品。四是加大对不良贷款责任追究力度。随着不良贷款的不断增长，银行采取了"零风险"的信贷风险管理政策。

县域金融供给总量不足。一是县以下金融机构网点持续减少。近年来大型银行开启扁平化管理改革，农商行改制后盈利和分红压力增大，导致商业银行普遍存在向城区发展的倾向，持续撤并欠发达地区县级以下网点。二是信贷业务权限普遍上收。大型银行普遍对基层很少或不予授权，邮储银行、农商行等只允许基层网点对小额贷款、存单质押贷款等低风险贷款授信，而上级银行往往不会选择县域企业作为贷款对象，造成了贷款资格上的"挤出效应"。县域网点收缩和审批受限使县域分支机构资金来源和资金运用严重失衡，资金流出效应明显，存在"只吸不贷"的倾向。同时，正规金融供给不足给非正规金融留出了扩张空间，由于非正规金融缺乏监管和规制，过度逐利引发的高利贷、非法集资等乱象不容忽视。

近年来，在投资问题上，国家只是从整体利益角度出发，忽略或者说较少考虑县域产业的投资问题，致使许多县域产业的发展因资金不足难以维系。尤其是近十几年来，国家对县域农村农业的分配比例在逐渐下降。另外，由于县域农村的金融机构多是邮政储蓄、农村信用社、中国农业银行等，使农村的大量资金外流，从而导致农业发展资金受限，县域产业及经济的发展速度非常缓慢。

（七）二元结构问题突出

在经济高速发展的阶段，为了追求更高的产值，增多利润，我国县域许多产业都是在较短的时间内以及在基础设施并不完善的情况下建设起来的。所以在发展过程中，存在着长期严重的二元结构问题。

尤其是在欠发达的中西部地区，县域二元结构的现象更为明显。一是在以城市为载体的现代工业社会，中央投资办厂与地方民办厂并存，中央企业和三线企业的下游产业链设在东部加工区，其发展独立于地方区域经济，与地方工业投资主体缺乏有效的分工协作。同时在农村，传统工业与传统农业各自为营，相互之间的关联度不高，彼此之间的要素流动效率偏低，使资源不能合理利用，造成资源的严重浪费。

（八）基层领导干部创新思维不足

如今许多县域产业发展空间难以上升的一个很大的原因就是部分县域基层领导的创新思维不足，思想观念陈旧落后，这就使在日常的规划工作中思路狭窄，工作方法过时且不适宜，缺乏应有的活力与动力。以县里的土地资源规划为例，领导干部缺乏创新思想，缺乏灵活性，导致土地发展规划缺少应有的前瞻性，产业发展项目与城乡规划预期之间会存在着分歧问题，并且会在之后的推进过程中无法达成一致的意见，这就使县域产业的发展滞缓。

第二节　东部地区县域产业发展

一、东部县域产业发展现状

东部地区是我国改革开放的先行者，东部县域地区也是目前我国县域范围内产业结构最合理、发展最全面均衡的地区。近年来，东部地区的县域产业迅猛发展，并进行了大规模的产业结构的升级与转换。

从我国东部县域地区的产业结构来看，2020 年我国东部县域地区分别实现第一产业 21103.40 亿元、第二产业 121363.86 亿元、第三产业 142641.42亿元的增加值，产业结构进一步得以优化。东部县域地区的第一产业比重维持在相对较低的 0.0897 的水平上，比改革开放前的水平有了明显的下降；第二产业比重 0.4523 与 1977 年的数据 0.47 相比略微下降；同样的第三产业比重 0.4580 与 1977 年的 0.23 相比有了很大的提高，可以说东部县域地区的第三产业发展为东部地区整体的经济发展注入了活力；从反映二元结构反差的二元对比系数来看，东部地区与 1977 年的 0.14 相比下降到了 0.09，也说明东部县域地区的农业在经济发展中的经济效率在逐年下降，而工业与第三产业的劳动力效率得到了显著提升（见表 4.4）。

表 4.4   2013～2020 年我国东部县域地区三次产业增加值

年份	地区生产总值（亿元）	第一产业增加值（亿元）	第二产业增加值（亿元）	第三产业增加值（亿元）	占比（%）		
2013	164065.14	23162.54	82792.64	62135.95	14.12	50.46	37.87
2014	176168.32	24365.54	86846.85	68983.92	13.83	49.30	39.16
2015	181194.45	25142.30	86982.47	73099.66	13.88	48.01	40.34
2016	194456.31	25857.33	90871.56	81759.43	13.30	46.73	42.05
2017	211327.59	25414.41	97680.06	92267.10	12.03	46.22	43.66
2018	224851.72	18637.92	105149.36	98946.45	8.29	46.76	44.01
2019	224120.67	20107.40	101367.86	102645.41	8.97	45.23	45.80
2020	232230.68	21103.40	121363.86	142641.42	8.80	46.20	45.00

资料来源：根据 2013～2021 年《中国统计年鉴》整理所得。

（一）第一产业发展现状分析

1. 第一产业仍是县域地区基础发展动力

2019 年东部县域地区实现第一产业增加值 20107.4 亿元，占东部县域地区生产总值的 8.97%（见表 4.5）。虽然由于耕地面积减少以及产业结构的优化等产业因素造成对农业投入的相对减少，但是由于农业现代化的发展以及农业基础的不断夯实，东部县域地区第一产业的增加值仍取得了 7.88% 的增长。2020 年东部县域地区第一产业增加值为 21291.5 亿元，占东部县域地区的生产总值上升到 9.03%。从总量上看，第一产业仍是东部县域产业实现高质量发展的基础动力部分。东部县域地区自古就是中国农业的发达地区，优渥的自然条件加上改革开放初期实施的一系列利于农业发展的产业政策，对沿海县域地区的传统的农业发展模式产生了重大影响。主要是通过发展中小城镇，转移城市劳动力，扩大农业经营规模等方式，提高了农业劳动生产率，改善了相当一部分乡镇企业的布局，促使其逐步向城镇等地聚集。

表 4.5　　　　2008～2020 年东部县域地区第一产业增加值及占比情况

年份	合计（亿元）	地区生产总值（亿元）	占比（%）
2008	14630.10		
2009	17083.20		
2010	17936.60		
2011	20204.00		
2012	21985.70		
2013	23162.50	164065.14	14.12
2014	24365.50	176168.30	13.83
2015	25142.30	181194.44	13.88
2016	25857.30	194456.31	13.30
2017	25414.40	211327.57	12.03
2018	18637.92	224851.72	8.29
2019	20107.40	224120.67	8.97
2020	21291.50	235612.78	9.03

资料来源：根据 2008～2021 年《中国统计年鉴》整理所得。

2. 第一产业构成比重不均

东部县域地区粮食产量占比与全国平均水平相比来说处于较低水平，而在经济作物上的占比（例如蔬菜、花卉产业）与全国的平均水平相比则存在较大优势。以 2017 年的数据为例，我国农业的分项结构依次是谷物、油料、棉花、糖料、烟草、蔬菜、园艺、茶及其他饮料，比例为41.16：7.60：6.21：2.68：1.28：40.16：0.91，而东部地区为 32.11：6.17：5.12：4.07：0.41：51.12：0.99。从三个不同的区域来看，东部县域地区在粮食、油料方面，蔬菜和花卉等方面更具优势。

与全国的平均水平相比，东部县域地区的农业、林业和牧业占的比重较小，而渔业的占比较大。以 2017 年为例，全国大农业结构中农业、林业、牧业、渔业之比为 48.65：4.98：33.81：12.56，而东部县域地区为 45.92：4.03：30.74：19.30。[①] 而从东部县域地区细分内部来看，河北省县域区域的

① 《中国县域统计年鉴（县市卷）-2018》编辑委员会. 黄秉信主编，中国县域统计年鉴，中国统计出版社，2020，4.

纯农业产业在整个农业结构中的占比偏大，占比达 51.13%，而上海、北京和天津的比重偏小。福建和海南两省县域区域的林业部分占总农业比重偏大。沿海区域的辽宁、浙江、海南等地的渔业产业占比大。其中河北、北京和天津的牧业发展较好。东部县域经济发展基础较好，水平较高，从而造成其劳动力成本相较于西部、中部较高，而二三产业较为发达。纯农业的发展态势已经处于下降状态。而牧业的发展在东部县域所占比重与全国水平相比偏小，主要由于在我国的主要牧区大部分集中于中西部县域地带。但值得一提的是，牧业的收入弹性相对较大与当地居民的收入呈正向关系，所以，北京、河北和天津地带的牧业较为发达（见表4.6）。

表4.6 　　　　　　**2017 年东部县域十省份农牧业增加值**　　　　　　单位：亿元

	北京	天津	河北	上海	江苏
农业增加值	30.5945	39.6620	1861.0950	18.9277	2249.1330
牧业增加值	15.2307	29.0030	830.1208	5.5137	567.3624
	浙江	福建	山东	广东	海南
农业增加值	920.3105	374.0900	2476.3850	1813.1160	360.8344
牧业增加值	153.2771	80.3000	876.9656	484.6204	107.7869

资料来源：根据 2017 年《中国统计年鉴》整理所得。

（二）第二产业发展现状分析

1. 第二产业产值稳中有增，居主导地位

1978 年改革开放至今，东部县域地区在招商引资等方面一直走在国家前列，产业发展基础与水平较高。东部县域发达区域的第二产业大类已位于全国前列水平。东部县域地区第二产业发展迅猛，经济实力显著加强。第二产业增加值从 1952 年的 220 亿元增加到 2020 年的 111267.85 亿元，2019 年东部县域地区第二产业增加值占全国县域地区生产总值的 45.23%，十年来第二产业一直高速发展，占据东部县域地区生产总值绝对比重地位（见表4.7）。

表 4.7　　　　2008～2020 年东部县域地区第二产业增加值及占比情况

年份	合计（亿元）	地区生产总值（亿元）	占比（%）
2008	45367.08		
2009	48207.07		
2010	60075.21		
2011	70014.26		
2012	75732.81		
2013	82792.64	164065.1386	50.46
2014	86846.85	176168.3070	49.30
2015	86982.47	181194.4396	48.01
2016	90871.56	194456.3130	46.73
2017	97680.06	211327.5745	46.22
2018	105149.36	224851.7200	46.76
2019	101367.86	224120.6700	45.23
2020	111267.85	235167.1900	47.31

资料来源：根据 2008～2021 年《中国统计年鉴》整理所得。

2. 内部工业发展水平不均

工业产值在整个第二产业中占有绝对优势，工业的发展在很大程度上代表了一个国家的经济实力和潜力。本节从五个方面选取了 15 项核心指标对东部县域地区进行了工业竞争力的评价，详见表 4.8.

表 4.8　　　　　　东部县域各省市工业竞争力各指标权重

一级指标	一级指标权重	二级指标	二级指标权重
经济实力	0.12	工业总产值	0.55
		产业固定资产新度系数	0.45
经济绩效	0.128	总资产贡献率	0.3
		成本费用率	0.3
		全员劳动生产率	0.4

续表

一级指标	一级指标权重	二级指标	二级指标权重
市场竞争力	0.333	增加值率	0.3
		市场占有率	0.4
		产品销售率	0.3
技术创新竞争力	0.245	R&D 经费占主营业务收入比重	0.3
		有效发明专利数	0.2
		R&D 人员当时量	0.3
		新产品产值率	0.2
生态竞争力	0.174	废物利用率	0.3
		废水治理率	0.4
		废气达标率	0.3

　　由分析结果得到，我国县东部县域产业的竞争力分布如下：第一是江苏、天津、山东、广东；第二是上海、浙江、北京、海南，第三是福建、河北。各县域总体指标集中在 0.5～0.6 之间，总体实力最强的是江苏（0.7033），实力最弱的是河北（0.4798）（见表4.9）。整体来看，我国江苏、天津、山东、广东县域整体产业竞争力较强，上海、浙江、北京、海南位于东部地区中部，福建、河北、辽宁各县域相对较弱。综合实力最强的江苏省，在经济发展速度和质量上稳居第一宝座的同时，其生态竞争力也排了东部县域地区的第二位。这说明，江苏省县域地区在保持着较高水平的经济发展速度的同时，对于环境的保护力度也是十分充足的，其在整体上都保持着较为高效的发展态势。但江苏省县域地区在经济表现和技术创新竞争力方面仍有取得很大的进步的空间，表明江苏省县域地区在这两方面都具有巨大的发展潜力。河北省县域的经济实力和经济绩效等表现相对较差，表明经济社会发展总体普遍落后于东部县域沿海发达省份。处于排名第一部分的相对发达的县域区域应保持现有产业优势基础，更大程度上发挥自身优势产业的带动作用，注重产业技术含量和生态企业建设问题，加强县域产业技术创新和新产品研究；位于排名第二部分的县域区域应该继续大力发展经济，拉近自己与前者的发展距离。注重加强人才、资金、科技等相关资源的有机整合，提高产品含金

量以及加快传统产业的转型升级；位于排名第三部分的相对落后的县域区域应重点关注如何提高产业核心竞争力以及如何实现经济、社会、文化、政治和环境的可持续发展。

表 4.9   东部县域省份工业竞争力综合排名

	经济实力	经济绩效	市场竞争力	技术创新竞争力	生态竞争力	总指标	排序
北京	0.4109	0.4483	0.5288	0.6197	0.7027	0.5574	7
天津	0.4242	0.6835	0.6774	0.6433	1.0000	0.6956	2
河北	0.5147	0.4830	0.4716	0.3490	0.6486	0.4798	10
上海	0.3814	0.4790	0.5231	0.6366	0.8320	0.5824	5
江苏	0.7701	0.5449	0.7601	0.5944	0.8087	0.7033	1
浙江	0.5695	0.7006	0.4833	0.5504	0.7336	0.5816	6
福建	0.5568	0.6016	0.4181	0.4296	0.6995	0.5105	9
广东	0.6631	0.6352	0.6884	0.4802	0.8011	0.6481	3
山东	0.6587	0.4778	0.6008	0.8565	0.5071	0.6396	4
海南	0.5333	0.5407	0.6502	0.3435	0.6224	0.5427	8

无论我国东部县域地区内部产业竞争力是强是弱，各县域都应抓住深化产业结构调整的重大机遇，大力发展高科技产业，提高产品附加值，努力在激烈的国际市场竞争中保持不败。

3. 东部县域地区智能制造发展取得积极成效

党的十八大以来，我国东部县域地区信息化和工业化深度融合。一是工业化的智能型水平不断提升。据工信部材料得到，截至 2018 年 9 月，企业数字化研发设计工具普及率和关键工序数控化率分别达到 67.8% 和 48.5%。二是"互联网+制造业"新模式涌现活力。截至 2018 年 6 月，开展网络化协同、服务型制造、个性化定制的企业比例分别达 33.7%、24.7%、7.6%。大规模个性化定制在服装、家具等行业加快推广，协同研发制造在汽车、航空、航天等高端制造领域日益兴起。三是工业化中的互联网已初见规模。互联网应用已经广泛深入多个行业，具有一定行业和区域影响力的工业互联网平台总数超过了 50 家，重点平台平均连接的设备数量达到了 59 万台。

（三）第三产业发展现状分析

1. 第三产业发展势头强劲

2019 年我国东部县域地区共实现第三产业增加值 113625.40 亿元，占东部县域地区生产总值的 45.80%，其中占比较大的是批发和零售业，其次为金融和房地产行业（见表 4.10）。在过去的十年中，我国东部县域地区第三产业正呈现出强劲的发展势头，已出现取代第二产业成为经济增长的主导产业的迹象。

表 4.10 　　2013～2020 年东部县域地区第三产业增加值及占比情况

年份	合计（亿元）	地区生产总值（亿元）	占比（%）
2013	62135.95	164065.14	37.87
2014	68983.92	176168.30	39.16
2015	73099.66	181194.44	40.34
2016	81759.43	194456.31	42.05
2017	92267.10	211327.57	43.66
2018	98946.45	224851.72	44.01
2019	102645.41	224120.67	45.80
2020	113625.40	235420.12	48.20

资料来源：根据 2013～2021 年《中国统计年鉴》整理所得。

由表 4.10 可知，东部县域地区第三产业增加值由 2013 年的 62135.95 亿元增加到 2019 年的 113625.40 亿元，总量净增加了 51489.45 亿元，6 年增长了近 1 倍，占同时期 GDP 总增量的 44.01%。与第一产业产值相比，第三产业产值高，发展速度快；与第二产业产值相比，虽然第三产业产值绝对量稍微落后，但是发展速度快。

相对于全国来看，东部县域地区第三产业产值比重明显高于全国的平均水平。2019 年东部县域地区第三产业产值比重达 45.8%，高出全国平均水平 0.4 个百分点。2013～2019 年东部沿海地区第三产业产值比重增加了 8 个百分点，高于全国平均水平，东部县域地区第三产业发展水平较高。

2. 第三产业为吸纳劳动力的主要力量

东部县域地区经济整体发展主要是靠第三产业发展带动的；同时第三产业和第二产业都是吸纳东部县域地区劳动力的主要力量（见表4.11）。

表4.11　　　　　2013~2019年东部县域地区第二、三产业从业人员　　　单位：万人

年份	第二产业从业人员	第三产业从业人员
2013	8310.77	6840.17
2014	8748.25	7201.68
2015	8937.91	7581.61
2016	8744.38	7564.11
2017	8760.43	7655.12
2018	6678.56	5806.10
2019	6834.34	6045.12

资料来源：根据2013~2020年《中国统计年鉴》整理所得。

3. 第三产业内部产值构成及影响

自1978年至今，我国东部县域地区的第三产业高速发展，其内部的产业结构也得到了优化升级。为了厘清我国东部县域地区传统与新兴产业之间的占比情况与变化发展对其第三产业发展的影响，下节内容中将我国东部县域第三产业分为以下六个部分，对其产业发展占比的情况及变化进行相应分析。

由表4.12的数据可知：交通运输、邮政和仓储业行业占第三产业比重逐渐下降。三者作为传统的第三产业，发展步伐趋向缓慢，对第三产业的拉动作用逐渐减小。批发和零售业的产值比重一直居于绝对地位，产值逐年增加。2017年批发零售业实现产值比重达24.37%，约占第三产业增加值的25%。住宿和餐饮业产值比重历年来都是最小，且其产值比重在九年内的时间里下降了0.1%。住宿和餐饮业的发展虽然有国家、政府的各项政策支持，发展还是处于缓慢状态。带动第三产业的发展。房地产业和金融产业等新兴产业的发展步伐加快。2009~2017年金融业产值比重增加了3.36%。随着市场经济的不断深入发展，金融业在第三产业中的地位凸显；另外，住房商品化以

及住房制度的变更也拉动了第三产业和发展。同时一个行业投资量的多少影响着该行业的发展，反映了该行业的发展潜力。近些年，国家越来越重视第三产业的改革和发展，不断通过出台相关产业政策，加大对其投资力度等方式推动、引导其发展。下面对东部沿海地区第三产业内部各行业投资结构进行分析。

表 4.12　　　　　　　　东部县域地区第三产业内部各行业产值构成　　　　　单位：%

年份	交通运输、邮政和仓储业	批发和零售业	住宿和餐饮业	金融业	房地产业	其他
2009	15.89	21.02	4.52	10.26	11.59	36.73
2010	12.75	22.35	4.88	9.58	11.84	38.60
2011	13.23	21.59	4.91	10.17	11.98	38.12
2012	12.62	20.90	4.72	12.81	12.03	36.93
2013	12.45	21.54	4.80	13.28	10.83	37.10
2014	11.32	22.59	4.54	13.29	12.66	35.50
2015	11.41	23.82	4.36	13.55	12.16	34.70
2016	11.15	24.40	4.41	13.48	11.55	35.00
2017	10.83	24.37	44.42	13.72	11.45	35.21

资料来源：2009～2018 年《中国统计年鉴》及 2009～2018 年各省市统计年鉴。

由表 4.13 数据可知：2009～2019 年，东部沿海县域地区第三产业内部各行业的投资比重产生了较为明显变化。前三者的投资比重呈逐年下降趋势，这或许与行业发展状态相关。房地产行业的投资额近年来逐年增高，由 2009 年的 45.89% 上升到 2017 年的 54.85%，增加了近 9 个百分点，占投资总额的 50% 以上，对于第三产业的发展有着重要的促进作用。融业的投资比重略微有所上升，所占金额比较少。住宿和餐饮业、批发和零售业所占的投资比重呈逐年上升趋势，但所占的比重比较小。

表 4.13　　　　　　　东部县域地区第三产业内部各投资及构成　　　　　单位：%

年份	交通运输、邮政和仓储业	批发和零售业	住宿和餐饮业	金融业	房地产业	其他
2009	15.92	3.20	1.41	0.37	45.89	33.21
2010	15.80	3.44	1.46	0.21	46.75	32.33
2011	17.83	3.93	1.88	0.21	47.11	29.02
2012	17.13	4.02	2.18	0.21	49.62	26.83
2013	15.88	4.27	2.20	0.34	49.02	28.30
2014	16.39	4.49	2.27	0.31	45.18	31.37
2015	15.52	4.14	2.33	0.38	47.71	29.92
2016	12.94	4.19	2.47	0.42	52.40	27.58
2017	12.59	4.86	2.76	0.53	54.85	27.41
2018	12.78	4.34	2.90	0.60	53.25	28.43
2019	13.21	4.56	2.89	0.58	55.15	29.42

数据来源：2009~2020 年《中国统计年鉴》及 2009~2020 年各省市统计年鉴。

二、东部县域产业发展特点

（一）二三产业占绝对优势地位

改革开放以来，东部县域地区第一产业由 1993 年的 43.55% 降至 1998 年的 14.15%，第二产业由 32.26% 升至 48.31%，第三产业由 24.19% 升至 37.54%，再到 2013 年的 14.12%、50.46%、37.87% 以及 2019 年的 8.97%、45.23%、45.80%。

由此数据看出，东部县域地区的第二、第三产业已占绝对优势地位，区位优势明显的东部县域地区已处于需求拉动的中心地位，发达国家的示范效应等也促使了高收入居民的消费需求进一步扩张，这些因素都直接导致了第二、三产业的快速发展，同时，在客观上也促进了金融业、房地产业、家用电器业、金融业、软件制造业、医疗设备业等产业的快速发展。

（二）产业对外开放程度大

由于历史因素及自然资源禀赋等先天原因，我国东部县域地区成为我国县域四个经济发展区域中开放时间最早、持续时间最长的地区。东部县域地区农业、工业等发展基础与其他区域相比较雄厚，其中在人力资源充足、科技水平较高等综合因素的影响下，形成了一大批发展迅速的外向型经济，其中由于在利用外资方面有着得天独厚的条件，东部县域地区的对外出口产业发展极为迅速。由于外资、科技、人才的大量引进以及高效利用，以珠三角、长三角为代表的东部县域地区发展最为优秀。在与外商企业不断合作、交流的友好互动下，东部县域地区的生产技术及知识水平都有了相当程度的提升，国外技术与资本对于该地的拉动作用明显，产业结构也在此时得到更为高效的转型升级。随着对外开放的程度不断加深，东部县域地区的出口导向型企业也在此时得到了迅猛发展，企业之间的良好互动给企业在信息获取、产品销售等各个方面都带来了良好的溢出效应。

（三）产业优化升级作用明显

产业结构的转型升级对于缩小城乡差距有着关键作用。随着经济发展的不断深入与加速，产业结构得以重整、优化，其中最为明显的就是一产比重逐渐下降，第二、第三产业的比重不断上升。第二、第三产业是吸纳劳动力较多的产业，能够使得城乡居民收入差距得到一定程度的缩减。由于我国地域辽阔，各地发展水平不同。但核心问题还是一致的，即在我国经济发展的总体趋势上看，产业结构的优化升级是以第二、第三产业的比重不断增加为主要特征的。这一产业结构转型的结果则将我国固有的收入分配结构打破，有力地调整了我国城乡居民的收入分配结构。在产业转型升级的过程当中，解决了相当程度上人口的就业问题，在稳定了社会大环境的同时，也给居民生活带来了很大程度的提高。作为我国县域经济发展的先行者，东部县域地区的城乡一体化发展最快，程度最高，产业转型升级带来的福利也在此地区表现得更为明显。

（四）外向型产业发展迅速

东部县域地区之所以能够成为我国四个经济县域区域中发展最好的地区，

外向型产业的发展起到了十分重要的作用。由于地理位置的优越以及开放政策的实施，我国东部县域地区与国外企业的联系日益加强，产业发展中的进出口部门发展速度高于其他部门，将外资高效利用，形成了一大批示范性企业，吸引了大批企业在此集聚，形成了较好的规模效应。其中珠三角、长三角发展最为迅速。在出口导向型企业发展的过程中，不断加快自身对外开放的程度、不断扩大自身对国外地区的交流合作水平，使产业转型升级的速度也在不断提升。通过对国际企业的分工协作，提升了自身产业发展的技术水平，扩大了产品知名度，提升了自身产业在国际产业链中的高度。在积极、快速地向生产集约和产品高附加值的生产方式转变的过程中，不断推动新城镇化进程，实现经济发展的良好循环。

三、东部县域产业发展存在的问题

改革开放以来，东部县域地区产业发展相较于国内其他地区来说，都处在全国前列水平。但数据中所呈现出的相对领先并不代表东部县域地区产业已经做到最好，其发展中仍存在许多问题与有待改进之处。这些问题有的已经制约了东部地区当前的发展，有的问题则制约了其未来的持续发展。

（一）三次产业结构协调发展程度不高

2018 年，东部县域地区第二产业增加值占地区生产总值的 44.42%，从数据可以看出，我国东部县域地区的经济发展着力于第二产业，多数以依托当地工业部门为主，加工制造业为辅。在劳动力结构上，多数依赖综合素质相对较低的加工工人，知识分子所占比例较低。从全国视角上看，即便东部县域地区的第三产业发展相较于其他地区优势明显，但其第二产业所占三产份额仍处于首位，放眼世界，其第二、第三产业比值仍落后于发达国家。深入研究东部县域地区第三产业可以得出，东部县域地区以发展中低端服务业为主，尚未如现代金融、物流服务等高端服务业，对劳动力的需求简单，仍处于劳动密集型产业阶段，对劳动人员的素质要求不高，整体来看，服务业的发展仅以满足人民基本物质生活为目的，还未达到精神层面的需求满足。由此可以合理解释近年来日益严重的"用工荒"现象、劳动力成本上升等社会关注问题。在新时代发展背景下，我国县域经济的转型要求产业结构不仅要维持在劳动密集型产业阶段，即借助廉价劳动力拉动经济发展，还应当转变经济发展的方式，注重技术革新，加大产业中创新与知识的份额，进而调整传统产业结构水平，从根源上解决问题，方可缓解上述"用工荒"现象，协调底层就业的现状。

（二）县域创新水平不足，抑制县域产业的发展

我国东部县域产业的发展总体上处于工业化后期阶段，内部仍存在发展不平衡的矛盾。其中，江苏、山东作为发展水平靠前的地区，其第三产业发展增速较快，所创造的收益较多，已成为助力当地经济增长的主要力量源泉。但一些发展较为缓慢的地区，如我国河北省、海南省，其第三产业发展滞后，主要体现在当地核心技术拥有量不足、对于科学技术的投入不够，进而缺乏行业创新力，造成第三产业在发展进程中遭遇瓶颈，迟迟未能突破，进而影响整个经济的协同发展，不利于县域经济转型升级。目前，我国处于由外源型向内源型发展方式转换的重要时期，但转变过程必定会遭遇层层困难，加大县域产业创新力度，提高县域产业创新水平的任务依旧艰巨。

（三）县域产业空心化问题严重

我国东部县域产业"空心化"问题的根本原因是制造业生产成本上升，造成制造业投资资金骤减，直接导致筹集资金困难，加之人力成本的上升，制约东部县域地区制造业的发展。与此同时，受制造行业利润率下降、民间投资渠道狭窄等影响，多数企业投资者将大量资金转入房地产行业，造成实体经济匮乏的现象。加之一些外部因素影响，如外部环境恶化、我国出口放缓、人民币持续升值等，造成东部县域出口产品受阻，出现了制造行业整体不景气的局面。

（四）社会福利水平与收入分配存在着明显短板

社会福利与收入分配问题已成为制约东部县域产业发展的重要因素，与发达国家相比仍存在着较大的差距，伴随着经济总量的增加，收入分配差距有待进一步地缩小，收入两极分化现象较为普遍，城乡二元差距依然存在。综观我国社会福利整体发展情况，东部县域地区发展优于西部地区，城市发展优于农村地区。从社会保险覆盖面角度出发，东部县域部分农村地区务农

人员、进城务工人员、城镇非正规部门就业者未百分百覆盖。从社会福利发展水平出发,东部县域地区社会福利发展仍处于较低水平的补缺型阶段,即针对存在、新发问题提供相应的解决措施,并未系统性建设福利保障制度,缺乏普惠性。从收入分配角度来看,城乡收入差距显著,东部县域地区城乡收入比一直保持在2.5的水平。与此同时,东部县域地区城市内部收入差距较大,两极分化严重,"蜗居""蚁族"现象严重。

(五)资源消耗及污染排放问题严重

东部县域经济的快速发展,势必会对所在区域环境造成破坏,资源的大量消耗导致污染排放严重,尽管当地政府已投入绿色资金致力环境改造,但原先资源型的扩张发展造成质的破坏难以恢复。回顾我国历史上社会发展进程,以资源消耗和牺牲环境维持的经济高增长是不可取的,所造成的后果是不可逆的,以低效率、高消耗的资源使用方式换取的经济增长是无法持续的。尽管国家提倡建设资源友好型、环境节约型社会,当地政府也将环境保护提上工作日程,但环保部门仍处于弱势,话语权甚微,在工作中不得不服务经济建设的大局而倾斜原则。例如,政府为招商引资,往往忽略环境影响评价制度;为拉动GDP增长,环境整治工作浮于表面。因此,东部县域地区如何调节好环境保护和经济增长的天平至关重要,应寻找一条提高资源使用效率、降低单位产品能耗和减少环境污染的有效路径。

第三节　中部地区县域产业发展

中部地区是承接东西、连接南北的纽带与桥梁,是国家经济发展的重要区域。中部地区的县域产业的建设,充分利用中部地区的资源优势和区位优势,形成合理的战略性县域产业结构优势,对于国家中部经济的崛起具有重要意义。1978年开始进行产业结构调整,中部地区农业得到加强,同时工业也迅速发展,第三产业蓬勃发展,交通运输业、金融、保险、旅游等现代产业逐渐繁荣。中部县域整体实现"二、三、一"的产业格局。

一、中部县域产业现状

（一）第一产业增加值稳定增长

2008 年山西省第一产业增加值为 345.6 亿元，2018 年增加至 716.43 亿元，增加了 759.27 亿元。在中部县域中，山西省第一产业增加值最低，河南县域第一产业增加值最高，2008 年，河南省第一产业增加值为 2289.04 亿元，2018 年增加至 5118.79 亿元，增加了 2829.75 亿元，2018 年河南县域第一产业增加值是山西省第一产业增加值的 2 倍多，间接反映出河南作为我国重要的农业大省的特征。其次，湖南省县域第一产业增加值要大于湖北省、安徽省、江西省县域第一产业增加值，2008 年，湖南省县域第一产业增加值约 1622.3 亿元，2018 年县域第一产业增加值为 2714.13 亿元，增加了 1091.83 亿元。2008 年，湖北省县域第一产业增加值为 1244.13 亿元，2018 年县域第一产业增加值为 2631.2 亿元，增加了 1539.37 亿元。湖南省与湖北省县域第一产业增加值具有相同的发展体量。10 年间，安徽省县域第一产业增加值要大于江西省县域第一产业增加值，2008～2019 年，中部六省的第一产业增加值呈现逐年递增的趋势（见图 4.1）。

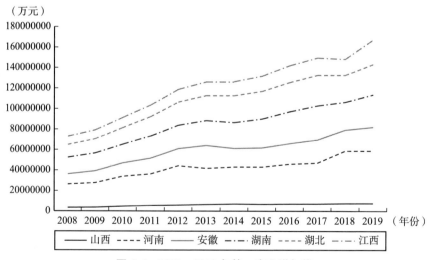

图 4.1　2008～2019 年第一产业增加值

资料来源：根据 2008～2020 年《中国县域统计年鉴》整理所得。

1. 县域农业增加值与第一产业增加值具有相同发展趋势

近年来，中部六省县域农业增加值的发展趋势与第一产业增加值的发展趋势保持一致，基本呈现稳定增长的发展趋势，其中河南省县域农业的发展远高于江西、山西等县域农业的发展。湖南省县域农业增加值增速最大，山西省县域农业增加值增速最低，基本保持稳定增长水平。

在中部六省，河南省农业增加值一直处于领先的水平，2017 年，河南省县域农业增加值达到 2546.7 亿元，湖南县域农业增加值大幅度提升，2013~2017 年，从 1292.9 亿元到 1891.8 亿元。安徽省县域农业增加值由 2013 年的 942.8 亿元增加至 1167.5 亿元，湖北省县域农业增加值由 2013 年的 1256.17 亿元增加至 1453.62 亿元，从中部六省县域农业发展情况来看。山西、江西县域农业增加值份额最小，增速也低于中部六省平均水平，如图 4.2 所示。

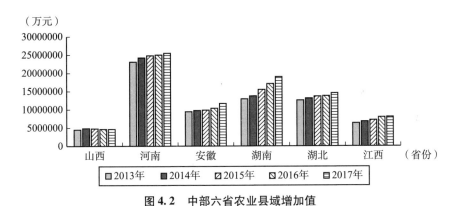

图 4.2 中部六省农业县域增加值

资料来源：根据 2013~2017 年《中国县域统计年鉴》整理所得。

2. 中部六省县域牧业增加值具有较大幅度波动

近年来，中部县域牧业增加值与农业增加值相比变动幅度较大，湖南省、湖北省、江西省的牧业增加值呈现快速增加的发展趋势，山西省、江西省、河南省与安徽省牧业增加速度相对稳定，其中河南省县域、湖南省县域、湖北省县域的牧业增加值发展程度远高于江西省、山西省与安徽省县域牧业。

在中部六省中，河南省 2013 年牧业增加值为 1123.4 亿元，2017 年牧业增加值为 1178.5 亿元，增加了 55.1 亿元，呈现稳定的发展趋势；山西省县域牧业增加值由 2013 年的 176.39 亿元增加至 2017 年的 265.74 亿元，增加了 89.3 亿元，河南牧业增加值为山西省牧业增加值的 7 倍左右，安徽省县域牧业增加值 5 年间由 485.35 亿元增加至 556.48 亿元，江西省县域牧业增加值由 370.19 亿元增加至 426.4 亿元，湖南与湖北牧业增加值增速最快，2017 年牧业增加值为 789.4 亿元与 809.04 亿元，相比 2013 年的牧业增加值增长了 37.8% 与 25.7%，如图 4.3 所示。

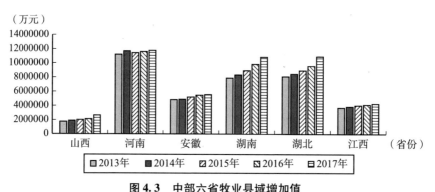

图 4.3　中部六省牧业县域增加值

资料来源：根据 2013～2018 年《中国县域统计年鉴》整理所得。

（二）中部县域第二产业稳定发展

中部六省拥有优越的区位优势和丰富的能源、原材料。在东部产业转移的背景下，依托自身完整的工业配套设施，中部县域制造业取得较快的发展。经过 10 年的时间，山西省县域第二产业增加值先呈现递增的发展趋势，由 2008 年的 2618.4 亿元增加至 2013 年的 4555.3 亿元，以后呈现递减的发展趋势，2018 年的第二产业增加值为 4965.9 亿元。除山西省外。河南省、安徽省、湖南省、湖北省与江西省县域第二产业增加值都呈现递增的趋势，10 年间，河南省县域第二产业增加值增加了约 7527 亿元，安徽省县域第二产业增加值增加了约 5324 亿元，湖南省县域第二产业增加值增加了约 7641 亿元，江西省县域第二产业增加值增加了约 4341 亿元，其中湖南省的增速最大，与 2008 年相比增加了 2.68 倍（见表 4.14）。

表 4.14 中部六省县域第二产业增加值 单位：亿元

年份	山西省	河南省	安徽省	湖南省	湖北省	江西省
2008	2618.41	7460.29	1612.18	2846.35	1819.49	2010.60
2009	2408.96	7488.86	2003.80	1685.02	2232.04	2299.65
2010	3145.71	9420.53	2709.58	4480.67	2938.50	2897.02
2011	4208.29	11162.41	3606.53	6191.53	4137.96	3657.60
2012	4571.92	11285.58	4168.41	6515.97	5079.67	4186.07
2013	4555.30	12930.96	4345.70	7239.88	5836.27	4683.24
2014	4020.56	13108.69	4972.52	7603.93	6513.75	5598.58
2015	3487.88	13573.12	5197.68	8357.58	6951.41	5922.56
2016	3580.88	14416.57	5767.42	9249.04	7398.91	6200.34
2017	3678.54	14987.60	6936.74	10487.13	7557.88	6324.53
2018	3965.90	15930.42	6904.93	9029.69	7806.05	6683.34
2019	4900.42	15703.90	7524.66	8451.70	8419.79	6885.44
2020	5000.90	16713.98	7924.67	8851.65	8819.19	6898.43

资料来源：根据 2008~2021 年《中国县域统计年鉴》整理所得。

从总体上看，中部第二产业增加值的波动幅度较小，中部县域与县域之间缺乏高效、合理的互通机制，中部县域内部之间没有形成统一的有机体，没有形成强有力的区域经济、规模经济。例如，山西县域第二产业增加值总量远小于相互毗邻的河南县域的第二产业增加值总量与其他中部县域，呈现出不同的发展趋势。

（三）中部六省县域规模以上工业总产值总体呈现增长趋势

2008~2017 年的 10 年间，中部六省的规模以上工业总产值总体呈现上升趋势，但中部六省规模以上工业总产值总体的趋势有较大的差异。河南省是中部六省经济总量最大的省份，生产总值排名位于全国的第五或第六名，远高于山西省、湖南省、安徽省、湖北省与江西省，因此河南县域规模以上工业总产值远高于山西省、湖南省、安徽省、湖北省与江西省的县域工业规模以上工业总产值，2017 年河南省县域规模以上工业总产值约 63829 亿元，是湖南省、湖北省、安徽省与江西省的 2.5 倍左右，山西省县域规模以上工业总产值在中部六省中占比最小，2018 年约为 7928 亿元，远低于中部其他五省的规模以上工业总产值。

（四）中部县域服务业规模相对较小，缺乏竞争力

县域产业结构是一个县域地区经济发达程度和经济竞争力强弱的反映，县域经济总体状况好坏可通过县域产业结构反映出来。县域经济发展与县域产业结构互为条件、互为因果，两者有密切的关系。2018 年，我国产业结构已经形成"三、二、一"的产业模式，三次产业结构比例为 7∶41∶52。中部县域产业结构整体表现为"二、三、一"的模式，如图 4.4 所示。巩义市、永城市、汝州市、长沙县、宁乡市、桃源县、高平市、洪洞县、仙桃市、潜江市、大冶市、阜南县、太湖县、临泉县、南昌县、宁都县、乐平市是中部六省县域经济发展水平较高的县域，巩义市、长沙县、宁乡市、高平市、仙桃市、大冶市、南昌县、乐平市的主导产业都是以第二产业为主，永城市、汝州市、桃源县以第三产业为主。从总体上来看，中部县域的第二产业的发展要快于服务业的发展水平。从中部部分县域产业结构中可以看出，第一产业在三次产业中的比例要高于全国的平均水平（见图 4.4）。

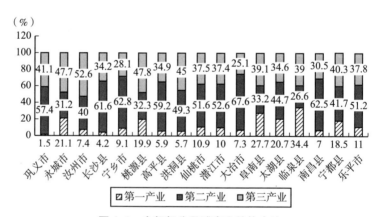

图 4.4 中部部分县域产业结构占比

资料来源：知县网。

（五）中部县域积极发展生产性服务业，第三产业总量规模偏低

中部县域第三产业总量规模较小，且比重偏低。尽管服务业取得较快发展，但并没有成为中部县域经济发展的主导产业，仍是以第二产业为主，中部县域服务业发展水平远低于东部沿海县域的服务业发挥在那水平。从中部六省来看，河南、湖南、湖北县域服务业发展占有优势，安徽、江西、山西服务业发展不足。在生产性服务业方面，河南县域在交通运输、仓储和邮政业，金融业，信息传输、计算机服务和软件业等方面的优势尤为明显，其占比基本为中部之首；湖南县域在批发和零售业，科学研究、技术服务和地质勘查业方面具有优势；湖北的金融业，租赁和商务服务业在中部地区具有优势；安徽县域的租赁和商务服务业发展较为突出，金融业发展较好，而科学研究、技术服务和地质勘查业比重在中部排名靠后；山西县域的金融业发展较好，而科学研究、技术服务和地质勘查业，批发和零售业却为中部最低或最低之一；江西县域的生产性服务业得到快速发展，如金融业，租赁和商务服务业，但占第三产业的比重不高。

（六）中部县域依托农业优势，与旅游业相互结合

中部县域将原来的简单农业生产与特色小镇、休闲娱乐等方式相互结合，促进农业与旅游、文化、娱乐、休闲等产业之间的互动融合，实现三次产业融合发展的目标。大体上来看，我国中部县域融合的模式主要有三种形式：一是观光型的预览模式，即充分发挥特色农产品的作用，将种植的特色农产品与观赏、娱乐等体验结合起来，增加特色农产品附加值同时，第一产业与第三产业融合发展；二是特色乡村镇型，充分挖掘农村、农业、农产品的农村文化，塑造农业特色居民，实现全域旅游的发展路径；三是休闲农业型，拓展农产品的景观功能，将餐饮、休闲等消费需求结合起来，推动一二三产业的融合发展。中部县域在促进农产品与服务业的融合中，注重物流园产业的发展，构建智慧物流、农产品冷链物流和城市共同配送网络体系，建立绿色货运配送产业体系。

二、中部地区县域产业的特点

（一）中部各省县域农业缺乏协同机制

中部地区县域农业基础发展较好，农业与牧业整体呈现稳步发展的趋势。受到农业资源、技术差异以及经济水平的发展，中部县域农业发展水平参差不齐。河南省通过大力发展农业产业集聚区，积极培育县域农业产业化集群，这些集群主要有农业肥料行业、种植业，并且与加工业、物流业和销售业相互结合，初步形成一二三产业的融合发展。湖南省县域突出优质、特色、绿色的农业结构，发展茶园产业特色产业；安徽省县域重视休闲农业、乡村农业的发展，发展苗木花卉农业，稻鱼综合养殖业；湖北县域建立绿色生态米基地、生态高山蔬菜基地、生态高山茶叶基地和发展现代渔业为主导产业；江西省县域县是以脐橙产业、油茶产业、蔬菜、烟叶业、稻虾养殖产业作为自己的特色农产品的主导产业；山西省县域以农产品为主，注重粮油业、果蔬业以及畜牧业的发展。中部六省县域都有属于自己的主导产业以及农业发展方式，促进县域经济的发展，但从整体上看，中部六省的县域农业之间缺乏协同机制模式。

（二）依托较为完整的工业配套设施，中部县域承接东部制造业

在东部产业转移的良好形势下，中部地区率先承接东部发达地区的产业转移。中部县域要立足现有优势产业，整合产业链，促进经济结构调整升级，更好地承接产业和技术转移。在东部产业转移过程中，"中部县域制造业"整体竞争力较弱，但产业配套设施相对完善，生产能力较强。钢铁、有色金属、化工、建材、石化等原材料产业已成为中部县域的支柱产业。然而，由于中部地区县域发展不强，制造业整体竞争力不强。主要表现在：产业集中度低，无法形成规模经济和范围经济，产业布局缺乏合理性。但中部县域相对完善的产业配套设施和强大的生产能力，能最大限度地满足东部地区产业转移的快速、规模化生产需求，缩短零部件采购时间，快速实现国产化，降低生产成本，对承接东部地区的产业具有很大的吸引力。

（三）制造业发展质量变革，产业空间布局不断优化

制造业是推进工业化的核心，中部县域产业正加快数字化、网络化、智能化等新兴科学技术的运用，以此来促进制造业发展和质量变革。中部县域工业的快速发展，促进了中部省份经济的快速增长。不仅中部省份整体的产业结构取得较大调整，而且中部县域产业结构也取得较大的转变。在围绕现代化体系构建的目标上，县域优势企业不断地优化产业空间布局与产业集聚。

（四）发展水平不同的县域之间产业结构差异性较大

中部县域产业结构具有一个明显的特点是县域产业结构之间的差距比较大。经济发达的县域第一产业占比非常低，第二产业占比较高。如湖南省的长沙县、宁乡市是排前 10 位的县域百强县，第二产业占比高达 60% 以上，江西省的南昌县第二产业占比在 62.5% 以上。经济落后的宁都县是以发展当地特色农业为主，第一产业占比较大，经济发展比较滞后。以上反映出经济发展水平不同、产业结构不同，也间接反映出第二产业的发展对经济具有很大的带动作用。

三、中部县域产业发展存在的问题

在中部崛起的背景下，中部县域经济依托自身的矿产资源以及政策条件取得迅速的发展。本部分分析了中部县域产业存在的问题以及产生这些问题的影响因素，例如中部县域产业链条短、产品附加值低、产业模式单一、资源型县域产业突出问题。

（一）产业融合层次较低，方式较为单一

龙头企业是推动三次产业融合的重要力量，近年来中部县域农业龙头企业迅速发展，但与浙江地区一二三产业融合发展来看，中部县域的农业产业化龙头企业虽然发展较快，却没有形成较强的辐射作用。此外，中部县域农业与加工业融合还处于初级阶段，农产品精神加工能力不足，科技水平低下。中部县域三次产业的融合多数以产业链向前或向后的延伸为主，没有充分挖掘县域之间农业的多功能功能，也造成农业与服务业融合较为单一。比如，

安徽、湖北省县域出现休闲农业，这些休闲农业多数以餐饮、观光为主，造成休闲农业项目过度同质化。

（二）制造业发展较为粗放，产品附加值低

中部县域在工业发展过程中仍然是粗放经营向集约化的转变，具体表现为企业实力不强，中部县域的企业多数以"五小"为主，生产出的产品具有较小的知名度、科技含量低、产品附加值低，在强有力的市场竞争中难以发展壮大；中部县域产业特色鲜明。目前，全国"大办工业园区，走新型工业化的道路"逐渐成为区域发展的共识，县域制造业现状已将发生改变，但中部后发地区的县域承接产业的竞争逐渐激烈，许多工业园区都是"小而全"，没有合理的产业定位和科学的布局，难以形成合力；工业效益低，后发的中部县域处在工业化的初级阶段，企业生产的产品多为初级阶段产品，高附加价值的产品较少，导致工业经济效益不高，对经济发展带动效应不大。

（三）产业集群内企业过度竞争，缺乏集聚效应

产业集群的集聚效应主要表现：形成具有中部县域特色的区域经济品牌效应，减少市场开发的成本和风险；以专业化的分工和内部生产作为集群形成的基础，提高企业之间的生产效率；带动中部县域周围的相关特色产业的发展，进一步延伸产业链条。产业集群内企业之间的相互协作，技术与思维方面的深度融合交流，在生产与销售方面跨域空间的相互衔接，有利于打造良好的技术创新环境，提升资本的利用效率，改善企业的科技水平与经营管理能力，形成区域经济的核心竞争力。中部县域大多数是竞争型的产业集群，集群大多从事相似的产品经营，产业链短，中部县域企业缺少分工协作关系，由于地理位置原因，产业与产业之间，县域与县域之间缺少信息的共享与问题的讨论。由于中部县域行业自律组织建设落后，缺乏相应的行业规范对企业生产经营的引导，企业之间信任度低，容易在集群发展过程中产生恶性竞争，不利于集群的发展。

（四）以矿产资源产业为支撑，转型升级难度大

由于煤炭、电厂、钢厂等行业已经成为国家宏观调控的对象，以金属矿产产业为依托的中部县域经济发展不仅受到制约，而且面临产业转型的难题。在中部六省中，山西省县域产业面临转型的难题最为突出，山西省中县域经济前十强的孝义市、洪洞县、怀仁县、灵石县、阳城县、高平市主要是以煤、铝等矿产资源为主导产业，在百强县的排名中，山西县域并没有进入百强县的名单，许多资源县域出现负增长。山西县域以资源产业为主导，相比河南、安徽、湖北、湖南、江西，县域问题更加突出，但其他省份资源型县域同样存在迫切转型的问题。

（五）思想观念落后，工作方式转变缓慢

中部县域经济的发展仍是以经济建设为中心，县域产业的空间布局，县域产业结构的合理化与高度化与领导干部正确决策和基层干部的贯彻执行是关键。因此，在中部县域产业快速发展过程中，首先确保思想的与时俱进，转变工作作风，提高工作效率，为县域产业的发展提供动力保证。具体来讲，一是破除消极等待，无所作为的思想，紧抓机遇与挑战，将困难与压力当作挑战和动力；二是破除错误、怕担责任的思想。树立敢有作为，善有作为的意识；三是积极提倡专心谋事，坚持以发展为先、大局为重，形成和衷共济、共创大业的良好氛围。

（六）生产性服务业发展滞后

制约中部县域产业发展的原因突出表现在资金、人才和城镇建设三方面：（1）资金严重短缺。一方面国有商业银行在逐渐收缩县级以下的业务，使中部地区县域经济发展受到严重制约；另一方面，中部大部分县域受区位、交通、信息等基础条件的影响，难以引进资金的支持。（2）人才流失严重。中部县域的待遇，居住环境与大中城市和东部地区仍然有差距，导致高层次人才很难留在中部县域。（3）中部县域城镇基础差。中部县域多数城镇基础差、功能弱、发育不成熟，特别是城市基础设施，城市环境建设落后，对外缺乏足够的吸引力，难以集聚资本和生产要素；对内缺乏足够的带动力，难以带动农村经济的发展，县域经济的自然资源与人力资源难以高效利用，延缓中部县域发展。

（七）中部地区缺少增长极效应

在中部六省的城市群主要有长江中游城市群，包括武汉城市圈长株潭城市群、环鄱阳湖城市群、江淮城市群为主体形成的特大城市群，占地面积31.7万平方千米；中原城市群涵盖河南省的郑州市、开封市、洛阳市、南阳市、安阳市、商丘市、新乡市、平顶山市、许昌市、焦作市、周口市、信阳市、驻马店市、鹤壁市、濮阳市、漯河市、三门峡市、济源市。太原城市群是国家重点建设的14个城市群之一，是以山西省省会太原为中心，以太原盆地城镇密集区为主体的城市群，该区域位于山西省中东部，是山西省经济最发达的地区。

虽然国家开始对中部城市群进行规划，相较于长江三角洲城市群，增长极形成得较晚，没有对周边的县域经济或产业的发展起带动作用，例如长江三角洲城市群的经济效应已经明显表现出规模溢出效应，辐射带动周边县域经济发展，在长三角城市群的苏州市的昆山市、张家港市、常熟市、太仓市、无锡市的江阴市、宜兴市，浙江金华的义乌市都是全国经济强县。因此中部在规划城市群的过程中应当注重增长极的培育，使增长极尽早从虹吸效应过渡到规模经济溢出效应，带动中部县域经济的发展，尤其是山西省的孝义市、泽州市、怀仁市等资源县域能够进行县域产业转型，为县域产业转型提供发展的方向，产生更新迭代的作用。

第四节　西部地区县域产业发展

发展县域产业是壮大县域经济、解决"三农"问题的重要途径，近些年县域产业的发展也得到了各省政府的极大重视，为县域经济的发展提供了强劲的动力。

一、西部县域产业现状分析

随着经济快速发展，西部县域经济得到了快速发展，西部各省县域经济地区生产总值呈现出逐年上升的趋势，县域产业作为西部县域经济发展的强劲推动力，近些年的发展速度也非常快。

（一）第一产业增加值稳定增长

随着中央提出"壮大县域经济"的号召，各省县域经济得到了快速发展，对于县域产业的重视度也越来越高，近些年来，依靠独特的资源优势，西部县域凭借其各自的优势产业，不断推动县域经济实力的增强。

改革开放以来，西部县域各产业主要以第一产业为主。第一产业增加值从 2008 年的 7563.62 亿元增长到 2020 年的 21578.81 亿元。占西部县域地区生产总值的比重基本保持在 17% 左右。（见表 4.15）

表 4.15　2008～2020 年西部各省份县域第一产业增加值及占比情况

年份	第一产业增加值（亿元）	占比（%）
2008	7563.62	
2009	7972.75	
2010	9192.11	
2011	10862.25	
2012	12051.28	
2013	13378.05	17.50
2014	14093.53	16.90
2015	15465.31	17.60
2016	15590.16	14.87
2017	15818.22	16.18
2018	17387.46	16.08
2019	19579.07	16.18
2020	21578.81	17.20

资料来源：根据 2008～2021 年《中国统计年鉴》整理所得。

可以看出，在 2015 年以前，西部县域第一产业的增加值一直呈现出直线上升的趋势，且前期增长速度明显快于后期，表明政府依然十分重视第一产业的发展。在 2015 年之后，第一产业的增加值的增速逐渐趋于平稳。2015年以前，西部县域第一产业的占比一直稳定在 17% 左右，在 2015 年之后，占比下降到 16%，也验证了 2015 年之后第一产业的增速逐渐下降的现象。

从西部各个省份的情况来看，新疆的县域第一产业增加值在 2018 年有所下降以外，其余各省份均呈现上升的趋势。虽然从数值上西部县域第一产业的增加值的增速并不明显，但从历年趋势可以看出，第一产业一直处于平稳向上发展的态势（见表 4.16）。

表 4.16   2008～2020 年西部各省份县域第一产业增加值变化情况   单位：亿元

年份	甘肃	广西	贵州	云南	内蒙古	宁夏
2008	405.41	1088.52	511.19	911.25	815.29	75.50
2009	444.60	1138.60	567.40	997.36	851.53	82.63
2010	516.57	1274.07	684.66	1105.98	1008.38	103.22
2011	581.78	1544.79	732.30	1327.33	1190.05	118.55
2012	688.94	1511.31	805.26	1615.83	1326.43	129.20
2013	941.10	1787.65	964.28	1798.39	1447.32	138.55
2014	774.22	1830.73	1170.27	1940.74	1501.99	142.77
2015	827.25	1987.73	1905.12	2018.50	1502.39	155.46
2016	883.36	1893.98	1514.21	2155.08	1483.33	158.73
2017	708.22	1933.05	1573.74	2242.82	1466.74	163.66
2018	817.24	2430.77	2004.12	2353.19	1584.60	184.17
2019	972.00	2771.00	2125.00	2863.00	1686.00	183.00
2020	1120.33	2903.00	2368.77	3415.50	1824.09	223.79
年份	青海	陕西	四川	西藏	新疆	重庆
2008	121.67	632.95	1808.01	60.86	670.72	462.24
2009	104.88	673.55	1813.05	70.74	760.18	468.23

续表

年份	青海	陕西	四川	西藏	新疆	重庆
2010	139.56	835.83	1983.00	67.50	943.09	530.26
2011	191.61	1028.43	2336.25	73.44	1076.39	661.34
2012	185.83	1161.92	2575.10	79.34	1234.60	737.52
2013	200.63	1242.86	2717.91	85.56	1263.87	789.94
2014	198.15	1329.00	2817.65	92.56	1457.46	838.00
2015	198.34	1357.61	2969.53	97.08	1534.24	912.06
2016	205.59	1439.65	3140.17	102.81	1574.51	1038.75
2017	220.15	1472.55	3262.54	124.57	1582.06	1068.13
2018	262.12	1538.22	3405.22	132.75	1556.15	1118.91
2019	294.00	1671.00	3860.00	137.00	1752.00	1266.00
2020	302.56	1695.77	4348.50	158.24	1792.92	1425.34

资料来源：根据2008~2021年《中国统计年鉴》整理所得。

（二）第二产业发展占据主导地位

随着经济的不断发展，第二产业逐渐占据了主导地位，县域第二产业的发展占据了县域经济发展的半壁江山，西部各省份县域依靠第二产业的发展极大地提高了经济的增长速度。第二产业增加值从2008年的25147.61亿元增长到2020年的48547.61亿元（见表4.17）。

表4.17　　　　　2008~2020年西部各省份县域第二产业增加值情况

年份	第二产业增加值（亿元）	占比（%）
2008	25147.61	—
2009	18502.49	—
2010	23799.51	—
2011	30779.87	—
2012	35635.17	—

续表

年份	第二产业增加值（亿元）	占比（%）
2013	38620.64	50.53
2014	42865.19	51.40
2015	41195.83	46.89
2016	42801.47	40.82
2017	44211.24	45.23
2018	47185.37	43.64
2019	47851.03	39.55
2020	48547.61	38.69

资料来源：根据 2008～2021 年《中国统计年鉴》整理所得。

西部县域第二产业增加值大体呈现出曲折上升的发展趋势，也可以看出，2008～2020 的 13 年间，前期第二产业的增加值呈现出直线上升的趋势，从 2015 年之后，发展逐渐趋向平稳。从表 4.17 中可以看出，2014 年之前，西部县域第二产业的占比一直保持在 50% 以上，可以看出县域经济的发展主要依靠于第二产业的发展，2015 年之后，占比逐渐下降，因为由于资源、环境及经济等因素的转变，各县域也逐渐增加了对第三产业的重视程度。

从西部各省份的情况来看，各省份总体上呈现出上升的趋势。但是广西、宁夏、四川在 2019 年均出现了些许回落的现象，而内蒙古、西藏、新疆和重庆第二产业增加值的绝对值较小，因此呈现出逐年上升的趋势。从总体来看，西部县域第二产业在新的经济形势下依旧发展态势良好（见表4.18）。

表 4.18　　　　2008～2020 年西部各省份县域第二产业增加值变化情况　　　单位：亿元

年份	甘肃	广西	贵州	云南	内蒙古	宁夏
2008	717.80	1699.14	9601.12	1569.63	2868.09	249.73
2009	815.81	1807.67	1136.87	1707.65	3458.96	289.93
2010	991.29	2259.73	1360.31	2082.91	4559.97	346.05

续表

年份	甘肃	广西	贵州	云南	内蒙古	宁夏
2011	1241.02	2737.39	1901.66	2626.98	5718.17	512.59
2012	1487.50	2757.72	2093.66	3169.27	6819.36	587.35
2013	1591.62	3286.44	2564.64	3607.20	7163.21	661.31
2014	1566.08	4036.11	2904.75	3833.03	7402.16	731.89
2015	1272.09	3728.19	2697.01	3548.63	7015.74	772.43
2016	1261.50	3525.17	3259.67	3858.13	7199.64	831.40
2017	1186.09	4024.82	3113.35	4300.84	4296.45	911.03
2018	1360	4022	4351	4751	4522	874
2019	1402	3199	4425	5515	4526	883
2020	1415.95	3232.10	4530.65	5798.38	4496.89	889.66
年份	青海	陕西	四川	西藏	新疆	重庆
2008	352.95	2325.26	3274.50	75.38	1240.84	1173.16
2009	388.54	2575.26	3751.27	94.38	1221.72	1254.43
2010	695.78	3346.13	4920.48	122.13	1528.11	1586.61
2011	931.29	4391.48	6351.86	150.84	1984.13	2232.46
2012	907.21	5439.82	7392.24	175.25	2310.81	2494.99
2013	116.76	5910.63	8087.09	221.03	2553.60	2857.11
2014	692.31	6282.84	8826.08	259.83	2970.01	3360.10
2015	624.08	5590.07	9164.16	284.77	2951.36	3547.29
2016	772.08	5693.79	9479.58	325.94	2717.48	3877.09
2017	779.54	6704.40	11037.11	382.34	3059.15	4416.12
2018	908	7328	10525	486	3319	4735
2019	872	7333	10123	468	3453	5648
2020	890.55	7531.66	10075.27	501.62	3383.41	5801.47

资料来源：根据 2008～2021 年《中国统计年鉴》整理所得。

（三）第三产业占比逐年增加

随着经济全球化的不断推广加深，服务业等第三产业不断兴起，对经济的贡献有目共睹，西部各省份各县域也逐渐加强了对第三产业发展的重视，从 2013～2020 年的数据可以看出，西部县域第三产业发展迅速，增加值从 2013 年的 24437.79 亿元增加到 2020 年的 55338.17 亿元（见表 4.19）。

表 4.19　　　　　　　2013～2020 年西部各省份县域第三产业增加值情况

年份	第三产业增加值（亿元）	占比（％）
2013	24437.79	31.97
2014	26428.69	31.69
2015	31198.04	35.51
2016	46450.05	44.30
2017	37722.06	38.59
2018	43554.32	40.28
2019	53557.30	44.27
2020	55338.17	44.11

资料来源：根据 2013～2021 年《中国县域统计年鉴》整理所得。

第三产业的占比逐渐向半数接近，从 2013 年的 31.97％ 逐渐增加到 2020 年的 44.11％，也验证了政府逐渐将发展重心放在了第三产业上。

从各个省份的情况来看，每个省份县域第三产业在 2020 年均有所上升，尤其是广西、贵州、青海、陕西、四川、重庆的县域第三产业增加值的绝对值较高，总体来看，整个西部县域第三产业增速明显（见表 4.20）。

表 4.20　　　　　2013～2020 年西部各省份县域第三产业增加值变化情况　　单位：亿元

年份	甘肃	广西	贵州	云南	内蒙古	宁夏
2013	1193.25	1919.31	2400.64	2766.64	3962.72	297
2014	1671.01	1625.24	2749.84	3080.86	4359.33	317.15

续表

年份	甘肃	广西	贵州	云南	内蒙古	宁夏
2015	1840.55	2704.17	3366.74	3925.16	4830.25	350.56
2016	2035.20	2653.99	3542.44	4357.96	5134.96	385.47
2017	2182.88	3534.72	3737.70	4870.65	4242.03	435.26
2018	2364.30	4302.62	4982.93	5175.15	4673.99	469.82
2019	2645.99	4987.17	5520.91	7753.55	4539.73	616.16
2020	2743.88	5357.01	5934.30	8325.76	4494.17	651.98
年份	青海	陕西	四川	西藏	新疆	重庆
2013	1172.25	2420.97	4342.31	248.23	1947.95	1766.52
2014	463.07	2708.91	4911.43	280.72	2303.43	1957.69
2015	510.57	2964.25	5479.09	327.66	2657.30	2241.74
2016	13014.93	3339.48	6506.87	363.24	2607.03	2508.47
2017	339.62	3821.35	8426.09	404.68	2936.73	2790.35
2018	578.21	4372.85	9204.88	443.20	3145.25	3841.12
2019	692.10	4736.78	12174.18	625.64	4305.10	4959.99
2020	737.63	4388.22	12514.69	641.79	4351.05	5197.69

资料来源：根据《中国县域统计年鉴》整理所得。

二、西部县域产业特征分析

西部产业结构正处于转换而变动阶段，优势产业正在成长，各省区都具有不同的特点。具体特点如下：

（一）西部县域第二、第三产业比重逐渐持平

随着西部大开发战略的深入实施，以及"一带一路"等各项政策的支持，西部县域近些年得到了快速的发展，依靠于特有的资源优势，资源型产业发展迅速，以第一产业为基础，第二产业的占比依然很高，但随着经济全球化的加深，政府逐渐对第三产业重视起来，第三产业的占比逐年增多。西

部县域产业结构逐渐优化，三产协调发展。西部县域第一产业占比从2013年的17.50%下降到2020年的17.2%，第二产业占比从2013年的50.53%下降到2020年的38.69%，第三产业占比由2013年的31.97%上升到2020年的44.11%，第二、第三产业的占比在逐渐持平（见表4.21）。

表4.21　　　　　　　　2013～2020年西部县域三次产业占比情况　　　　单位：%

年份	第一产业占比	第二产业占比	第三产业占比
2013	17.50	50.53	31.97
2014	16.90	51.40	31.69
2015	17.60	46.89	35.51
2016	14.87	40.82	44.30
2017	16.18	45.23	38.59
2018	16.08	43.64	40.28
2019	16.18	39.55	44.27
2020	17.20	38.69	44.11

资料来源：根据《中国县域统计年鉴》整理所得。

（二）依靠当地独特的自然风景形成丰富的旅游资源

西部地区有独特的自然景观，包括高原、盆地、草原、雪山等。同时，西部地区少数民族众多，具有浓郁的地方风情，形成了丰富的旅游资源。总体而言，西部县域发展与东部县域发展存在较大差距。西部县域在招商引资和品牌建设过程中，充分发挥西部的地域特色，形成独具特色的论坛特色小镇和教育特色小镇，带动了西部县域旅游业、餐饮业、酒店业的持续发展。

（三）西部县域形成区域性垄断资源产业

由于所处的地理环境，西部地区具有得天独厚的资源产业优势、广阔的市场前景和持续的市场需求。如特色绿色畜牧农产品、稀有矿产品、天然气水电、特色自然景观、民族旅游等，这些资源的规模和前景都不具有竞争力。

西部县域具有区域性垄断市场资源产业。由于地域辽阔，为一些行业的生存和发展提供了空间，以满足特定的市场需求。比如西部地区的钢铁、水泥、建材等行业，由于运输距离远，外部竞争者很难参与到某一地区的竞争中来。

（四）西部县域是承接产业转移的理想区位

随着经济的不断发展，西部县域交通、能源等基础设施不断完善，体制环境、投资环境和市场环境发生了巨大变化。同时，西部地区拥有低成本的土地资源和劳动力资源，是承接东中部地区产业转移的理想区位。从转移方向看，长三角、珠三角等东部沿海发达县的产业主要向西部转移。转移方式主要是资源型企业的合作和产业扩张。转移产业主要是资源密集型和劳动密集型产业。

三、西部县域产业发展存在的问题

在西部县域产业发展过程中，由于西部地区本身位置方面的劣势，以及一些政策方面的问题，再加上人才的不断缺失，导致西部各省县域产业在发展过程中存在着许多的制约因素，阻碍着西部县域产业的发展。

（一）三次产业比例不均衡，产业结构较单一

目前，在我国西部县域产业的发展过程中，大多数还是以传统农业为主，但农业的工业化程度不高，与西部县域二三产业的融合程度不高，农业产业链比较短，产品附加值低。与东部发达县域的产业相比，西部县域的采摘农业、休闲农业和旅游农业等依旧处于萌芽阶段，同时西部县域三次产业的比例依然低于全国平均水平，以广西为例，广西县域第一产业在三产中的占比明显高于全国平均水平，2018 年广西县域三产比例为 14.8∶45.5∶39.7，在长期发展中出现了严重的"资源诅咒"现象，使广西县域的产业结构越来越单一，产品受自然条件影响非常大。

（二）产业布局不合理，投资难

在西部县域工业发展过程中，产业布局出现了散、小、乱的现象。在众多企业中，以中小企业为主的龙头企业，自有资金十分有限。同时，受交通、通信、体制机制等客观因素影响，西部县域工业发展的投资环境较差，引资引资困难，生产规模无法扩大，使西部县域工业整体规模缩小。

以西部甘肃省为例，甘肃县域的产业发展中，龙头企业、特大型企业的比重较低，全省支撑县域产业发展的"四上企业"仅有 3006 家，许多企业影响力较低，只局限于局部地区，而且产品基本都属于初级产品，缺少深加工过程，在当地未形成完整的产业链，附加值较低。

（三）产业的发展缺少自主创新

在西部县域产业发展过程中，产业集群的自主创新和研发与产业集群内的企业和学校没有密切的关系。学习和吸收行业新技术、新思想的能力比较差，尚未形成完整的创新支撑体系。同时，在西部县域农业发展过程中，农业生产和农业产业化相关人才仍然缺乏。

（四）生产要素及人才大量外流

由于经济发展的制约，西部县域的财政支持相对较少。与东部发达县相比，西部地区更难吸引银行贷款和外来投资。同时，西部地区一些县的待遇和生活环境相对较差，这大大降低了不少大学毕业生毕业后回县的概率。在人才待遇方面，西部县级政府缺乏强有力的吸引政策，导致西部县域人才外流严重。

（五）硬件条件较差，制约县域经济发展

西部地区基础设施与东部发达地区相比还有较大差距。首先是公路、高铁基础设施建设滞后于中东部地区。西部地区铁路客运量和货物周转量不足东部地区的一半，公路网密度仅为东部地区的1/5；其次，基于电子信息网络的网络基础设施在西部城乡宽带覆盖率低；最后，由于对外开放程度低，市场开发不完善，西部地区公用事业发展相对落后。

第五节 东北地区县域产业发展

本节从东北的三次产业现状以及产业结构角度阐述东北地区县域产业的发展现状，总结东北地区县域产业的发展特点。

一、东北地区县域产业发展现状

（一）东北县域第一产业发展现状

1. 东北县域第一产业增加值呈下降趋势

从总体上看，东北三省县域第一产业增加值呈现递减的趋势。2008年，辽宁省县域第一产业增加值为1122.62亿元，2015年第一产业增加值达到2027.70亿元，随后辽宁省第一产业增加值逐渐减少，2018年辽宁县域第一产业增加值为1412.10亿元，比2013年减少628.33亿元。2008～2015年吉林省县域生产总值呈现递增的趋势，2016～2018年开始下降，2018年吉林省的第一产业增加值为1264.87亿元，比2014年下降276.48亿元，黑龙江省县域第一产业增加值的发展趋势与辽宁省和吉林省相反，呈现持续增长的发展趋势，达到2298.13亿元。2017年全国的第一产业增加值为65468亿元，东北三省县域第一产业增加值占比为7.6%左右。具体如表4.22所示。

表4.22   东北三省县域第一产业增加值   单位：亿元

年份	辽宁省县域	吉林省县域	黑龙江省县域
2008	1122.62	795.35	984.91
2009	1132.61	817.68	1082.89
2010	1452.15	1021.65	1329.40
2011	1727.00	1103.70	1649.63
2012	1975.64	1369.46	19539524
2013	2040.43	1401.17	2076.07

续表

年份	辽宁省县域	吉林省县域	黑龙江省县域
2014	2004.50	1541.35	2143.56
2015	2027.70	1507.58	2326.37
2016	1815.67	1364.83	2340.30
2017	1312.20	1254.89	2378.13
2018	1412.10	1264.87	2298.13
2019	1711.46	1128.18	2572.40
2020	1832.11	1321.98	2789.12

资料来源:《中国县域统计年鉴(2008~2021年)》。

2. 东北三省农业与牧业增加值呈现下降趋势

东北三省县域农业增加值的趋势与第一产业增加值具有相同的变动趋势,辽宁省县域农业增加值在2016年后大幅度下降,2018年为598.31亿元,相比2016年减少227.13亿元。吉林省的农业增加值从2013年开始一直持续递减,2017年吉林农业增加值占整个东北三省县域农业增加值的24%。黑龙江省县域农业增加值呈现逐年增长的趋势,2018年相比2013年增加了257.60亿元,占东北三省县域农业增加值的55%。总体来看,东北三省县域农业增加值占东北三省县域第一产业增加值的57%(见表4.23)。

表4.23 东北三省县域农业增加值 单位:亿元

省份	2013年	2014年	2015年	2016年	2017年	2018年
辽宁省	912.30	849.41	886.68	825.44	587.31	598.31
吉林省	1392.45	936.669	890.78	777.14	690.85	699.85
黑龙江省	1289.30	1339.33	1478.86	1430.40	1536.91	1546.90

资料来源:《中国县域统计年鉴(2013~2018年)》。

东北三省县域牧业增加值的体量要小于东北三省县域农业增加值,2013年,辽宁省县域牧业增加值为707.35亿元,2016年辽宁省的县域牧业增加值下降至553.01亿元,不仅是辽宁省,吉林省的牧业增加值也呈现下降的趋

势，由 2013 年的 873.87 亿元，下降至 2018 年的 512.48 亿元。在第一产业
发展方面，黑龙江省的县域具有较高的增长态势，黑龙江省的县域牧业增加值
由 2013 年的 674.53 亿元增加至 2018 年的 899.99 亿元。总体来看，东北三省县
域牧业增加值占东北三省县域第一产业增加值的 43%（见表 4.24）。

表 4.24 东北三省县域牧业增加值 单位：亿元

省份	2013 年	2014 年	2015 年	2016 年	2017 年	2018 年
辽宁省	707.35	716.67	704.82	553.01	381.66	391.70
吉林省	873.87	537.01	551.00	528.54	512.42	512.48
黑龙江省	674.53	700.00	735.10	780.72	859.19	899.99

资料来源：《中国县域统计年鉴（2013～2018 年）》。

3. 东北三省县域农业机械总动力发展不均衡

辽宁省、吉林省与和黑龙江省是我国重要的粮食基地，农业逐渐向现代
化与机械化作业发展。从县域农业机械总动力角度分析，黑龙江省的县域农
业机械总动力远低于吉林省与黑龙江省，黑龙江省县域农业机械总动力呈现
逐年递增的发展趋势，2017 年黑龙江省县域农业机械总动力达到 4755 万千
瓦，高出吉林省与辽宁省县域 2000 多万千瓦。2015 以后，辽宁省县域农业
机械总动力呈现大幅度下跌，此时，辽宁省的经济呈现断崖式下滑。吉林省
与黑龙江省的县域农业机械总动力具有稳定缓慢增长的变动趋势，吉林省县
域农业机械总动力整体高于吉林省县域农业机械总动力，通过对农业机械总
动力的比较，黑龙江省县域农业的机械化程度要高于吉林省县域与辽宁省县
域的机械化程度。

4. 黑龙江省县域机收面积明显高于其他两省

黑龙江省的县域机收面积远高于辽宁省县域与吉林省县域，2013 年，黑
龙江省县域机收面积为 791945 公顷，2017 年达到 9773360 公顷，增加了
8981415 公顷。[①] 黑龙江省机收面积是吉林省县域机收面积的 2.5 倍左右，是
辽宁省县域机收面积的 6 倍左右。吉林省县域机收面积小于黑龙江省，高于

---

① 经济与社会发展 黑龙江省统计局关于 2018 年黑龙江省国民经济和社会发展的统计公报. 曲
伟主编. 黑龙江年鉴 [M]. 哈尔滨市：黑龙江年鉴社，2018：46-50.

辽宁省县域的机收面积，2017 年达到 3363827 公顷。2017 年辽宁省县域机收面积相比于 2016 年下降 347158 公顷，为 1308088 公顷。东北三省县域机收面积与东北三省县域农业机械总动力呈现正相关的关系，黑龙江省县域农业机械总动力高于吉林省与辽宁省的县域农业机械总动力，从县域机收面积角度来看，黑龙江省县域机收面积高于吉林省与辽宁省的县域机收面积。

5. 东北三省县域农产品结构不合理

东北县域有着优越的地理环境和资源优势，在自然资源的利用方面缺少高效合理的利用，农产品结构不合理，产品附加值低。东北地区是我国重要的粮食产地，更确切地说，东北县域是我国重要的粮食产地，因为县域是广大农村的聚集地。县域在农业生产方面，农业生产观念相对落后，以重视产量为主，缺少农产品高附加值的要求，不能积极承接现代农业技术，使东北县域农业的发展逐渐落后，在农产品市场缺乏有效的竞争力。在农产品的种类方面，东北地区的农产品种类单一，区域农产品具有重叠现象，缺少对特色农产品的开发，现代生物农业体系发展滞后。例如，东北地区具有广袤的土地，盛产大豆，在植物油的产量方面，食用油的产量在全国占有份额并不大，东北三省总产量仅占到全国食用油产量的百分之十几左右。

（二）东北县域第二产业发展现状

1. 东北三省县域第二产业增加值先增后降

总体上看，东北县域中辽宁省第二产业增加值变动幅度较大，吉林省与黑龙江省的县域第二产业增加值呈现缓慢递增的发展趋势。2008 ~ 2013 年，东北三省经济呈现快速增长的趋势，辽宁省县域第二产业增加值由 2008 年的 2647.98 亿元增加至 2013 年的 6707.35 亿元；吉林省县域第二产业增加值由 2008 年的 1353.42 亿元增加至 2013 年的 4454.25 亿元；黑龙江省县域第二产业增加值由 2008 年的 951.69 亿元增加至 2013 年的 2663.71 亿元，2013 年后，东北县域第二产业增加值呈现不同程度的波动，辽宁县域经济波动程度最大，由 2013 年的 6707.35 亿元降至 2018 年的 2725.18 亿元；吉林省与黑龙江省的县域第二产业增加值呈现倒 "U" 形的发展趋势（见表 4.25）。

表 4. 25　　　　　　　　东北三省县域第二产业增加值　　　　　　　单位：亿元

年份	辽宁省	吉林省	黑龙江省
2008	2647.98	1353.42	951.69
2009	3547.98	2255.06	1116.78
2010	4642.87	2255.06	1434.19
2011	5820.28	2769.60	1882.57
2012	6506.17	3425.71	2324.26
2013	6707.35	4454.25	2663.71
2014	5893.69	3738.79	2743.95
2015	5187.75	3444.50	2461.30
2016	2552.33	3569.43	2444.29
2017	2214.60	3059.27	2393.91
2018	2725.18	2474.61	1640.77
2019	2075.70	2574.61	1680.97
2020	2134.76	2819.18	1897.23

资料来源：根据 2008～2021 年《中国县域统计年鉴》整理所得。

2. 东北三省县域规模以上工业企业单位数辽宁省高于其他两省

东北三省中，辽宁省的经济发达程度要高于吉林省与黑龙江省，历年的生产总值也一直高于吉林省与黑龙江省。从东北三省县域规模以上的工业单位数来看，辽宁省县域规模以上的单位数总量要远大于吉林省与黑龙江省的县域规模以上的工业单位数。从东北三省县域发展趋势来看，辽宁省的县域规模以上单位数变动幅度最大，从 2008 年的 2364 个增加到 2014 年的 9987个，此后辽宁省经济呈现大幅度的下行，2017 年的县域规模以上的单位数为4489 个，与 2014 年相比几乎减少了 1/2。吉林省与黑龙江省县域规模以上的企业个数变动幅度较小，2007 年，吉林省县域规模以上企业为 2786 个，占东北三省县域的 28%，黑龙江省县域规模以上企业数占东北三省县域的26%，辽宁省占东北三省的 46%（见图 4.5）。

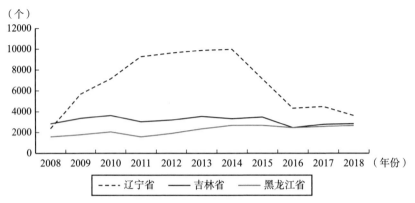

图4.5　东北三省县域规模以上工业企业单位数

资料来源：根据2008～2019年《中国县域统计年鉴》整理所得。

3. 东北三省县域规模以上工业总产值发展稳定

东北三省县域规模以上工业总产值发展趋势与东北三省县域规模以上工业总值的发展趋势具有相同的特征。如图4.6所示，总体来看，辽宁省的规模以上工业总产值变动幅度较大，2008～2014年之前呈现快速递增的发展趋势，2014年辽宁省规模以上工业总产值高达209845872万元，是吉林省的2倍，黑龙江省的4倍的发展水平，2014年后，东北地区经济迅速放缓，表现势头强劲的辽宁省经济快速下滑，2017年，辽宁省县域规模以上工业总产值为55543902万元，此时吉林省县域规模以上工业总产值为112098685万元，

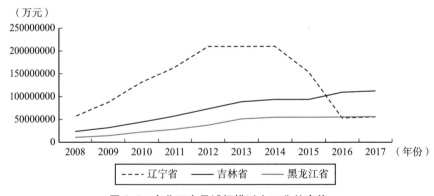

图4.6　东北三省县域规模以上工业总产值

资料来源：根据2008～2018年《中国县域统计年鉴》整理所得。

是辽宁省县域规模以上工业总产值的2倍，黑龙江省县域规模以上工业总产值与辽宁省处于同一发展水平，为57098643万元。

（三）东北三省县域三次产业结构发展不合理

2018年全国三次产业结构比例为4.4:38.9:56.5，黑龙江省的三次产业结构占比为18.3:24.6:57.1，吉林省的三次产业结构占比为7.7:42.5:66.3。从全省与全国对比来看，黑龙江省的三次产业结构与全国的三次产业结构之间有很大的差异，尤其是第一产业比重远远高于全国的平均水平。图4.7是东北县域经济综合竞争力比较强的县域，仅从三次产业模式来看，榆树市、农安县、东港市、东宁市、宁安市是"三、二、一"的产业模式，海林市是"二、三、一"的产业模式，尚志市、讷河市、兴城市是"三、一、二"的产业模式。县域之间不同的产业模式反映的是县域之间未开发展的主导产业的方向，合理的产业模式，如"三、二、一"产业模式，有助于县域在合理配置资源的基础上快速发展。通过东北县域之间不同的产业模式也可以反映出，东北县域产业之间发展缺乏协同性，没有形成良好的合作机制。

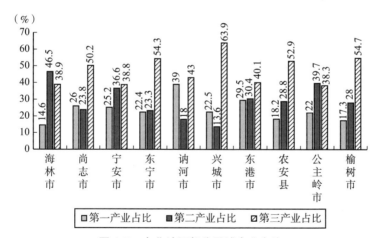

图4.7 东北地区部分县域产业占比

资料来源：东北部部分县域2018年国民经济和社会发展统计公报。

（四）现代服务业比重上升，制造业比重下降

新中国成立以来，东北地区经济结构都是以工业和制造业为主，服务业

的发展速度要低于制造业的发展速度。从全省来看，2018 年，东北三省的三次产业结构比例为 12.5∶52.2∶35.2，其中辽宁省为 9.7∶55.8∶34.5，吉林省为 14.3∶47.7∶38.0，黑龙江省为 15.5∶50.3∶34.2，[①] 与全国平均水平 11.3∶48.6∶40.1 相比，东北地区服务业低 4.9 个百分点。辽宁省随着东北地区经济发展，东北县域服务业的比重在逐渐上升，制造业的比重在逐渐下降，例如，榆树市、农安县、东港市、东宁市、宁安市是"三、二、一"的产业模式，尚志市、讷河市、兴城市是"三、一、二"的产业模式，都是服务业作为当地县域的主导产业、支柱产业，制造业发展远低于全国的平均水平。但东北县域现代服务业主要集中在商品零售、餐饮、食品等行业，房地产、广告、保险等高新技术含量的现代服务业起步较晚，服务业中劳动密集型的行业较多，知识密集型的行业较少，生产性服务业是现代服务业重要的部门，影响着经济的增长。东北县域生产性服务业发展相对滞后，不仅影响东北地区现代服务业的发展，同样制约第二产业与第一产业的发展，东北县域生产性服务业低于全国的平均发展水平，使制造企业不能形成核心竞争力，工业布局相对分散，集聚长度低。东北地区工业布局的相对分散，也弱化了生产性服务业，导致生产性服务业面临资源相对分散，业态种类减少。制造业链条上的人员培训、技术创新、经营管理、法律咨询、信息服务等关键环节，得不到相关支撑服务体系的协作与配合，本应以外包方式完成的服务活动需要工业企业内部自主完成，无法打造真正的产业集群。

二、东北地区县域产业发展特点

（一）东北县域农业缺少规模化经营

东北县域人均耕地面积小，家庭联产承包经营模式，与发达国家的农业生产经营相比缺乏农业现代化的经营，这种经营方式不利于机械的推广。其次，东北县域逐渐进行农业机械化，资金的投入不断增加，但依然是以农民为主的投入，东北县域农业的发展依然受到小型生产模式的制约。受气候条

---

① 《中国县域统计年鉴（乡镇卷）-2018》编辑委员会. 黄秉信主编, 中国县域统计年鉴, 中国统计出版社, 2018.

件、地理位置的限制，机械化多数处于闲置状态，降低了农民采用机械化的积极性，减小了农业规模化的经营范围，在农业市场竞争中缺少活力，处于不利的地位。

（二）东北地区生产性服务业发展滞后，难以实现产业聚集

生产性服务业是现代服务业当中基础性的服务业。生产性服务业对于经济的增长具有重要的影响。东北县域生产性服务业发展相对滞后，不仅影响了东北地区现代服务业的发展，而且制约了第二产业和第一产业的发展。东北县域生产性服务业发展水平低于全国平均水平，使制造业企业无法形成核心竞争力，产业布局相对分散，集聚程度较低。东北县域产业布局相对分散，其中的一个重要原因是东北县域生产性服务业发展相对滞后，生产性服务业发展滞后东北三省的资源难以整合，产业难以集聚。在员工培训、经济管理、技术创新等关键环节发展滞后，也难以实现产业的聚集。

（三）以重工业为主，民营企业缺乏活力

县域经济发展主要是依靠民营经济、中小企业、轻工业，资本密集型、技术密集型的工业很难在县域地区发展起来，东北地区一直走的是发展重工业化的道路，分布在大中城市的国有大中型企业是经济发展的主要支撑，中小企业与民营企业发展落后，导致东北地区县域经济发展落后，加工型县域发展滞后。东北地区现有加工型县域 9 个，仅占东北地区县域总数的 4.6%，包括瓦房店市、普兰店市、海城市、庄河市、新民市、东港市、敦化市、阿城市、锡林浩特市等。

（四）东北县域形成特色明显的产业集群

东北县域的产业集群可以分为石油化工产业、汽车产业、生物医药、农副产品以及光电产业。在石油化工产业集群方面，主要是石油开采、石油化工、化肥、涂料、燃料化工机械以及化工仪表等企业；在汽车产业方面实现整车、汽车零部件的研发、中型卡车、轻型汽车以及中高级轿车的工业体系，比如吉林的一汽集团拥有国内最大、最具有实力的汽车制造基地；医药产业集群也形成中药材、中药饮片、制药器械的产业格局；在农副产品方面主要形成玉米以及大豆深加工产业，建成一大批像大成、德大等农产品竞争能力

强的企业集团；在光电子产业方面，形成液晶显示器、计算机软件以及光学电子产品产业体系。在光电子产业集群中，形成以光电产品、液晶显示器、计算机应用软件以及新型元器件为主的产业体系。

（五）东北县域制造业处于新旧交替阶段

在东北三省旧的制造业结构在逐渐调整，不适合社会发展的需求，然而新的县域产业结构体系尚在培育中，没有形成自身的特色。在东北县域中，随着传统产业的逐渐衰落，以东北县域为特色的钢铁、农产品的初级加工产品也逐渐缺少市场竞争力，东北县域经济或者整个东北地区的经济整体呈现下滑的趋势。从东北部分县域三次产业结构比例可以看出，制造业的份额大幅度减少，远低于全国的平均水平。东北后续产业发展乏力，难以填补短期制造业的空缺，使东北县域的第二产业增加值呈下降趋势。

东北县域传统制造业的衰退是不可逆转的趋势，新兴制造业的发展还不平稳，因此在未来一个阶段，东北县域传统落后的制造业要有序退出，与新兴产业的进入保持平衡，减缓第二产业出现断崖式的下滑。2003 年，振兴东北老工业基地的战略提出，已经表明东北县域传统制造业的衰落，2008 年的金融危机，使产出反复性的变化，东北县域传统制造业面临退出—膨胀—再退出的发展过程。因此。传统的县域产业结构难以维持东北县域经济的增长，需要加快新兴产业的发展，稳定东北县域经济的局面。

三、东北部县域产业发展存在的问题

（一）县域资源主导产业居多

新中国成立初期，东北作为我国的重要工业基地迅速发展起来，布局在东北三省的钢铁、能源、化工、重型机械、汽车、造船、飞机与军工等重大的工业项目，奠定了中国工业化的基础，2001 年东北三省的工业增加值为4682.6 亿元，占全国工业增加值的 11%。由于国内外市场环境的影响以及迫切的经济转型发展，依托资源的东北三省经济发展受到制约，同时煤炭、矿产资源主要分布在县域，东北三省的县域经济发展面临极大的挑战，以资源为主导的县域面临产业转型的难题。例如吉林省 19 个县级市，16 个县，3 个自治县，共 38 个县域，其中有 29 个县域是资源型的县域，例如抚松与长白山的林业资源、磐石的金属矿产资源、通化县的非金属矿产、江源的煤炭资源等。

东北三省的县域的资源密集型产业占资源城市工业接近 55% 的比重，主要是以煤炭、林业、矿产、石油等单一产品结构为主导产业，其他产业多数以资源产业为核心提供生产配套的机械加工业，随着资源不断开采，新兴产业相关替代产业兴起，长时间依赖资源的发展，制约了东北三省高新产业技术的发展，以及服务业的兴起，单一的产品结构在短期内使东北三省县域经济缺乏长久的经济发展活力。

（二）工业化发展薄弱

东北三省是中国的"工业摇篮"，依托自身丰富的矿产、石油、煤炭等资源，建立起钢铁、化工、重型机械等重大工业项目，奠定了中国工业化的初步基础。从东北三省县域经济发展过程来看，县域经济的第二产业发展主要是单一产品的基础加工业，难以带动县域经济的快速增长。衡量一个区域工业化的发展水平的基本指标是工业增加值占 GDP 的比重，达到 40% 以上属于工业化中期阶段，而东北三省县域在 2016 年规模以上工业增加值占县域 GDP 的 35% 左右，总体上看呈现县域工业化由初期阶段向工业化的中期阶段的过渡。目前来看，东北三省县域虽然有丰富的自然资源，但县域工业化进程仍然滞后。

（三）产业集群规模小，产业链条短

东北县域的产业集群可以分为石油化工产业、汽车产业、生物制药、农副产品以及光电产业。在石油化工产业集群方面，主要是石油开采、石油化工、化肥、涂料、燃料化工机械以及化工仪表等企业；在汽车产业方面实现整车、汽车零部件的研发，中型卡车、轻型汽车以及中高级轿车的工业体系，吉林省的一汽集团已经形成国内规模最大、最具有实力的汽车制造基地；医药产业集群形成包括化学原料药、中药材、中药饮片、中成药、生化药品、医疗器械、制药器械等合理的产业格局；在农副产品方面主要形成玉米以及大豆深加工产业，建成一大批像大成、德大等农产品竞争能力强的企业集团；在光电子产业集群中，形成以光电产品、液晶显示器、计算机应用软件以及

新型元器件为主的产业体系。总体上看，东北县域龙头支柱企业带动能力弱，产品关联程度低，配套能力不足，地方的龙头企业与中小企业之间缺少协作合作关系，存在同类企业"相互竞争"，单个企业"孤军奋战"的现象，由于东北三省经济下行的压力，部分龙头企业向外迁移，影响产业集群的发展。以汽车行业为例，根据经验，汽车产业对上游产业的带动力为1：1，对下游产业的带动力为1：2，吉林省汽车产业年产值近千亿，但整体对汽车产业带动较弱，主要问题在于产业链条短，知识性要素与各部门生产要素相互渗透缓慢，使得汽车行业目前相对分散，经济发展缺少动力，规模效应弱。

（四）县域民营经济缺乏活力

在计划经济体制下，东北老工业基地依靠国家的扶持建成一大批国有企业，实行统收、统配、统支的运行模式。随着计划经济向市场经济的过渡，价格机制、供求机制、竞争机制、风险机制这双市场看不见的手逐渐发挥主导作用，东北地区的经济发展长期受到计划体制的影响一方面制约了人们创造意识的培养，另一方面制约民营经济的发展，由于生产与经营的滞后性，在市场经济条件下，有限的资源由低效率的企业流向高效率的企业，由低效率的地区流向高效率的地区，促进资源的有效合理分配与生产要素组合。东北县域长期依赖行政性指令，使企业本身的成本收益机制弱化，由于企业已经习惯计划经济的调节，在新的市场外部环境中，难以适应市场需求，东北老工业基地具有很大比重的国有成分，资金量大，转型成本高，不仅制约自身向市场经济发展，而且由于占据生产资源也影响了县域民营产业的活跃性与聚集。

（五）企业缺乏技术创新，县域产业集群结构不合理

产品技术含量的高低决定着企业竞争力的大小，决定产品面临的市场范围。东北县域制造业普遍存在新产品开发能力弱的问题，其原因在于企业技术开发能力弱，县域企业缺少创新的意识，没有充分利用高新技术和信息技术的成果来加强企业为主体的技术开发体系建设，提高企业的技术创新能力，导致东北县域在长期的发展过程中缺乏新工艺、新技术、新装备，难以促进东北特色产业的技术进步与产业升级。

在县域产业集群结构方面主要表现：（1）县域第一产业占比在15%左

右，高于全国7%的水平；第二产业发展较快，第二产业多以资源型产业以及辅助相关产业为主；第三产业发展相对落后，第三产业与第二产业发展的比例失调，生产性服务业发展滞后，制约第二产业的发展，交通运输业、物资供应、金融保险等产业的薄弱，使产业集群的形成与产品价值链的延长受到限制，主导企业的外部经济效应难以得到发挥，影响了产业集群整体的发展。（2）在县域产业集群内部，重工业占有很大的比重，民营经济与轻工业比重较小。目前，随着经济环境的变化，重工业发展受到制约，又因为民营经济与轻工业经济的发展滞后，使在市场条件下，经济缺乏转换能力，难以保证东北三省县域产业集群的发展。

（六）思想观念滞后，创新意识不足

东北县域经济的发展长期受到计划经济体制的影响，东北老工业基地的企业多数靠国家扶持，主要的特点是统收、统支、统配的运行机制和模式，长期在计划经济体制下，淡化了人们市场意识、创新意识。目前，计划经济逐渐被市场经济取代，国有企业的改革，人才市场的双向选择，迫切需要东北县域的劳动人民转变自己的计划思维，打破原有的思想观念，意识到市场的价格机制、供求机制、竞争机制与风险机制对经济的作用。

（七）资金和人才因素

资金和人才为产业的升级和发展提供动力。产业集群内的技术、人才、信息等服务体制相对滞后，使资源难以高效地被利用，基础设施无法发挥生产价值，难以协调产业集群的发展。产业的发展仍然存在金融服务、法律服务、咨询服务等软要素基础结构不健全的因素，金融服务基础不完善，资本市场不健全，中小企业的融资困难，技术变革创新困难，限制东北县域中小企业的发展。目前，在县域中，企业的主要资金来源渠道是向银行借贷，由于银行信贷较为粗放，风险投资体制的滞后制约了企业技术的创新，限制了企业集群的成长。

（八）生产性服务业发展滞后

生产性服务业是现代服务业最具有活力的部门，对经济增长的贡献越来越大。东北县域对生产服务业的不重视，导致生产性服务业发展滞后，最终影响东北县域产业的发展。东北县域生产性服务业所占比重远远低于全国的平均水平，致使制造业无法形成强有力的核心竞争力，县域生产性服务业的落后，也阻碍县域与县域之间产业的相互交流，使产业布局相对分散，业态种类较少，集聚程度低等，无法产生有利的外部经济条件。

（九）传统体制的制约

东北三省县域产业结构以重工业为主，形成以国有企业为主的区域制造业产业集群，市场资源是短缺的，国有企业的生产原料、资金、产品销售都是由国家安排完成，县域产业集群的形成多是靠国家的调节。当前，在市场经济调节下，政府也逐渐由直接控制变为间接调节，更加注重市场的作用。由于政府调控的减少，原本依靠国家的产业价值在逐渐消失，但由于长期的产业固化，国有企业具有规模大、资金存量多、转型成本高等难题又制约着转型发展，难以形成产业集群的核心动力。另外，由于国有企业难以转型，占据多数的生产资源，又影响县域民营经济发展，难以活跃当地经济。

第五章

乡村振兴背景下县域产业高质量
发展的指标体系

本章根据前文对我国县域经济及县域产业现状的分析，建立我国县域产业高质量发展评价指标体系，进而针对指标体系对不同省份县域单位产业发展水平进行测度，最终对县域产业的发展进行分析评价。

第一节　县域产业高质量发展
指标体系建立

一、县域产业高质量发展包含层面

县域产业高质量发展意义深刻、内涵丰富，既包括农业高质量发展，也包含农业与其他产业协调发展，是综合性、多方面相互协调、相互促进的过程。县域产业高质量发展层次分明，不仅代表县域第一产业高质量发展，也表明县域第二、第三产业高质量发展，三者的相互协同作用恰恰是乡村振兴战略中对"产业兴旺"最重要的体现，同时也从侧面揭示了"产业兴旺"这一概念"包括了什么"，为乡村振兴战略从县域产业角度具体实施提供了可靠参数和重要遵循。

二、县域产业指标体系的建立

为了更好地贯彻执行乡村振兴战略，结合前人研究成果，进一步从实证角度探究县域产业发展的水平，本节从县域第一产业、第二产业和第三产业发展的内涵出发，构建如表 5.1 所示的指标体系，深入探究各个产业的发展水平，最终综合评价县域产业高质量发展水平。其中，第一产业发展层次下包含第一产业产值、农业增加值、第一产业从业人员比重等十项具体指标；第二产业发展层次下包含第二产业增加值占 GDP 比重、第二产业劳动生产率、工业产值（企业）利润率等十项具体指标；第三产业发展层次下包含第三产业产值占 GDP 比重、第三产业从业人员比重、人均社会消费品销售额等十项具体指标。

表 5.1   **县域高质量发展指标体系**

目标层	一级指标	二级指标	单位	属性
县域产业高质量发展	第一产业发展	第一产业增加值	亿元	+
		第一产业增加值占 GDP 比重	%	+
		第一产业增加值增长率	%	+
		农业增加值	亿元	+
		农业增加值占 GDP 比重	%	+
		第一产业从业人员比重	%	−
		第一产业劳动生产率	万元/人	+
		农作物机耕面积占播种面积比重	%	+
		第一产业就业率增长率	%	−
		人均粮食产量	吨/万人	+
	第二产业发展	第二产业增加值	亿元	+
		第二产业增加值占 GDP 比重	%	+
		第二产业增加值增长率	%	+

续表

目标层	一级指标	二级指标	单位	属性
县域产业高质量发展	第二产业发展	工业增加值	亿元	+
		工业增加值占 GDP 比重	%	+
		第二产业从业人数	万人	+
		第二产业从业人员比重	%	+
		第二产业劳动生产率	万元/人	+
		第二产业就业率增长率	%	+
		工业产值（企业）利润率	%	+
	第三产业发展	第三产业增加值	亿元	+
		第三产业增加值占 GDP 比重	%	+
		第三产业增加值增长率	%	+
		第三产业从业人数	万人	+
		第三产业从业人员比重	%	+
		第三产业就业增长率	%	+
		第三产业劳动生产率	万元/人	+
		人均年末移动电话用户数	户/人	+
		人均民用汽车拥有量	辆/人	+
		人均社会消费品零售额	万元/人	+

注：某产业占 GDP 比重指的是占该县域单位 GDP 比重；劳动生产率 = 产业增加值÷从业人数；人均社会消费品零售额 = 社会消费品零售总额÷该地区年末常住人口；农业从业人员比重 = 农村从业人员中从事农业的人员÷社会从业人员总数。

三、评价方法及数据来源

1. 评价方法的选择

在评价县域产业高质量发展的 30 个评价指标体系中，最重要的就是为这 30 个不同指标赋予不同的权重。目前，确定指标权重的常用方法有：主观赋权法以及客观赋权法。主观赋权法是一种基于评价者的主观经验和掌握的信息来赋权的方法。具体方法包括层次分析法和专家经验评价法，这些方法受决策者主观感受的影响较大。客观权重法是基于原始数据之间的关系，采用一定的数学方法确定权重，客观权重法摒弃了人的主观感受，评价具有较强的数学理论基础。具体方法有熵权法和主成分分析法等。本章所采用的方法是客观赋权法里的熵权法，目的就是消除主观赋权法中的人为判断因素。

"熵"是衡量一个系统的不确定性和无序程度的指标；如果指标的信息量越大，熵越小，不确定因素越小，反之，如果熵值越大，不确定因素就越大。权重越大的指标表明其在评价指标中起到的作用越大。假设有 m 个对象，对应于系统层，n 个评价指标，对应于描述指标，则 a_{ij} 表示第 i 个对象的第 j 项指标值，本文中 a_{11} 表示第一产业发展层次下的第一产业产值增加值指标。具体测算步骤如下：

（1）指标矩阵。

在进行评价指标评价体系的分析中，首先假设需要评价某地区某一年截面数据中 m 个县域发展状况，评价的指标体系应当包括 n 个指标，最终评价系统由 m 个样本，n 个指标组成评价系统，整个评价系统组成的原始矩阵为：

$$A = \begin{bmatrix} a_{11} & \cdots & a_{1n} \\ & \cdots & \\ \vdots & \cdots & \vdots \\ & \cdots & \\ a_{m1} & \cdots & a_{mn} \end{bmatrix} \tag{5.1}$$

（2）数据标准化。

由于各评价指标的性质不同，各评价指标的单位往往不同，指标之间的维度和数量级也不同。如果直接选取指标的原始数据进行分析，当指标之间存在较大差异时，数值较高的指标对综合结果影响较大，而相对较小的指标则会减弱这种作用。因此，为了充分保证评价结果的真实性和可靠性，本章选择对采集的原始数据进行标准化。

正向指标（指标值越大对评价越有利）：

$$z_{ij} = \frac{a_{ij} - \min a_j}{\max a_j - \min a_j} \tag{5.2}$$

逆向指标（指标值越小对评价越有利）：

$$z_{ij} = \frac{\max a_j - a_{ij}}{\max a_j - \min a_j} \tag{5.3}$$

式（5.2）、式（5.3）中，z_{ij} 为标准化以后第 i 个样本中第 j 个指标的数值，$i = 1，2，3，\cdots，m$；$j = 1，2，3，\cdots，n$；同时，为防止求信息熵时出现的 ln0 问题，将 z_{ij} 进行坐标平移，得到平移后的数据矩阵 $z'_{ij} = z_{ij} + \alpha$，本章取 $\alpha = 0.00001$。

（3）计算第 j 个指标下第 i 个样本占该指标的比重：

$$p_{ij} = \frac{z_{ij}}{\sum\limits_{i=1}^{m} z_{ij}} \tag{5.4}$$

其中，$i = 1，2，3，\cdots，m$；$j = 1，2，3，\cdots，n$

（4）计算第 j 个指标的熵值：

$$e_j = -N \sum_{i=1}^{m} P_{ij} \ln P_{ij} \tag{5.5}$$

其中，N 为正常数，并且 $N = 1/\ln n$

（5）计算第 j 个指标的信息效用值：

$$d_j = 1 - e_j \tag{5.6}$$

（6）计算各项指标的权重：

$$W_j = \frac{d_j}{\sum\limits_{j=1}^{n} d_j} \tag{5.7}$$

（7）计算各样本的综合得分：

$$s_i = \sum_{j=1}^{n} W_j \times z'_{ij} \tag{5.8}$$

式（5.7）中，W_j 表示熵权法确定的第 j 个指标的权重，式（5.8）中，s_i 为第 i 个样本综合评价值。

2. 数据来源

本节所采用的数据来自最新的各省级统计年鉴、各地级市统计年鉴以及《中国县域统计年鉴》。

注：本节中对个别省份个别统计数据的错误以及缺失情况进行了合理修正和替换。

四、县域产业发展的实证分析结果

本部分选取了东中西、东北地区各一个省份来具体说明乡村振兴背景下县域产业高质量发展测度结果及分析。

1. 东部地区：浙江省县域测度结果

东部地区以浙江省为例，结合乡村振兴背景下县域产业高质量发展 30 项指标，运用熵值法测度了浙江省 62 个县域单位县域产业发展水平（见表 5.2），并按照综合发展指数对其进行了排序（见表 5.3）。可以看出，浙江省 62 个县域单位中，县域产业发展水平较高的区域有杭州市的萧山区、余杭区，宁波市的鄞州区、宁波市的慈溪市、余姚市，金华市的义乌市，绍兴市的柯桥区、诸暨市、上虞区以及嘉兴市的海宁市，这些县域单位占据了县域产业发展水平的前十位。

表 5.2 　　　　　　　　　　浙江省县域产业发展水平测度结果

城市	县域单位	第一产业发展指数	第二产业发展指数	第三产业发展指数	综合指标评价
杭州市	萧山区	0.14574	0.20977	0.16182	0.51734
	余杭区	0.11025	0.15797	0.24727	0.51549
	富阳区	0.10954	0.11108	0.09307	0.31369
	临安区	0.09969	0.08889	0.07258	0.26116
	建德市	0.10831	0.07862	0.04887	0.23581
	桐庐县	0.08588	0.06861	0.06976	0.22424
	淳安县	0.11543	0.04989	0.05808	0.22340
宁波市	鄞州区	0.09828	0.13950	0.24925	0.48703
	奉化区	0.09913	0.12323	0.05744	0.27981
	余姚市	0.17587	0.17293	0.10411	0.45291
	慈溪市	0.13239	0.24679	0.10354	0.48273
	象山县	0.16995	0.08011	0.07374	0.32379
	宁海县	0.12173	0.11707	0.08421	0.32301

续表

城市	县域单位	第一产业发展指数	第二产业发展指数	第三产业发展指数	综合指标评价
温州市	洞头区	0.04079	0.05327	0.06137	0.15543
	瑞安市	0.09189	0.13850	0.10902	0.33940
	乐清市	0.06847	0.14446	0.11974	0.33267
	永嘉县	0.06912	0.07472	0.07281	0.21665
	平阳县	0.07193	0.09216	0.06690	0.23099
	苍南县	0.08240	0.10514	0.08271	0.27025
	文成县	0.07844	0.02362	0.05917	0.16124
	泰顺县	0.07228	0.04979	0.03786	0.15993
嘉兴市	平湖市	0.07903	0.13884	0.07069	0.28856
	海宁市	0.08846	0.15966	0.11031	0.35843
	桐乡市	0.09432	0.14125	0.10799	0.34356
	嘉善县	0.11139	0.10804	0.08019	0.29961
	海盐县	0.09400	0.11379	0.05779	0.26557
湖州市	德清县	0.07115	0.11147	0.06298	0.24560
	长兴县	0.12386	0.11129	0.09334	0.32849
	安吉县	0.10360	0.09024	0.08593	0.27977
绍兴市	柯桥区	0.08923	0.17101	0.11745	0.37769
	上虞区	0.13958	0.13743	0.09593	0.37294
	诸暨市	0.11012	0.15555	0.10820	0.37386
	嵊州市	0.11692	0.09869	0.06909	0.28470
	新昌县	0.07345	0.09222	0.07173	0.23740
金华市	金东区	0.08748	0.06462	0.16574	0.31784
	兰溪市	0.10492	0.08199	0.04945	0.23636
	东阳市	0.07606	0.08658	0.09401	0.25665
	义乌市	0.06920	0.10732	0.21574	0.39226
	永康市	0.04297	0.11881	0.08519	0.24697

续表

城市	县域单位	第一产业发展指数	第二产业发展指数	第三产业发展指数	综合指标评价
金华市	武义县	0.10985	0.07191	0.05283	0.23458
	浦江县	0.05321	0.05576	0.06787	0.17683
	磐安县	0.08829	0.04345	0.05368	0.18542
衢州市	江山市	0.10341	0.06369	0.04977	0.21687
	常山县	0.08312	0.05296	0.04890	0.18498
	开化县	0.08775	0.04429	0.05325	0.18529
	龙游县	0.08732	0.05078	0.05666	0.19476
舟山市	岱山县	0.16085	0.08060	0.04604	0.28750
	嵊泗县	0.23297	0.03940	0.07839	0.35076
台州市	温岭市	0.11421	0.14069	0.10321	0.35811
	临海市	0.11889	0.10440	0.08143	0.30473
	玉环市	0.10886	0.11843	0.06587	0.29316
	三门县	0.11807	0.07120	0.04901	0.23829
	天台县	0.08899	0.06474	0.07881	0.23254
	仙居县	0.10505	0.06354	0.05992	0.22851
丽水市	龙泉市	0.10297	0.04321	0.05175	0.19793
	青田县	0.05097	0.05267	0.06053	0.16417
	云和县	0.06797	0.06209	0.04055	0.17060
	庆元县	0.08379	0.04042	0.05063	0.17484
	缙云县	0.06653	0.05460	0.04687	0.16800
	遂昌县	0.09318	0.04904	0.04675	0.18896
	松阳县	0.09025	0.04473	0.04064	0.17561
	景宁自治县	0.08517	0.02959	0.07077	0.18553

表5.3   浙江省县域产业发展水平排序

县域单位	综合指标评价	排序	县域单位	综合指标评价	排序
萧山区－杭州市	0.51734	1	东阳市－金华市	0.25665	32
余杭区－杭州市	0.51549	2	永康市－金华市	0.24697	33
鄞州区－宁波市	0.48703	3	德清县－湖州市	0.24560	34
慈溪市－宁波市	0.48273	4	三门县－台州市	0.23829	35
余姚市－宁波市	0.45291	5	新昌县－绍兴市	0.23740	36
义乌市－金华市	0.39226	6	兰溪市－金华市	0.23636	37
柯桥区－绍兴市	0.37769	7	建德市－杭州市	0.23581	38
诸暨市－绍兴市	0.37386	8	武义县－金华市	0.23458	39
上虞区－绍兴市	0.37294	9	天台县－台州市	0.23254	40
海宁市－嘉兴市	0.35843	10	平阳县－温州市	0.23099	41
温岭市－台州市	0.35811	11	仙居县－台州市	0.22851	42
嵊泗县－舟山市	0.35076	12	桐庐县－杭州市	0.22424	43
桐乡市－嘉兴市	0.34356	13	淳安县－杭州市	0.22340	44
瑞安市－温州市	0.33940	14	江山市－衢州市	0.21687	45
乐清市－温州市	0.33267	15	永嘉县－温州市	0.21665	46
长兴县－湖州市	0.32849	16	龙泉市－丽水市	0.19793	47
象山县－宁波市	0.32379	17	龙游县－衢州市	0.19476	48
宁海县－宁波市	0.32301	18	遂昌县－丽水市	0.18896	49
金东区－金华市	0.31784	19	景宁自治县－丽水市	0.18553	50
富阳区－杭州市	0.31369	20	磐安县－金华市	0.18542	51
临海市－台州市	0.30473	21	开化县－衢州市	0.18529	52
嘉善县－嘉兴市	0.29961	22	常山县－衢州市	0.18498	53
玉环市－台州市	0.29316	23	浦江县－金华市	0.17683	54
平湖市－嘉兴市	0.28856	24	松阳县－丽水市	0.17561	55
岱山县－舟山市	0.28750	25	庆元县－丽水市	0.17484	56
嵊州市－绍兴市	0.28470	26	云和县－丽水市	0.17060	57
奉化区－宁波市	0.27981	27	缙云县－丽水市	0.16800	58
安吉县－湖州市	0.27977	28	青田县－丽水市	0.16417	59
苍南县－温州市	0.27025	29	文成县－温州市	0.16124	60
海盐县－嘉兴市	0.26557	30	泰顺县－温州市	0.15993	61
临安区－杭州市	0.26116	31	洞头区－温州市	0.15543	62

分产业来看，通过第一产业发展指数可以看出：溧泗县（0.23297）、余姚市（0.17587）、象山县（0.16995）、岱山县（0.16085）和萧山县（0.14574）第一产业发展水平较高，占据了第一产业发展指数的前五位。通过第二产业发展指数可以看出：慈溪市（0.24679）、萧山区（0.20977）、余姚市（0.17293）、柯桥区（0.17101）和海宁市（0.15966）第二产业发展水平较高，占据了第二产业发展指数的前五位。通过第三产业发展指数可以看出：鄞州区（0.24925）、余杭区（0.24727）、义乌市（0.21574）、金东区（0.16574）和萧山区（0.16182）第三产业发展水平较高，占据了第三产业发展指数的前五位。

2. 西部地区：甘肃省县域测度结果

本节中，由于甘肃省县域资料中缺失若干指标数据，因此，为了保证指标的完整性和科学性，此处对部分缺失指标进行了相似指标的替换，替换以后形成的指标体系和测度结果如表5.4所示。

表5.4　　　　　　　　甘肃省县域产业发展水平指标体系

目标层	一级指标	二级指标	单位	属性
县域产业高质量发展	第一产业发展	第一产业增加值	万元	+
		第一产业增加值占 GDP 比重	%	+
		第一产业增加值增长率	%	+
		农业增加值	万元	+
		农业增加值占 GDP 比重	%	+
		第一产业从业人员比重	%	-
		第一产业劳动生产率	万元/人	+
		第一产业固定资产投资增长率	%	+
		第一产业就业率增长率	%	-
		人均粮食产量	吨/万人	+
	第二产业发展	第二产业增加值	万元	+
		第二产业增加值占 GDP 比重	%	+
		第二产业增加值增长率	%	+
		工业增加值	万元	+

续表

目标层	一级指标	二级指标	单位	属性
县域产业高质量发展	第二产业发展	工业增加值占 GDP 比重	%	+
		第二产业从业人数	万人	+
		第二产业从业人员比重	%	+
		第二产业劳动生产率	万元/人	+
		第二产业就业率增长率	%	+
		第二产业固定资产投资增长率	%	+
	第三产业发展	第三产业增加值	万元	+
		第三产业增加值占 GDP 比重	%	+
		第三产业增加值增长率	%	+
		第三产业从业人数	万人	+
		第三产业从业人员比重	%	+
		第三产业就业增长率	%	+
		第三产业劳动生产率	万元/人	+
		人均年末固定电话用户数	户/人	+
		第三产业固定资产投资增长率	%	+
		人均社会消费品零售额	万元/人	+

注：由于缺失甘肃省县域第一产业从业人数，此处用农村从业人员中从事农林牧渔人员的人数进行了替代。

西部地区以甘肃省为例，运用熵值法测度了甘肃省76个县域单位县域产业发展水平（见表5.5），并按照综合发展指数对其进行了排序（见表5.6）。可以看出，甘肃省76个县域单位中，县域产业发展水平较高的区域有酒泉市的玉门市、肃州区、瓜州县、敦煌市，庆阳市的华池县、西峰区、环县，张掖市的甘州区，兰州市的榆中县，武威市的凉州区，这些县域单位占据了县域产业发展水平的前十位。

表 5.5 甘肃省县域产业发展水平测度结果

城市	县域单位	第一产业发展指数	第二产业发展指数	第三产业发展指数	综合发展指数
兰州市	永登县	0.04733	0.10955	0.06709	0.22397
	皋兰县	0.04499	0.13276	0.07824	0.25600
	榆中县	0.05427	0.18393	0.06338	0.30159
金昌市	永昌县	0.10939	0.09366	0.05931	0.26236
白银市	靖远县	0.13500	0.04602	0.04112	0.22215
	会宁县	0.08993	0.04722	0.05370	0.19085
	景泰县	0.08826	0.07994	0.04714	0.21534
天水市	清水县	0.07501	0.02408	0.03883	0.13792
	秦安县	0.07884	0.04929	0.06675	0.19488
	甘谷县	0.07644	0.07405	0.06240	0.21289
	武山县	0.08947	0.03070	0.06749	0.18765
	张家川县	0.06272	0.01907	0.04588	0.12768
武威市	凉州区	0.14374	0.12726	0.11906	0.39006
	民勤县	0.12063	0.03707	0.05093	0.20863
	古浪县	0.09956	0.04286	0.04734	0.18977
	天祝县	0.05934	0.05474	0.04878	0.16286
张掖市	甘州区	0.10083	0.08020	0.12397	0.30501
	肃南县	0.09999	0.09326	0.06040	0.25365
	民乐县	0.10418	0.05943	0.05562	0.21923
	临泽县	0.10956	0.04302	0.06608	0.21867
	高台县	0.10787	0.07292	0.06577	0.24656
	山丹县	0.08742	0.06048	0.05924	0.20714
平凉市	崆峒区	0.04605	0.11627	0.11071	0.27303
	泾川县	0.04639	0.04766	0.04477	0.13882
	灵台县	0.06684	0.01733	0.07770	0.16187

续表

城市	县域单位	第一产业发展指数	第二产业发展指数	第三产业发展指数	综合发展指数
平凉市	崇信县	0.06342	0.11982	0.03760	0.22084
	庄浪县	0.09150	0.04541	0.05943	0.19634
	静宁县	0.10668	0.05000	0.05641	0.21308
	华亭市	0.03782	0.17254	0.04600	0.25636
酒泉市	肃州区	0.09915	0.09494	0.14049	0.33458
	金塔县	0.13041	0.07117	0.04075	0.24234
	瓜州县	0.06978	0.14566	0.08119	0.29663
	肃北县	0.06892	0.09615	0.10575	0.27082
	阿克塞县	0.06771	0.06459	0.11999	0.25230
	玉门市	0.07847	0.30998	0.06664	0.45509
	敦煌市	0.05741	0.07373	0.14425	0.27539
庆阳市	西峰区	0.03112	0.24997	0.11728	0.39837
	庆城县	0.05605	0.15964	0.04470	0.26040
	环县	0.06643	0.19787	0.04347	0.30777
	华池县	0.04719	0.30651	0.04610	0.39980
	合水县	0.04355	0.16675	0.03511	0.24542
	正宁县	0.04259	0.02281	0.05097	0.11636
	宁县	0.06969	0.05314	0.04644	0.16927
	镇原县	0.08395	0.09193	0.05746	0.23334
定西市	安定区	0.06299	0.06018	0.08562	0.20878
	通渭县	0.06058	0.05993	0.04703	0.16754
	陇西县	0.05750	0.05146	0.06096	0.16993
	渭源县	0.07000	0.02832	0.04092	0.13924
	临洮县	0.05809	0.07782	0.05681	0.19271
	漳县	0.05707	0.05652	0.03682	0.15041
	岷县	0.04990	0.04061	0.05132	0.14183

续表

城市	县域单位	第一产业发展指数	第二产业发展指数	第三产业发展指数	综合发展指数
陇南市	武都区	0.06683	0.06103	0.09490	0.22276
	成县	0.04237	0.12309	0.05455	0.22002
	文县	0.04318	0.15241	0.04453	0.24013
	宕昌县	0.04719	0.04129	0.04843	0.13691
	康县	0.04003	0.05511	0.04483	0.13996
	西和县	0.05300	0.06129	0.04083	0.15511
	礼县	0.05734	0.06513	0.04795	0.17043
	徽县	0.06876	0.08816	0.05194	0.20887
	两当县	0.06965	0.01228	0.05241	0.13434
临夏州	临夏市	0.03756	0.05530	0.11661	0.20947
	临夏县	0.05527	0.04300	0.04461	0.14288
	康乐县	0.04927	0.06380	0.02410	0.13716
	永靖县	0.04359	0.09239	0.04852	0.18450
	广河县	0.04091	0.04134	0.02964	0.11189
	和政县	0.03895	0.07064	0.04966	0.15925
	东乡县	0.04150	0.03458	0.05101	0.12709
	积石山县	0.03034	0.03817	0.04955	0.11806
甘南州	合作市	0.03007	0.07062	0.10379	0.20449
	临潭县	0.04792	0.02625	0.04086	0.11503
	卓尼县	0.03415	0.05161	0.05284	0.13860
	舟曲县	0.04311	0.03537	0.05678	0.13527
	迭部县	0.05497	0.10038	0.04630	0.20165
	玛曲县	0.04085	0.04729	0.08652	0.17466
	碌曲县	0.04297	0.02466	0.05820	0.12582
	夏河县	0.04161	0.03782	0.05029	0.12972

表5.6　　　　　　　　　甘肃省县域产业发展水平排序

县域单位	综合发展指数	排序	县域单位	综合发展指数	排序
玉门市－酒泉市	0.45509	1	民乐县－张掖市	0.21923	29
华池县－庆阳市	0.39980	2	临泽县－张掖市	0.21867	30
西峰区－庆阳市	0.39837	3	景泰县－白银市	0.21534	31
凉州区－武威市	0.39006	4	静宁县－平凉市	0.21308	32
肃州区－酒泉市	0.33458	5	甘谷县－天水市	0.21289	33
环县－庆阳市	0.30777	6	临夏市－临夏州	0.20947	34
甘州区－张掖市	0.30501	7	徽县－陇南市	0.20887	35
榆中县－兰州市	0.30159	8	安定区－定西市	0.20878	36
瓜州县－酒泉市	0.29663	9	民勤县－武威市	0.20863	37
敦煌市－酒泉市	0.27539	10	山丹县－张掖市	0.20714	38
崆峒区－平凉市	0.27303	11	合作市－甘南州	0.20449	39
肃北县－酒泉市	0.27082	12	迭部县－甘南州	0.20165	40
永昌县－金昌市	0.26236	13	庄浪县－平凉市	0.19634	41
庆城县－庆阳市	0.26040	14	秦安县－天水市	0.19488	42
华亭市－平凉市	0.25636	15	临洮县－定西市	0.19271	43
皋兰县－兰州市	0.25600	16	会宁县－白银市	0.19085	44
肃南县－张掖市	0.25365	17	古浪县－武威市	0.18977	45
阿克塞县－酒泉市	0.25230	18	武山县－天水市	0.18765	46
高台县－张掖市	0.24656	19	永靖县－临夏州	0.18450	47
合水县－庆阳市	0.24542	20	玛曲县－甘南州	0.17466	48
金塔县－酒泉市	0.24234	21	礼县－陇南市	0.17043	49
文县－陇南市	0.24013	22	陇西县－定西市	0.16993	50
镇原县－庆阳市	0.23334	23	宁县－庆阳市	0.16927	51
永登县－兰州市	0.22397	24	通渭县－定西市	0.16754	52
武都区－陇南市	0.22276	25	天祝县－武威市	0.16286	53
靖远县－白银市	0.22215	26	灵台县－平凉市	0.16187	54
崇信县－平凉市	0.22084	27	和政县－临夏州	0.15925	55
成县－陇南市	0.22002	28	西和县－陇南市	0.15511	56

县域单位	综合发展指数	排序	县域单位	综合发展指数	排序
漳县－定西市	0.15041	57	舟曲县－甘南州	0.13527	67
临夏县－临夏州	0.14288	58	两当县－陇南市	0.13434	68
岷县－定西市	0.14183	59	夏河县－甘南州	0.12972	69
康县－陇南市	0.13996	60	张家川县－天水市	0.12768	70
渭源县－定西市	0.13924	61	东乡县－临夏州	0.12709	71
泾川县－平凉市	0.13882	62	碌曲县－甘南州	0.12582	72
卓尼县－甘南州	0.13860	63	积石山县－临夏州	0.11806	73
清水县－天水市	0.13792	64	正宁县－庆阳市	0.11636	74
康乐县－临夏州	0.13716	65	临潭县－甘南州	0.11503	75
宕昌县－陇南市	0.13691	66	广河县－临夏州	0.11189	76

分产业来看，通过第一产业发展指数可以看出：凉州区（0.14374）、靖远县（0.13500）、金塔县（0.13041）、民勤县（0.12063）和临泽县（0.10956）第一产业发展水平较高，占据了第一产业发展指数的前五位。通过第二产业发展指数可以看出：玉门市（0.30998）、华池县（0.30651）、西峰区（0.24997）、环县（0.19787）和榆中县（0.18393）第二产业发展水平较高，占据了第二产业发展指数的前五位。通过第三产业发展指数可以看出：敦煌市（0.14425）、肃州区（0.14049）、甘州区（0.12397）、阿克塞县（0.11999）和凉州区（0.11906）第三产业发展水平较高，占据了第三产业发展指数的前五位。

3. 中部地区：河南省县域测度结果

本节中，由于河南省县域资料中缺失若干指标数据，因此，为了保证指标的完整性和科学性，此处对部分缺失指标进行了相似指标的替换，替换以后形成的指标体系和测度结果如表5.7所示。

表 5.7 河南省县域产业高质量发展水平指标体系

目标层	一级指标	二级指标	单位	属性
县域产业高质量发展	第一产业发展	第一产业增加值	万元	+
		第一产业增加值占 GDP 比重	%	+
		第一产业增加值增长率	%	+
		农业增加值	万元	+
		农业增加值占 GDP 比重	%	+
		第一产业从业人员比重	%	−
		第一产业劳动生产率	万元/人	+
		农作物机播面积占比	%	+
		第一产业就业率增长率	%	−
		人均粮食产量	吨/万人	+
	第二产业发展	第二产业增加值	万元	+
		第二产业增加值占 GDP 比重	%	+
		第二产业增加值增长率	%	+
		规模以上工业企业增加值	万元	+
		规模以上工业增加值占 GDP 比重	%	+
		第二产业从业人数	万人	+
		第二产业从业人员比重	%	+
		第二产业劳动生产率	万元/人	+
		第二产业就业率增长率	%	+
		工业产业（企业）利润率	%	+
	第三产业发展	第三产业增加值	万元	+
		第三产业增加值占 GDP 比重	%	+
		第三产业增加值增长率	%	+
		第三产业从业人数	万人	+
		第三产业从业人员比重	%	+
		第三产业就业增长率	%	+
		第三产业劳动生产率	万元/人	+

续表

目标层	一级指标	二级指标	单位	属性
县域产业高质量发展	第三产业发展	人均年末移动电话用户数	户/人	+
		公路里程数	千米	+
		人均社会消费品零售额	万元/人	+

中部地区以河南省为例,运用熵值法测度了河南省104个县域单位县域产业发展水平(见表5.8),并按照综合发展指数对其进行了排序(见表5.9)。可以看出,河南省104个县域单位中,县域产业发展水平较高的区域有驻马店市的西平县、上蔡县,安阳市的林州市,周口市的太康县、鹿邑县、项城市,郑州市的中牟县,新乡市的长垣市、新乡县,商丘市的永城市。这些县域单位占据了县域产业发展水平的前十位。

表5.8　　　　　　　　　　河南省县域产业发展水平测度结果

城市	县域单位	第一产业发展指数	第二产业发展指数	第三产业发展指数	综合发展指数
郑州市	中牟县	0.02608	0.14405	0.12534	0.29548
	巩义市	0.03592	0.09092	0.09236	0.21921
	荥阳市	0.04386	0.08401	0.08977	0.21764
	新密市	0.04400	0.08145	0.09589	0.22134
	新郑市	0.03389	0.09932	0.12717	0.26038
	登封市	0.03183	0.07409	0.07343	0.17935
开封市	杞县	0.06464	0.04428	0.05939	0.16831
	通许县	0.04643	0.04713	0.04659	0.14015
	尉氏县	0.04912	0.05926	0.05099	0.15938
	兰考县	0.05532	0.08898	0.05902	0.20332
洛阳市	孟津县	0.04386	0.06022	0.04980	0.15388
	新安县	0.03461	0.07050	0.05753	0.16264
	栾川县	0.04278	0.06518	0.05653	0.16449

续表

城市	县域单位	第一产业发展指数	第二产业发展指数	第三产业发展指数	综合发展指数
洛阳市	嵩县	0.03922	0.03018	0.04980	0.11919
	汝阳县	0.03270	0.03572	0.04641	0.11484
	宜阳县	0.04544	0.04603	0.05110	0.14258
	洛宁县	0.04077	0.04062	0.03642	0.11781
	伊川县	0.04200	0.04490	0.08167	0.16857
	偃师市	0.04577	0.07212	0.06007	0.17797
平顶山市	宝丰县	0.02768	0.05702	0.14882	0.23352
	叶县	0.04639	0.03869	0.04169	0.12677
	鲁山县	0.03026	0.03269	0.13624	0.19918
	郏县	0.03023	0.05340	0.04227	0.12590
	舞钢市	0.02978	0.03896	0.03502	0.10377
	汝州市	0.04410	0.05644	0.07304	0.17358
安阳市	安阳县	0.03204	0.05988	0.04272	0.13464
	汤阴县	0.05267	0.05298	0.03797	0.14362
	滑县	0.07275	0.06673	0.07791	0.21739
	内黄县	0.07182	0.03355	0.03949	0.14486
	林州市	0.02740	0.22240	0.09903	0.34884
鹤壁市	浚县	0.04353	0.06870	0.04498	0.15722
	淇县	0.04914	0.04864	0.04798	0.14576
新乡市	新乡县	0.14746	0.06537	0.04931	0.26213
	获嘉县	0.04415	0.04504	0.03829	0.12749
	原阳县	0.05888	0.04107	0.04581	0.14576
	延津县	0.05258	0.03265	0.03611	0.12134
	封丘县	0.05987	0.09588	0.04560	0.20135
	长垣市	0.07121	0.15824	0.06529	0.29474
	卫辉市	0.05009	0.04369	0.04114	0.13492
	辉县市	0.09393	0.05424	0.06483	0.21300

续表

城市	县域单位	第一产业发展指数	第二产业发展指数	第三产业发展指数	综合发展指数
焦作市	修武县	0.03643	0.04308	0.05162	0.13112
	博爱县	0.03362	0.08054	0.05160	0.16575
	武陟县	0.03757	0.11135	0.06315	0.21206
	温县	0.04845	0.04357	0.04454	0.13657
	沁阳市	0.04749	0.07544	0.06128	0.18421
	孟州市	0.05424	0.06903	0.03961	0.16288
濮阳市	清丰县	0.06376	0.03098	0.04322	0.13796
	南乐县	0.05990	0.03392	0.03984	0.13366
	范县	0.04467	0.03949	0.04340	0.12755
	台前县	0.04116	0.02938	0.03936	0.10990
	濮阳县	0.04814	0.04796	0.06461	0.16071
许昌市	鄢陵县	0.04888	0.05280	0.05657	0.15825
	襄城县	0.03937	0.05364	0.06414	0.15715
	禹州市	0.03400	0.08986	0.07906	0.20291
	长葛市	0.04743	0.10075	0.07049	0.21867
漯河市	舞阳县	0.04116	0.04621	0.04709	0.13445
	临颍县	0.04457	0.06326	0.05374	0.16157
三门峡市	渑池县	0.03863	0.04846	0.03684	0.12392
	卢氏县	0.03682	0.03386	0.03156	0.10223
	义马市	0.05752	0.05095	0.03705	0.14552
	灵宝市	0.03866	0.05724	0.05358	0.14948
南阳市	南召县	0.02941	0.04304	0.03615	0.10860
	方城县	0.04380	0.03869	0.04506	0.12756
	西峡县	0.05530	0.04188	0.05574	0.15292
	镇平县	0.04403	0.04916	0.05257	0.14576
	内乡县	0.05198	0.05896	0.04391	0.15485
	淅川县	0.04358	0.05186	0.04607	0.14151

续表

城市	县域单位	第一产业发展指数	第二产业发展指数	第三产业发展指数	综合发展指数
南阳市	社旗县	0.04600	0.03541	0.04062	0.12204
	唐河县	0.06778	0.03984	0.05811	0.16573
	新野县	0.05958	0.03851	0.04577	0.14386
	桐柏县	0.04588	0.04851	0.03582	0.13021
	邓州市	0.06298	0.07141	0.07489	0.20929
商丘市	民权县	0.05272	0.07599	0.05260	0.18131
	睢县	0.05086	0.05289	0.04224	0.14598
	宁陵县	0.04499	0.04959	0.05288	0.14747
	柘城县	0.05669	0.06183	0.04688	0.16540
	虞城县	0.05914	0.06931	0.05179	0.18023
	夏邑县	0.06104	0.05976	0.07089	0.19168
	永城市	0.06691	0.09563	0.10032	0.26287
信阳市	罗山县	0.05417	0.07169	0.04527	0.17113
	光山县	0.05448	0.05008	0.05773	0.16230
	新县	0.04033	0.06927	0.03949	0.14909
	商城县	0.04929	0.06524	0.04430	0.15883
	固始县	0.06678	0.07646	0.09414	0.23738
	潢川县	0.04934	0.09910	0.05081	0.19924
	淮滨县	0.05103	0.06416	0.04847	0.16367
	息县	0.05688	0.05575	0.05103	0.16366
周口市	扶沟县	0.05519	0.05710	0.04759	0.15988
	西华县	0.05886	0.06370	0.05928	0.18184
	商水县	0.05563	0.07581	0.05221	0.18364
	沈丘县	0.04910	0.06522	0.05333	0.16765
	郸城县	0.05581	0.07985	0.05844	0.19411
	太康县	0.05876	0.10164	0.16918	0.32958

续表

城市	县域单位	第一产业发展指数	第二产业发展指数	第三产业发展指数	综合发展指数
周口市	鹿邑县	0.04925	0.07176	0.19422	0.31523
	项城市	0.04864	0.07275	0.17904	0.30043
驻马店市	西平县	0.07594	0.07912	0.21561	0.37067
	上蔡县	0.05302	0.05547	0.15748	0.26597
	平舆县	0.05520	0.08711	0.04267	0.18498
	正阳县	0.07098	0.07138	0.04872	0.19108
	确山县	0.06187	0.10856	0.03120	0.20163
	泌阳县	0.06698	0.07067	0.04626	0.18391
	汝南县	0.05840	0.05403	0.03726	0.14970
	遂平县	0.05590	0.05696	0.03791	0.15077
	新蔡县	0.05915	0.06918	0.05596	0.18429

表5.9   **河南省县域产业发展水平排序**

县域单位	综合发展指数	排序	县域单位	综合发展指数	排序
西平县 - 驻马店市	0.37067	1	宝丰县 - 平顶山市	0.23352	13
林州市 - 安阳市	0.34884	2	新密市 - 郑州市	0.22134	14
太康县 - 周口市	0.32958	3	巩义市 - 郑州市	0.21921	15
鹿邑县 - 周口市	0.31523	4	长葛市 - 许昌市	0.21867	16
项城市 - 周口市	0.30043	5	荥阳市 - 郑州市	0.21764	17
中牟县 - 郑州市	0.29548	6	滑县 - 安阳市	0.21739	18
长垣市 - 新乡市	0.29474	7	辉县市 - 新乡市	0.21300	19
上蔡县 - 驻马店市	0.26597	8	武陟县 - 焦作市	0.21206	20
永城市 - 商丘市	0.26287	9	邓州市 - 南阳市	0.20929	21
新乡县 - 新乡市	0.26213	10	兰考县 - 开封市	0.20332	22
新郑市 - 郑州市	0.26038	11	禹州市 - 许昌市	0.20291	23
固始县 - 信阳市	0.23738	12	确山县 - 驻马店市	0.20163	24

县域单位	综合发展指数	排序	县域单位	综合发展指数	排序
封丘县－新乡市	0.20135	25	新安县－洛阳市	0.16264	53
潢川县－信阳市	0.19924	26	光山县－信阳市	0.16230	54
鲁山县－平顶山市	0.19918	27	临颍县－漯河市	0.16157	55
郸城县－周口市	0.19411	28	濮阳县－濮阳市	0.16071	56
夏邑县－商丘市	0.19168	29	扶沟县－周口市	0.15988	57
正阳县－驻马店市	0.19108	30	尉氏县－开封市	0.15938	58
平舆县－驻马店市	0.18498	31	商城县－信阳市	0.15883	59
新蔡县－驻马店市	0.18429	32	鄢陵县－许昌市	0.15825	60
沁阳市－焦作市	0.18421	33	浚县－鹤壁市	0.15722	61
泌阳县－驻马店市	0.18391	34	襄城县－许昌市	0.15715	62
商水县－周口市	0.18364	35	内乡县－南阳市	0.15485	63
西华县－周口市	0.18184	36	孟津县－洛阳市	0.15388	64
民权县－商丘市	0.18131	37	西峡县－南阳市	0.15292	65
虞城县－商丘市	0.18023	38	遂平县－驻马店市	0.15077	66
登封市－郑州市	0.17935	39	汝南县－驻马店市	0.14970	67
偃师市－洛阳市	0.17797	40	灵宝市－三门峡市	0.14948	68
汝州市－平顶山市	0.17358	41	新县－信阳市	0.14909	69
罗山县－信阳市	0.17113	42	宁陵县－商丘市	0.14747	70
伊川县－洛阳市	0.16857	43	睢县－商丘市	0.14598	71
杞县－开封市	0.16831	44	淇县－鹤壁市	0.14576	72
沈丘县－周口市	0.16765	45	原阳县－新乡市	0.14576	73
博爱县－焦作市	0.16575	46	镇平县－南阳市	0.14576	74
唐河县－南阳市	0.16573	47	义马市－三门峡市	0.14552	75
柘城县－商丘市	0.16540	48	内黄县－安阳市	0.14486	76
栾川县－洛阳市	0.16449	49	新野县－南阳市	0.14386	77
淮滨县－信阳市	0.16367	50	汤阴县－安阳市	0.14362	78
息县－信阳市	0.16366	51	宜阳县－洛阳市	0.14258	79
孟州市－焦作市	0.16288	52	淅川县－南阳市	0.14151	80

续表

县域单位	综合发展指数	排序	县域单位	综合发展指数	排序
通许县－开封市	0.14015	81	叶县－平顶山市	0.12677	93
清丰县－濮阳市	0.13796	82	郏县－平顶山市	0.12590	94
温县－焦作市	0.13657	83	渑池县－三门峡市	0.12392	95
卫辉市－新乡市	0.13492	84	社旗县－南阳市	0.12204	96
安阳县－安阳市	0.13464	85	延津县－新乡市	0.12134	97
舞阳县－漯河市	0.13445	86	嵩县－洛阳市	0.11919	98
南乐县－濮阳市	0.13366	87	洛宁县－洛阳市	0.11781	99
修武县－焦作市	0.13112	88	汝阳县－洛阳市	0.11484	100
桐柏县－南阳市	0.13021	89	台前县－濮阳市	0.10990	101
方城县－南阳市	0.12756	90	南召县－南阳市	0.10860	102
范县－濮阳市	0.12755	91	舞钢市－平顶山市	0.10377	103
获嘉县－新乡市	0.12749	92	卢氏县－三门峡市	0.10223	104

分产业来看，通过第一产业发展指数可以看出：新乡县（0.14746）、辉县市（0.09393）、西平县（0.07594）、滑县（0.07275）和内黄县（0.07182）第一产业发展水平较高，占据了第一产业发展指数的前五位。通过第二产业发展指数可以看出：林州市（0.22240）、长垣市（0.15824）、中牟县（0.14405）、武陟县（0.11135）和确山县（0.10856）第二产业发展水平较高，占据了第二产业发展指数的前五位。通过第三产业发展指数可以看出：西平县（0.21561）、鹿邑县（0.19422）、项城市（0.17904）、太康县（0.16918）和上蔡县（0.15748）第三产业发展水平较高，占据了第三产业发展指数的前五位。

4. 东北部：吉林省县域测度结果

本节中，由于吉林省县域资料中缺失若干指标数据，因此，为了保证指标的完整性和科学性，此处对部分缺失指标进行了相似指标的替换，替换以后形成的指标体系和测度结果如表5.10所示。

表 5.10　　　　　　　**吉林省县域产业高质量发展指标体系**

目标层	一级指标	二级指标	单位	属性
县域产业高质量发展	第一产业发展	第一产业增加值	万元	+
		第一产业增加值占 GDP 比重	%	+
		第一产业增加值增长率	%	+
		农村年人均用电量	千瓦时/人	+
		农业机械总动力	千瓦时	+
		第一产业从业人员比重	%	−
		第一产业劳动生产率	万元/人	+
		第一产业从业人数	人	−
		第一产业就业率增长率	%	−
		人均粮食产量	吨/万人	+
	第二产业发展	第二产业增加值	万元	+
		第二产业增加值占 GDP 比重	%	+
		第二产业增加值增长率	%	+
		建筑业增加值	万元	+
		建筑业增加值占 GDP 比重	%	+
		第二产业从业人数	万人	+
		第二产业从业人员比重	%	+
		第二产业劳动生产率	万元/人	+
		第二产业就业率增长率	%	+
		工业产业（企业）利润率	%	+
	第三产业发展	第三产业增加值	万元	+
		第三产业增加值占 GDP 比重	%	+
		第三产业增加值增长率	%	+
		第三产业从业人数	万人	+
		第三产业从业人员比重	%	+
		第三产业就业增长率	%	+
		第三产业劳动生产率	万元/人	+

续表

目标层	一级指标	二级指标	单位	属性
县域产业高质量发展	第三产业发展	人均年末固定电话用户数	户/人	+
		年末金融机构存款余额	亿元	+
		人均社会消费品零售额	万元/人	+

东北地区以吉林省为例,运用熵值法测度了吉林省 39 个县域单位县域产业发展水平(见表 5.11),并按照综合发展指数对其进行了排序(见表 5.12)。可以看出,吉林省 39 个县域单位中,县域产业发展水平较高的区域有延边朝鲜族自治州的延吉市、敦化市、珲春市,长春市的公主岭市,通化市的梅河口市,长春市的榆树市、农安县、德惠市,松原市的扶余市,白山市的抚松县,这些县域单位占据了县域产业发展水平的前十位。

表 5.11　　　　　　　　　　吉林省县域产业发展水平测度结果

城市	县域单位	第一产业发展指数	第二产业发展指数	第三产业发展指数	综合发展指数
长春市	榆树市	0.17940	0.07584	0.10989	0.36512
	德惠市	0.15158	0.06935	0.09377	0.31470
	农安县	0.17993	0.06429	0.08341	0.32763
吉林市	桦甸市	0.08732	0.05342	0.06157	0.20232
	蛟河市	0.07832	0.07132	0.06548	0.21512
	磐石市	0.09224	0.08917	0.06000	0.24141
	舒兰市	0.10447	0.04570	0.06145	0.21161
	永吉县	0.04628	0.07483	0.05065	0.17176
四平市	公主岭市	0.15754	0.10744	0.11389	0.37888
	梨树县	0.18084	0.03644	0.05830	0.27558
	伊通满族自治县	0.12113	0.03468	0.05697	0.21278
	双辽市	0.11285	0.04098	0.06416	0.21798
辽源市	东丰县	0.08229	0.05922	0.09860	0.24011
	东辽县	0.08412	0.04797	0.07935	0.21144

续表

城市	县域单位	第一产业发展指数	第二产业发展指数	第三产业发展指数	综合发展指数
通化市	梅河口市	0.07081	0.18345	0.11626	0.37052
	集安市	0.03310	0.10150	0.06802	0.20263
	通化县	0.05052	0.11414	0.06691	0.23157
	辉南县	0.08432	0.06283	0.06221	0.20936
	柳河县	0.07563	0.07608	0.06144	0.21315
白山市	临江市	0.04879	0.10163	0.09733	0.24775
	抚松县	0.08360	0.14737	0.09091	0.32188
	靖宇县	0.04289	0.12094	0.08962	0.25345
	长白朝鲜族自治县	0.05754	0.05480	0.07374	0.18608
松原市	长岭县	0.14115	0.07778	0.06841	0.28734
	前郭尔罗斯蒙古族自治县	0.16899	0.05682	0.07689	0.30271
	乾安县	0.09987	0.12015	0.04753	0.26755
	扶余市	0.15432	0.11033	0.07029	0.33493
白城市	洮南市	0.10971	0.06160	0.07001	0.24133
	大安市	0.08525	0.09724	0.06880	0.25130
	镇赉县	0.15283	0.04174	0.06850	0.26307
	通榆县	0.08754	0.08811	0.06806	0.24372
延边朝鲜族自治州	延吉市	0.05403	0.27605	0.20839	0.53846
	图们市	0.04652	0.13194	0.06899	0.24745
	敦化市	0.07518	0.31113	0.08666	0.47297
	珲春市	0.04979	0.24947	0.06255	0.36182
	龙井市	0.05384	0.10289	0.08091	0.23764
	和龙市	0.04954	0.15005	0.07267	0.27225
	汪清县	0.07685	0.09502	0.06594	0.23780
	安图县	0.04811	0.12440	0.04088	0.21338

表 5.12　　　　　　　　　吉林省县域产业发展水平排序

县域单位	综合发展指数	排序	县域单位	综合发展指数	排序
延吉市 - 延边朝鲜族自治州	0.53846	1	通榆县 - 白城市	0.24372	21
敦化市 - 延边朝鲜族自治州	0.47297	2	磐石市 - 吉林市	0.24141	22
公主岭市 - 四平市	0.37888	3	洮南市 - 白城市	0.24133	23
梅河口市 - 通化市	0.37052	4	东丰县 - 辽源市	0.24011	24
榆树市 - 长春市	0.36512	5	汪清县 - 延边朝鲜族自治州	0.23780	25
珲春市 - 延边朝鲜族自治州	0.36182	6	龙井市 - 延边朝鲜族自治州	0.23764	26
扶余市 - 松原市	0.33493	7	通化县 - 通化市	0.23157	27
农安县 - 长春市	0.32763	8	双辽市 - 四平市	0.21798	28
抚松县 - 白山市	0.32188	9	蛟河市 - 吉林市	0.21512	29
德惠市 - 长春市	0.31470	10	安图县 - 延边朝鲜族自治州	0.21338	30
前郭尔罗斯蒙古族自治县 - 松原市	0.30271	11	柳河县 - 通化市	0.21315	31
长岭县 - 松原市	0.28734	12	伊通满族自治县 - 四平市	0.21278	32
梨树县 - 四平市	0.27558	13	舒兰市 - 吉林市	0.21161	33
和龙市 - 延边朝鲜族自治州	0.27225	14	东辽县 - 辽源市	0.21144	34
乾安县 - 松原市	0.26755	15	辉南县 - 通化市	0.20936	35
镇赉县 - 白城市	0.26307	16	集安市 - 通化市	0.20263	36
靖宇县 - 白山市	0.25345	17	桦甸市 - 吉林市	0.20232	37
大安市 - 白城市	0.25130	18	长白朝鲜族自治县 - 白山市	0.18608	38
临江市 - 白山市	0.24775	19	永吉县 - 吉林市	0.17176	39
图们市 - 延边朝鲜族自治州	0.24745	20			

　　分产业来看，通过第一产业发展指数可以看出：梨树县（0.18084）、农安县（0.17993）、榆树市（0.17940）、前郭尔罗斯蒙古族自治县（0.16899）和公主岭市（0.15754）第一产业发展水平较高，占据了第一产业发展指数的前五位。通过第二产业发展指数可以看出：敦化市（0.31113）、延吉市（0.27605）、珲春市（0.24947）、梅河口市（0.18345）、和龙市（0.15005）第二产业发展水平较高，占据了第二产业发展指数的前五位。通过第三产业

发展指数可以看出：延吉市（0.20839）、梅河口市（0.11626）、公主岭市（0.11389）、榆树市（0.10989）和东丰县（0.09860）第三产业发展水平较高，占据了第三产业发展指数的前五位。

第二节　乡村振兴指标体系建立及其测度结果

一、乡村振兴包含层面

党的十九大提出实施乡村振兴战略，该战略提出要实现我国农业农村的优先发展，为农业兴旺打下了坚实基础，是新时代"三农"工作的总抓手。2018 年"中央一号"文件对乡村振兴战略进行了全面部署，随后中共中央、国务院印发的《乡村振兴战略规划（2018—2022 年)》提出了 5 个大类 22 项评价指标，指标包含了 5 大层面，分别是产业兴旺、生态宜居、乡风文明、治理有效和生活富裕，5 大层面之下又包含 22 项具体指标。因为 22 项指标体系针对全国层面，是一项指导性参考指标，在县域层面具体操作和评价过程中需要基于县域发展考量以及县域数据的可得性进行修正补充和调整。为此，研究构建一套县域层面的乡村振兴评价指标体系，对各个地区县域单位乡村振兴发展水平做出具体评价，为进一步更好地发现问题，实施该乡村振兴战略具有重要意义。

二、指标体系的建立

结合《乡村振兴战略规划（2018—2022 年)》中提供的指标体系，并且围绕乡村振兴战略的"二十字"方针，即产业兴旺、生态宜居、乡风文明、治理有效和生活富裕五大方面，本部分以五大方面为一级层次，充分考虑乡村振兴的深刻内涵以及县域数据的可得性，科学严谨地构建乡村振兴指标体系，每一层次下面又包含 4 项具体的指标。其中产业兴旺层面选取了农业总产值占 GDP 比重、农业劳动生产率、人均粮食产量、农作物机耕面积占播种面积比重；生态宜居层面选取了农用化肥施用量、建成区绿化覆盖率、人均公园绿地面积、农药使用量；乡风文明层面选取了基础教育（高中及高中以下）师生比、电影观众人数、艺术表演团本次观看人数、平均每万人拥有医疗病床数；治理有效层面选取了全年安置就业人数、年末城镇登记失业人数、参加城乡居民养老保险的人数、参加医疗保险的人数；生活富裕层面选取了农村居民恩格尔系数、城乡居民收入比、人均社会消费品零售额、自来水普及率等（见表 5.13）。

表 5.13   乡村振兴指标体系

目标层	一级指标	二级指标	单位	属性
乡村振兴	产业兴旺	农业总产值占 GDP 比重	%	+
		农业劳动生产率	万元/人	+
		人均粮食产量	吨/万人	+
		农作物机耕面积占播种面积比重	%	+
	生态宜居	农用化肥施用量	吨	−
		建成区绿化覆盖率	%	+
		人均公园绿地面积	平方米	+
		农药使用量	吨	−
	乡风文明	基础教育（高中及高中以下）师生比	%	+
		电影观众人数	万人次	+
		艺术表演团本次观看人数	万人次	+
		平均每万人拥有医疗病床数	张	+
	治理有效	全年安置就业人数	人	+
		年末城镇登记失业人数	人	−
		参加城乡居民养老保险的人数	人	+
		参加医疗保险的人数	人	+
	生活富裕	农村居民恩格尔系数	%	+
		城乡居民收入比	%	−
		人均社会消费品零售额	元	+
		自来水普及率	%	+

注：农用化肥施用量使用的是折纯后的数值；基础教育选用的是高中及高中以下教育；农村居民恩格尔系数指的是农村居民用于食品烟酒消费的消费支出与其可支配收入之比。

三、评价方法及数据来源

此处评价方法参照本章第一节中第三部分方法。此外，本部分数据来自最新的各县级单位统计年鉴、省级统计年鉴以及《中国县域统计年鉴》。

四、乡村振兴测度结果

以上述指标体系为依据，以熵值法为研究方法，本部门选取浙江省萧山区为例，综合测度党的十八大以来（2012～2019 年）浙江省萧山区乡村振兴指数，如表 5.14 所示。

表 5.14   2012～2019 年浙江省萧山区乡村振兴指数测度结果

年份	产业兴旺指数	生态宜居指数	乡风文明指数	治理有效指数	生活富裕指数	综合指数
2012	0.11639	0.02063	0.03739	0.06931	0.01022	0.25393
2013	0.09156	0.04822	0.04667	0.05989	0.02089	0.26723
2014	0.11425	0.07643	0.17946	0.08251	0.07342	0.52607
2015	0.12324	0.07554	0.09902	0.10271	0.09400	0.49451
2016	0.14270	0.12138	0.13299	0.07110	0.14215	0.61032
2017	0.13862	0.09773	0.14398	0.07195	0.13566	0.58794
2018	0.13032	0.07840	0.07893	0.12382	0.15304	0.56450
2019	0.05229	0.13072	0.08784	0.10683	0.16161	0.53929

从测度结果可以看出，以浙江省萧山区为例的乡村振兴综合测度指数在2013 年以后有了较大的变化，2012 年和 2013 年分别为 0.25393 和 0.26732，但是 2013 年以后均维持在 0.50 左右，乡村振兴发展较为平稳，其中 2016 年发展为良好，达到了 0.61032。分层面来看，产业兴旺指数在 2012～2018 年发展较为平稳，均维持在 0.10 左右，而 2019 年有了较大的变化，下降为0.05229；生态宜居指数在 2012～2015 年较为平稳，均维持在 0.50 左右，而从 2016 年开始有了较为明显的变化，2016 年上升为 0.12138，此后维持在

0.10 左右，2019 年更是达到了 0.13072；乡风文明指数 2012～2013 年较为平稳，2014 年以后有了较大的变化，2014 年上升为 0.17946，此后发展较为平稳；治理有效指数在 2012～2019 年间呈现缓慢上升趋势，从 2012 年的 0.06931 上升为 2019 年的 0.10683；生活富裕指数从 2012 年开始呈现明显的上升趋势，2012 年指数为 0.01022，到 2019 年上升为 0.15304。

第三节　县域产业高质量发展与乡村振兴耦合协调度分析

乡村振兴战略的深入推进能够促进县域产业高质量发展，同时，县域产业的高质量发展也能够助力乡村振兴战略的实施，二者存在相互促进、相互协调的关系，但是，针对某一区域来看，该地区县域产业发展与乡村振兴战略是处于什么样的状态呢？为此有必要构建耦合协调度模型来进一步测度二者之间的协调状态。

一、耦合协调度模型的概念和具体方法

1. 耦合度

耦合度概念原本属于物理学范畴，是指两个或两个以上的系统或运动形式通过相互作用而彼此影响的现象。本书将耦合度用于刻画乡村振兴与县域产业发展之间相互作用、相互影响的程度。参考前人有关耦合度的研究文献[1]，本书将耦合度模型 C 定为：

$$C = \frac{(U1 \times U2)^{1/2}}{(U1 + U2)} \tag{5.9}$$

式中，C 为耦合度，$C \in [0, 1]$，C 值越大，耦合度越高；C 值越小，耦合度越低，C 值的大小是由 $U1$ 和 $U2$ 两个子系统的质量决定的，其值越大说明各子系统之间相互作用、相互影响越强烈，在本部分 $U1$ 为县域产业发展水平，

① 刘海猛，方创琳，李咏红. 城镇化与生态环境"耦合魔方"的基本概念及框架 [J]. 地理学报，2019，74（8）：1489-1507.

U2 为乡村振兴水平。

2. 耦合协调度模型

耦合度 C 虽然能反映县域产业发展与乡村振兴相互作用程度，但是并不能表征二者之间是在高水平上相互促进，还是低水平上相互制约。如 2 个子系统有可能处于高度耦合的状态，但是实际上 2 个子系统各自是处于一种低水平的发展阶段，所以需要引入耦合协调度模型来更好地表征县域产业发展以及乡村振兴二者之间的耦合协调程度。因此，本书引入耦合协调度模型 D 用于更加准确地判断出县域产业与乡村振兴之间的协调程度，公式如下：

$$D = \sqrt{C \cdot T} \tag{5.10}$$

其中，

$$T = \frac{U1 + U2}{2} \tag{5.11}$$

式中，D 为县域产业发展与乡村振兴之间的耦合协调度，取值范围为 [0，1]，D 值越大，表示乡村振兴与县域产业发展之间越协调，当 D = 1 时，县域产业发展与乡村振兴之间达到最优的耦合协调状态；反之，D 值越低，二者之间越不协调。

为了分层分级表示出乡村振兴与县域产业发展的耦合协调度，参考相关文献，并结合二者的分析数据，将乡村振兴与县域产业发展耦合协调度划分为 8 个等级，具体划分标准见表 5.15。

表 5.15   **县域产业与乡村振兴耦合协调度等级划分标准**

等级	耦合协调度 D	协调水平	等级	耦合协调度 D	协调水平
1	$0.8 < D \leq 1.0$	优质协调	5	$0.4 < D \leq 0.5$	勉强协调
2	$0.7 < D \leq 0.8$	良好协调	6	$0.3 < D \leq 0.4$	轻度失调
3	$0.6 < D \leq 0.7$	中级协调	7	$0.2 < D \leq 0.3$	中度失调
4	$0.5 < D \leq 0.6$	初级协调	8	$0 \leq D \leq 0.2$	严重失调

二、耦合协调度结果及分析

本部分以浙江省萧山区为例，结合第一节第二节的测度结果，选取萧山区 2019 年县域产业发展综合测度结果 U1 = 0.51734 以及萧山区乡村振兴水平

$U2 = 0.53929$，充分运用耦合协调度模型，测算出萧山区乡村振兴与县域产业发展之间的耦合协调度。最终，测得耦合度 C 值为 0.49989，耦合协调度 D 值为 0.51391，通过对比表 5.15 可以看出，目前浙江省萧山区县域产业发展与乡村振兴处于初级协调的状态，萧山区在杭州市处于经济较为发达的地区，且其县域产业发展指数在省内也是名列前茅，但是通过耦合协调度模型测度却发现其与乡村振兴水平之间耦合协调度为初级协调水平，若以此为参考，则未来一段时期内，浙江省萧山区经济发展以及县域内产业发展必须充分结合乡村振兴战略，实现乡村振兴与县域产业发展之间的平衡、协调。

其他省份县域产业发展与乡村振兴之间的耦合协调分析可参考本部分方法以及原理。

第六章

乡村振兴背景下县域产业发展的实证分析

前文的阐述已经明晰了乡村振兴与县域产业之间的关系，但是乡村振兴对于县域产业发展的影响程度仍无法得知。此外，乡村振兴战略对于县域产业的促进效果是否从政府着手实施即存在，在满足一定条件后效果是否更为显著？最后，乡村振兴对于县域产业的发展是否具有区域异质性？本章将通过建立回归模型逐个进行检验。

第一节　模　型　建　立

一、基础模型

本部分以县域产业高级化为被解释变量，乡村振兴绩效为核心解释变量构建基准回归方程，如下：

$$TS_{it} = \alpha_0 + \alpha_1 rre_{it} + \beta control_{it} + \gamma_i + \lambda_t + \varepsilon_{it}$$

$$(6.1)$$

其中下标 i，t 分别代表县（市）和时间。TS

表示产业高级化指数，是本章节被解释变量；rre 表示乡村振兴绩效，为本章节核心解释变量；$control$ 为控制变量，表示其他对产业高级化产生影响的因素，包括人力资本水平、政府财政支出、外商投资情况、金融发展水平等；γ_i 为个体效应，λ_t 为时点效应，ε_{it} 为随机误差项。

二、门槛回归模型

$$TS_{it} = \alpha_0 + \alpha_1 rre_{it} \cdot I(rre \leqslant \phi) + \alpha_2 rre_{it} \cdot I(rre > \phi)$$
$$+ \beta control_{it} + \gamma_i + \lambda_t + \varepsilon_{it} \tag{6.2}$$

该模型相当于一个分段函数。其中，乡村振兴绩效 rre 既是解释变量，也是门槛变量，ϕ 为门槛值，$I(rre \leqslant \phi)$ 和 $I(rre > \phi)$ 为示性函数。此门槛回归的基本思想是，如果门槛变量乡村振兴绩效（rre）存在一个门槛水平，在门槛值大于 ϕ 与小于 ϕ 时，解释变量乡村振兴绩效对被解释变量产业合理化指数的影响存在明显的结构性突变，即 α_1 和 α_2 具有统计意义上的显著性差异。

三、变量定义说明

（一）被解释变量

在信息化推动下的经济结构的服务化是产业结构升级的一种重要特征，鉴于在"经济服务化"过程中的一个典型事实是第三产业的增长率要快于第二产业的增长率，故本章节采用第三产业增加值与第二产业增加值之比（TS）衡量产业高级化。

$$TS = \frac{Y_3}{Y_2} \tag{6.3}$$

其中，Y_3 表示第三产业增加值，Y_2 表示第二产业增加值。TS 值越大，就意味着经济在向服务化的方向推进，产业结构在升级。

（二）核心解释变量

本章节以乡村振兴绩效作为核心解释变量，则首先要对乡村振兴绩效进行评估，使用熵权—TOPSIS 法，步骤如下。

第一步，依照政府提出的"产业兴旺、生态宜居、乡风文明、治理有效、生活富裕"二十字方针进行指标体系的构建。

第二步，基于熵权法进行权重的设置。首先假设需要评价某地区某一年截面数据中 m 个县域发展状况，评价的指标体系应当包括 n 个指标，最终评价系统由 m 个样本，n 个指标组成评价系统，整个评价系统组成的原始矩阵为：

$$A = \begin{bmatrix} a_{11} \cdots a_{1n} \\ \vdots \qquad \vdots \\ a_{m1} \cdots a_{mn} \end{bmatrix} \tag{6.4}$$

由于各评价指标的性质不同，各评价指标的单位往往不同，指标之间的维度和数量级也不同。如果直接选取指标的原始数据进行分析，当指标之间存在较大差异时，数值较高的指标对综合结果影响较大，而相对较小的指标则会减弱这种作用。因此，为了充分保证评价结果的真实性和可靠性，需要对采集的原始数据进行标准化。

正向指标（指标值越大对评价越有利）：

$$z_{ij} = \frac{a_{ij} - \min a_j}{\max a_j - \min a_j} \tag{6.5}$$

逆向指标（指标值越小对评价越有利）：

$$z_{ij} = \frac{\max a_j - a_{ij}}{\max a_j - \min a_j} \tag{6.6}$$

式（6.5）、式（6.6）中，z_{ij} 为标准化以后第 i 个样本中第 j 个指标的数值，$i = 1, 2, 3, \cdots, m$；$j = 1, 2, 3, \cdots, n$；同时，为防止求信息熵时出现的 $\ln 0$ 问题，将 z_{ij} 进行坐标平移，得到平移后的数据矩阵 $z'_{ij} = z_{ij} + \alpha$。

计算第 j 个指标下第 i 个样本占该指标的比重：

$$p_{ij} = \frac{z'_{ij}}{\sum\limits_{i=1}^{m} z'_{ij}} \tag{6.7}$$

其中，$i = 1, 2, 3, \cdots, m$；$j = 1, 2, 3, \cdots, n$。

计算第 j 个指标的熵值：

$$e_j = -N \sum_{i=1}^{m} P_{ij} \ln P_{ij} \tag{6.8}$$

其中，N 为正常数，并且 $N = 1/\ln n$

计算第 j 个指标的信息效用值：

$$d_j = 1 - e_j \tag{6.9}$$

计算各项指标的权重

$$W_j = \frac{d_j}{\sum_{j=1}^{n} d_j} \tag{6.10}$$

式（6.10）中，W_j 表示熵权法确定的第 j 个指标的权重。

第三步，利用 TOPSIS 方法进行绩效估算。TOPSIS 法通过设计各个指标的正理想解和负理想解，建立评价指标与正、负理想解之间距离的二维数据空间，在此基础上分别计算各评价与正、负理想解的距离，获得各对象与理想解的贴近度。并按贴近度的大小进行排序，以此作为评价目标优劣程度的依据。

首先，确定乡村振兴绩效的最优、最劣理想解，设 $b_{ij} = P_{ij} \cdot W_j$。

最优理想解：

$$S_j^+ = \{\max b_{ij} \,|\, j = 1, 2, \cdots, n\} = \{s_1^+, s_2^+, \cdots, s_n^+\} \tag{6.11}$$

最劣理想解：

$$S^- = \{\min b_{ij} = |\, j = 1, 2, \cdots, n\} = \{s_1^-, s_2^-, \cdots, s_n^-\} \tag{6.12}$$

其次，计算各方案与最优解与最劣解的欧式距离。

最优欧式距离；

$$D^+ = \sqrt{\sum_{j=1}^{n} (s_j^+ - b_{ij})^2} \tag{6.13}$$

最劣欧式距离：

$$D^- = \sqrt{\sum_{j=1}^{n} (s_j^- - b_{ij})^2} \tag{6.14}$$

最后，计算评价对象与最优方案的贴近度 C。

$$C = \frac{D^-}{D^+ + D^-} \tag{6.15}$$

C 取值在 $[0, 1]$，该值越大，表明乡村振兴绩效越接近最优水平。以上，就得到了乡村振兴绩效（rre）的评价指数 C。

（三）控制变量

本书基于已有关于影响茶业高级化水平的研究，兼顾数据的获取性，选取以下变量作为控制变量。

（1）政府财政支出，用政府对应年度的财政支出衡量。

（2）人力资本水平，用普通中学在校生数衡量。

（3）金融发展水平，用地区贷款余额与地区 GDP 比值衡量。

（4）对外开放水平，用实际利用外资衡量。

（四）数据来源

本节所采用的数据来自最新的各省级统计年鉴、各地级市统计年鉴以及《中国县域统计年鉴》。

第二节　东部地区实证结果及分析

东部地区以浙江省为例，以下是浙江省县域测度结果。

一、对乡村振兴绩效的衡量

由于部分数据获取较为困难，本部分仅选取如下指标对乡村振兴绩效进行测算，此举会造成测算值与实际值存在偏差，但也具有一定的代表性。鉴于 TOPSIS 方法的需要，选取的都为正向指标或已进行正向化处理（见表6.1）。

表6.1　　　　　　　　　乡村振兴绩效评价指标体系

产业兴旺	设施农业种植占地面积（公顷）	+
	农机总动力（千瓦）	+
	第一产业增加值（亿元）	+

生态宜居	农村集中供水人口比例（%）	+
	绿化覆盖率（%）	+
乡风文明	普通小学专任教师数（个）	+
	公共图书馆总藏量（千册）	+
生活富裕	农村可支配收入（元）	+
	乡村城镇收入比	+

本部分选取浙江省22个县（市）进行评价，最终测算结果如表6.2所示。

表6.2 乡村振兴绩效

市	县域	年份	乡村振兴绩效
杭州	萧山区	2013	0.4768
	萧山区	2014	0.4426
	萧山区	2015	0.3129
	萧山区	2016	0.3160
	萧山区	2017	0.2962
	萧山区	2018	0.3816
	萧山区	2019	0.4324
	萧山区	2020	0.4699
	淳安县	2013	0.3486
	淳安县	2014	0.2555
	淳安县	2015	0.3394
	淳安县	2016	0.3546
	淳安县	2017	0.4310
	淳安县	2018	0.4371
	淳安县	2019	0.6851
	淳安县	2020	0.7912

续表

市	县域	年份	乡村振兴绩效
宁波	鄞州区	2013	0.4582
	鄞州区	2014	0.4881
	鄞州区	2015	0.5044
	鄞州区	2016	0.5880
	鄞州区	2017	0.3443
	鄞州区	2018	0.4508
	鄞州区	2019	0.5067
	鄞州区	2020	0.5561
	慈溪市	2013	0.2791
	慈溪市	2014	0.3190
	慈溪市	2015	0.3440
	慈溪市	2016	0.3899
	慈溪市	2017	0.3652
	慈溪市	2018	0.6999
	慈溪市	2019	0.7113
	慈溪市	2020	0.7324
温州	乐清市	2013	0.6135
	乐清市	2014	0.3304
	乐清市	2015	0.3104
	乐清市	2016	0.3295
	乐清市	2017	0.3137
	乐清市	2018	0.3913
	乐清市	2019	0.3960
	乐清市	2020	0.4218
	苍南县	2013	0.3924
	苍南县	2014	0.4880
	苍南县	2015	0.5213
	苍南县	2016	0.5518

市	县域	年份	乡村振兴绩效
温州	苍南县	2017	0.5948
	苍南县	2018	0.7919
	苍南县	2019	0.7274
	苍南县	2020	0.5261
嘉兴	海宁市	2013	0.5811
	海宁市	2014	0.4398
	海宁市	2015	0.4120
	海宁市	2016	0.3921
	海宁市	2017	0.2787
	海宁市	2018	0.4682
	海宁市	2019	0.3621
	海宁市	2020	0.4178
	嘉善县	2013	0.4014
	嘉善县	2014	0.4209
	嘉善县	2015	0.4738
	嘉善县	2016	0.5132
	嘉善县	2017	0.4558
	嘉善县	2018	0.5071
	嘉善县	2019	0.5220
	嘉善县	2020	0.5671
湖州	德清县	2013	0.4105
	德清县	2014	0.4004
	德清县	2015	0.5074
	德清县	2016	0.4498
	德清县	2017	0.3155
	德清县	2018	0.5148
	德清县	2019	0.4071

续表

市	县域	年份	乡村振兴绩效
湖州	德清县	2020	0.4740
	长兴县	2013	0.3737
	长兴县	2014	0.4036
	长兴县	2015	0.3891
	长兴县	2016	0.4721
	长兴县	2017	0.4337
	长兴县	2018	0.4781
	长兴县	2019	0.4895
	长兴县	2020	0.6456
绍兴	上虞区	2013	0.2373
	上虞区	2014	0.2642
	上虞区	2015	0.2886
	上虞区	2016	0.3698
	上虞区	2017	0.3959
	上虞区	2018	0.5018
	上虞区	2019	0.7324
	上虞区	2020	0.8004
	诸暨市	2013	0.4384
	诸暨市	2014	0.3146
	诸暨市	2015	0.3503
	诸暨市	2016	0.4030
	诸暨市	2017	0.4060
	诸暨市	2018	0.4637
	诸暨市	2019	0.7361
	诸暨市	2020	0.6782
金华	兰溪市	2013	0.2967
	兰溪市	2014	0.2615
	兰溪市	2015	0.4752

续表

市	县域	年份	乡村振兴绩效
金华	兰溪市	2016	0.4971
	兰溪市	2017	0.5991
	兰溪市	2018	0.5557
	兰溪市	2019	0.7797
	兰溪市	2020	0.7018
	永康市	2013	0.3690
	永康市	2014	0.3053
	永康市	2015	0.4446
	永康市	2016	0.5243
	永康市	2017	0.5100
	永康市	2018	0.5785
	永康市	2019	0.6608
	永康市	2020	0.7589
衢州	江山市	2013	0.0792
	江山市	2014	0.1620
	江山市	2015	0.3352
	江山市	2016	0.4052
	江山市	2017	0.4547
	江山市	2018	0.4127
	江山市	2019	0.7195
	江山市	2020	0.6934
	龙游县	2013	0.1880
	龙游县	2014	0.3092
	龙游县	2015	0.3714
	龙游县	2016	0.4033
	龙游县	2017	0.4298
	龙游县	2018	0.6154
	龙游县	2019	0.6209
	龙游县	2020	0.6431

续表

市	县域	年份	乡村振兴绩效
舟山	岱山县	2013	0.4486
	岱山县	2014	0.1166
	岱山县	2015	0.2744
	岱山县	2016	0.3427
	岱山县	2017	0.4172
	岱山县	2018	0.4339
	岱山县	2019	0.4522
	岱山县	2020	0.5063
	嵊泗县	2013	0.2231
	嵊泗县	2014	0.2090
	嵊泗县	2015	0.3349
	嵊泗县	2016	0.3951
	嵊泗县	2017	0.6303
	嵊泗县	2018	0.5107
	嵊泗县	2019	0.5876
	嵊泗县	2020	0.6692
台州	临海市	2013	0.3439
	临海市	2014	0.3668
	临海市	2015	0.3427
	临海市	2016	0.4470
	临海市	2017	0.5865
	临海市	2018	0.7193
	临海市	2019	0.8094
	临海市	2020	0.7416
	仙居县	2013	0.2693
	仙居县	2014	0.3096
	仙居县	2015	0.2932
	仙居县	2016	0.4046

市	县域	年份	乡村振兴绩效
台州	仙居县	2017	0.4909
	仙居县	2018	0.7346
	仙居县	2019	0.7546
	仙居县	2020	0.7679
丽水	青田县	2013	0.2472
	青田县	2014	0.3164
	青田县	2015	0.4581
	青田县	2016	0.5182
	青田县	2017	0.4603
	青田县	2018	0.5427
	青田县	2019	0.6307
	青田县	2020	0.7175
	松阳县	2013	0.3238
	松阳县	2014	0.5575
	松阳县	2015	0.5237
	松阳县	2016	0.6282
	松阳县	2017	0.5006
	松阳县	2018	0.4705
	松阳县	2019	0.5844
	松阳县	2020	0.5601

可以看到，整体上，乡村振兴绩效是处于逐年递增的状态，且大部分县（市）在 2018 年之后，乡村振兴绩效有较大幅度的提升。同时也要注意到，由于指标不够完善，且存在部分数据缺失以及出现极端值的情况，测算结果不能完全代表地区乡村振兴成效，在后续的研究中会逐渐改善。

二、基准模型回归

本章用 *TS* 表示产业高级化程度；*rre* 表示乡村振兴绩效；*gfe* 表示政府财

政支出（亿元）；*stu* 表示普通中学在校学生数（万人），用来衡量人力资本水平；*fd* 表示金融发展水平；*af* 表示实际利用外资（万美元），用来衡量对外开放程度。

在表 6.3 的回归结果中，*reg*1 为个体时点双固定效应模型，*reg*2 为个体固定效应模型，*reg*3 为时点固定效应模型。星号代表系数显著性水平，星号越多，显著性水平越高，越具有统计意义。

表 6.3   回归结果对比

变量	*reg*1	*reg*2	*reg*3
rre	0.152 (0.1290)	0.215 * (0.1243)	0.0577 (0.4528)
gfe	0.00176 (0.0011)	0.00278 *** (0.0007)	0.00172 (0.0012)
fd	0.323 *** (0.0872)	0.309 *** (0.0803)	0.0328 (0.1456)
af	− 0.000000221 (0.0000)	− 0.000000277 (0.0000)	− 0.000000756 (0.0000)
stu	− 0.101 (0.0748)	− 0.155 ** (0.0668)	− 0.103 *** (0.0348)
N	174	174	174
R^2	0.9339	0.9284	0.1190
adj. R^2	0.9183	0.9157	0.0534

注：括号中为标准错误差，* $p < 0.1$，** $p < 0.05$，*** $p < 0.01$。

可以看到，个体固定效应模型估计得到的系数显著性水平更高，同时用统计检验（Chow 检验）也得出应使用个体固定效应模型。最终估计结果如表 6.4 所示。

表6.4	个体固定效应
rre	0.214 * (0.1218)
gfe	0.00247 *** (0.0006)
ln*af*	−0.0312 ** (0.0143)
fd	0.363 *** (0.0751)
1. *county*	0 (.)
2. *county*	−0.117 (0.0802)
3. *county*	0.579 *** (0.1329)
4. *county*	−0.624 *** (0.1038)
5. *county*	−0.0479 (0.1295)
6. *county*	−0.262 *** (0.0872)
7. *county*	−0.310 *** (0.0851)
8. *county*	−0.170 *** (0.0637)
9. *county*	−0.217 ** (0.0878)
10. *county*	−0.296 *** (0.0623)
11. *county*	−0.194 ** (0.0807)

续表

12. *county*	− 0. 103 (0. 0746)
13. *county*	− 0. 0658 (0. 0767)
14. *county*	− 0. 108 (0. 0900)
15. *county*	− 0. 208 ** (0. 0825)
16. *county*	2. 968 *** (0. 1834)
17. *county*	− 0. 0195 (0. 0824)
18. *county*	0. 0239 (0. 0667)
19. *county*	− 0. 477 *** (0. 1174)
20. *county*	− 0. 317 * (0. 1742)
21. *county*	− 0. 606 *** (0. 0656)
22. *county*	− 0. 159 * (0. 0865)
_cons	0. 618 *** (0. 1472)
N	174
R^2	0. 9288
adj. R^2	0. 9168

注：括号中为标准错误差，＊p＜0.1，＊＊p＜0.05，＊＊＊p＜0.01。

在表 6.4 的结果中，*county* 表示县市，1～22 表示选取的 22 个县市，对应的数值为其截距项。可以看到，核心解释变量的显著性水平在10%以上，在统计意义上可以认为乡村振兴对县域产业的发展确实有促进作用，同时控制变量的显著性水平也在5%以上。由于用来衡量人力资本水平的 stu（表示普通中学在校学生数）系数为负，经济意义不合理，故舍去。lnaf 为实际利用外资的对数变化，可以看到其系数符号为负需要解释的是此处的系数符号为负同样符合经济意义。已有的研究对外资引进与产业结构升级的关系已经有了较为深入的探讨，冼国明等（2022）[①] 的研究发现外资开放与产业升级之间存在倒"U"形关系，如此便可以说明此处 LNAF 系数为负的合理性。

三、门槛效应检验

由于门槛效应估计需要平衡面板数据，故先对数据中的缺失值进行补齐。随后以 rre 为门槛变量，首先选用单一门槛进行模型估计，结果如表6.5所示。

表6.5 门槛回归

变量	（1）
gfe	0.00273 *** (0.0007)
fd	0.373 *** (0.0399)
lnaf	− 0.0376 *** (0.0125)
0. _cat#c. rre	0.516 *** (0.1626)
1. _cat#c. rre	0.263 ** (0.1187)

---

① 冼国明等. 外资开放、市场分割与产业升级——基于双循环新发展格局视角的探讨 [J/OL]. 南方经济：1 - 23 [2022 - 05 - 31].

续表

变量	(1)
_cons	0.498 *** (0.1220)
N	176
R^2	0.5186
adj. R^2	0.4346

注：括号中为标准错误差，＊p<0.1，＊＊p<0.05，＊＊＊p<0.01。

可以看到回归系数的显著性水平在5%以上，但是门槛值的统计检验并未通过。

表6.6中的p值较大，不拒绝原假设，表明 rre（乡村振兴绩效）本身并不存在门槛效应，即从统计意义上而言，并不存在一个临界值使乡村振兴绩效在越过这一门槛后对浙江省县域产业升级的影响发生显著性变化。

表6.6 门槛效应检验

被解释变量	门槛数	F统计值	p值	10%临界值	5%临界值	1%临界值	门槛估计值	区间
TS	单一门槛	8.38	0.3	13.5379	16.5947	23.6027	0.6431	(0.6092, 0.6456)

在基准模型中引入新的控制变量 er（第三产业与第二产业从业人数比），重新估计，结果如表6.7所示。

表6.7 个体固定效应回归

变量	(1)
rre	0.130 (0.1109)
gfe	0.00231 *** (0.0006)

续表

变量	（1）
fd	0. 334 *** （0. 0720）
lnaf	− 0. 0346 ** （0. 0160）
er	0. 185 * （0. 0997）
N	176
R^2	0. 9376
adj. R^2	0. 9267

注：括号中为标准错误差，＊p＜0.1，＊＊p＜0.05，＊＊＊p＜0.01。

从表 6.7 的回归结果可以看到核心解释变量 rre 并不显著，但是控制变量显著性都在 10% 以上，且 er 的系数为正值，表明第三产业从业人数相对第二产业从业人数增加时，对县域产业高级化起促进作用。

当选择 rre 作为门槛变量，er（第三产业从业人数÷第二产业从业人数）作为随门槛值变化的变量，结果如表 6.8 所示。

表6.8 单门槛回归

变量	（1）
rre	0. 444 *** （0. 1392）
gfe	0. 00170 ** （0. 0007）
fd	0. 325 *** （0. 0394）
lnaf	− 0. 0343 *** （0. 0119）

续表

变量	（1）
0. _cat#c. er	0. 318 *** （0. 0736）
1. _cat#c. er	0. 195 *** （0. 0656）
_cons	0. 346 *** （0. 1220）
N	176
R^2	0. 5647
adj. R^2	0. 4853

注：括号中为标准错误差，＊$p < 0.1$，＊＊$p < 0.05$，＊＊＊$p < 0.01$。

可以看到，所有解释变量至少都在 5% 的显著性水平上，同时门槛效应检验如表6.9所示。

表 6. 9　　　　　　　　　　门槛效应检验

被解释变量	门槛数	F 统计值	p 值	10% 临界值	5% 临界值	1% 临界值	门槛估计值	区间
TS	单一门槛	18	0. 04	13. 8971	17. 6061	24. 0934	0. 5601	（0. 5409，0. 5671）
	双门槛	4. 7	0. 5667	12. 7793	15. 3703	22. 9676		

仅看 p 值可以得出，存在单一门槛效应而不存在双门槛效应，LR 检验同样验证了此观点。

从图6.1可以看到，门限估计值0.5601位于临界值下方，表明表6.9的门槛估计值是真实、有效的。

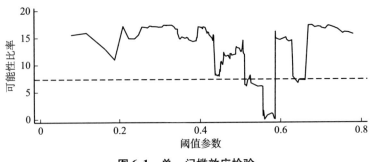

图6.1 单一门槛效应检验

对上述结果进行分析，基于统计检验，可以得出乡村振兴绩效自身对于县域产业发展不存在门槛效应，而其对 er 存在着门槛效应，当乡村振兴绩效小于0.5601时，er 的系数估计为0.318；而当乡村振兴绩效大于0.5601时，er 的系数估计为0.195。即随着乡村振兴程度越高，er 对于县域产业高级化的影响程度是逐渐减弱的。由此可以说明，在乡村振兴战略实施的前期，三次产业之间的从业人员实现了再分配，从事第三产业的人员相对增加，对县域产业高级化起到了更强的促进作用，当乡村振兴达到较高水平后，影响减弱，也符合边际报酬递减规律。

第三节　中部地区实证结果及分析

中部地区河南省为例，以下是河南省县域测度结果。

一、对乡村振兴绩效的衡量

指标体系同第二节，本部分选取河南省33个县（市）进行评价，测量结果如表6.10所示。

表 6.10   乡村振兴绩效

城市	县域	年份	乡村振兴绩效
郑州市	荥阳市	2013	0.2950
	荥阳市	2014	0.3439
	荥阳市	2015	0.4351
	荥阳市	2016	0.4234
	荥阳市	2017	0.3728
	荥阳市	2018	0.4571
	荥阳市	2019	0.5842
	荥阳市	2020	0.7603
	登封市	2013	0.2944
	登封市	2014	0.2344
	登封市	2015	0.2620
	登封市	2016	0.3451
	登封市	2017	0.3475
	登封市	2018	0.4313
	登封市	2019	0.5191
	登封市	2020	0.7642
开封市	尉氏县	2013	0.2475
	尉氏县	2014	0.2567
	尉氏县	2015	0.2541
	尉氏县	2016	0.2488
	尉氏县	2017	0.2790
	尉氏县	2018	0.2560
	尉氏县	2019	0.5969
	尉氏县	2020	0.9739
	兰考县	2013	0.3101
	兰考县	2014	0.3214
	兰考县	2015	0.3381
	兰考县	2016	0.2132

城市	县域	年份	乡村振兴绩效
开封市	兰考县	2017	0.3721
	兰考县	2018	0.4643
	兰考县	2019	0.6243
	兰考县	2020	0.7519
洛阳市	栾川县	2013	0.3636
	栾川县	2014	0.3944
	栾川县	2015	0.4149
	栾川县	2016	0.3584
	栾川县	2017	0.5372
	栾川县	2018	0.4840
	栾川县	2019	0.5041
	栾川县	2020	0.6237
	宜阳县	2013	0.2390
	宜阳县	2014	0.2737
	宜阳县	2015	0.2826
	宜阳县	2016	0.3168
	宜阳县	2017	0.3799
	宜阳县	2018	0.6651
	宜阳县	2019	0.7470
	宜阳县	2020	0.8734
平顶山市	鲁山县	2013	0.3258
	鲁山县	2014	0.3884
	鲁山县	2015	0.5689
	鲁山县	2016	0.6132
	鲁山县	2017	0.6095
	鲁山县	2018	0.5530
	鲁山县	2019	0.6051
	鲁山县	2020	0.7344

城市	县域	年份	乡村振兴绩效
安阳市	安阳县	2013	0.3019
	安阳县	2014	0.3001
	安阳县	2015	0.3329
	安阳县	2016	0.3548
	安阳县	2017	0.3583
	安阳县	2018	0.4217
	安阳县	2019	0.6744
	安阳县	2020	0.7401
	林州市	2013	0.3833
	林州市	2014	0.3947
	林州市	2015	0.2892
	林州市	2016	0.2965
	林州市	2017	0.3757
	林州市	2018	0.5165
	林州市	2019	0.7481
	林州市	2020	0.8195
新乡市	新乡县	2013	0.4238
	新乡县	2014	0.3109
	新乡县	2015	0.2862
	新乡县	2016	0.2238
	新乡县	2017	0.2448
	新乡县	2018	0.2340
	新乡县	2019	0.4871
	新乡县	2020	0.7100
	延津县	2013	0.3030
	延津县	2014	0.3440
	延津县	2015	0.2438
	延津县	2016	0.2474

城市	县域	年份	乡村振兴绩效
新乡市	延津县	2017	0.2555
	延津县	2018	0.2736
	延津县	2019	0.5262
	延津县	2020	0.7661
焦作市	博爱县	2013	0.1819
	博爱县	2014	0.2130
	博爱县	2015	0.2984
	博爱县	2016	0.2304
	博爱县	2017	0.2453
	博爱县	2018	0.2763
	博爱县	2019	0.8116
	博爱县	2020	0.8732
	沁阳市	2013	0.3611
	沁阳市	2014	0.3918
	沁阳市	2015	0.3673
	沁阳市	2016	0.3332
	沁阳市	2017	0.3151
	沁阳市	2018	0.3582
	沁阳市	2019	0.7688
	沁阳市	2020	0.7606
濮阳市	濮阳县	2013	0.1763
	濮阳县	2014	0.2343
	濮阳县	2015	0.2798
	濮阳县	2016	0.3227
	濮阳县	2017	0.4147
	濮阳县	2018	0.4556
	濮阳县	2019	0.6909
	濮阳县	2020	0.7612

续表

城市	县域	年份	乡村振兴绩效
濮阳市	台前县	2013	0.2601
	台前县	2014	0.2599
	台前县	2015	0.2803
	台前县	2016	0.3057
	台前县	2017	0.4054
	台前县	2018	0.3986
	台前县	2019	0.6982
	台前县	2020	0.9126
许昌市	襄城县	2013	0.4726
	襄城县	2014	0.2741
	襄城县	2015	0.2833
	襄城县	2016	0.3190
	襄城县	2017	0.3544
	襄城县	2018	0.3860
	襄城县	2019	0.5105
	襄城县	2020	0.6062
漯河市	舞阳县	2013	0.3118
	舞阳县	2014	0.2529
	舞阳县	2015	0.2755
	舞阳县	2016	0.2773
	舞阳县	2017	0.3315
	舞阳县	2018	0.3649
	舞阳县	2019	0.6884
	舞阳县	2020	0.7293
三门峡市	渑池县	2013	0.2192
	渑池县	2014	0.2460
	渑池县	2015	0.2279
	渑池县	2016	0.3102

续表

城市	县域	年份	乡村振兴绩效
三门峡市	渑池县	2017	0.3256
	渑池县	2018	0.5312
	渑池县	2019	0.5441
	渑池县	2020	0.5439
	灵宝市	2013	0.4735
	灵宝市	2014	0.5211
	灵宝市	2015	0.3532
	灵宝市	2016	0.4566
	灵宝市	2017	0.4794
	灵宝市	2018	0.4507
	灵宝市	2019	0.7175
	灵宝市	2020	0.6881
南阳市	方城县	2013	0.1602
	方城县	2014	0.2627
	方城县	2015	0.3308
	方城县	2016	0.3466
	方城县	2017	0.5822
	方城县	2018	0.6447
	方城县	2019	0.7663
	方城县	2020	0.6634
	新野县	2013	0.1312
	新野县	2014	0.2301
	新野县	2015	0.2776
	新野县	2016	0.2863
	新野县	2017	0.3469
	新野县	2018	0.4491
	新野县	2019	0.5179
	新野县	2020	0.9658

城市	县域	年份	乡村振兴绩效
南阳市	镇平县	2013	0.2407
	镇平县	2014	0.3373
	镇平县	2015	0.3924
	镇平县	2016	0.4287
	镇平县	2017	0.5192
	镇平县	2018	0.5838
	镇平县	2019	0.6850
	镇平县	2020	0.9970
商丘市	民权县	2013	0.3107
	民权县	2014	0.3323
	民权县	2015	0.3490
	民权县	2016	0.3596
	民权县	2017	0.3452
	民权县	2018	0.5018
	民权县	2019	0.5933
	民权县	2020	0.7267
	虞城县	2013	0.2293
	虞城县	2014	0.2491
	虞城县	2015	0.2786
	虞城县	2016	0.2840
	虞城县	2017	0.3100
	虞城县	2018	0.4339
	虞城县	2019	0.6048
	虞城县	2020	0.8116
信阳市	光山县	2013	0.1500
	光山县	2014	0.1712
	光山县	2015	0.2058
	光山县	2016	0.2351

城市	县域	年份	乡村振兴绩效
信阳市	光山县	2017	0.2320
	光山县	2018	0.3045
	光山县	2019	0.6817
	光山县	2020	0.6503
	商城县	2013	0.3497
	商城县	2014	0.1637
	商城县	2015	0.2008
	商城县	2016	0.2494
	商城县	2017	0.2724
	商城县	2018	0.2835
	商城县	2019	0.5489
	商城县	2020	0.8966
	潢川县	2013	0.1500
	潢川县	2014	0.1712
	潢川县	2015	0.2058
	潢川县	2016	0.2351
	潢川县	2017	0.2320
	潢川县	2018	0.3045
	潢川县	2019	0.6817
	潢川县	2020	0.6503
周口市	扶沟县	2013	0.2311
	扶沟县	2014	0.2126
	扶沟县	2015	0.2893
	扶沟县	2016	0.2622
	扶沟县	2017	0.3359
	扶沟县	2018	0.4214
	扶沟县	2019	0.7197
	扶沟县	2020	0.7975

续表

城市	县域	年份	乡村振兴绩效
周口市	商水县	2013	0.2744
	商水县	2014	0.2392
	商水县	2015	0.3084
	商水县	2016	0.2807
	商水县	2017	0.3055
	商水县	2018	0.3983
	商水县	2019	0.7248
	商水县	2020	0.9210
	鹿邑县	2013	0.3344
	鹿邑县	2014	0.2709
	鹿邑县	2015	0.4169
	鹿邑县	2016	0.3664
	鹿邑县	2017	0.3993
	鹿邑县	2018	0.5246
	鹿邑县	2019	0.6481
	鹿邑县	2020	0.7287
驻马店市	西平县	2013	0.1317
	西平县	2014	0.1941
	西平县	2015	0.2188
	西平县	2016	0.1940
	西平县	2017	0.2648
	西平县	2018	0.4151
	西平县	2019	0.5698
	西平县	2020	0.8347
	正阳县	2013	0.3813
	正阳县	2014	0.1734
	正阳县	2015	0.1990
	正阳县	2016	0.1881

城市	县域	年份	乡村振兴绩效
	正阳县	2017	0.2540
	正阳县	2018	0.2979
	正阳县	2019	0.4914
	正阳县	2020	0.6338
	新蔡县	2013	0.1765
	新蔡县	2014	0.2800
驻马店市	新蔡县	2015	0.3085
	新蔡县	2016	0.2179
	新蔡县	2017	0.2920
	新蔡县	2018	0.5413
	新蔡县	2019	0.4541
	新蔡县	2020	0.6622

可以看到，整体上，乡村振兴绩效是处于逐年递增的状态，且大部分县（市）在 2018 年之后，乡村振兴绩效有较大幅度的提升。同时也要注意到，由于指标不够完善，且存在部分数据缺失以及出现极端值的情况，测算结果不能完全代表地区乡村振兴成效，在后续的研究中会逐渐改善。

二、基准模型回归

文章用 TS 表示产业高级化程度；rre 表示乡村振兴绩效；gfe 表示政府财政支出（亿元）；stu 表示普通中学在校学生数（万人），用来衡量人力资本水平；fd 表示金融发展水平，由于 af（实际利用外资）数据缺失较多，故本节回归中不包含此变量（见表6.11）。

表 6.11　　　　　　　　　　　　回归结果对比

变量	(1) reg1	(2) reg2	(3) reg3
rre	0.0675 (0.1623)	0.379 *** (0.1266)	0.0698 (0.1934)

续表

变量	（1） reg1	（2） reg2	（3） reg3
gfe	$-6.47\mathrm{e}-08$ （0.0000）	0.000000790 *** （0.0000）	$-2.58\mathrm{e}-08$ （0.0000）
fd	0.835 *** （0.1194）	0.922 *** （0.1145）	0.897 *** （0.1067）
lnstu	0.0386 （0.0954）	0.0900 （0.1093）	0.286 *** （0.0544）
1. county	0 （.）	0 （.）	
2. county	-0.0916 （0.1121）	0.105 （0.1088）	
3. county	0.0724 （0.0855）	-0.0621 （0.0807）	
4. county	0.183 ** （0.0761）	0.0873 （0.0802）	
5. county	-0.0717 （0.0485）	-0.0614 （0.0504）	
6. county	0.200 *** （0.0722）	0.154 ** （0.0636）	
7. county	0.00343 （0.0870）	-0.0306 （0.0885）	
8. county	0.123 （0.1078）	-0.0692 （0.1137）	
9. county	-0.218 *** （0.0580）	-0.291 *** （0.0583）	
10. county	0.0784 （0.0797）	-0.0627 （0.0879）	

变量	(1) reg1	(2) reg2	(3) reg3
11. *county*	− 0. 0995 (0. 0864)	− 0. 0135 (0. 0978)	
12. *county*	0. 527 *** (0. 0657)	0. 453 *** (0. 0741)	
13. *county*	0. 106 (0. 0776)	− 0. 0511 (0. 0728)	
14. *county*	− 0. 134 * (0. 0809)	− 0. 0449 (0. 0943)	
15. *county*	0. 356 *** (0. 0658)	0. 305 *** (0. 0690)	
16. *county*	0. 214 (0. 1754)	0. 0597 (0. 1674)	
17. *county*	− 0. 0658 (0. 0746)	0. 0228 (0. 0730)	
18. *county*	0. 125 * (0. 0646)	0. 122 ** (0. 0587)	
19. *county*	0. 161 * (0. 0842)	0. 0283 (0. 0853)	
20. *county*	0. 0272 (0. 1058)	0. 128 (0. 1076)	
21. *county*	− 0. 0340 (0. 0714)	− 0. 142 * (0. 0753)	
22. *county*	0. 0642 (0. 0884)	0. 168 (0. 1053)	

续表

变量	（1） *reg*1	（2） *reg*2	（3） *reg*3
23. *county*	0.0376 （0.0527）	0.0227 （0.0671）	
24. *county*	0.456 *** （0.0936）	0.331 *** （0.0913）	
25. *county*	− 0.0360 （0.0952）	− 0.206 ** （0.0896）	
26. *county*	− 0.445 *** （0.0942）	− 0.253 ** （0.0990）	
27. *county*	0.213 * （0.1267）	0.268 * （0.1360）	
28. *county*	0.410 *** （0.0813）	0.407 *** （0.0862）	
29. *county*	0.121 （0.1027）	0.273 ** （0.1123）	
30. *county*	0.300 *** （0.0567）	0.317 *** （0.0575）	
31. *county*	0.197 ** （0.0987）	0.0901 （0.0957）	
32. *county*	0.458 *** （0.1327）	0.433 *** （0.1292）	
33. *county*	0.227 ** （0.0983）	0.154 （0.1007）	
2013. *year*	0 （.）		0 （.）
2014. *year*	0.111 *** （0.0307）		0.107 ** （0.0435）

续表

变量	（1） reg1	（2） reg2	（3） reg3
2015. year	0.170 *** (0.0370)		0.163 *** (0.0479)
2016. year	0.219 *** (0.0442)		0.201 *** (0.0509)
2017. year	0.249 *** (0.0540)		0.227 *** (0.0553)
2018. year	0.297 *** (0.0760)		0.266 *** (0.0702)
2019. year	0.470 *** (0.1008)		0.423 *** (0.1062)
2020. year	0.482 *** (0.1178)		0.427 *** (0.1227)
_cons	− 0.267 (0.9969)	− 1.032 (1.1586)	− 2.810 *** (0.5275)
N	264	264	264
R^2	0.8242	0.7981	0.6228
adj. R^2	0.7899	0.7661	0.6064

注：括号中为标准错误差，＊p＜0.1，＊＊p＜0.05，＊＊＊p＜0.01。

表6.11的回归结果中，reg1为个体时点双固定效应模型，reg2为个体固定效应模型，reg3为时点固定效应模型。星号代表系数显著性水平，星号越多，显著性水平越高，越具有统计意义。可以看到，使用个体固定效应模型估计得到的系数，除 stu 外，显著性水平都在1%以上，同时可以看到另外两个模型中，gfe（政府财政支出）的系数为负，不符合经济意义，故选用个体固定模型。由于 gfe 的估计值过小，可以忽略不计，在进行对数变换后的估计结果未有变化，故舍去，最终结果如表6.12所示。

表 6.12 　　　　　　　　　回归结果

rre	0.657 *** (0.0934)
ln*stu*	0.202 * (0.1143)
fd	0.958 *** (0.1394)
1. *county*	0 (.)
2. *county*	0.108 (0.1180)
3. *county*	0.0671 (0.0868)
4. *county*	0.164 * (0.0879)
5. *county*	−0.0214 (0.0651)
6. *county*	0.225 *** (0.0808)
7. *county*	0.0398 (0.0988)
8. *county*	0.113 (0.0935)
9. *county*	−0.191 ** (0.0757)
10. *county*	0.0304 (0.0966)
11. *county*	0.0508 (0.1126)

续表

12. *county*	0.444 *** (0.0830)
13. *county*	0.0493 (0.0869)
14. *county*	0.0714 (0.1064)
15. *county*	0.355 *** (0.0827)
16. *county*	0.249 (0.1988)
17. *county*	0.0388 (0.0866)
18. *county*	0.173 ** (0.0766)
19. *county*	0.125 (0.0933)
20. *county*	0.174 (0.1192)
21. *county*	0.0119 (0.0778)
22. *county*	0.248 ** (0.1179)
23. *county*	0.0731 (0.0843)
24. *county*	0.483 *** (0.0991)
25. *county*	0.0241 (0.0750)

续表

26. *county*	− 0. 262 ** (0. 1154)
27. *county*	0. 291 ** (0. 1337)
28. *county*	0. 500 *** (0. 0966)
29. *county*	0. 256 ** (0. 1129)
30. *county*	0. 338 *** (0. 0730)
31. *county*	0. 161 (0. 1070)
32. *county*	0. 562 *** (0. 1426)
33. *county*	0. 177 * (0. 1026)
_cons	− 2. 123 * (1. 2245)
N	264
R^2	0. 7833
adj. R^2	0. 7501

注：括号中为标准错误差，* p < 0.1，** p < 0.05，*** p < 0.01。

三、门槛效应检验

由于门槛效应估计需要平衡面板数据，故先对数据中的缺失值进行补齐。随后以 *rre* 作为门槛变量，其自身作为随门槛值变化的变量，首先选用单一门槛进行模型估计，结果如表 6.13 所示。

表6.13　　　　　　　　　　门槛效应检验

被解释变量	门槛数	F统计值	p值	10%临界值	5%临界值	1%临界值	门槛估计值	区间
TS	单一门槛	6.99	0.6667	20.5129	23.8063	32.7304	0.7663	(0.7661, 0.7688)

表 6.13 中的 p 值较大，不拒绝原假设，表明 rre（乡村振兴绩效）本身并不存在门槛效应，即从统计意义上而言，并不存在一个临界值使乡村振兴绩效在越过这一门槛后对河南省县域产业升级的影响发生显著性变化。

当以 rre 作为门槛变量，选用其他解释变量作为随门槛值变化的变量时，仍未通过统计检验，表明对于模型中选取的解释变量，皆不存在门槛效应。

第四节　西部地区实证结果及分析

西部地区以甘肃省为例，以下是甘肃省县域测度结果。

一、对乡村振兴绩效的衡量

指标体系同上节，本部分选取甘肃省 25 个县（市）进行评价，测量结果如表 6.14 所示。

表 6.14　　　　　　　　　　乡村振兴绩效

城市	县域	年份	乡村振兴绩效
兰州市	永登县	2013	0.4882
	永登县	2014	0.4772
	永登县	2015	0.6157
	永登县	2016	0.4564
	永登县	2017	0.4509
	永登县	2018	0.4757

续表

城市	县域	年份	乡村振兴绩效
兰州市	永登县	2019	0.4945
	永登县	2020	0.5421
	皋兰县	2013	0.4732
	皋兰县	2014	0.5056
	皋兰县	2015	0.5436
	皋兰县	2016	0.4078
	皋兰县	2017	0.4056
	皋兰县	2018	0.3746
	皋兰县	2019	0.4508
	皋兰县	2020	0.4868
金昌市	永昌县	2013	0.2809
	永昌县	2014	0.2939
	永昌县	2015	0.4939
	永昌县	2016	0.5339
	永昌县	2017	0.5071
	永昌县	2018	0.5663
	永昌县	2019	0.6354
	永昌县	2020	0.7131
白银市	靖远县	2013	0.2681
	靖远县	2014	0.3766
	靖远县	2015	0.4640
	靖远县	2016	0.3704
	靖远县	2017	0.4123
	靖远县	2018	0.4862
	靖远县	2019	0.5490
	靖远县	2020	0.6743
	景泰县	2013	0.1433

续表

城市	县域	年份	乡村振兴绩效
白银市	景泰县	2014	0.3561
	景泰县	2015	0.4470
	景泰县	2016	0.4079
	景泰县	2017	0.4246
	景泰县	2018	0.4581
	景泰县	2019	0.6135
	景泰县	2020	0.7004
天水市	秦安县	2013	0.3944
	秦安县	2014	0.4539
	秦安县	2015	0.6126
	秦安县	2016	0.5187
	秦安县	2017	0.5150
	秦安县	2018	0.4909
	秦安县	2019	0.5242
	秦安县	2020	0.6189
	武山县	2013	0.3086
	武山县	2014	0.2700
	武山县	2015	0.4934
	武山县	2016	0.5251
	武山县	2017	0.5399
	武山县	2018	0.5285
	武山县	2019	0.5820
	武山县	2020	0.6736
武威市	凉州区	2013	0.2901
	凉州区	2014	0.4515
	凉州区	2015	0.6357
	凉州区	2016	0.5233
	凉州区	2017	0.5340

续表

城市	县域	年份	乡村振兴绩效
武威市	凉州区	2018	0.6386
	凉州区	2019	0.6201
	凉州区	2020	0.6671
	天祝县	2013	0.3248
	天祝县	2014	0.4708
	天祝县	2015	0.6408
	天祝县	2016	0.5031
	天祝县	2017	0.5287
	天祝县	2018	0.5283
	天祝县	2019	0.5561
	天祝县	2020	0.5925
张掖市	肃南县	2013	0.2885
	肃南县	2014	0.3340
	肃南县	2015	0.4267
	肃南县	2016	0.6266
	肃南县	2017	0.4866
	肃南县	2018	0.4750
	肃南县	2019	0.4372
	肃南县	2020	0.4887
	临泽县	2013	0.2503
	临泽县	2014	0.2988
	临泽县	2015	0.4144
	临泽县	2016	0.6210
	临泽县	2017	0.4214
	临泽县	2018	0.3815
	临泽县	2019	0.4689
	临泽县	2020	0.5071

续表

城市	县域	年份	乡村振兴绩效
平凉市	泾川县	2013	0.2172
	泾川县	2014	0.3311
	泾川县	2015	0.4989
	泾川县	2016	0.4910
	泾川县	2017	0.5764
	泾川县	2018	0.5628
	泾川县	2019	0.7012
	泾川县	2020	0.7771
	静宁县	2013	0.3974
	静宁县	2014	0.4331
	静宁县	2015	0.6822
	静宁县	2016	0.6960
	静宁县	2017	0.7840
	静宁县	2018	0.8341
	静宁县	2019	0.8048
	静宁县	2020	0.8661
酒泉市	金塔县	2013	0.3056
	金塔县	2014	0.3857
	金塔县	2015	0.5070
	金塔县	2016	0.5311
	金塔县	2017	0.3860
	金塔县	2018	0.4179
	金塔县	2019	0.4570
	金塔县	2020	0.6240
	敦煌市	2013	0.3841
	敦煌市	2014	0.4427
	敦煌市	2015	0.5567
	敦煌市	2016	0.5846

续表

城市	县域	年份	乡村振兴绩效
酒泉市	敦煌市	2017	0.4326
	敦煌市	2018	0.4428
	敦煌市	2019	0.4387
	敦煌市	2020	0.6385
庆阳市	庆城县	2013	0.2092
	庆城县	2014	0.3756
	庆城县	2015	0.5200
	庆城县	2016	0.4680
	庆城县	2017	0.4113
	庆城县	2018	0.4862
	庆城县	2019	0.4985
	庆城县	2020	0.7622
	华池县	2013	0.2262
	华池县	2014	0.3793
	华池县	2015	0.5152
	华池县	2016	0.5191
	华池县	2017	0.3932
	华池县	2018	0.4862
	华池县	2019	0.4883
	华池县	2020	0.7483
定西市	安定区	2013	0.3612
	安定区	2014	0.3801
	安定区	2015	0.4359
	安定区	2016	0.4504
	安定区	2017	0.2458
	安定区	2018	0.3962
	安定区	2019	0.4050
	安定区	2020	0.6390

续表

城市	县域	年份	乡村振兴绩效
定西市	陇西县	2013	0.3432
	陇西县	2014	0.3839
	陇西县	2015	0.5803
	陇西县	2016	0.5653
	陇西县	2017	0.4284
	陇西县	2018	0.5050
	陇西县	2019	0.4890
	陇西县	2020	0.6933
陇南市	武都区	2013	0.1520
	武都区	2014	0.4344
	武都区	2015	0.6208
	武都区	2016	0.4850
	武都区	2017	0.5044
	武都区	2018	0.5379
	武都区	2019	0.6317
	武都区	2020	0.7021
	宕昌县	2013	0.2002
	宕昌县	2014	0.4711
	宕昌县	2015	0.5288
	宕昌县	2016	0.4966
	宕昌县	2017	0.4733
	宕昌县	2018	0.4201
	宕昌县	2019	0.5479
	宕昌县	2020	0.6490
临夏州	临夏市	2013	0.3955
	临夏市	2014	0.4709
	临夏市	2015	0.6549
	临夏市	2016	0.5376

续表

城市	县域	年份	乡村振兴绩效
临夏州	临夏市	2017	0.4709
	临夏市	2018	0.4778
	临夏市	2019	0.5377
	临夏市	2020	0.6159
	康乐县	2013	0.0757
	康乐县	2014	0.4274
	康乐县	2015	0.5078
	康乐县	2016	0.5045
	康乐县	2017	0.5320
	康乐县	2018	0.4785
	康乐县	2019	0.5599
	康乐县	2020	0.6323
甘南州	舟曲县	2013	0.2328
	舟曲县	2014	0.3520
	舟曲县	2015	0.6069
	舟曲县	2016	0.4894
	舟曲县	2017	0.5866
	舟曲县	2018	0.6763
	舟曲县	2019	0.7236
	舟曲县	2020	0.6520
	迭部县	2013	0.2417
	迭部县	2014	0.2792
	迭部县	2015	0.4506
	迭部县	2016	0.4270
	迭部县	2017	0.4365
	迭部县	2018	0.7347
	迭部县	2019	0.5060
	迭部县	2020	0.5159

可以看到，整体上，乡村振兴绩效是处于逐年递增的状态，且大部分县（市）在 2018 年之后，乡村振兴绩效有较大幅度的提升。同时也要注意到，由于指标不够完善，且存在部分数据缺失以及出现极端值的情况，测算结果不能完全代表地区乡村振兴成效，在后续的研究中会逐渐改善。

二、基准模型回归

这里用 TS 表示产业高级化程度；rre 表示乡村振兴绩效；gfe 表示政府财政支出（亿元）；stu 表示普通中学在校学生数（万人），用来衡量人力资本水平；fd 表示金融发展水平，由于 af（实际利用外资）数据缺失较多，故本节回归中不包含此变量（见表 6.15）。

表 6.15 初始结果

变量	$reg1$	$reg2$	$reg3$
rre	0.149 (1.0266)	0.533 (0.8444)	0.767 (1.1832)
lngfe	3.095 ** (1.5409)	3.372 *** (1.2694)	− 0.111 (0.4843)
fd	0.118 (0.1638)	0.136 (0.1206)	0.772 *** (0.1487)
lnstu	0.493 (1.7086)	0.230 (1.5434)	0.479 *** (0.1505)
N	200	200	200
R^2	0.6774	0.6660	0.2535
adj. R^2	0.6086	0.6113	0.2098

注：括号中为标准错误差，* $p < 0.1$，** $p < 0.05$，*** $p < 0.01$。

表 6.15 仅列出解释变量系数估计值情况，$reg1$ 为个体时点双固定效应模型，$reg2$ 为个体固定效应模型，$reg3$ 为时点固定效应模型。可以看到此时核心解释变量 rre 的显著性水平都不高，在调整模型中控制变量个数后，选用个

体固定模型，最终估计结果如表 6.16 所示。

表 6.16   回归结果

rre	3.380 *** (1.0824)
stu	−0.0000818 ** (0.0000)
fd	0.416 *** (0.1528)
1. *county*	0 (.)
2. *county*	−1.858 ** (0.8647)
3. *county*	−1.058 (0.7220)
4. *county*	−3.056 *** (0.7052)
5. *county*	−3.144 *** (0.8827)
6. *county*	−0.633 (0.4737)
7. *county*	−0.540 (0.4936)
8. *county*	−1.287 ** (0.6416)
9. *county*	−0.106 (0.3876)
10. *county*	−1.461 * (0.8105)

续表

11. *county*	1.414 (0.9281)
12. *county*	1.390 (1.1094)
13. *county*	1.879 *** (0.3871)
14. *county*	− 1.452 * (0.8577)
15. *county*	0.444 (0.3580)
16. *county*	1.656 ** (0.7704)
17. *county*	− 2.801 *** (0.6805)
18. *county*	− 2.910 *** (1.0561)
19. *county*	3.294 (2.1455)
20. *county*	− 2.223 *** (0.6413)
21. *county*	3.345 *** (0.5579)
22. *county*	1.343 *** (0.4286)
23. *county*	− 1.698 *** (0.5499)
24. *county*	− 0.986 *** (0.3494)

续表

25. *county*	0.476 (0.7924)
_cons	2.188 (1.4556)
N	200
R^2	0.6155
adj. R^2	0.5551

注：括号中为标准错误差，＊p<0.1，＊＊p<0.05，＊＊＊p<0.01。

可以看到核心解释变量 *rre* 的显著性处于1%水平上，且多数县市截距项的显著性至少都处于10%的水平。

三、门槛效应检验

由于门槛效应估计需要平衡面板数据，故先对数据中的缺失值进行补齐。随后以 *rre* 作为门槛变量，其自身作为随门槛值变化的变量，首先选用单一门槛进行模型估计，结果如表6.17所示。

表6.17 门槛效应检验

被解释变量	门槛数	F统计值	p值	10%临界值	5%临界值	1%临界值	门槛估计值	区间
TS	单一门槛	6.43	0.4	11.6624	19.2947	31.1212	0.6408	(0.6390, 0.6490)

表6.17中的p值较大，不拒绝原假设，表明 *rre*（乡村振兴绩效）本身并不存在门槛效应，即从统计意义上而言，并不存在一个临界值使乡村振兴绩效在越过这一门槛后对甘肃省县域产业升级的影响发生显著性变化。

当选用 *fd*（金融发展水平）作为随门槛变量 *rre* 变化的变量时，结果如表6.18所示。

表6.18   门槛效应检验

被解释变量	门槛数	F统计值	p值	10%临界值	5%临界值	1%临界值	门槛估计值	区间
TS	单一门槛	10.76	0.1767	13.9215	16.5177	30.7407	0.6408	(0.6354, 0.6490)

可以看到 p 值略大，但 *LR* 检验结果良好，如图 6.2 所示。

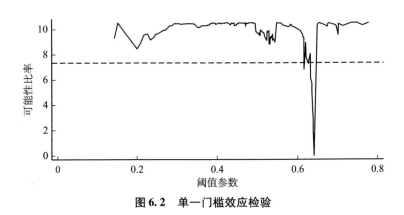

图 6.2　单一门槛效应检验

回归结果如表 6.19 所示。

表6.19   门槛回归结果

rre	1.558 (1.0313)
ln*stu*	-1.941 ** (0.8539)
0. _cat#c. fd	0.467 ** (0.2194)
1. _cat#c. fd	1.304 *** (0.3648)
_cons	19.48 ** (8.3807)

续表

N	200
R^2	0.2440
adj. R^2	0.1202

注：括号中为标准错误差，＊p＜0.1，＊＊p＜0.05，＊＊＊p＜0.01。

可以看到，除 rre（乡村振兴绩效）估计值并不在10%的显著性水平上，其他变量都在5%显著性水平上，但是 rre 的 p 值为0.133，仍然可以认为显著性水平较高。回归结果中可以看到，fd（金融发展水平）在 rre 小于0.6408 时，系数估计值为0.467，而在 rre 超过0.6408 时，估计值变为1.304，且结果显著。这证明了甘肃省乡村振兴战略的实施，可以通过改变县域的金融发展状况，改善县域企业的融资问题来促进县域产业的发展。也要注意到 stu（普通中学在校生人数）的系数估计值为负数，可能的解释是 stu 不是人力资本水平的一个好的衡量指标，也可能是由于甘肃省县域的人力资本水平确实还处于一个较低的水平，在门槛效应下尚不能对县域产业的发展起到积极作用。

第五节　东北地区实证结果及分析

东北地区以吉林省为例，以下是吉林省县域测度结果。

一、对乡村振兴绩效的衡量

由于数据可获取性，新增生态宜居指标，新的指标体系如表6.20所示。

表6.20　　　　　　　　　　乡村振兴指标体系

产业兴旺	设施农业种植占地面积（公顷）	+
	农机总动力（千瓦）	+
	第一产业增加值（亿元）	+

生态宜居	农村集中供水人口比例（%）	+
	绿化覆盖率（%）	+
	污水处理厂集中处理率（%）	+
乡风文明	普通小学专任教师数（个）	+
	公共图书馆总藏量（千册）	+
生活富裕	农村可支配收入（元）	+
	乡村城镇收入比	+

本部分选取吉林省 21 个县市进行评价，测量结果如表 6.21 所示。

表 6.21   乡村振兴绩效

城市	县域	年份	乡村振兴绩效
长春市	德惠市	2013	0.4333
	德惠市	2014	0.4500
	德惠市	2015	0.4115
	德惠市	2016	0.3906
	德惠市	2017	0.3870
	德惠市	2018	0.3841
	德惠市	2019	0.4455
	德惠市	2020	0.6697
	农安县	2013	0.3046
	农安县	2014	0.5235
	农安县	2015	0.4145
	农安县	2016	0.3762
	农安县	2017	0.3857
	农安县	2018	0.3985
	农安县	2019	0.3904
	农安县	2020	0.4903

续表

城市	县域	年份	乡村振兴绩效
吉林市	桦甸市	2013	0.5125
	桦甸市	2014	0.6395
	桦甸市	2015	0.3126
	桦甸市	2016	0.2451
	桦甸市	2017	0.2236
	桦甸市	2018	0.3691
	桦甸市	2019	0.3366
	桦甸市	2020	0.3665
	磐石市	2013	0.5912
	磐石市	2014	0.6301
	磐石市	2015	0.3581
	磐石市	2016	0.3181
	磐石市	2017	0.2833
	磐石市	2018	0.2568
	磐石市	2019	0.3157
	磐石市	2020	0.4941
	永吉县	2013	0.5627
	永吉县	2014	0.5105
	永吉县	2015	0.5255
	永吉县	2016	0.4441
	永吉县	2017	0.4204
	永吉县	2018	0.4676
	永吉县	2019	0.5265
	永吉县	2020	0.5210
四平市	梨树县	2013	0.4954
	梨树县	2014	0.5138
	梨树县	2015	0.4662
	梨树县	2016	0.4843

续表

城市	县域	年份	乡村振兴绩效
四平市	梨树县	2017	0.4985
	梨树县	2018	0.5656
	梨树县	2019	0.5416
	梨树县	2020	0.5992
	双辽市	2013	0.2942
	双辽市	2014	0.3337
	双辽市	2015	0.3862
	双辽市	2016	0.4139
	双辽市	2017	0.5047
	双辽市	2018	0.6406
	双辽市	2019	0.5864
	双辽市	2020	0.6662
辽源市	东丰县	2013	0.4910
	东丰县	2014	0.6269
	东丰县	2015	0.6011
	东丰县	2016	0.4624
	东丰县	2017	0.4979
	东丰县	2018	0.5161
	东丰县	2019	0.4688
	东丰县	2020	0.5624
	东辽县	2013	0.4163
	东辽县	2014	0.5037
	东辽县	2015	0.6336
	东辽县	2016	0.4340
	东辽县	2017	0.4336
	东辽县	2018	0.4834
	东辽县	2019	0.4993
	东辽县	2020	0.6115

续表

城市	县域	年份	乡村振兴绩效
通化市	通化县	2013	0.4843
	通化县	2014	0.4510
	通化县	2015	0.5867
	通化县	2016	0.5606
	通化县	2017	0.4196
	通化县	2018	0.4928
	通化县	2019	0.5018
	通化县	2020	0.5489
	辉南县	2013	0.4552
	辉南县	2014	0.5195
	辉南县	2015	0.4318
	辉南县	2016	0.4107
	辉南县	2017	0.3877
	辉南县	2018	0.4189
	辉南县	2019	0.4431
	辉南县	2020	0.6191
白山市	临江市	2013	0.5157
	临江市	2014	0.4310
	临江市	2015	0.5632
	临江市	2016	0.4923
	临江市	2017	0.4641
	临江市	2018	0.4034
	临江市	2019	0.4436
	临江市	2020	0.4705
	靖宇县	2013	0.4406
	靖宇县	2014	0.4440
	靖宇县	2015	0.6127
	靖宇县	2016	0.5134

续表

城市	县域	年份	乡村振兴绩效
白山市	靖宇县	2017	0.4940
	靖宇县	2018	0.5397
	靖宇县	2019	0.5511
	靖宇县	2020	0.5878
松原市	长岭县	2013	0.5861
	长岭县	2014	0.6181
	长岭县	2015	0.4192
	长岭县	2016	0.4548
	长岭县	2017	0.4473
	长岭县	2018	0.3848
	长岭县	2019	0.4190
	长岭县	2020	0.4631
	乾安县	2013	0.2830
	乾安县	2014	0.3424
	乾安县	2015	0.3795
	乾安县	2016	0.4305
	乾安县	2017	0.3952
	乾安县	2018	0.6999
	乾安县	2019	0.3926
	乾安县	2020	0.4398
白城市	大安市	2013	0.2703
	大安市	2014	0.2833
	大安市	2015	0.3943
	大安市	2016	0.3885
	大安市	2017	0.4920
	大安市	2018	0.5013
	大安市	2019	0.6081
	大安市	2020	0.5861

续表

城市	县域	年份	乡村振兴绩效
白城市	通榆县	2013	0.5792
	通榆县	2014	0.4993
	通榆县	2015	0.3378
	通榆县	2016	0.3278
	通榆县	2017	0.3939
	通榆县	2018	0.4381
	通榆县	2019	0.4117
	通榆县	2020	0.4668
延边朝鲜族自治州	延吉市	2013	0.5033
	延吉市	2014	0.6131
	延吉市	2015	0.3210
	延吉市	2016	0.2843
	延吉市	2017	0.3362
	延吉市	2018	0.3004
	延吉市	2019	0.3251
	延吉市	2020	0.5394
	敦化市	2013	0.5438
	敦化市	2014	0.5461
	敦化市	2015	0.3600
	敦化市	2016	0.3645
	敦化市	2017	0.4565
	敦化市	2018	0.4389
	敦化市	2019	0.5331
	敦化市	2020	0.5995
	龙井市	2013	0.4745
	龙井市	2014	0.4662
	龙井市	2015	0.5160
	龙井市	2016	0.4709

城市	县域	年份	乡村振兴绩效
延边朝鲜族自治州	龙井市	2017	0.2771
	龙井市	2018	0.4378
	龙井市	2019	0.4218
	龙井市	2020	0.5340
	汪清县	2013	0.4421
	汪清县	2014	0.4867
	汪清县	2015	0.3965
	汪清县	2016	0.3566
	汪清县	2017	0.4014
	汪清县	2018	0.4713
	汪清县	2019	0.5165
	汪清县	2020	0.5789

可以看到，整体上，乡村振兴绩效是处于逐年递增的状态，且大部分县市在 2018 年之后，乡村振兴绩效有较大幅度的提升。

二、基准模型回归

文章用 TS 表示产业高级化程度；rre 表示乡村振兴绩效；gfe 表示政府财政支出（亿元）；stu 表示普通中学在校学生数（万人），用来衡量人力资本水平；fd 表示金融发展水平。由于 af（实际利用外资）数据缺失较多，故本节回归中不包含此变量（见表6.22）。

表 6.22　　　　　　　　回归结果对比

变量	$reg1$	$reg2$	$reg3$
rre	−0.355 (0.4461)	0.682 (0.4910)	0.290 (0.5243)

续表

变量	reg1	reg2	reg3
ln*gfe*	1.453 *** (0.5362)	1.706 *** (0.3361)	1.396 *** (0.2962)
fd	0.317 (0.4128)	1.294 *** (0.2841)	-0.0881 (0.1634)
ln*stu*	0.112 (0.5873)	-0.689 (0.5597)	-0.383 ** (0.1801)
1. *county*	0 (.)	0 (.)	
2. *county*	-0.961 * (0.5697)	-1.974 *** (0.5629)	
3. *county*	-0.655 (0.5229)	-0.111 (0.5742)	
4. *county*	-0.266 (0.3799)	-0.414 (0.4693)	
5. *county*	-0.274 (0.5202)	-0.904 (0.5643)	
6. *county*	-1.118 ** (0.4532)	-1.932 *** (0.4375)	
7. *county*	-0.759 *** (0.2869)	-0.844 ** (0.3860)	
8. *county*	-0.0924 (0.3914)	-0.530 (0.4417)	
9. *county*	0.296 (0.9833)	-0.962 (0.9391)	
10. *county*	0.00147 (0.7877)	-0.853 (0.7852)	
11. *county*	0.238 (0.3624)	0.323 (0.5106)	

续表

变量	reg1	reg2	reg3
12. county	1.263 (1.1132)	-0.478 (1.1380)	
13. county	-0.710 (0.5621)	-0.379 (0.6036)	
14. county	-0.536* (0.3233)	-0.684* (0.4072)	
15. county	-0.426 (0.5131)	-0.782 (0.5569)	
16. county	-0.390 (0.4037)	-1.069** (0.4699)	
17. county	-0.384 (0.6733)	-1.464** (0.6479)	
18. county	0.188 (0.3909)	-0.290 (0.4594)	
19. county	0.408 (0.9096)	-1.089 (0.8802)	
20. county	-1.033** (0.4698)	-1.693*** (0.4511)	
21. county	-0.227 (0.7196)	-1.631** (0.6426)	
2013. year	0 (.)		0 (.)
2014. year	-0.0285 (0.1088)		0.00618 (0.1040)
2015. year	-0.237 (0.1507)		-0.108 (0.1125)
2016. year	-0.294 (0.1982)		-0.0953 (0.1346)

续表

变量	reg1	reg2	reg3
2017. year	0.00894 (0.3273)		0.294 (0.2338)
2018. year	0.270 (0.2890)		0.544 ** (0.2468)
2019. year	0.979 ** (0.4124)		1.367 *** (0.2770)
2020. year	0.822 * (0.4383)		1.132 *** (0.2764)
_cons	− 18.07 ** (8.2005)	− 14.14 ** (6.3888)	− 13.10 *** (2.5051)
N	168	168	168
R^2	0.7469	0.6766	0.6014
adj. R^2	0.6892	0.6223	0.5733

注：括号中为标准错误差，* $p < 0.1$，** $p < 0.05$，*** $p < 0.01$。

表 6.22 的回归结果中，reg1 为个体时点双固定效应模型，reg2 为个体固定效应模型，reg3 为时点固定效应模型。星号代表系数显著性水平，星号越多，显著性水平越高，越具有统计意义。

可以看到，使用个体时点双固定效应模型估计得到的 rre（乡村振兴绩效）系数为负数，不符合经济意义。而选用时点固定效应时，rre 估计值的 p 值过大，显著性水平低，故选用个体固定模型。由于 gfe（政府财政支出）不进行对数变换，使用原始数据时 rre 的显著性水平更高，故最终结果如表 6.23 所示。

表 6.23　　　　　　　　　回归结果

rre	0.673 (0.4668)
gfe	0.00000446 *** (0.0000)

fd	1. 371 *** (0. 2650)
ln*stu*	− 0. 743 (0. 5252)
1. *county*	0 (.)
2. *county*	− 1. 975 *** (0. 5283)
3. *county*	− 0. 120 (0. 5327)
4. *county*	− 0. 402 (0. 4435)
5. *county*	− 0. 969 * (0. 5054)
6. *county*	− 2. 002 *** (0. 4234)
7. *county*	− 0. 762 ** (0. 3598)
8. *county*	− 0. 530 (0. 4115)
9. *county*	− 1. 247 (0. 8698)
10. *county*	− 0. 941 (0. 7237)
11. *county*	0. 387 (0. 4939)
12. *county*	− 0. 699 (1. 0726)

13. *county*	−0.585 (0.5911)
14. *county*	−0.634 (0.3862)
15. *county*	−0.826 (0.5074)
16. *county*	−1.101** (0.4402)
17. *county*	−1.541** (0.6088)
18. *county*	−0.305 (0.4304)
19. *county*	−1.157 (0.8298)
20. *county*	−1.790*** (0.4420)
21. *county*	−1.794*** (0.6118)
_cons	6.463 (5.0973)
N	168
R^2	0.6869
adj. R^2	0.6344

注：括号中为标准错误差，＊p<0.1，＊＊p<0.05，＊＊＊p<0.01。

核心解释变量 *rre*（乡村振兴绩效）p 值为 0.152，也在可接受范围内，相信在增加评价指标对 *rre* 更好地测算后结果会有改善。需要注意的是，*stu* 的值为负数，即用普通中学在校生人数衡量的人力资本水平对于吉林省县域产业的发展并未起到积极作用。解释有二，一是解释变量选取不合理；二是东北三省的人才流失较为严重，确实不利于其产业发展。

三、门槛效应检验

以 rre 作为门槛变量，其自身作为随门槛值变化的变量，首先选用单一门槛进行模型估计，结果如表 6.24 所示。

表 6.24　门槛效应检验

被解释变量	门槛数	F 统计值	p 值	10% 临界值	5% 临界值	1% 临界值	门槛估计值	区间
TS	单一门槛	12.23	0.04	10.189	11.8135	15.3013	0.5397	(0.5294, 0.5416)

表 6.24 中的 p 值，不拒绝原假设，表明 rre（乡村振兴绩效）本身存在门槛效应，即从统计意义上而言，存在一个临界值使乡村振兴绩效在越过这一门槛后对吉林省县域产业升级的影响发生显著性变化（见表 6.25）。

表 6.25　门槛回归结果

变量	（1）
gfe	0.00000427 *** (0.0000)
fd	1.417 *** (0.2350)
0._cat#c.rre	−1.610 * (0.8380)
1._cat#c.rre	−0.542 (0.6333)
_cons	−0.532 (0.3954)
N	168

续表

变量	（1）
R^2	0.6348
adj. R^2	0.5735

注：括号中为标准错误差，＊p<0.1，＊＊p<0.05，＊＊＊p<0.01。

可以看到此时 rre 的估计值为负数，与个体固定效应模型直接估计得到的估计值正负情况相反。就经济意义而言，门槛回归得到的 rre 估计值是不合理的。

第六节　实证分析总结

第二节至第五节选取东部、中部、西部、东北地区各一个省份，通过模型计算，测度了乡村振兴背景下县域产业高质量发展与乡村振兴绩效的关系。结果表明，各县域内的乡村振兴战略实施确实对县域内产业的发展起到了促进作用。从 rre 的系数估计值来看，浙江省为0.214，处于最低。这表明乡村振兴对于浙江省县域产业发展的影响程度并不大，这与浙江省本身经济发展处于较高水平相吻合。其次是河南省，为0.379，与浙江省相差不大，与实际的经济发展水平相符。与浙江、河南相比，吉林省与甘肃省的 rre 系数估计值就较高，吉林省为0.67，甘肃省为3.38，表明乡村振兴战略对于县域产业的发展有着较强的作用。

当进行门槛效应检验时，发现对于 rre（乡村振兴绩效）本身是不存在门槛效应的。即从统计意义上而言，并不存在一个临界值使乡村振兴绩效在越过这一门槛后对县域产业升级的影响发生显著性变化。对于浙江省而言，在门槛模型中加入新的变量 er（第三产业与第二产业从业人数比）并选择其作为随门槛变量 rre 改变的变量时，er 的估计值在门槛值 rre 小于0.5601时，er 的系数估计为0.318，而当 rre 大于0.5601时，er 的系数估计为0.195，且估计值显著。由此可以说明在乡村振兴战略实施的前期，三次产业之间的从业人员实现了再分配，从事第三产业的人员相对增加，对县域产业高级化起到了更强的促进作用，当乡村振兴达到较高水平后，影响减弱。对于甘肃省而言，当选取 fd（金融发展水平）作为随门槛变量 rre 改变的变量，fd 在 rre 小于 0.6408 时，系数估计值为 0.467；在 rre 超过 0.6408 时，估计值变为 1.304，且结果显著。这证明了甘肃省乡村振兴战略的实施，可以通过深化县域的金融发展，改善县域企业的融资问题来促进县域产业的发展。

以上就是对县域产业影响机制的分析，由于部分数据从网上难以直接获取，评价体系构建不完善，在模型估计的过程中会无可避免地存在估计值与实际值有偏差的情况，但是也能反映出整体的趋势情况。在后续的研究中将逐步改进，以求更贴近实际。

第七章

乡村振兴背景下县域产业发展案例分析

搜集不同省份、不同经济发展水平、不同产业结构的县域单位，通过典型案分析产业发展现状、影响因素、优化路径，找出影响县域产业发展的共同因素以及不同之处，进一步探究县域产业的高质量发展。

第一节 产业结构升级对山东县域经济增长的影响

县域是城市之末，是乡村之首。2022 年中央一号文件指出支持大中城市疏解产业向县域延伸，发展县域富民产业，发展县域范围内比较优势明显的产业。2021 年，习近平总书记发表重要文章《扎实推动共同富裕》，指出我国已经到了扎实推动共同富裕的历史阶段。无论是国内国际双循环战略构建还是共同富裕目标的实现，县域依然是实施国家战略的主战场。产业兴，则县域兴；县域兴，则国家兴。县域产业升级转换是实现县域经济高质量发展的必然要求，是实现国家发展战略的重要一环。

本部分选取 2013～2019 年山东省 80 个县（市）的数据进行实证研究。首先从质量的维度，构建质量型产业结构升级指标，注重生产效率、产业对社会资源的有效合理利用以及生产要素在市场之间的自由流动。其次从数量的维度，构建数量型产业结构升级的指标，更倾向于产业结构高级化，突出三次产业的演进规律。通过静态面板固定效应模型以及动态系统 GMM 模型分别研究两个维度的产业结构升级对山东省县域经济增长的影响，并进行稳健性分析。

一、山东省县域经济发展阶段划分

产业结构升级转换关系到县域经济发展内在潜力，关系到共同富裕目标的实现，乡村振兴战略全面实施以及经济高质量的发展。从地理位置看，山东省位于我国华东沿海地区，与江苏省、河南省、河北省和安徽省 4 省接壤。截止到 2020 年内，山东省有 16 个地级市、58 个市辖区、52 个县、26 个县级市，一共有 136 个行政区。县域与县域之间拥有自然资源禀赋不同，区位条件不同，历史文化等因素差异，山东省县域发展都具有自身的特点，因此在县域发展过程中，经济发展也呈现不同发展状况。山东省是我国重要农业大省、制造业大省以及矿产资源大省。在经济发展过程中产业结构发生明显的变化。同时，在国内国际双循环背景下，对山东省县域产业结构发展也提出新的发展要求。本书主要从山东省县域经济发展阶段、发展现状以及存在问题对山东省县域产业与经济进行分析。

本书通过分析改革开放以来，县域在发展过程中政策所处的发展阶段，分析与比较山东省县域经济不同阶段发展特点与时间跨度之间的差异，将山东省县域经济发展阶段划分为探索中的快速发展阶段（1978～2003 年）、全面加速推进阶段（2004～2017 年）和高质量发展阶段（2017 年至今）。

1. 探索中的快速发展阶段（1978～2004 年）

党的十一届三中全会后，我国实行家庭联产承包责任制，农民的生产力获得解放，但这段时间，由于我国整体的工业薄弱、缺少必要生产要素支撑等原因，县域经济发展缓慢。1990 年前，山东省县域经济发展规模较小，县域生产总值约为 800 亿元，在这阶段制造业处于较落后的发展水平。县域是生产农业的聚集地，是发展农业经济的重要区域。由于制造业滞后的发展，食品加工业也不发达，产品附加值低，主要以传统的种植业为主。1993 年，邓小平同志南方谈话后，建立了社会主义市场经济体制，全面推进经济体制改革和对外开放，开始大规模地调整经济结构。在市场经济条件下，增强县域经济活力，县域经济取得较快的发展，山东省制定并且实施"全面开放、梯次递进、加快发展"的经济发展政策，逐步给予县域在发展上的优惠政策，活跃了山东省县域的民营经济，产业结构开始逐渐地向产业高级化的方向演进，农业、工业、商业、交通运输业快速发展起来。1990 年后，山东省县域产业结构为49.1∶31.1∶19.8，2004 年山东省县域产业结构约为 21.48∶49.95∶28.57。山东县域的生产总值约为 8500 亿元，县域人均生产总值达到了 15000 元。改革开放后，尤其在建立社会主义市场经济体制后，山东省县域经济发展的主导产业开始逐渐由农业转为工业，农业的发展已经不再是传统的种植农业，县域农产品的地域特色越来越明显，粗放型的制造业拉动县域经济的快速增长。

2. 全面加速推进阶段（2005～2016 年）

党的十六大首次提出壮大县域经济的口号，在全面建设小康社会过程中，县域是全面建设小康社会的主战场，也是实现共同富裕的主战场和着力点。在这一时期，我国进入社会主义市场经济时期，民营经济开始逐渐地壮大，山东县域在发展的过程中初步实现了"发达县率先发展、中等县加快崛起、欠发达县超越"的格局，推动非平衡发展战略。2005 年，山东县域的生产总值 14650.1 亿元，县域地方财政收入 501.52 亿元，占 46.8%；城镇固定资产投资额 6160.08 亿元，出进口额为 330.24 亿元，在三次产业结构占比中，山东省县域产业结构占比为 17.9∶52.9∶29.2，已经实现工业在山东省县域占主导的地位，第一产业占县域比重呈现逐年下降的发展特征。2009 年山东省县域经济依旧呈现持续发展的态势，产业结构为 9.5∶55.8∶34.7，县域的高新技术产业在规模以上工业产业比重达到 31.4%，山东省县域经济开始加速发展。2010 年山东省有 22 个百强县，百强县前 20 名中占据 6 个席位，比 2005 年增加 4 个。2013 年至 2015 年县域经济平均增速为 14.5% 左右，全省经济平均增速为 7.04%，山东省县域经济保持全面加速推进阶段。在全面加速推进阶段，山东省县域实现了第二产业支撑作用，形成突出特色产业集群，区域之间差异迅速拉大，具有特色化定位发展。在制造业快速发展过程中，产业科技正在不断提高，但整体来看，产业依旧具有劳动密集型、高污染、高能耗的特点。

3. 高质量发展阶段（2017年至今）

第十九届全国代表大会首次提出"高质量发展"的表述，表明我国经济由高速增长阶段转向高质量发展阶段。在共同富裕的背景下，高质量经济发展不仅是对我国经济发达地区提出的高质量要求，也是对经济欠发达地区提出的高质量要求，尤其是对县域经济发展提出的新要求。县域是全面建设小康社会的主战场，是实现乡村振兴战略的着力点和发力点。县域经济高质量发展一方面可以解决我国面临的主要矛盾，另一方面也是满足人民日益增长的美好生活的需要。

2019年山东省县域生产总值29843亿元，占山东省生产总值的42.4%。在全国综合实力百强县排名中，2020年有15个县域进入全国县域百强县的名单，仅次于江苏省与浙江省，常住的城镇人口约有3051万，占山东省县域总人口的49.5%。在高质量发展阶段，山东省县域第二产业占主导地位，县域具有明确的特色发展定位、特色产业集群比较突出，但县域与县域之间经济发展水平具有了明显的差异，针对传统的高污染、高能耗的产业进行升级，积极引进先进的人才和技术。例如，寿光市在发展过程中，正确处理县域新旧动能转换和积极培育新动能，产业发展越来越靠创新能力，坚持破除无效供给，2020年潍坊寿光市被评为高质量发展县。

二、山东省县域经济发展现状

1. 县域经济稳中发展，支撑作用愈加稳固

改革开放后，山东省经济优势突出，从地区生产总值看，仅次于广东省、江苏省。2020年，受新冠疫情的影响，全球经济发展面临着巨大的挑战，但山东省经济运行依然好于预期。2019年，山东省生产总值70540.5亿元，突破7万亿元。2020年山东省生产总值为73129亿元，增速为3.6%，高于全国2.3%的平均增速。从山东省5年的经济发展状况来，2016年山东省生产总值为58762.5亿元，2020年比2016年增加了14366.5亿元，增长了24.4%。山东省经济稳步快速发展的同时，山东省也注重欠发达地区县域经济的发展。党的十六大首次提出发展壮大县域经济的口号，山东省也出台了相关的政策，即发达县域先发展起来，中等水平的县域快速崛起，对落后贫困县进行扶持的发展策略。实施促强扶弱拉动中间的"双30"工程。

　　2005 年，山东县域年末人口为 8230 万人，占全省的 89%，县域生产总值为 14650.1 亿元，山东省 2005 年生产总值为 18517 亿元，占比 79%，有数据可以看出，山东省县域经济生产总值已经占据山东省生产总值的 2/3，此时山东省县域的财政收入达到了 501.52 亿元，占全省的 46.8%。2007 年山东省县域经济生产总值占全省的 82%，县域的财政收入与金融机构的贷款余额都在 50% 的水平。2008 年后，我国经济开始迅速的发展，山东省经济保持快速的增长，由于省内非均衡发展战略的调整，虽然山东省县域生产总值在不断地提升，但在全省生产总值中的份额在下降，如 2013 年山东省县域占全省生产总值的 50%。2019 年山东省县域经济总体情况如下：县域生产总值为 29258 亿元，占全省生产总值的 41%，县域财政支出为 3859.27 亿元，在山东省财政支出的比重为 35.9%，县域财政收入占据的比重为 2215.94 亿元，山东省财政收入的比重为 33.9%，县域金融贷款余额为 22647.9 亿元，占全省金融贷款余额的 26.2%。与 2005 年县域生产总值相比较，2019 年山东省县域生产总值增加了 14608 亿元，山东省县域财政收入增加了 3156.03 亿元，县域财政收入增加了 1714.42 亿元，县域贷款余额增加了 16218.4 亿元。总体来看，山东省县域生产总值已基本占到全省的半壁江山。山东省县域经济对山东整体的经济具有很大的拉动作用，是山东省经济稳步运行的重要组成部分。

　　从全国百强县视角，2019 年工信部县域经济研究中心发布的《2019 年县域经济高质量发展指数研究成果》显示，山东省县域百强县的数量仅仅少于江苏省、浙江省，一共有 18 个县（市）位于全国县域百强县名单。在经济发展过程中，2020 年山东省百强县的数量创历史新低，只有 13 个百强县。从全国的总体来看，山东省县域在全国处于较高的发展水平，平均水平较高，具有较大的发展规模。县域经济指标如表 7.1 所示。

表 7.1　　　　　　　　　　　　县域经济主要指标

指标	单位	2019 年	2013 年	2007 年	2005 年
县域生产总值	亿元	29258.46	27085.28	21146.2	14650.1
全省生产总值	亿元	71067.5	54684.3	25887.7	18517
GDP 占全省比重	%	41	50	82	79
县域财政支出	亿元	3859.27	2625.39	1015.07	703.24

续表

指标	单位	2019 年	2013 年	2007 年	2005 年
县域财政收入	亿元	2215.94	1647.87	822.67	501.52
县域贷款余额	亿元	22647.9	17594.6	6471.7	6429.25

资料来源:《2006 年山东省县域统计年鉴》《2008 年山东省县域统计年鉴》《2014 年山东省县域统计年鉴》《2020 年山东省县域统计年鉴》。

2. 地域差异多元化,呈现非均衡发展格局

山东省县域经济发展水平具有明显的地域差异,呈现非均衡的格局。从东向西来看,东部沿海地区的县域比西部县域发达,鲁北地区的县域经济比鲁南经济发达。根据山东省地理位置,将山东省县域划分为四个区域,分别是山东半岛蓝色经济区县域、黄河三角洲高效生态经济区县域、省会城市群经济圈县域以及鲁南经济带县域。

山东半岛蓝色经济区县域位于山东省沿海地区,包括烟台、威海、潍坊、东营。在 2020 年,山东半岛蓝色经济县域人口占总县域人口的 23%,县域面积占山东省县域面积的 27%,该地区县域的生产总值占山东省县域生产总值的 32.7%,县域人均生产总值 7.67 万元。山东半岛蓝色经济县域位于山东半岛蓝色经济区内,区域发展范围广,地理位置优越,从陆地经济延伸至海洋经济,拥有除长江口以外,北方深水港较多的岸段,具有承接国内外先进制造业技术转移的能力。例如,青岛已经发展成为我国重要的航空港、国家级的高新技术产业基地;烟台已经成为区域性贸易中心,服务中心,重要的制造业中心;威海积极打造中韩经济的桥头堡。总体而言,该区域县市的经济基础较好、对外开放程度高,居民的生活水平较高。

黄河三角洲高效生态经济区,规划范围主要是山东省的东营市、滨州市以及潍坊市、德州市、淄博市、烟台市的部分地区,黄河三角洲高效生态经济区主要位于鲁北沿海区和黄河平原地区,地理位置资源的整合后能够连接天津滨海新区,山东的半岛蓝色经济区以及东北亚的桥头堡。2020 年县域人口占总县域人口的 11%,县域面积占山东省县域面积的 13%,该地区县域的生产总值占山东省县域产总值的 13.8%,县域人均生产总值达到 6.57 万元。该区域产业发展过程中以资源的高效利用为主线,建设发展特色产业基地、建设全国生态经济示范区以及环渤海的增长区域。黄河三角洲高效生态经济区的县域发达程度仅次于山东半岛蓝色经济区县域，总体来看该地区县域数目相对较少，县域面积较小，县域各项经济发展处于稳定的状态。

省会城市群经济圈在山东的中西部、在山东省区域发展格局中处于重要的地位，是以济南为中心，淄博、泰安、莱芜、德州、聊城、滨州组成的都市圈，位于省会城市经济圈的县域具有明显的政治优势、区位优势以及产业优势。省会城市经济圈以省会济南为中心，周边县域拥有政策信息等方面沟通的便利，省会城市群县域地理位置位于京津冀与长三角群之间，拥有便利的道路交通运输系统，由于靠近济南省会，县域产业发展更注重金融、科技、农业和商贸。2020年县域人口占总县域人口的23.18%，县域面积占山东省县域面积的21%，县域生产总值占比为22.56%，县域人均生产总值为5.2万元，该地区的经济发展特征为县域数量以及人口较多、经济发展方向主要是对内，经济规模较小，对外贸易不发达。

鲁南经济带是山东省区域经济增长的重要推动力。鲁南地区承南接北，主要包括日照、临沂、枣庄、济宁、菏泽，是山东省四大区域最具有潜力的发展区域。从地理位置来看，该地区是黄河流域、长江流域以及华东地区和华北地区的重要连接点，经济发展面临的机遇与挑战是位于长江三角洲与环渤海经济圈的辐射中，虽然具有健全的产业体系，有良好的产业基础，与其他区域县域相比较，鲁南经济带县域生产总值规模较小，经济发展相对滞后，对外部经济发展开放程度较低，产业同质化严重。2020年县域人口占总县域人口的42.3%，县域面积占山东省县域面积的38%，鲁南经济带县域生产总值占据山东省县域产总值的30.8%，其中人均生产总值为3.94万元。鲁南经济带县域发展水平远低于山东半岛蓝三色经济区和省会城市群的县域经济规模，在山东省四大区域中处于经济发展比较落后的水平。山东省四大区域县域的划分如表7.2所示。

表7.2 　　　　　　　　　　**山东省四大区域县域的划分**

区域	县域划分
山东半岛蓝色区域	胶州市、平度市、龙口市、莱阳市、莱州市、莱西市、招远市、栖霞市、海阳市、临朐县、青州市、诸城市、安丘市、高密市、荣成市、乳山市
黄河三角洲	利津县、广饶县、惠民县、阳信县、无棣县、博兴县、寿光市、昌邑市、庆云县、乐陵市、高青县、昌乐县

续表

区域	县域划分
省会城市群经济圈	平阴县、商河县、桓台县、沂源县、东平县、宁阳县、新泰市、肥城市、宁津县、庆云县、平原县、夏津县、武城县、禹城市、阳谷县、莘县、东阿县、高唐县、冠县、临清市、邹平市
鲁南地区	五莲县、莒县、沂南县、沂水县、郯城县、兰陵县、费县、平邑县、莒南县、蒙阴县、滕州市、微山县、鱼台县、金乡县、嘉祥县、汶上县、泗水县、梁山县、曲阜市、邹城市、曹县、单县、成武县、巨野县、郓城县、东明县、临沭县

3. 产业结构不断优化，制造业进程加快

山东省不仅是农业大省，同样也是制造业大省。产业结构的升级转换与山东省县域经济持续发展是密不可分的，间接反映一个地区经济发展动力。2020年，山东省第一产业增加值为5363亿元，增速为2.7%；第二产业增加值28612亿元，增速为3.3%；第三产业增加值为39153亿元，增速为3.9%。山东省的产业结构也在不断升级转换。2016年山东省的产业结构占比为8.2∶43.5∶48.3，2018年山东省产业结构占比为7.4∶41.3∶51.3，2020年三次产业结构占比为7.3∶39.1∶53.6。2016年后，山东省工业化在稳步发展的同时，服务业的发展已经赶超了制造业的发展，山东省产业结构发展模式由"二、三、一"形成"三、二、一"的产业结构模式，服务业快速的发展逐渐替代制造业主导产业。从山东省县域产业结构的发展和运行来看，山东省县域经济第一产业占比在逐年下降，制造业成为县域的主导产业，服务业在最初的占比较低，之后县域服务业快速增长。2002年县域三次产业结构占比17.8∶49.8∶32.4，第一产业占比接近20%，经过10多年县域经济的快速发展，2015年县域三次产业结构占比为10.6∶50.1∶39.3，产业结构是"二、三、一"的产业结构模式。在县域制造业加快发展的过程，2019年县域三次产业结构占比为12.5∶41.1∶46.3，产业结构模式开始变为"三、二、一"的产业结构模式，服务业也逐渐成为县域经济发展的主导产业。根据中国信息通信研究院发布的2019年中国百强县发展情况来看，百强县实现的生产总值达到9.4万亿元，占全国生产总值的比重为10%，工业百强县分布格局呈现出东多西少的分布特征，山东省有14个县入选工业百强县（见图7.1、图7.2）。

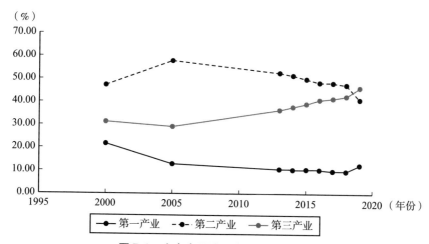

图7.1　山东省县域三次产业结构占比

资料来源：根据《中国县域统计年鉴》计算整理。

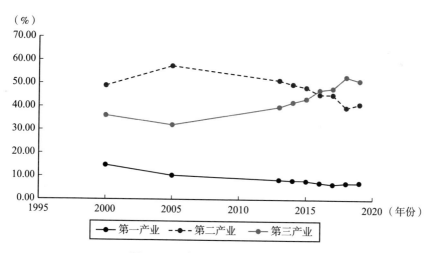

图7.2　山东省三次产业结构占比

资料来源：山东省国民经济和社会发展统计公报。

4. 农业资源丰富，特色经济快速发展

山东省是我国传统的农业大省，存在大量相关的农业产业集群，具有丰富的农业资源，是中国的菜园子、果篮子。由于县域具有农村性的特征，县域的农村经济发展水平从另一个方面也反映了一个地区的农业经济发展程度。

在不同的县域,利用比较优势,依靠当地的自然资源禀赋拉动地方经济增长,成为山东县域拉动经济增长的重要推动力。2020 年山东省生产总值 73129 亿元,其中第一产业增加值为 5363.76 亿元,占比为 7.3%。全省农业生产总体稳定,全年的粮食产量达到 5446.8 万吨,较 2019 年增加了 89.8 万吨,同比增长 7.1%,粮食的总产量始终位列全国第一。在粮食单产方面,2020 年全年的粮食单产达到 438.5 公斤,同比增加了 8.9 公斤,增长 2.1%。在畜牧产能方面,2020 年猪牛羊禽肉的产量 721.8 万吨,同比增长 3.3%,其中禽肉产量 357.1 万吨,增长 7%;猪肉产量 271 万吨,增长 6.4%,禽蛋产量 480.9 万吨,增长 6.8%;牛奶产量 241.4 万吨,增长 5.9%。

随着农业现代化的迅速发展,特色农产品已经逐渐成为山东县域的特色经济发展过程中的竞争优势。如肥城市的有机菜、水蜜桃,莱芜的生姜、大红袍辣椒、鸡腿葱,大泽山的葡萄,章丘的大葱以及栖霞的苹果等,农业县域也注重多元化的生产,不再是单一的初级农产品经营。通过规模化的种植、现代化的加工生产,差异性、特色化的经营,逐渐形成全国特色农业发展的先进代表。山东县域以"高效"和"特色"为农业发展特色,采取"互联网+"和"公司+基地+农户"等发展模式,形成龙头企业带动、批发市场聚集、农业合作社帮扶、专业大户种植等区域化的布局,延长产业链,增加农民的收入。

三、山东省县域经济发展存在的问题

1. 县域产业结构不合理,转型升级发展滞后

整体来看,服务业是山东省县域经济的主导产业。低端服务业发展会导致经济发展"结构减速"和"脱实向虚"现象,资本无法流向制造业,反过来制约制造业,制约实体经济的发展。当前,在经济发展过程中,县域也逐渐开始重视工业强县、工业立县的发展目标,从区域划分来看,山东省半岛蓝色经济区、黄河三角洲高效生态经济区以服务业为主导产业的县域较多,省会城市群经济圈以及鲁南经济带以制造业为主导产业的县域较多。总体来看,我国县域产业结构与区域经济发展特点紧密相关,虽然山东省县域全部已经摆脱"一、二、三"的产业发展模式,但并不意味着县域这种产业结构的合理化或者高度化程度等同于经济发达地区产业结构模式,仍呈现出较大的差异性。因为山东省大部分县域服务业是主导产业,从服务业类型划分来

看，我国县域服务业总量在迅速增长，山东省县域服务业也在快速地发展。但县域的服务业内部结构差异明显，县域服务业主要是生产效率较低的生活性服务业，技术进步要求较低。生产性服务业对知识、技术和人才的要求较高，以及知识密集型的服务业起步较晚，而且县域生产性服务业生产总值在服务业生产总值中所占比重较小。县域很难引进高新技术或者资本密集型的产业，虽然吸纳了大量就业，但资本积累不容易形成，最终会导致服务业整体发展滞后，影响制造业的发展。山东省是资源大省，制造业多是依靠县域资源发展起来的制造业，多为传统的制造业，主要以煤炭、石油、黄金为主导的资源型行业，这种高消耗、高污染粗放型的拉动经济的增长方式，只注重短期的经济发展，忽略长期的经济利益，会制约县域经济可持续发展。

2. 县域经济发展差异和不平衡性突出

山东省县域经济受到资源禀赋、改革开放的政策、经济基础等众多因素影响，虽然出台许多财政支持、重点倾斜的政策措施，然而发展不平衡的矛盾依然突出，而且差距越来越大。山东省划分的四大县域经济带中，山东半岛蓝色经济区的县域具有优越的区位优势，北边为辽宁半岛，邻近日本和韩国，便捷的交通条件有利于发展对外贸易。2020年实现县域人均生产总值7.67万元，人均生产总值高于全省的2.2万元，全省共有13个县域生产总值在600亿元以上，山东半岛蓝色经济区县域占据6个。该地区的产业逐渐形成规模，具有高新技术企业，比如青岛的海尔企业、龙口的南山集团以及荣成的海产品深加工产业集群。黄河三角洲高效生态经济区县域、省会城市群经济圈县域经济的发展整体高于山东省县域平均水平。然而鲁南经济带县域位于内陆，人口密集，仅有铁路等简单的基础设施，没有濒临港口，高速公路没有形成网络布局，交通基础设施差。2020年实现县域人均生产总值3.94万元，人均生产总值低于全省1.5万元，多数县域为经济欠发达地区，生产总值在300亿元以下。该地区主要是以低附加值的服务业为主导产业，县域工业发展规模较小，高新技术产业发展缓慢，缺乏龙头企业的引领，县域经济的发展程度远低于山东半岛蓝色经济区和省会城市群的县域发展规模，处于全省落后的发展阶段。

3. 县域企业融资困难

县域与大城市和中心城市相比较，县域的金融渠道多是以银行为主，业务品种缺乏，金融服务方式单一，金融对县域产业的支持力度明显不足。县域融资难从县域产业角度来看，一方面县域的农业具有较高的占比，但由于农业具有明显生长周期长的特点，而且相较于生长周期较短的工业来说，产出具有更大的起伏波动，技术进步缓慢，生产容易受到自然灾害等不确定性的影响，具有许多不可抗力因素，需要长期的流动性资金贷款，长期的资金需求反而制约了县域金融的融资。另一方面是县域的制造业多为技术含量低，缺少资本密集型的中小规模产业，在全省地位重要性较低，多为传统的粗放型、高能耗的产业，主要聚集产品的粗加工，产品附加值低，产品在市场上缺少竞争力，民营经济发展艰难，使资本难以进入县域的制造业，制造业的滞后发展反而又影响了农业以及服务业，无法实现工业对农业的反哺。从融资渠道角度来看，县域的融资渠道单一，主要是通过银行实现融资，尤其当前我国面临经济下行的压力，新的金融体制的实行，商业银行严格管控民营企业的贷款，县域企业贷款的方式也较为单一，并且县域企业担保困难，金融机构的信贷更偏向县域大中型的绩优企业，县域龙头企业或主导产业经营状况好、可以抵押的资产多，容易得到信贷支持。

4. 县域缺少高素质人才，人才流失重

山东省是人口大省，县域聚集丰富的劳动力，为农业、制造业以及服务业提供充足的劳动力。与济南和青岛等经济发达地区相比，经济活跃的地方能吸引更多优秀的人才。在知名品牌企业、著名高校、高收入的引领下，人才大多向东部经济发达地区聚集。县域由于经济欠发达对专业的技术人员、高学历人才吸引力不足，人才激励措施欠缺，多数选择更有发展潜力的城市，很少回到县域。主要原因在于山东省县域经济发展缺少动力，县域交通设施、医疗以及教育等公共基础设施相对薄弱。在产业发展方面没有形成专门的产业集群，产业的不合理，使县域产业在发展过程中无法承接优秀的高学历人才，不能给年轻人足够的就业、创业机会，不仅无法吸引外地的高素质人才，也无法吸引本省县域人才的回流。

四、产业结构升级对山东省县域经济增长的实证分析

（一）模型设定

在实证研究过程中，本文将产业结构升级划分为"数量型产业结构升

级"与"质量型产业结构升级",因此在实证研究的过程中原始的模型设定如下:

$$Y_{it} = \alpha_0 + \alpha_1 Tsm_{it} + X\beta + \delta_i + \gamma_t + \varepsilon_{it} \tag{7.1}$$

$$Y_{it} = \alpha_0 + \alpha_1 Tsq_{it} + X\beta + \delta_i + \gamma_t + \varepsilon_{it} \tag{7.2}$$

其中,Y_{it}表示山东县域经济增长水平,模型中的核心解释变量Tsm_{it}是数量型产业结构升级指标,Tsq_{it}是质量型产业结构升级指标,X为选取对经济增长有影响的控制变量,δ_i是不随时间变化的省份的个体效应,γ_t为时间效应。产业升级的指标是本文选取的重点,ε_{it}为与解释变量及控制变量无关的随机扰动项。

本书采用了静态面板固定效应模型与动态系统 GMM 模型实证产业结构升级与县域经济增长之间的关系。通过 Stata 15.0 对本书研究数量型产业结构升级与质量型产业结构升级数据进行 Hausman 检验,由 Hausman 检验结果可知,无论是数量型产业结构升级的静态面板数据模型还是质量型产业结构升级的静态面板数据模型 $prob = 0.000 < 0.01$,拒绝随机效应模型的原假设 H0,因此建立固定效应模型。数量产业结构升级对山东县域经济增长影响和质量产业结构升级对山东县域经济增长影响进行回归。设定以下数量产业结构升级固定效应模型与质量型产业结构升级固定效应模型:

$$\ln y_{it} = \alpha_0 + \beta_0 \ln Tsm_{it} + \beta_1 \ln Pers_{it} + \beta_2 \ln Perc_{it} + \delta_i + \gamma_t + \varepsilon_{it} \tag{7.3}$$

$$\ln y_{it} = \alpha_0 + \beta_0 \ln Tsq_{it} + \beta_1 \ln Pers_{it} + \beta_2 \ln Perc_{it} + \delta_i + \gamma_t + \varepsilon_{it} \tag{7.4}$$

从国内外的相关文献综述来看,多数研究结果表明,产业结构升级与县域经济增长之间具有相互因果关系,模型造成内生性的问题,使估计出现偏差。为了更好估计山东省县域产业升级对山东省县域经济增长的影响,缓解构建静态面板模型存在的内生性的问题,本文拟在固定效应模型的基础上采用动态面板系统 GMM 模型,不仅可以解决内生性问题以及个体异质性问题,考虑了异方差与模型设定的问题以及弱工具变量的问题,采用 Sargan 统计量进行模型的筛选。同时考虑到产业结构演变是比较缓慢的,前期产业结构升级可能会在下一期产生影响,考虑长短期的产业结构升级的影响,将滞后一期的产业结构升级作为解释变量,构建系统 GMM 模型,可以根据本文的研究采用动态面板模型如下:

$$\ln y_{it} = \alpha_0 + \beta_0 l.\ln y_{it} + \beta_1 \ln Tsm_{it} + \beta_2 l.\ln Tsm_{it} + \beta_3 \ln Pers_{it} + \beta_4 \ln Perc_{it} + \delta_i + \gamma_t + \varepsilon_{it}$$

$$\tag{7.5}$$

$$\ln y_{it} = \alpha_0 + \beta_0 l. \ln y_{it} + \beta_1 \ln Tsq_{it} + \beta_2 l. \ln Tsq_{it} + \beta_3 \ln Pers_{it} + \beta_4 \ln Perc_{it} + \delta_i + \gamma_t + \varepsilon_{it}$$

(7.6)

其中，y_{it} 表示山东省县域的人均生产总值，α_0 为常数项，$l. \ln y_{it}$ 为滞后一期的被解释变量县域人均 GDP 取对数后的值。Tsm 为下文所述的衡量县域产业在数量升级的指标，Tsq 为衡量县域产业在质量升级的指标，$Pers$ 为县域居民储蓄占年末总人口的人均储蓄，$Perc$ 为县域第二、三产业人口占年末县域总人口的人均资本。δ_i 为不随时间变化的个体固定效应，γ_t 为时间效应，ε_{it} 为与解释变量及控制变量无关的随机扰动项，下标 $i = 1$，2，…，80，代表研究山东省 80 个县域（市），$t = 2013 \sim 2019$，表示对应的年份。

（二）模型变量的选取

衡量产业结构升级的指标有很多，对产业结构升级研究主要体现产业结构的合理化与产业结构高级化。干春晖等（2011）认为合理化产业结构是资源合理有效的利用与整合，产业间的聚合质量，生产要素的合理利用；产业结构高级化强调产业之间的转移，产业生产总值的占比由农业向制造业，再由制造业向服务业过渡，在经济社会信息化情况下，经济结构出现服务化的发展特征。根据国内学者苏东水（2010）的观点，产业间的联系与方式从两个角度进行考察：一个是从"质"的角度揭示经济发展过程中各产业部门之间的主导产业或者支柱产业之间的演变规律和结构之间的效益，实际上仍是产业对社会资源的有效合理利用，生产要素在市场之间的自由流动，生产效率的提升。从"量"的视角，分析产业与技术经济之间的数量投入比例关系，投入与产出生产函数，更倾向于产业结构高级化，由第一产业向制造业再向服务业演进。因此，将产业结构升级的合理化与高级化从"质"与"量"两个维度考察。

1. 数量型产业结构升级

构建产业结构升级的量，同样采用干春晖等（2011）的研究方法，该方法被大多数文献采用，采用第三产业与第二产业之比作为产业在"量"方面的升级，指标的衡量方式能够很好地衡量产业结构不断向服务业演进的方向发展。同时服务业、制造业比值的基础上乘以系数 m，体现产业结构高级化特征，构建的指标如下式所示：

$$Tsm_{it} = \sum_{m}^{3} Y_{it,m}/Y_{it} \times m, \ m = 1, 2, 3 \tag{7.7}$$

其中，$Y_{it,m}$ 表示 i 县第 t 年 m 产业增加值，Y_{it} 表示 i 县在第 t 年的地区生产总值，$Y_{it,m}/Y_{it}$ 为该地区 m 产业所占的份额，然后 $Y_{it,m}/Y_{it}$ 与 m 相乘，该公式能够体现经济体中的制造业与服务业占比情况，符合当今经济服务化的过程，经济体中的制造业、服务业的占比越大表示产业结构高级化升级的效果越明显，经济结构的变化具有服务化的特征。

2. 质量型产业结构升级

本书借鉴刘伟（2013）、羊洋（2020）等质量型产业升级指标的构建。质量型产业升级主要是反映社会资源的有效利用，"质"的体现主要是以提升资源的效率和高新技术的快速进步为依托，生产要素流入生产效率高的部门，将"质量"型产业结构升级的衡量方式设定如下：

$$Tsq_{it} = \sum_{m}^{3} Y_{it,m}/Y_{it} \times LP_{it,m}, \ m = 1, 2, 3 \tag{7.8}$$

其中，$Y_{it,m}$ 表示 i 县第 t 年第 m 产业的增加值，Y_{it} 表示 i 县第 t 年的县域内的生产总值，$Y_{it,m}/Y_{it}$ 为该地区 m 产业占有的比重，这里的产业份额是与劳动生产效率相乘，劳动生产效率间接体现产业结构"质"的指标。$LP_{it,m}$ 为 i 县第 t 年 m 产业的劳动生产率，其中 $m = 1, 2, 3$，分别表示农业、制造业和服务业，指标直接体现了生产效率高的产业，能够表明该产业具有更好的发展前景。

本书选取的被解释变量为各地区的人均 GDP。经济增长是衡量一个国家或地区人民生活水平的重要指标。人均生产总值直接衡量一个区域人民生活水平。有关经济增长核心解释变量的文献有很多，选取的经济增长的指标比较常用的衡量方法有生产总值的增长率、人均生产总值和对生产总值进行分解。本书认为，山东县域以欠发达地区为主，县域经济的发展具有很大不平衡性以及差异性。山东省每个县域生产总值和人口也具有较大的差异，直接以县域生产总值作为被解释变量可比性较差。人均生产总值可以直接反映每个县域真实的发达程度，因此用山东省人均生产总值作为被解释变量。

为了研究分析具有可比性，本书选取的控制变量为人力资本（Perc）、人均储蓄（Pers）。Perc 代表人力资本与物质资本相对的，为控制变量，特点是与人联系在一起，衡量的是一个人具有的知识价值、劳动技能、教育支出的所有因素之和，体现的是对人的投资，知识的溢出效应。由于县域数据可获得性的限制，本文采用县域第二、三产业从业人数占年末的总人口数的比值表示。Pers 代表人均储蓄，是衡量一个区域经济发展的重要参考指标，也反映一个地区经济发展的资金潜力。由新古典模型的理论，在短期来看，人均储蓄率的上升，会提升人均资本以及人均产出增长率，本书采用县域住户储蓄存款余额占县域年末户籍人口的比值表示。

(三) 面板数据的说明

1. 数据类型

在研究产业结构升级与山东省县域经济增长的关系时，在数据类型的选择中采用的是山东省县域的面板数据，面板数据具有更多变量信息，既包含时间序列数据特征也包括截面数据特征，一方面能够纵向反映时间序列上产业结构升级对县域经济增长影响，另一方面也能够横向反映产业结构升级对经济增长的影响，从时间与截面两个维度分析山东省县域经济增长的影响。本书为了让实证研究更加具有可信性，不仅采用静态面板固定效应模型，还考虑到变量滞后一期的动态面板数据模型。

2. 数据来源

由于 2012 年之前，县域数据统计变量有较大的差异，以及较多关键性指标数据缺失，因此本文数据研究的范围为 2013～2019 年，主要来自 2013～2019 年《山东省县域统计年鉴》以及中国县域统计网站。让研究具有可比较性以及可获得性，2013～2019 年，山东省有部分县域撤县划区以及合并等，本书应对的处理方式是以 2020 年的《山东县域统计年鉴》县域规划为标准，共研究山东省目前的 80 个县（市）区域。

根据不同的文献可以发现，对县域研究的范围界定是不同的，有的学者对县域范围的研究不仅包括县、县级市、自治旗还包括县级特区以及林区，有的学者在原来县域范围的基础上还包含了市辖区，研究的范围更广。本文研究的县域范围为山东省的县以及县级市。本文模型在构建中，研究山东县域的数量有 80 个，解释变量有 1 个、控制变量 4 个和被解释变量有 1 个，针对收集的数据分别进行了系统的整理、分析，针对个别缺少的数据采用插值法填补，建立了完整的山东省县域面板数据体系。

（四）产业结构升级实证结果分析

1. 数量型产业结构升级实证结果分析

分别采用静态面板固定效应模型与动态面板系统 GMM 模型验证产业结构在数量方面升级与山东省县域经济增长的关系。从固定效应模型看，数量型产业结构升级对县域经济增长的影响的系数为 2.71，在 1% 的水平下显著，数量型的产业结构升级对山东省县域经济增长产生正向的作用，能够促进山东省县域经济增长。即产业结构由农业向制造业再向服务业发展的趋势有利于山东省县域经济增长。采用动态面板系统 GMM 模型进行分析，在原有的回归方程中，考虑到经济发展长期与短期的时滞性，添加了被解释变量的滞后一期，以及产业结构升级的滞后一期进行估计。Sargan 检验 p 值 >0.1，系统 GMM 模型中不存在过度识别，工具变量是有效的。在序列相关检验中，一阶序列相关检验 p 值 <0.1，二阶序列相关检验 p 值 >0.1，不存在二阶序列相关，说明该模型的设计是合理的。

在考虑产业升级滞后一期影响时，在短期产业结构升级滞后的影响的回归系数不显著且为负值。从长期来看，滞后一期的数量型产业结构升级对县域经济增长的系数为 -5.726，结果为负值，并且在 5% 水平下显著，这说明山东省县域数量型的产业结构升级对县域经济增长具有负向的影响，会制约山东省县域经济增长。

目前，我国经济在发展过程中处于后工业化的转型发展阶段，山东省多数县域是经济欠发达的地区，发展比较落后，完全以服务业为主导的产业发展还不成熟，山东县域市场对服务业的需求并不高。由于服务业，特别是生产性服务业准入门槛较低，能吸纳更多的劳动力，根据新结构经济学理论过度盲目产业高级化会使生产要素使用率较低，企业难以以最优价格获得所需的生产要素，逐渐丧失企业的自主生产能力。在制造业与服务业之间资本循环比较困难，会在经济发展过程中呈现"脱实向虚"的现象。因为服务业在发展过程中使用较少的生产资料和较少的设备，低端的服务业进入门槛较低，盲目追求产业结构向高级化演进会降低工业在资源配置方面的效率，长期来看也制约服务业的资本积累。因为多数服务业是从制造业发展过程中演变过来的，因此服务业的发展不可以没有制造业的支撑，制造业的发展滞后就会使资本积累缓慢，最终再一次制约县域服务业的发展，长期来看处在低水平的发展状态，不利于山东省县域经济的增长。

从控制变量看，在固定效应模型中，人均储蓄（$Pers_{it}$）的回归系数值为0.629，在1%的水平下显著，对县域经济增长具有正向的促进作用；县域人均资本（$Perc_{it}$）的回归系数估计值为0.759，在5%的水平下显著，也对县域经济有正向的影响。动态面板模型中，人均储蓄（$Pers_{it}$）的系数为0.435，在5%的水平下显著；县域人均资本（$Perc_{it}$）的回归系数估计值为1.489，在5%的水平下显著，无论是人均储蓄还是人均资本，这两个控制变量都对县域经济增长具有明显的促进作用。具体如表7.3所示。

表7.3　　　　　　　　　　数量型产业升级的实证结果分析

变量	系统 GMM	固定效应
$l. \ln y_{it}$	0.195 ** (0.0867)	
$\ln Pers_{it}$	0.435 ** (0.1879)	0.629 *** (0.0703)
$\ln Perc_{it}$	1.489 ** (0.6325)	0.759 ** (0.2089)
$\ln Tsm_{it}$	−0.137 (1.2609)	2.71 *** (0.606)
$l. \ln Tsm_{it}$	−5.726 ** (2.5470)	
α_0	5.032 ** (2.0404)	−1.013 ** (0.5795)
N	480	560
二阶自相关的 p 值	0.39	
Sargan 的 p 值	0.14	

注：括号数值代表稳健标准误，两个模型中的括号都为一阶段稳健标准误；其中 Sargan 检验和干扰项序列相关检验均在两阶段估计下执行。* 、** 和 *** 分别表示 p<0.1、p<0.05 和 p<0.01，下同。

2. 质量型产业结构升级实证结果分析

与数量型产业结构升级相比较，质量型产业结构升级表现出对山东省县域经济增长独特的发展方式。表 7.4 中采用固定效应模型和系统 GMM 模型估计质量型产业结构升级对山东省县域经济增长的影响。在序列相关检验的过程中,一阶序列相关检验 p 值 < 0.1,二阶序列相关检验 p 值 > 0.1,表明构建的模型是不存在二阶序列相关,Sargan 检验的 p 值为 > 0.1,即不存在过度的识别,工具变量是有效的,模型的设定合理。固定效应模型估计的结果可以发现质量型的产业结构升级对山东省县域经济的增长影响的系数为0.12,系数值大于 0,而且在 1% 的水平下显著,表明质量型产业结构升级对县域经济增长具有正向促进作用。考虑到时间的滞后性,在动态面板回归的方程中加入了经济增长的滞后项和质量产业结构升级的滞后项,分析滞后性对山东省县域经济增长的影响。同固定效应模型相比,质量型的产业结构升级在短期仍然可以促进山东省县域经济的增长,系数值为 0.247 并且都在5% 的显著性水平上显著。质量型的产业结构升级反映的是产业结构的合理化,资源的有效利用率上升,说明以生产效率、技术进步为依托的时候,质量型产业结构升级对山东省县域经济的增长有明显的正向促进作用。根据"结构红利"的假说,结构性红利产生的原因是行业之间生产效率具有差异,在市场经济中,生产要素会逐渐流向高附加值产业,产生更多的经济效益,从而提升了提升山东省县域整体的生产效率,加速县域经济增长。滞后一期的质量型产业结构升级系数为负,系数值为 −0.144,在 5% 的水平下显著,表明山东省县域以效率提升为依托的产业结构升级滞后对山东省县域经济的增长具有负的影响,"结构性红利"现象难以维持下去。本书认为山东省县域在经济发展过程中要维持质量型产业结构升级对经济增长需要不断优化资源配置,生产要素应该不断地流入具有优势或占主导地位的行业中。因此在经济发展的前期就应该注重技术的进步,提升产业升级的生产效率,长期来看才能更好地适应经济发展对技术进步的要求。落后的技术经济发展不利于资源的合理利用,在长期动态的经济发展过程中,反而对县域经济的增长产生了制约的作用。

表 7.4 **质量型产业升级的实证结果分析**

变量	系统 GMM	固定效应
$l. \ln y_{it}$	0.56* (0.2106)	

变量	系统 GMM	固定效应
$\ln Pers_{it}$	-0.169 (0.11369)	0.093 *** (0.062)
$\ln Perc_{it}$	1.221 *** (0.6325)	0.849 ** (0.042)
$\ln Tsq_{it}$	0.247 ** (1.2609)	0.129 *** (0.019)
$l. \ln Tsq_{it}$	-0.144 ** (2.5470)	
α_0	0.461 ** (0.1623)	0.844 ** (0.062)
N	480	560
二阶自相关的 p 值	0.11	
Sargan 的 p 值	0.19	

从控制变量看，在固定效应模型中，县域人均储蓄（$Pers_{it}$）的系数值为
0.093 和县域人均资本（$Perc_{it}$）的回归系数值为 0.849，分别在 5% 以及 1%
水平下显著，说明县域人均储蓄与县域人均资本对山东省县域经济增长具有
促进作用。在动态面板模型中，县域人均资本（$Perc_{it}$）的回归系数值为
1.221，在 1% 的水平显著，对山东省县域经济增长的影响具有明显的影响，
具体如表 7.4 所示。

（五）稳健性检验

研究产业结构升级对山东省县域经济增长的影响，除考虑人均储蓄和人
均资本之外，事实上可能存在一类遗漏的变量，比如政府的干预。政府干预
是一个非经济变量，独立于经济运行的状况，但是对经济增长产生影响的重
要变量，是通过干预的方式优化社会资源的配置，稳定国家经济，市场的发
育，调节社会经济，使市场经济能够正常运行。山东省县域产业的升级与转
换，与政府的干预是密切相关的。政府通过政策调节三产的占比，产业集群

的形成和布局，从而影响县域经济的发展。在经济学研究中，既强调有形的手也强调无形的手作用，既注重政府在经济发展过程中的作用也注重市场经济的地位。本文采用县域地方财政一般财政支出和该地区的生产总值（GDP）的比来衡量政府的干预，考察政府的干预对县域经济增长影响。通过增加控制变量，可以看出无论是质量型产业结构升级还是注重数量型的产业结构升级，解释变量对经济增长的影响的系数正负号均相同，通过稳健性检验。从数量型产业结构升级实证分析看，回归方程加入新的政府干预的控制变量后，固定效用模型中，在5%的显著性水平下，以注重数量为代表的产业结构升级对经济增长的影响起到显著作用。在动态面板模型中，考虑到被解释变量与解释变量滞后一期的影响，在短期来看，数量型的产业结构升级对山东省县域经济增长的影响并不显著，长期来看对县域经济增长的系数为－3.637，在5%的水平下显著，对经济增长的影响具有负向的作用。

从质量型产业结构升级角度看，在静态面板固定效应模型中，质量型产业升级对山东省县域经济增长的影响是显著的，系数为0.111，在1%的水平下显著，对经济增长影响是正向的。在动态面板模型系统GMM模型中，考虑到被解释变量经济增长与产业结构升级解释变量滞后一期的时滞性的影响，在短期来看，质量型的产业结构升级对山东省县域经济增长的影响与数量型产业结构升级影响相同，具有正向的显著性影响。长期来看对县域经济增长的系数为－0.075，在10%的水平下显著，对经济增长的影响具有滞后的作用。质量型产业结构升级对山东省县域经济增长在当期表现正向的显著，长期来看对山东省县域经济增长具有负向的影响，具体如表7.5、表7.6所示。

表7.5　　　　　　　　数量型产业升级实证结果分析

变量	系统 GMM	固定效应
$l.\ln y_{it}$	0.295 ** (0.1486)	
$\ln Pers_{it}$	0.602 *** (0.1400)	0.147 * (0.0703)
govi	－6.411 *** (0.9457)	－2.206 *** (0.4973)

续表

变量	系统 GMM	固定效应
$\ln Perc_{it}$	1.416 *** (0.4852)	0.783 *** (0.2089)
$\ln Tsm_{it}$	−0.0538 (0.9846)	2.547 ** (0.7500)
$l.\ln Tsm_{it}$	−3.637 ** (1.8123)	
α_0	3.641 ** (1.2474)	−0.698 (0.5795)
N	480	560
二阶自相关的 p 值	0.25	
Sargan 的 p 值	0.16	

表 7.6　　　　　　　　　**质量型产业升级的实证结果分析**

变量	系统 GMM	固定效应
$l.\ln y_{it}$	0.377 ** (0.1699)	
$\ln Pers_{it}$	0.142 (0.1183)	0.185 *** (0.0512)
$govi$	−5.302 *** (1.2306)	−2.657 *** (0.6083)
$\ln Perc_{it}$	1.088 *** (0.3729)	0.848 *** (0.2380)
$\ln Tsq_{it}$	0.126 ** (0.0542)	0.111 *** (0.0323)
$l.\ln Tsq_{it}$	−0.075 * (0.0395)	

变量	系统 GMM	固定效应
α_0	0.830 ** (0.3192)	1.125 *** (0.1568)
N	480	560
二阶自相关的 p 值	0.32	
Sargan 的 p 值	0.14	

五、结论与政策建议

(一) 主要结论

根据以上产业结构升级对山东省县域经济增长的实证分析，可以得出以下结论：

考虑到以生产效率为核心的质量型产业结构的升级，这种类型的产业结构升级对经济增长的影响具有正向的促进作用。这一点从静态的固定效应模型与动态的系统 GMM 模型方法得出的结论是一致的。对于质量型的产业结构升级，在短期经济可以实现正向增长，出现了"结构性加速"的特征。在长期，考虑产业结构升级滞后一期的影响时，提升生产效率型的产业结构升级却出现负的影响，即制约了山东省县域经济增长，出现了"结构性减速"假说的特征。目前，国内外学者对"结构性加速"与"结构性减速"的假说都有不同的看法，本研究并没有研究这样两种假说的对错，只是在研究发现提升生产要素效率为目标的产业结构升级时由于考虑滞后期的影响出现了质量型产业结构升级对山东县域经济增长影响的两种结构特征。本研究考虑出现制约经济增长的因素主要是因为产业发展缺少创新，创新是实现县域经济增长的第一动力，技术的创新为经济增长提供了持续的发展动力。

突出产业结构高级化，向服务业转型的数量型产业结构升级在固定效应模型中对山东省县域经济增长具有明显的正向促进作用，是显著的。在考虑产业结构升级滞后一期的情况，在短期，数量型产业结构升级对山东省县域经济的增长并不显著。长期来看，数量型产业结构升级对经济增长产生负的影响，即追求产业结构的高级化却制约了山东省县域经济的发展。本研究认为造成这种结果主要与目前经济的"脱实向虚"有关。在县域经济发展过程中，过度强调产业结构高级化，产业服务业方向发展导致资源过多向服务业配置，农业、制造业发展则受限。反之，制造业发展不足反而制约服务业资本的积累。我国大多数县域还是欠发达地区，服务业主要是劳动密集型的服务业，科技含量低，进入门槛也低，低附加值、粗放型的生产能力也很难进入先进制造业、现代服务业等实体经济部门，在这种背景下生产要素的流动受到限制，长期缺乏高质量经济增长方式影响了经济持续增长的动力。

（二）政策建议

1. 立足县域特色产业，增强县域经济活力

县域产业发展过程中要培育壮大县域特色产业。山东省县域具有良好的经济发展基础，根据自身的资源禀赋发展自身的县域特色产业。县域支柱产业或优势产业的发展应该围绕"一县一特、一乡一业、一村一品"的目标，充分发挥比较优势，避免贪大求全，向生产基地化、生产专业化的趋势发展。山东省县域是农业的聚集地，如寿光的蔬菜、章丘的大葱、兰陵县大蒜、大泽上葡萄、沾化大枣等，充分发挥农业的地理位置优势，打造有特色的品牌。县域在发展特色优势产业的过程中要提升资源的配置效率，产业之间要注重专业化的分工合作，避免出现特色产业之间同质化的恶性竞争。因此山东省县域应该充分发掘自身的优势，突出县域的比较优势产业：一是发挥好旅游资源的产业，发展旅游业，如曲阜市利用名人等传统文化发展文化领域的旅游业，蒙阴县利用自然风光发展旅游业；二是县域是农业的聚集地，发挥农业、农产品特色资源优势，发展绿色有机农产品，如兰陵县、章丘区等发展绿色有机农产品、绿色食品；三是发挥毗邻海洋资源的优势，发展海洋经济，如胶州市、无棣县等发挥海洋优势。县域产业与县域产业之间在密切相互配合的同时，又有自身特有的县域特色产业。四是发挥县域产业的比较优势，首先明确县域支柱产业以及主导产业，延长主导产业的产业链，从原材料、中间品到最终产成品，专业化分工和协作。其次注重产业的科技、资金、物资以及人才等方面，提升本县优势产业。总体来说，县域特色产业在发展过程中要避免出现同质化的现象，突出自身县域特色产品的优势，县域经济发

展要以特色经济为优势，通过县域本地的自然禀赋、县域自身县情，合理优化内部资源的配置，发挥县域经济的高质量、高效益以及高水平。

2. 转变县域产业发展方式，实现县域新旧动能转换

县域产业发展应注重县域经济的可持续的发展，建立高效型和可持续发展的循环机制，使县域经济能够循环起来，提升县域经济发展的质量。山东省县域经发展面临资源、环境、生态建设等问题，制约着县域经济的发展，应当以经济发展方式的转变为契机，实现县域经济高质量的发展。要注重既有环境友好又有经济效益的可持续发展。实现县域产业内部的新旧动能转换。县域产业转型发展过程中也要用外循环来促进县域内部循环，注入新的发展活力。因为县域生产要素资源是既定的，县域产业相对基础较薄弱，缺少高新技术以及突破性，在产业升级转型的过程中要积极与省、全国以及国际产业相互交流，借鉴经验，聚集县域内的生产要素。县域新旧动能转换的过程中，应该把工业放在优先发展的地位，作为县域经济发展的重中之重。努力上新的项目，立足比较优势、深加工、本地特色资源开发情形，加快当前产业之间的重组。在县域经济发展过程中，也要提升县域产业的竞争能力，优化城市工业的配套设施，增强县域工业竞争力，为县域的发展提供充足的资本积累。县域在新旧动能转换过程中也要注意引进先进的科学技术，充分利用新型经济发展模式，即数字经济、人工智能、数字经济。培育县域经济未来新发展引擎，建立科学、高效、先进的县域经济发展体系，最终实现经济强有力的增长，实现县域新旧动能转换。

3. 产业集群转型升级，调整县域产业发展方向

山东省多数县域已经具备较全的产业配套体系，形成了具有特色的产业集群。产业集群的形成一方面产生规模经济，降低成本，提升县域产业竞争能力，另一方面可以提升产业之间的协作程度。经济形势持续低迷，市场竞争的日益激烈，对山东省县域产业集群的形成提出高质量的要求。产业集群的升级转换，要充分发挥好主导企业，龙头经济的作用。龙头企业能够带动其他相关联企业的快速发展。县域内龙头企业的做大做强，能够发挥规模经济作用，对产品创新、生产技术创新等，可以有效地改变县域产业集群创新缺乏动力及经营效率低下等问题。从长远来看，县域特色产业集群持续发展，县域还需要依托资源，放大优势，充分挖掘县域的潜力，向外不断地拓展产业集群规模。从山东省县域区域规划来看，鲁东地区的县域具有良好的经济

发展基础，邻近日韩，区位优势明显，因此鲁东地区的县域产业以围绕地理位置特点，积极发展对外加工的外向型经济以及引领国内外的高新技术产业。鲁中地区的县域依托自然资源优势、丰富的矿产优势等，在传统的化工、冶金、机械等传统制造业中，将传统的煤炭、矿产等资源优势转化为社会经济优势，与大中小的城市之间做好产业间的协调与合作，加强县域产业配套发展的能力，在实现传统县域绿色转型的基础上，实现县域产业拥有特色优势产业、绿色产业与战略性新兴产业相互协同进步发展，能够提升县域经济参与"双循环"的重要推动力。鲁西地域具有丰富的农业资源优势，并且与三省接壤区位优势明显，因此县域在产业发展过程中发展商品流通、发挥劳动力资源等优势，强化传统种养业的投资力度，发展采摘农业、观光农业以及家庭农村农业，提升农业产业化的发展水平。

4. 强化创新氛围，健全人才发展机制

创新是实现县域产业持续的第一动力，创新的能力直接决定着县域经济主导型产业转型发展的成败。创新包含管理方法的创新、生产经营模式的创新，更加注重技术层面的创新，多元化的创新，尤其针对县域新旧多元的转换过程中的突出问题，更需要县域产业高质量发展过程中激起县域产业新动能与旧动能的转换，整合县域内生产要素。实现县域产业发展创新应重点关注以下几方面：第一，县域产业在创新过程中应该注重县域企业间的协同作用，建立创新协同机制，避免生产要素使用效率低，最大限度地提升创新效率，实现资源的整合利用。第二，县域企业应该积极主动与科研机构建立合作关系，使高校的科研成果能够真正落地，真正实现产学研的相互结合，将县域产业高端的技术人才，科研研发投入县域产业高质量发展中。第三，企业家的精神是创新的核心，重视企业家在市场经济的地位，帮助企业打造宽松的经营环境。培育企业家的创新精神，同时积极开展企业家之间的交流活动，激发创新的思维。第四，实现县域经济高质量发展，政府应当优化发展环境，配套设施服务，树立开放服务意识，建立健全鼓励机制与纠错机制，为打造产业集群提供强有力的保障。

5. 完善县域融资体系，优化县域营商环境

县域产业升级需要有完善的要素支持。目前，山东省县域经济取得快速发展的至关重要因素是资金短缺。各县域积极拓展与县域产业发展相关的投融资渠道，快速缓解融资难的问题。实现这一个过程需要国家从宏观层面推

动金融生态环境的建立与完善，为支持县域产业发展和产业结构升级创造条件。第一，加强县域金融市场法治化建设，整治资本市场违法犯罪违规行为。确保资本市场操作的公正性，共同为金融安全和投资者权益保驾护航。第二，建立良好的社会信用机制，完善信息的披露机制，提升金融市场的透明度、公开性及竞争力。第三，加快县域农村信用社的改革，鼓励各类金融机构对县域产业的大力发展。积极发展民营经济、活跃民营经济企业，通过不断招商引资推进县域主导产业、品牌产业以及优势产业的建设，增加县域的财政政策贡献。第四，针对贫困的县域，应当实行工资专户管理，省政府"点对点"的精准调度，实施激励性的政府转移支付制度，严防县域的债务风险，增强县域造血功能。第四，发挥好政府"有形的手"以及县域市场"无形的手"相辅相成、协同发力的作用。打破县域与县域之间的封闭性，开放县域经济活动，信息彼此之间共享，企业可以网上申报信息、政府实现一网办理业务，结合山东省县域经济发展的实际，通过考核评价的方式提升政务服务效能，改善营商环境。

6. 重视县域产业品牌建设，提升县域品牌号召力

强制造、品牌缺乏知名度是我国中小企业一直面临的问题，为国外的代工生产，缺少品牌意识，即使县域高质量的产品也难以走出去，自主品牌的建设缺少经验，长期锁定在价值链的最低端，使县域产业转型升级困难。加大对县域品牌自主知识产权的保护力度，打造高端品牌。同时，应当提升县域产业产品的品牌价值，提升产品的不可替代性。第一，培育知名品牌，强化政府质量的管理，品牌责任和标准化建设业内力量、资源和渠道，培育县域特色品牌，提升县域品牌知名度。第二，技术的创新提高生产产品的质量，提升产品的竞争力，利用互联网等技术宣传品牌的服务理念，拓展广阔的销售渠道，发展线上销售渠道和直播带货等方式提升县域产品的影响力。第三，提升县域产品的售后服务模式，提升县域制造业产品的附加价值，更有利于参与全球价值链的分工。

第二节 乡村振兴背景下内蒙古县域产业发展

当前，县域发展已成为城市经济与农村发展的重要结合点，对促进国民

经济增长有着巨大意义。为破解当前的"三农"问题，提升县域经济发展水平，党的十九大报告提出实施乡村振兴战略，其主要目的在于提升农业产业化规模化水平，提高县域经济发展水平。在县域经济发展过程中，关键在于县域产业的发展。2022年"中央一号"文件提出要持续推动乡村振兴取得新的进展，不断发展县域富民产业。内蒙古作为西部欠发达地区，农业产业占比很大，是乡村振兴实施的重难点地区。本部分研究依据乡村振兴战略的内涵与任务要求，根据内蒙古县域数据的可得性，构建乡村振兴战略背景下内蒙古县域产业综合发展水平评价指标体系，通过因子分析法对2019年内蒙古县域产业进行评价分析，不同水平的旗县之间存在着较大的差异性，要加快提高各地区的协调发展，再通过聚类分析法将内蒙古的县域分为5大类，不同类型的旗县，产业发展水平各有不同，最后根据分析结果以及上文的现状问题，提出促进内蒙古县域产业发展的政策建议，以期对各旗县的产业发展提供一定的参考。

一、内蒙古县域产业发展现状及存在问题分析

截至2020年，内蒙古下辖9个地级市，3个盟，23个市辖区、11个县级市、17个县、49个旗、3个自治旗，合计103个县级区划。若不包括19个已经具备城区经济的市辖区，剩余的84个纯属于县域经济范畴的旗县市区，因此本书对内蒙古县域的84个县级行政区划进行分析，包括49个旗、17个县、11个县级市、3个自治旗以及4个市辖区，具体县域划分如表7.7所示。

表7.7　　　　　　　　内蒙古县域划分

地级行政区	所辖县（旗）
呼和浩特市（5）	土默特左旗、托克托县、和林格尔县、清水河县、武川县
包头市（3）	土默特右旗、固阳县、达尔罕茂明安联合旗
赤峰市（9）	阿鲁科尔沁旗、巴林左旗、巴林右旗、克什克腾旗、林西县、翁牛特旗、喀喇沁旗、宁城县、敖汉旗

地级行政区	所辖县（旗）
通辽市（7）	科尔沁左翼中旗、科尔沁左翼后旗、开鲁县、库伦旗、奈曼旗、扎鲁特旗、霍林郭勒市
鄂尔多斯市（8）	东胜区、达拉特旗、准格尔旗、鄂托克前旗、鄂托克旗、杭锦旗、乌审旗、伊金霍洛旗
呼伦贝尔市（13）	海拉尔区、阿荣旗、莫力达瓦达斡尔族自治旗、鄂伦春自治旗、鄂温克族自治旗、陈巴尔虎旗、新巴尔虎左旗、新巴尔虎右旗、满洲里市、牙克石市、扎兰屯市、额尔古纳市、根河市
巴彦淖尔市（7）	临河区、五原县、磴口县、乌拉特前旗、乌拉特中旗、乌拉特后旗、杭锦后旗
乌兰察布市（11）	集宁区、卓资县、化德县、商都县、兴和县、凉城县、察哈尔右翼前期、察哈尔右翼中期、察哈尔右翼后期、四子王旗、丰镇市
兴安盟（6）	乌兰浩特市、阿尔山市、科尔沁右翼前期、科尔沁右翼中期、扎赉特旗、突泉县
锡林郭勒盟（12）	二连浩特市、锡林浩特市、阿巴嘎旗、苏尼特左旗、苏尼特右旗、东乌珠穆沁旗、西乌珠穆沁旗、太卜寺旗、镶黄旗、正镶白旗、正蓝旗、多伦县
阿拉善盟（3）	阿拉善左旗、阿拉善右旗、额济纳旗

资料来源：内蒙古县域统计年鉴。

（一）产业发展总体状况

分析一个地区的产业发展状况，可以从产业产值、结构以及从业人员三个方面进行。

1. 县域产业产值的变化趋势

2010～2020年，内蒙古县域三次产业呈现出逐年上升的稳定态势，总体来看，县域三次产业产值从2010年的8199.86亿元增长到2020年的17359.82亿元，年均增长率为7.78%。

分产业来看，2010～2020年，第一产业发展较为平稳，第一产业产值从2010年的1097.8亿元上升到2020年的2025.12亿元，年均增长率为6.31%。2010～2014年，第二产业与第三产业发展相对平稳，第二产业产值从2010年的3420.45亿元增长到2014年的5114.42亿元，年均增长率为

10.53%，第三产业产值从 2010 年的 3681.61 亿元增长到 2014 年的 5405.77
亿元，年均增长率为 10.08%。2015～2020 年，第三产业的发展速度逐渐提
升，可以看出产值已经超过了第二产业，产值从 2015 年的 5269.54 亿元增长
到 2020 年的 6868.03 亿元，年均增长率为 5.44%，第三产业增加值从 2015
年的 6049.24 亿元增加到 2020 年的 8466.66 亿元，年均增长率为 8.97%。具
体情况如图 7.3 所示。

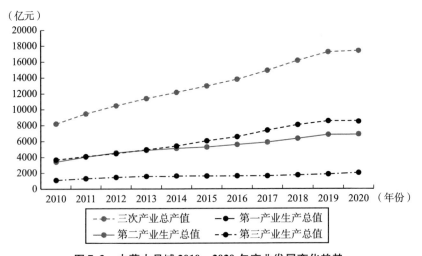

图 7.3　内蒙古县域 2010～2020 年产业发展变化趋势

资料来源：根据 EPS 数据库整理所得。

　　从 2020 年的县域总产值情况来看，县域生产总值在 500 亿元以上的有 3
个，分别是准格尔旗、伊金霍洛旗和东胜区，都属于鄂尔多斯市。在 200
亿～500 亿元的县域有 7 个，100 亿～200 亿元的县域有 27 个，50 亿～100 亿
元的县域有 31 个，50 亿元以下的县域有 16 个，其中县域产值最低的是阿尔
山市，产值为 19.38 亿元。内蒙古县域总产值大部分分布在 50 亿～200 亿元
之间。产值最高的准格尔旗与产值最低的阿尔山市之间相差 800.67 亿元，说
明内蒙古县域之间存在着发展不平衡的问题。如图 7.4 所示。

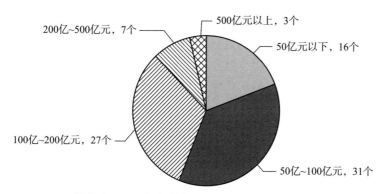

图 7.4　2020 年内蒙古以 GDP 划分的县域数量

资料来源：内蒙古县域统计年鉴。

2. 产业结构变化

2010～2020 年，内蒙古县域产业结构不断在变化中。具体来看，2010～
2011 年，县域产业结构比例整体上呈现"三、二、一"的结构，2012～2014
年县域第二产业发展态势良好，县域产业结构呈现"二、三、一"的结构，
2017 年以后，县域三次产业发展稳定，呈现"三、二、一"的产业结构，这
说明内蒙古县域产业结构总体上逐步趋于合理。如图 7.5 所示。

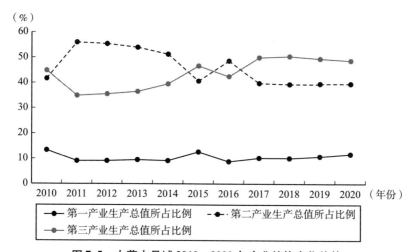

图 7.5　内蒙古县域 2010～2020 年产业结构变化趋势

资料来源：根据 EPS 数据库整理所得。

3. 三次产业就业人员人数变化趋势

总体来看，县域产业从业人员占县域总人口的比例主要分为三个阶段，第一个阶段是 2010 ~ 2014 年，就业人员比例呈现快速上升的发展趋势，从 2010 年的 47.92% 上升到 2014 年的 59.30%，上升了 11.38 个百分点；第二个阶段是 2015 ~ 2016 年，比例基本呈现平稳发展的态势，基本保持在 58%；第三个阶段是 2017 ~ 2020 年，就业人员比例不断下降，从 2017 年的 56.35% 下降到 2020 年的 51.69%，下降了 4.66 个百分点。

分产业来看，2010 ~ 2015 年内蒙古县域第一产业从业人员占县域总人口的比例呈现下降趋势，从 2010 年的 48.2% 下降到 2015 年的 39.1%，下降 9.1 个百分点，2016 ~ 2019 年第一产业从业人员比例有所上升，从 2016 年的 40.06% 上升到 2019 年的 41.8%；2020 年下降到 35.7%；第二产业从业人员比重有所上升，从 2010 年的 17.41% 提高到 2013 年的 18.79%，上升 1.38 个百分点，但从 2014 年开始，第二产业从业人员比例一直呈现下降趋势，从 2014 年的 18.27% 下降到 2019 年的 15.71%，下降了 2.56 个百分点，2020 年有稍许上升；第三产业从业人员比例逐渐上升，从 2010 年的 34.4% 上升到 2016 年的 44.09%，上升了 9.69 个百分点，2017 ~ 2020 年的从业人员比例稍有下降，但是总体来看，比例一直稳定在 40% 以上（见图 7.6）。

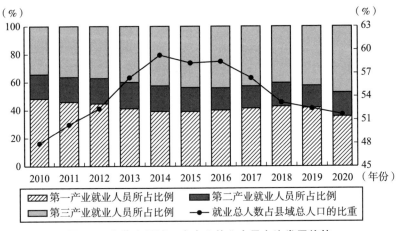

图 7.6　内蒙古县域三次产业从业人员占比发展趋势

资料来源：根据 EPS 数据库整理所得。

（二）分区域县域产业发展现状分析

内蒙古地域辽阔，总面积达到 118.3 万平方千米，东西跨度较大，直线距离达 2400 多千米，包含中国东北、华北以及西北三大地区，接邻 8 个省份。为了进一步考察不同环境下县域产业的发展状况，将内蒙古各县域分为蒙东、蒙中、蒙西三大部分进行考察分析。蒙东地区包括呼伦贝尔、兴安盟、通辽市、赤峰市、锡林郭勒盟，蒙中地区包括包头、呼和浩特、乌兰察布、鄂尔多斯，蒙西地区包括巴彦淖尔、乌海、阿拉善盟。

1. 分区域县域产业发展总体状况

对于内蒙古县域产业发展总体状况的研究，主要从地区生产总值、三次产业产值以及人均生产总值三个方面考察。

从地区生产总值的分析结果来看，蒙中地区位列第一，其次是蒙东地区，生产总值最少的地区是蒙西地区，且蒙中地区与蒙西地区生产总值差额较大，相差 4047.93 亿元。在产业方面，蒙东地区第一产业的发展要远远高于其他两个地区，蒙中地区的第二产业产值高于其他两个地区，这主要是因为蒙中地区的包头、鄂尔多斯等地都是工业大市，工业的发展规模高于其他地区；同时蒙中地区的第三产业产值也高于其他地区；蒙西地区在生产总值和三产产值方面都明显弱于其他两个地区，经济发展和产业发展都相对滞后。如表 7.8 所示。

表 7.8　　　　　2020 年内蒙古三大地区县域生产总值及三次产业产值　　　单位：亿元

地区	生产总值	第一产业	第二产业	第三产业
蒙东地区	4415.74	1139.14	1350.33	1926.28
蒙中地区	5223.67	445.84	2716.72	2061.10
蒙西地区	1175.74	239.11	429.84	506.79

资料来源：EPS 数据库整理所得。

从各地区县域人均生产总值来看，2020 年各地区人均生产总值的排序与地区生产总值的排序略有不同，蒙东地区的人均生产总值略高于蒙中地区，蒙西地区的人均生产总值明显低于其他两个地区。各地区的人均生产总值存在差异的原因可能在于各地区人口密度有较大差距，同时各地区的经济发展和产业规模以及产业类型存在着较大差距。如表7.9所示。

表7.9　　　　　　　2020年内蒙古三大地区县域人均生产总值　　　　单位：万元

	蒙东地区	蒙中地区	蒙西地区
人均生产总值	271.33	265.51	84.87

资料来源：内蒙古县域统计年鉴。

2. 分区域县域产业结构分析

根据内蒙古县域统计年鉴及各地区的统计公报，计算得出各地区三次产业占地区生产总值的比重，从而衡量各地区的产业结构状况。

蒙东地区的产业发展结构呈现出"三、二、一"的结构比例，蒙中地区的产业结构比例为"二、三、一"，蒙西地区的产业结构比例为"三、二、一"。结果表明，三个地区的产业结构都相对较合理，蒙中地区的第二产业较发达是因为工业强市，如鄂尔多斯市都集中在蒙中地区；蒙西地区的第三产业近年来发展迅速，如阿拉善盟等地，依托当地资源和地理优势，大力发展旅游业；蒙东地区第一产业相比于其他两个地区，第一产业占比较大，蒙东地区拥有丰富的草场资源，例如呼伦贝尔的农牧业发展较为迅速。如表7.10所示。

表7.10　　　　2020年内蒙古三大地区三次产业占地区生产总值比例　　　单位：%

地区	第一产业占比	第二产业占比	第三产业占比
蒙东地区	25.80	30.58	43.62
蒙中地区	8.53	52.01	39.46
蒙西地区	20.34	36.56	43.10

3. 分区域县域特色优势产业发展现状

乡村振兴战略中最重要的部分就是产业振兴，最主要的内容就是要形成现代化农村产业体系，加快特色产业的发展步伐。内蒙古东西跨度较大，各地区地理位置、资源禀赋等存在较大差异，因此特色产业发展也各不相同。

在内蒙古东部地区，政府近年来大力推动绿色生态优势高质量发展，将生态农牧业、生态旅游业作为本地区的支柱产业。同时将保护草原、湿地、河湖等作为主要任务，积极建设农畜业生产基地。如在呼伦贝尔市各旗县区，积极发展冰雪运动、工业品耐寒性试验、临空等新工业，努力打造我国生态文明建设示范区、国家生态农业畜业林产品生产基地和中俄蒙协作示范区；在兴安盟区依据山水林田湖草沙等生态资源优势，研究发展清洁生物燃料的综合利用模式，建立绿色生态农畜产品生产加工及输出基地；锡林郭勒盟拥有丰富的草场资源，在优质肉牛产业带、特色传统奶制品产业带、生态草原文旅体验区等方面发挥生态优势，发展特色优势产业。

在内蒙古中部地区，有呼包鄂经济圈以及乌兰察布市，按照各地经济特色，在呼和浩特市推进现代服务型经济体系的建设步伐，包头市和鄂尔多斯市借助能源资源建立国家能源战略基地，依托呼和浩特和乌兰察布市的区域资源优势，建立物流枢纽中心，建设口岸腹地，共同打造国家自主创新能力示范区。纵观近些年内蒙古中部地区的发展现状，呼和浩特市在国际级乳业、大数据、光伏产业和动物疫苗研发等领域都有重大突破；包头市是典型的重工业城市，在稀土新材料、新兴冶金、现代装备制造等方面发展劲头十足；鄂尔多斯市在发展过程中坚持生态优先，落实科技创新，推动创建了国家技术产业开发区、装备制造基地、空港园区以及综合保税区；乌兰察布市依托交通位置的比较优势，建立绿色农畜产品品牌化发展区、石墨烯新材料生产基地以及国家物流大枢纽，推动绿色发展。

内蒙古西部地区是内蒙古发展较为落后的地区，政府对于黄河流域的生态保护以及沙漠地区的荒漠化治理加大了整治力度，着力弥补在生态环境方面的短板问题，加快西部地区高质量发展步伐。巴彦淖尔市近年来着力打造"河套"，突出品牌特色，构建河套绿色有机高端农畜产品生产加工服务输出基地、国家骨干冷链物流基地和甘其毛都陆上边境口岸自治区物流枢纽，打造新型文旅目的地；乌海市煤炭资源丰富，近年来政府加快推动产业转型升级，淘汰煤焦落后产能，实现了由工矿城市向生态创新城市转变的目标；阿拉善盟在盐化工、煤化工等产业链供应链方面坚持施策，做大做强清洁能源产业，高效开发利用风光资源，优化空间布局。

(三) 产业发展水平分析

1. 产业结构合理化分析

产业结构是指国民经济中各产业、部门及部门内部的内在生产联系和数量构成的比例，即各种生产要素和资源在产业部门之间的分配以及各产业产值的比重。

衡量产业结构合理化，可以采用结构偏离度、泰尔指数以及产业结构熵这几种方法，但是结构偏离度这种方法，只会机械地把所有的产业标准化，不能够体现不同的产业在经济发展过程中所发挥的作用，另外，结构偏离度采用的是计算绝对值的方式，这种绝对化的方法也给分析研究结果带来了诸多不便，经过综合考虑，本文主要采用泰尔指数和产业结构熵对县域产业合理化水平进行衡量。

泰尔指数又称为泰尔熵标准，是一种衡量个人或是地区之间收入差异的指标，主要是通过衡量某一产业的产值与该产业的从业人员的比值来研究该产业资源配置是否合理。其计算公式如下：

$$TL = \sum_{k=1}^{n}\left(\frac{Y_k}{Y}\right)\ln\left(\frac{Y_k}{L_k}\bigg/\frac{Y}{L}\right) \tag{7.9}$$

其中，Y 表示三次产业的总产值，Y_k 某一产业的产值，$k = 1$，2，3；L 表示三次产业从业人员的总人数；L_k 表示某一产业的从业人员的人数。TL 越大，表示产业结构越偏离均衡程度，当 $TL = 0$ 时，产业结构处于完全均衡状态。将内蒙古县域各产业数值代入公式，计算结果如表 7.11 所示。

表 7.11　　　2010～2020 年内蒙古产业结构合理化水平发展趋势

	2010年	2011年	2012年	2013年	2014年	2015年	2016年	2017年	2018年	2019年	2020年
泰尔指数	0.31	0.29	0.28	0.24	0.23	0.24	0.27	0.28	0.29	0.30	0.22

由表 7.10 可以看出，2010～2014 年，泰尔指数呈现下降趋势，这说明这期间内蒙古县域产业结构的合理化水平不断提升，县域之间经济发展的差距在不断减小，2015～2019 年泰尔指数呈现上升趋势，合理化水平有所下降。2020 年泰尔指数相比于 2019 年有所下降，说明 2020 年内蒙古县域产业

结构合理化水平有所提高。

接下来进一步分析内蒙古县域产业结构合理化水平,本文用产业结构熵对产业结构合理化进行衡量。

$$H = \sum_{i=1}^{n} K_i \times \ln K_i \qquad (7.10)$$

其中,K_i 表示某一产业占县域生产总值的比重,$i = 1$,2,3,将内蒙古县域历年数据代入公式,就可以得出 2010~2020 年内蒙古县域产业结构熵的变化趋势,具体结果如图 7.7 所示。

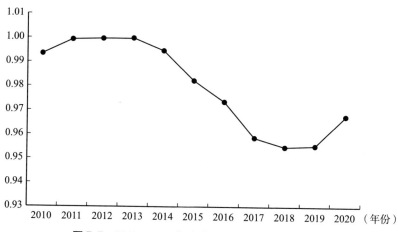

图 7.7　2010~2020 年内蒙古县域产业结构熵趋势

2010~2020 年,内蒙古县域产业结构熵整体位于 0.95~1.0,波动范围较窄,内蒙古县域产业合理化水平明显,但是在 2014~2018 年,产业结构熵呈现下降趋势,说明这一阶段内蒙古县域产业结构呈现非均衡状态,2019~2020 年产业结构熵有所上升,说明产业结构合理化水平在上升。2010~2011 年、2015~2018 年产业结构的变动趋势与上述泰尔指数的分析结果一致。

2. 产业结构高级化分析

产业结构高级化指的是一国或者一个地区的产业结构在演变过程中,产业结构重心由第一产业逐渐向第二产业和第三产业偏移,这一指数标志着一国或者一个地区经济水平的发展程度和发展阶段。大数据时代,信息科技迅猛发展,网络时代产业结构高级化的一个重要表现就是信息化下的经济服务化，最突出的特点就是第三产业的增长率逐渐超过了第二产业的产值增长率，基于以上，本书采用三产产值与二产产值的比值来对内蒙古县域产业结构高级化进行衡量。这一比值反映了经济服务化倾向，如果比值上升，意味着产业结构在向高级化不断演进。

从结果来看，2010～2012 年，县域产业高级化水平呈现下降趋势；2013～2018 年，产业高级化水平呈现不断上升趋势，在 2018 年达到最大值1.27，2019～2020 年稍有所下降，总体来看内蒙古县域产业结构在不断升级中。主要原因在于近年来国家以及各级省政府不断加强对于县域产业的支持，内蒙古依托地域优势及资源优势，不断发展第三产业，内蒙古县域第三产业的发展规模不断扩大。如图7.8 所示。

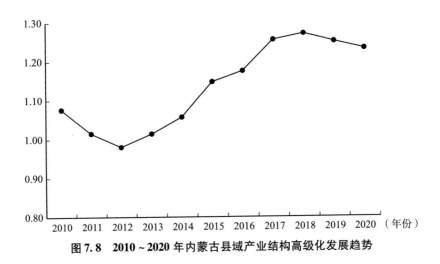

图7.8　2010～2020 年内蒙古县域产业结构高级化发展趋势

从前文县域第二产业、第三产业产值的变动趋势可以看到，第二、第三产业的产值一直呈现出上升趋势，同时第三产业占第二产业的比重也呈现上升趋势，说明内蒙古县域第三产业在不断发展的过程中逐渐超过了第二产业的发展，产业结构呈现出"三、二、一"的结构比例，这也印证了内蒙古县域产业高级化水平在不断上升。

3. 县域产业生产效率现状

对于县域产业生产效率的衡量，本书主要使用比价劳动生产率和差异指数这两个指标。

$$R_i = \frac{Y_i/Y}{L_i/L}$$

$$U = \sqrt{\sum_{i=1}^{3}(R_i - 1)^2/3} \qquad (7.11)$$

其中，R_i 表示的是比较劳动生产率，U 表示差异指数，Y_i/Y 表示的是某一产业在县域总产值中所占比重，L_i/L 表示的是某一产业就业人数占就业总人数的比重，$i = 1$，2，3。若 $R_i > 1$，说明产业的劳动效率高，同时经济效益也比较高，能够吸引更多的劳动力就业。具体结果如表7.12 所示。

表 7.12 内蒙古县域三次产业比较劳动生产率和差异指数

年份	第一产业 R_1	第二产业 R_2	第三产业 R_3	U
2010	0.28	2.40	1.31	0.93
2011	0.30	2.41	1.19	0.92
2012	0.31	2.40	1.15	0.91
2013	0.34	2.28	1.09	0.83
2014	0.34	2.30	1.04	0.84
2015	0.32	2.39	1.07	0.89
2016	0.30	2.55	1.08	0.98
2017	0.27	2.50	1.15	0.97
2018	0.25	2.33	1.24	0.89
2019	0.26	2.52	1.17	0.98
2020	0.33	2.33	1.03	0.97

从表7.11 结果可以看出，2010～2020 年第一产业的比较劳动生产率系数都小于1，第一产业占比均值为12.58%，第一产业从业人员占比均值为42.43%，说明第一产业的生产效率相对较弱，经济效益较差，同时第一产业存在着严重的生产力过剩；第二产业和第三产业的比较劳动生产率系数都大于1，说明第二、第三产业的生产效率都比较高，同时第二产业的生产效率要高于第三产业的生产效率。

纵向来看，2010～2013 年第二产业的比较劳动生产率系数有所下降，说明第二产业的优势地位在下降，2014～2020 年第二产业的比较劳动力生产系数整体呈现出逐年上升的趋势，在 2018 年和 2020 年略有下降，说明这阶段内蒙古县域第二产业的发展态势不断转好；第三产业的比较劳动力生产率系数在 2010～2014 年呈下降趋势，在 2015～2020 年呈现上升趋势，说明第三产业的生产效率不断向好的方向发展。

2010～2013 年，内蒙古县域产业差异指数呈下降趋势，2013～2016 年呈上升趋势，2017～2020 年呈现出平稳发展的态势，说明近些年内蒙古县域产业的发展水平和产业结构合理化水平依然存在问题。因此内蒙古各级政府需要注重第一产业的发展，同时需要继续积极地调整产业结构。

（四）县域产业存在问题分析

1. 县域产业结构不合理

目前，内蒙古县域产业发展仍然存在着结构单一的问题，许多县域在发展过程中将提高当地经济发展水平作为主要目标，盲目地引进各种投资项目，但是这些项目的发展可能与当地资源难以匹配，造成投资资金以及资源的浪费，并且难以突出当地特色产业经济，从而在一定程度上阻碍了当地经济的健康发展。内蒙古许多县域都是以工业为主，但是在工业经济发展过程中，很多地区仍旧是以原材料加工和半成品加工为主，产品的附加值低，缺少深加工和高附加值产品。同时由于内蒙古许多县域地区的资金供给不足，许多农产品技术没有能够得到大范围的推广，科技贡献率较低，一些农产品的销售渠道难以打通，营销范围较小，市场狭窄，农牧业的优势以及特色难以完全发挥。

2. 县域资源禀赋存在差异

内蒙古东西跨度大，地域辽阔，各地的资源分布存在着不均衡的问题，使各个县域呈现出不同的产业发展模式，而不同的发展模式进而形成了内蒙古县域之间的非均衡性。这一现象体现在内蒙古各县域的人均 GDP 水平、城乡居民收入水平、经济发展水平存在较大差异，许多经济不发达的旗县经济基础十分薄弱，内蒙古县域内拥有丰富的矿产资源、林业资源等，许多地区依托丰富的能源资源带动了本地区的经济发展，但同时也给区域内其他产业的发展、生态环境的治理、人口资源和社会协调发展带来了严重威胁，例如锡林郭勒盟的白音华煤矿，丰富的矿产资源为锡林郭勒盟的经济发展注入了强大的动力，但同时也为周围的草场环境带来了严重的影响，使许多牧民被迫失去了牧场资源，煤矿的发展制约了当地畜牧业的发展。

3. 县域第三产业发展水平不均衡

产业结构的不断优化使第三产业所占比重逐年增加，内蒙古县域产业的发展过程中，传统第三产业仍然占据较大比重，三产发展较为迅速的县域主要还是依赖矿产、旅游资源和口岸经济，其他的第三产业发展较为缓慢。例如，鄂尔多斯以及霍林河等地区依靠当地的矿产资源优势，第二产业发展势头强劲，经济快速发展，并以此带动了区域内餐饮服务、旅游目的地、物流运输等行业的发展，并且在政策的支持指引下，第三产业的占比逐年增加，达到35%左右；根据数据分析，依据口岸经济和旅游经济发展的旗县，第三产业的占比达到50%~60%，带动本地区经济快速发展，但是其他类型的旗县第三产业的占比相对较低，经济发展较为落后，因此可以看到内蒙古各县域产业发展分布不均。

4. 基础设施建设落后

内蒙古很多地区目前依然呈现出地广人稀的局面，整体来看，经过多年的发展，大城市中的基础设施建设非常完善，整体发展态势较为良好，然而许多旗县的发展却与之相悖，很多地区经济发展较为落后，基础设施建设相比于城镇来说落后太多，综合来看，许多盟市旗县的社会保障水平、医疗设施、卫生教育等基础设施配套不完善，城乡养老等公共服务体系不健全，交通设施等还有较大提升空间，同时旗县地区的数字经济建设不完善，大多数的乡村地区网络覆盖率较低。在经济产业发展过程中，市场配置资源的作用没有充分凸显，政府财政支撑作用较弱，农牧区的交通、水利、电力等基础设施配置不到位，电商物流发展缓慢，难以发展农牧产品的多种销售渠道，进而严重阻碍了旗县地区的经济产业发展。

二、内蒙古县域产业发展水平实证分析

内蒙古地域辽阔，各地区县域产业的发展水平参差不齐，因此本文进一步构建内蒙古县域产业综合发展水平评价指标体系，对影响内蒙古县域产业发展的因素进行分析。

（一）指标体系构建原则与数据来源

构建评价指标体系时，要始终遵循乡村振兴战略中"产业兴旺"的内涵和特点，实现乡村产业振兴，构建现代农业产业体系、生产体系、经营体系，全面推动农业现代化进程。同时，指标的选取要能够充分反映内蒙古县域产业的发展水平，而且所选取的指标要具有可得性和可观测性。

本书数据来源于内蒙古2019年县域统计年鉴以及各旗县2019年统计公报，部分缺失的数据使用历年的年均增长率计算得出。

（二）研究方法

因子分析法指的是用来研究变量间的互相关联，利用降维的方式将不同的变量组分成若干综合因子，而加以研究的计量方式。其基本原理就是先把所列出的变量组加以分类，再根据相关系数的高低，把较高相关系数的变量组分为一类，这样使各个类别的变量组间的相互相关性就减至了较低的程度，这样每一种的变量组就能够代表了一种基本结构，也就是公共因子。使用公共因子的线性函数来对原始变量进行解析和说明。具体过程为：

假设有 n 个原始变量，分别为 Y_1，Y_2，Y_3，$\cdots$，Y_n，首先对所列数据进行标准化处理，来消除量纲的影响，接下来按照标准化后的数据，计算相应矩阵。因子分析法的常见模型下：

$$Y_j = a_{j1}F_1 + a_{j2}F_2 + \cdots + a_{jn}F_n + E_j \quad (j=1，2，3，\cdots，n，n \text{ 为原始变量个数})$$

$$(7.12)$$

其中，F 即为公共因子，彼此之间互不相关。a_{jn} 代表每个公共因子的载荷系数，E_j 为特殊因子。用矩阵的形式可以表现为 $Y = AF + E$。进而计算此矩阵的特征值与特征向量。根据各个因子的平方和，可以确定每一公用因子对原始变量的最大方差贡献率以及累计贡献率，也可以确定因子数。再进行因子的转换，进而确定所有公用因子的权重。公共因子的得分函数如下

$$F_j = \beta_{j1}Y_1 + \beta_{j2}Y_2 + \beta_{j3}Y_3 + \cdots + \beta_{jn}Y_n \quad (7.13)$$

其中，β_{jn} 为各个因子的得分系数，进而可以得到各个因子的得分 F_j，根据式（7.13）可以计算出所求各县域的综合得分：

$$H = \sum_{j=1}^{n} \frac{S_j}{S} F_j \quad (7.14)$$

其中，S_j 表示各公共因子的方差贡献率，S 表示方差贡献率之和。

（三）指标选取

根据内蒙古县域统计年鉴中数据的可得性，同时借鉴《乡村振兴战略规划（2018－2022年）》以及已有的研究，对乡村振兴背景下内蒙古县域产业发展水平评级指标进行构建，指标体系的构建要遵循全面性、科学性和可行性的原则，在数据可得性的基础上，建立的指标要既能够反映内蒙古产业发展的总体现状，又能够反映县域各个产业的发展情况，以期能够为内蒙古县域产业发展的综合评价提供依据。

按照构建原则，将指标体系分为 4 个一级指标和 14 个二级指标，具体分为经济活力指标 3 项，产业协调指标 4 项，创新发展指标 3 项和生活富裕指标 4 项，本书选取内蒙古 84 个县级行政区划 2019 年的数据进行实证分析，研究内蒙古县域产业发展水平。具体指标选取如表 7.13 所示。

表 7.13　　　　　内蒙古县域产业发展水平评价指标体系

	一级指标	二级指标	单位
内蒙古县域 产业发展 水平	经济活力	人均 GDP（Y1）	元/人
		经济密度（Y2）	万元/平方千米
		从业总人员（Y3）	人
		三次产业生产总值（Y4）	万元
	产业协调	第二产业贡献率（Y5）	%
		第三产业贡献率（Y6）	%
		农业占比（Y7）	%
	创新发展	各类专业技术人员（Y8）	人
		机械总动力（Y9）	千瓦/公顷
		规模以上工业企业单位数（Y10）	人
	生活富裕	城乡居民基本养老保险参保人数（Y11）	人
		基本医疗保险参保人数（Y12）	人
		社会消费品零售总额（Y13）	万元
		人均粮食产量（Y14）	吨/人

（四）指标解释

经济活力指标主要衡量内蒙古各旗县经济发展的程度与潜力，具体分为人均 GDP、经济密度、从业总人员、三次产业总产值四项二级指标。人均GDP 反映的是各地区居民的生产能力；经济密度是收入与占地面积的比值，反映的是该地区单位面积的效益；从业总人员反映的是该地区人员就业情况，衡量该地区的容纳就业人员的总体实力；三次产业总产值是一个总量指标，衡量的是地区经济发展实力。

产业协调指标主要衡量各地区之间的产业结构的差异性，主要包括第二产业贡献率、第三产业贡献率、农业占比三项二级指标，区域产业发展的基础就是第一产业，尤其农业的发展更为重要，但是农业的比重需要控制在合理范围内，占比过高不仅会造成第一产业内部发展不均衡，还会制约产业的整体发展；第二产业贡献率能够体现第二产业的发展对于经济发展的支持作用，第二产业在县域经济发展中仍然有着"半边天"的作用，是政府改善居民生活状况、提高就业率的着力点；第三产业贡献率反映了第三产业在经济社会发展过程中所发挥的作用，第三产业贡献率的提高意味着经济社会在不断发展进步。

创新发展指标主要衡量一个地区的发展潜力，主要包括各类专业技术人员、机械总动力、规模以上工业企业单位数 3 个二级指标。各类专业技术人员可以衡量一个地区吸引人才的实力，各个领域的专业人才增多才能确保创新的不断发展；机械总动力可以衡量一个地区农业现代化水平，农业是产业发展的基础，农业的不断创新与发展能够夯实产业发展的地基；规模以上工业企业都是本地区规模较大的企业，具有开发技术以及成果转化的实力，能够为经济发展起到很好的带头作用，同时规模以上企业能够吸纳更多的就业人群。

生活富裕指标主要衡量一个地区居民的生活保障程度，主要包括城乡居民基本养老保险参保人数、基本医疗保险参保人数、社会消费品零售总额、人均粮食产量四项二级指标。城乡居民基本养老保险参保人数可以衡量一个地区的社会稳定，养老保险的普及能够使居民更多地享有社会发展成果；基本医疗保险对居民的日常生活有保障作用，可以减少居民因疾病风险造成的经济损失；社会消费品零售总额衡量的是一个地区居民的消费水平；人均粮食产量的提高可以反映出一个地区产业发展水平的提高，进而惠及该地区的全体居民。

（五）因子分析

1. 数据标准化处理

在实际评价指标时，所选取的各个指标的单位不相同，不可以直接进行分析，因此需要对所选取的指标进行无量纲化处理，确保最终分析结果最大限度的准确性和客观性。本书采取标准化法，具体指标处理如下所示：

$$Y'_i = \frac{Y_i - \bar{Y}}{S_i} \qquad (7.15)$$

若指标中存在逆向指标，其标准化处理如下：

$$Y'_i = \frac{\bar{Y} - Y_i}{S_i} \qquad (7.16)$$

其中，Y_i 表示原始数据，Y'_i 表示标准化后的指标数据，$\bar{Y}$ 表示第 i 项数据的均值，S_i 表示第 i 项数据的标准差，$i = 1$，2，$\cdots$，m，m 表示共有 m 个指标。在本书中，农业占比为逆向指标，其余指标均为正向指标。

2. KMO 和巴特利特检验

首先要进行数据的检验，即验证所选取的数据和指标是否可以做因子分析。若 KMO 检验 >0.5，表明勉强可以进行因子分析；若 KMO >0.6，表明适合进行因子分析；若 KMO >0.8，表明非常适合进行因子分析。巴特利特球形度检验关注的是统计量的值，若是统计量所对应的值较大，同时检验值 P 值相对明显小于显著性水平，则表明所选取的数据是适合进行因子分析的。

检验结果显示，KMO 的取值为 0.632，说明变量之间有较强相关性；巴特利特球形度检验的 P 值 <0.001，因此可以认为所选取的变量是适合做因子分析的。具体结果如表 7.14 所示。

表 7.14 　　　　　　　　　　KMO 和巴特利特检验

KMO 取样适切性量数		0.632
巴特利特球形度检验	近似卡方	847.352
	自由度	91
	显著性	0.000

3. 因子分析

提取公因子之前最重要的一步是分析变量之间的共同度，若是共同度高，也就意味着数据信息的损失程度低，此时就比较适合用因子分析法来分析数据。

根据结果显示，所选取的指标的初始共同度均为 1.000，其中 3 个指标的共同度大于 90%，5 个指标的提取共同度大于 80%，3 个指标的提取共同度大于 70%，因子提取的共同度越接近 1，意味着原始数据可以用公共因子来解释，因此本书研究采用主成分提取因子的方法较为适合。具体结果如表 7.15 所示。

表 7.15   **公因子方差表**

指标	初始	提取
人均 GDP	1.000	0.806
经济密度	1.000	0.737
从业总人员	1.000	0.899
三次产业生产总值	1.000	0.855
第二产业贡献率	1.000	0.984
第三产业贡献率	1.000	0.982
农业占比	1.000	0.729
各类专业技术人员	1.000	0.616
机械总动力	1.000	0.191
规模以上工业企业单位数	1.000	0.928
城乡居民基本养老保险参保人数	1.000	0.756
基本医疗保险参保人数	1.000	0.897
社会消费品零售总额	1.000	0.817
人均粮食产量	1.000	0.658

注：提取方法：主成分分析法。

如表 7.16 所示，特征值 >1 的变量有 5 个，分别为 3.674、2.539、1.953、1.148、1.048，这 5 个公共因子的累计贡献率为 79.711%，即这 5 个公共因子能够比较充分地代表所选取的 14 个指标，在提取过程中丢失的变量信息较少，此时可以认定这 5 个公共因子基本可以代替原来分散的指标，可以采用因子分析法对指标进行解释。

表 7.16 　　　　　　　　　　　总方差解释

成分	初始特征值			提取载荷平方和			旋转载荷平方和		
	总计	方差百分比	累计%	总计	方差百分比	累计%	总计	方差百分比	累计%
1	3.74	26.716	26.716	3.74	26.716	26.716	3.191	22.795	22.795
2	2.839	20.278	46.994	2.839	20.278	46.994	3.189	22.777	45.572
3	1.98	14.146	61.139	1.98	14.146	61.139	1.976	14.115	59.688
4	1.17	8.358	69.497	1.17	8.358	69.497	1.351	9.650	69.338
5	1.125	8.039	77.536	1.125	8.039	77.536	1.148	8.198	77.536
6	0.973	6.947	84.483						
7	0.685	4.895	89.378						
8	0.489	3.492	92.87						
9	0.404	2.884	95.754						
10	0.263	1.88	97.634						
11	0.176	1.258	98.891						
12	0.08	0.573	99.465						
13	0.047	0.335	99.799						
14	0.028	0.201	100						

　　为了进一步检验公共因子的贡献率，用碎石图进行检验。如图 7.9 所示，横坐标代表公共因子数量，纵坐标代表公共因子特征值。图中比较清晰地显示了在成分数目为 5 之后处于较平缓趋势，即 5 个公共因子或者在 5 个公共因子之内的提取基本反映了原始变量的大部分信息，这与方差解释分析表得到的数据基本一致。

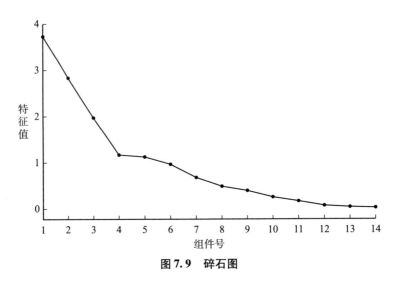

图7.9 碎石图

4. 因子旋转

为了使因子更具解释性，使用方差最大法对原始因子载荷矩阵进行旋转，其因子的载荷不断向 1 或者 0 无限接近，可以得到旋转后的因子成分矩阵。旋转后需要给每个公共因子解释命名。具体结果如表 7.17 和表 7.18 所示。

表 7.17　　　　　　　　　　成分矩阵表

指标	成分				
	1	2	3	4	5
从业总人员	0.897	− 0.256	− 0.054	0.076	0.144
基本医疗保险参保人数	0.845	− 0.387	− 0.05	0.151	0.088
各类专业技术人员	0.704	0.236	− 0.023	0.125	− 0.22
社会消费品零售总额	0.662	0.593	0.023	0.156	0.047
城乡居民基本养老保险参保人数	0.637	− 0.579	− 0.091	0.055	− 0.062
机械总动力	− 0.279	0.155	0.193	0.221	− 0.057
人均 GDP	− 0.023	0.769	− 0.041	− 0.457	− 0.058
三次产业生产总值	0.589	0.646	− 0.025	− 0.297	− 0.044

指标	成分				
	1	2	3	4	5
经济密度	0.498	0.639	0.11	0.249	−0.083
人均粮食产量	0.327	−0.609	−0.162	−0.301	−0.251
第二产业贡献率	0.142	−0.137	0.957	−0.168	−0.014
第三产业贡献率	−0.14	0.157	−0.957	0.149	0.009
农业占比	−0.247	0.139	0.231	0.736	−0.232
规模以上工业企业单位数	0.04	0.072	0.054	0.089	0.954

注：提取方法：主成分分析法。提取了 5 个成分。

表 7.18 　　　　　　　　旋转后的成分矩阵表

指标	成分				
	1	2	3	4	5
社会消费品零售总额	0.879	0.145	−0.016	−0.048	0.142
三次产业生产总值	0.856	−0.055	0.024	0.045	−0.02
经济密度	0.829	0.011	0.025	−0.218	0.038
各类专业技术人员	0.660	0.393	−0.001	−0.016	−0.163
基本医疗保险参保人数	0.250	0.902	0.060	0.104	0.08
城乡居民基本养老保险参保人数	−0.021	0.848	0.045	0.148	−0.107
从业总人员	0.373	0.839	0.061	0.185	0.136
人均 GDP	0.546	−0.616	−0.039	0.351	−0.057
人均粮食产量	−0.247	0.555	0.027	0.397	−0.362
第二产业贡献率	0.017	0.043	0.990	−0.041	0.005
第三产业贡献率	−0.001	−0.059	−0.987	0.056	−0.011
农业占比	0.016	−0.103	0.017	0.843	−0.081
机械总动力	−0.038	−0.264	0.087	−0.335	0.004
规模以上工业企业单位数	−0.006	0.018	0.017	0.076	0.960

注：提取方法：主成分分析法。旋转方法：凯撒正态化最大方差法。旋转在 5 次迭代后已收敛。

根据因子旋转后的成分矩阵表分析可以得出以下结论：

第一个公共因子上载荷变量较高的是社会消费品零售总额、三次产业生产总值、经济密度、人均 GDP、各类专业技术人员，其中社会消费品零售总额、三次产业生产总值、人均 GDP 能够反映经济总量，经济密度、各类专业技术人员可以反映经济活动效率与科技发展水平，这些指标在一定程度上能够反映一个地区的产业发展规模水平，将这一因子记为产业发展规模因子，用 F1 表示。

第二个公共因子上载荷变量较高的是基本医疗保险参保人数、城乡居民基本养老保险参保人数、从业总人员，这 3 个指标均是产业发展的保障因子，基本医疗保险参保人数、城乡居民基本养老保险参保人数反映出居民生活的保障程度，从业总人员数表示的是对居民工作的保障，产业更好发展的前提是人民生活有保障，因此，这一因子可以定义为产业发展保障因子，用 F2 表示。

第三个公共因子上载荷变量较高的是第二产业贡献率，并且和第三产业贡献率有较强的负相关性。第二产业贡献率反映的是内蒙古县域第二产业对于经济发展的拉动能力，且与第三产业贡献率强负相关，表明该地区的第二产业占比较大，主要以第二产业为主导产业，因此将此因子定义为工业发展因子，用 F3 表示。

第四个公共因子上载荷变量较高的是人均粮食产量和农业占比。因此将此因子定义为农业发展因子，用 F4 表示。

第五个公共因子上载荷变量较高的是规模以上工业企业单位数。规模以上工业企业拥有快速发展的经济基础，可以体现一个地区的创新潜力，能够带动本地区其他企业的发展，因此将此因子定义为产业实力因子，用 F5 表示。

5. 因子综合得分排序

结合 SPSS 软件可以得到各公共因子所对应的成分得分系数矩阵，具体结果如表 7.19 所示。

表7.19 成分得分系数矩阵

指标	成分				
	1	2	3	4	5
各类专业技术人员	0.209	0.110	-0.023	-0.097	-0.164
城乡居民基本养老保险参保人数	-0.038	0.268	-0.009	0.012	-0.067
基本医疗保险参保人数	0.041	0.287	-0.011	-0.039	0.085
社会消费品零售总额	0.275	0.031	-0.026	-0.098	0.087
从业总人员	0.076	0.253	-0.004	0.029	0.128
三次产业生产总值	0.263	-0.094	0.032	0.245	-0.056
人均GDP	0.184	-0.275	0.032	0.332	-0.089
经济密度	0.276	0.003	-0.007	-0.214	-0.009
规模以上工业企业单位数	-0.052	0.024	-0.002	0.073	0.847
第二产业贡献率	0.000	-0.031	0.507	0.024	-0.011
第三产业贡献率	0.005	0.023	-0.503	-0.010	0.004
机械总动力	0.012	-0.051	0.037	-0.228	-0.008
农业占比	0.052	0.069	-0.038	-0.665	-0.087
人均粮食产量	-0.100	0.136	0.018	0.256	-0.286

根据所得到的成分得分系数矩阵，利用线性函数对内蒙古84个县域的14个指标进行计算，可以得出各个县域在每一个因子上的得分。具体计算公式如下所示：

$$F_1 = 0.209Y_1' - 0.038Y_2' + \cdots - 0.100Y_{14}'$$
$$F_2 = 0.110Y_1' + 0.268Y_2' + \cdots + 0.136Y_{14}'$$
$$F_3 = -0.023Y_1' - 0.009Y_2' + \cdots + 0.018Y_{14}'$$
$$F_4 = -0.097Y_1' + 0.012Y_2' + \cdots + 0.256Y_{14}'$$
$$F_5 = -0.164Y_1' - 0.067Y_2' + \cdots - 0.286Y_{14}' \quad (7.17)$$

根据前文解释的总方差表可以计算得出：

$$F = \frac{22.795}{77.536}F_1 + \frac{22.777}{77.536}F_2 + \frac{14.115}{77.536}F_3 + \frac{9.650}{77.536}F_4 + \frac{8.198}{77.536}F_5 \quad (7.18)$$

即：$F = 0.2940F_1 + 0.2938F_2 + 0.1820F_3 + 0.1245F_4 + 0.1057F_5 \quad (7.19)$

利用以上公式，可以计算得出每一个县域的综合因子得分。

如表 7.19 所示，该表评价了内蒙古县域产业发展水平，可以看出目前内蒙古县域产业发展具有如下特征：

第一，内蒙古 84 个县产业发展水平相差较大，综合排第一的是东胜区，位于鄂尔多斯市，得分为 1.56；排最后一名的是鄂托克前旗，得分为 0.19。在综合因子排名中，排前 5 位的分别是东胜区、临河区、准格尔旗、宁城县、敖汉旗，可以看出相对靠前的旗县基本分布在内蒙古的中部，位于呼包鄂经济区内，排最后 5 位的分别是西乌珠穆沁旗、阿尔山市、苏尼特左旗、正镶白旗、鄂托克前旗，可以看出排名靠后的旗县大多位于内蒙古的东部，这表明内蒙古县域产业在发展过程中存在着区域不平衡的问题。

第二，公因子 F1 代表产业发展规模因子，表示本地区经济发展过程中产业的推动力较强。排前 5 位的分别是东胜区、准格尔旗、集宁区、伊金霍洛旗、满洲里市，其综合因子排名分别是第 1、第 3、第 7、第 9、第 16，这几个县产业整体发展水平较高。F1 排最后 5 位的是新巴尔虎左旗、库伦旗、正镶白旗、阿巴嘎旗、额尔古纳市，其综合因子的排名是第 72、第 56、第 83、第 46、第 69。说明这 5 个县的产业整体发展水平较低。因此可以看出，经济发展综合水平较高的地区，产业规模也会较大。

第三，公因子 F2 代表产业发展保障因子，主要表示本地区居民生活保障条件，在这一因子中，排前 5 位的旗县是敖汉旗、宁城县、科尔沁左翼中旗、奈曼旗、扎赉特旗，说明这几个旗县在产业发展过程中对于居民的生活保障措施实施得相对较好，同时这 5 个旗县的综合排名都是比较靠前，分别位于第 5、第 4、第 8、第 13、第 21，从公因子 F2 的整体排名来看，排名靠前的旗县的综合因子排名都相对靠前，这说明产业整体发展水平较高的旗县内居民生活的社会保障措施都相对较完善。

第四，公因子 F3 代表工业发展因子，衡量的是旗县的工业发展水平，这一因子中排在前 5 位的分别是陈巴尔虎旗、镶黄旗、林西县、西乌珠穆沁旗、杭锦后旗，表明这几个旗县的工业发展水平较高，但从综合因子排名来看，排名分别位于第 60、第 68、第 39、第 80、第 36，并且综合比较各旗县 F3 排名与综合因子排名可以看出，工业因子排名靠前的旗县综合因子大部分排名都是靠后的，这说明这些旗县在产业发展过程中存在着较为严重的产业结构失衡现象。

第五，公因子 F4 代表农业发展因子，衡量的是旗县的农业发展水平，得分最高的是阿巴嘎旗和伊金霍洛旗，只有这两个旗县的得分是大于 2 的，和其他旗县有较为明显的差距，而排名相对靠后的旗县是集宁区、西乌珠穆沁旗，这两个旗县的得分都小于 -2，农业发展水平比较低，人均粮食产量较少。

第六，公因子 F5 代表产业实力因子，表示的是产业发展的实力水平，排名靠前的旗县有凉城县、阿拉善左旗、察哈尔右翼中旗、临河区、海拉尔区，这几个旗县的得分都大于 2，表明这些旗县内规模以上工业企业数都相对较多，有较强的发展潜力。而排名靠后的旗县有科尔沁右翼前旗、科尔沁右旗中旗，在公因子 F5 上的排名比较低，表明这些旗县的产业发展实力较弱，但具体情况也需要结合其他因子以及综合因子得分进行分析。

综合以上各因子与综合因子排名分析可以看出，综合实力发展强劲的旗县，产业规模、基础生活保障、三产实力均位于前列，但是综合发展实力靠后的旗县，总是存在着产业结构失衡，社会保障不完善、产业规模较小等问题。县域公共因子得分和排名如表 7.20 所示。

表 7.20　　　　内蒙古县域公共因子得分和排名

旗县	F1	排名	F2	排名	F3	排名	F4	排名	F5	排名	F	排名
东胜区	5.11	1	2.60	41	0.96	71	3.63	32	4.08	22	1.56	1
临河区	1.50	6	1.52	10	0.58	68	1.54	49	1.70	4	0.70	2
准格尔旗	3.62	2	2.40	62	0.83	43	2.55	5	3.50	82	1.00	3
宁城县	0.72	11	1.18	2	0.36	78	1.07	38	0.88	36	0.51	4
敖汉旗	0.16	20	0.82	1	0.23	67	0.57	31	0.26	48	0.34	5
达拉特旗	0.60	13	1.06	21	0.28	20	0.97	8	0.82	12	0.44	6
集宁区	3.19	3	1.97	27	0.78	74	1.99	83	2.56	75	0.96	7
科尔沁左翼中旗	-0.24	40	0.07	3	0.14	27	-0.03	7	-0.20	76	0.03	8
伊金霍洛旗	2.33	4	1.61	84	0.66	6	1.72	2	2.19	24	0.85	9
海拉尔区	1.43	7	1.51	35	0.41	31	1.31	77	1.66	5	0.68	10
凉城县	-0.73	79	-1.49	28	-0.41	25	-1.20	11	-1.07	1	-0.56	11

续表

旗县	F1	排名	F2	排名	F3	排名	F4	排名	F5	排名	F	排名
阿拉善左旗	0.22	17	0.96	59	0.26	35	0.85	6	0.43	2	0.36	12
奈曼旗	-0.03	27	0.42	4	0.20	50	0.34	44	0.02	45	0.21	13
开鲁县	-0.26	41	0.07	6	0.14	30	-0.03	27	-0.20	29	0.02	14
土默特右旗	0.19	19	0.84	13	0.24	19	0.64	35	0.31	37	0.35	15
满洲里市	2.13	5	1.59	50	0.58	73	1.68	81	2.09	18	0.81	16
巴林左旗	-0.07	28	0.41	14	0.19	54	0.31	46	0.00	14	0.20	17
翁牛特旗	0.07	23	0.77	8	0.22	61	0.52	51	0.24	60	0.30	18
扎兰屯市	0.26	16	1.01	7	0.26	82	0.86	24	0.49	70	0.39	19
土默特左旗	0.29	15	1.02	18	0.27	45	0.88	57	0.50	21	0.40	20
扎赉特旗	-0.57	66	-0.77	5	0.02	53	-0.69	15	-0.59	80	-0.40	21
乌拉特前旗	-0.12	30	0.15	32	0.17	16	0.23	22	-0.04	6	0.18	22
莫力达瓦达斡尔族自治旗	-0.59	69	-0.88	9	-0.03	36	-0.83	9	-0.67	62	-0.43	23
喀喇沁旗	-0.19	35	0.11	17	0.15	49	0.08	43	-0.12	16	0.12	24
牙克石市	0.15	21	0.80	19	0.23	57	0.56	48	0.25	32	0.30	25
丰镇市	-0.26	42	0.07	26	0.13	39	-0.04	47	-0.23	9	-0.02	26
阿荣旗	-0.68	74	-1.21	15	-0.06	24	-0.98	13	-0.81	54	-0.50	27
科尔沁左翼后旗	-0.23	38	0.10	11	0.15	47	0.01	40	-0.16	77	0.08	28
兴和县	-0.38	45	-0.01	24	0.12	69	-0.07	54	-0.27	10	-0.06	29
阿鲁科尔沁旗	-0.23	37	0.10	20	0.15	33	0.03	28	-0.16	66	0.09	30
商都县	-0.46	53	-0.47	22	0.09	63	-0.36	65	-0.40	8	-0.21	31

旗县	F1	排名	F2	排名	F3	排名	F4	排名	F5	排名	F	排名
乌兰浩特市	0.93	9	1.22	29	0.37	72	1.17	68	1.48	67	0.57	32
突泉县	-0.69	76	-1.25	16	-0.11	60	-1.07	10	-0.85	74	-0.51	33
克什克腾旗	-0.20	36	0.11	31	0.15	21	0.08	16	-0.15	25	0.10	34
科尔沁右翼前旗	-0.53	62	-0.64	12	0.03	41	-0.60	20	-0.55	83	-0.32	35
杭锦后旗	0.01	26	0.45	47	0.20	5	0.36	37	0.07	33	0.22	36
察哈尔右翼中旗	-0.68	75	-1.24	30	-0.07	40	-1.06	56	-0.85	3	-0.50	37
扎鲁特旗	-0.18	34	0.13	25	0.15	28	0.09	45	-0.12	57	0.15	38
林西县	-0.41	48	-0.11	39	0.10	3	-0.17	33	-0.29	27	-0.11	39
托克托县	0.20	18	0.89	49	0.25	7	0.84	55	0.40	28	0.35	40
鄂托克旗	0.91	10	1.20	83	0.37	8	1.14	3	1.33	42	0.56	41
和林格尔县	0.06	24	0.74	45	0.21	34	0.40	53	0.13	35	0.29	42
五原县	-0.14	31	0.14	46	0.16	59	0.22	42	-0.06	30	0.18	43
乌审旗	0.66	12	1.13	77	0.33	9	1.00	4	0.87	79	0.48	44
科尔沁右翼中旗	-0.61	72	-1.15	23	-0.05	42	-0.94	30	-0.74	84	-0.47	45
阿巴嘎旗	-0.89	83	-1.87	79	-2.58	10	-2.24	1	-1.40	13	-0.78	46
鄂伦春自治旗	-0.52	61	-0.63	42	0.05	80	-0.58	23	-0.54	51	-0.32	47
杭锦旗	-0.32	43	0.04	52	0.12	13	-0.04	12	-0.23	68	-0.05	48
察哈尔右翼后旗	-0.51	59	-0.60	43	0.06	38	-0.52	66	-0.52	17	-0.25	49
察哈尔右翼前旗	-0.24	39	0.07	44	0.14	75	-0.01	62	-0.17	46	0.06	50

旗县	F1	排名	F2	排名	F3	排名	F4	排名	F5	排名	F	排名
固阳县	-0.42	49	-0.18	38	0.09	26	-0.20	73	-0.30	49	-0.15	51
太仆寺旗	-0.58	68	-0.87	40	-0.01	46	-0.70	59	-0.67	39	-0.43	52
四子王旗	-0.49	57	-0.58	34	0.07	55	-0.44	70	-0.50	38	-0.25	53
霍林郭勒市	1.00	8	1.40	74	0.40	66	1.20	74	1.56	55	0.62	54
卓资县	-0.39	46	-0.03	33	0.12	77	-0.07	63	-0.27	44	-0.09	55
库伦旗	-0.77	81	-1.57	36	-0.63	44	-1.75	21	-1.25	81	-0.65	56
锡林浩特市	0.56	14	1.04	61	0.28	81	0.95	61	0.70	53	0.44	57
乌拉特中旗	-0.53	63	-0.66	58	0.03	64	-0.66	25	-0.56	20	-0.36	58
武川县	-0.60	71	-1.15	48	-0.05	32	-0.86	41	-0.70	69	-0.45	59
陈巴尔虎旗	-0.53	64	-0.70	71	0.03	1	-0.67	19	-0.57	61	-0.36	60
化德县	-0.43	52	-0.41	51	0.09	62	-0.34	69	-0.37	26	-0.21	61
清水河县	-0.60	70	-0.91	54	-0.04	14	-0.84	50	-0.70	40	-0.44	62
乌拉特后旗	-0.51	60	-0.60	72	0.05	18	-0.56	29	-0.53	15	-0.30	63
磴口县	-0.57	65	-0.72	56	0.02	48	-0.67	36	-0.58	59	-0.36	64
巴林右旗	-0.42	50	-0.18	37	0.09	76	-0.22	80	-0.31	71	-0.19	65
达尔罕茂明安联合旗	-0.39	47	-0.03	60	0.11	51	-0.15	52	-0.29	72	-0.10	66
二连浩特市	0.03	25	0.57	78	0.21	52	0.39	39	0.11	31	0.28	67
镶黄旗	-0.65	73	-1.19	73	-0.05	2	-0.96	34	-0.78	56	-0.47	68
额尔古纳市	-0.95	84	-1.89	63	-8.31	22	-2.35	18	-1.48	78	-1.68	69

续表

旗县	F1	排名	F2	排名	F3	排名	F4	排名	F5	排名	F	排名
东乌珠穆沁旗	−0.15	32	0.14	67	0.16	37	0.18	75	−0.06	58	0.16	70
正蓝旗	−0.49	55	−0.57	68	0.08	17	−0.41	64	−0.46	41	−0.23	71
新巴尔虎左旗	−0.75	80	−1.52	66	−0.55	29	−1.41	79	−1.13	11	−0.63	72
多伦县	−0.49	58	−0.60	53	0.06	79	−0.45	58	−0.50	65	−0.25	73
苏尼特右旗	−0.48	54	−0.50	70	0.08	23	−0.37	72	−0.45	34	−0.23	74
鄂温克族自治旗	−0.18	33	0.14	55	0.16	65	0.09	78	−0.08	47	0.16	75
阿拉善右旗	−0.69	77	−1.43	75	−0.26	15	−1.13	26	−0.86	50	−0.53	76
额济纳旗	−0.32	44	−0.01	82	0.12	56	−0.06	14	−0.24	64	−0.06	77
新巴尔虎右旗	−0.42	51	−0.34	80	0.09	11	−0.31	60	−0.31	23	−0.21	78
根河市	−0.49	56	−0.58	65	0.07	70	−0.43	76	−0.46	63	−0.23	79
西乌珠穆沁旗	0.09	22	0.77	81	0.23	4	0.53	84	0.24	43	0.30	80
阿尔山市	−0.72	78	−1.47	69	−0.26	58	−1.19	71	−1.01	73	−0.55	81
苏尼特左旗	−0.57	67	−0.80	76	0.01	12	−0.69	82	−0.65	19	−0.42	82
正镶白旗	−0.78	82	−1.71	57	−0.84	83	−1.90	67	−1.39	7	−0.68	83
鄂托克前旗	−0.08	29	0.19	64	0.18	84	0.30	17	−0.02	52	0.19	84

（六）聚类分析

聚类分析法是指将所研究的对象进行分类分析的方法。具体来看，就是根据样本对象的一些特征相似程度将研究对象进行分类，形成不一样的类别。本书采用的是 K – Means 算法，又称为快速聚类法，算法过程如图 7.10 所示。

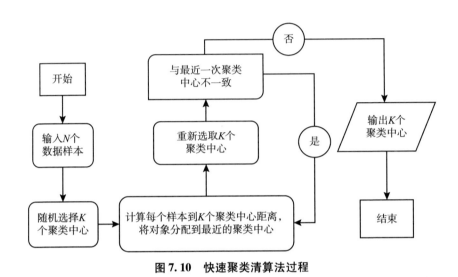

图 7.10 快速聚类清算法过程

前文通过构建内蒙古县域产业发展水平评价指标体系，对内蒙古 84 个旗县做出了评价及排名，接下来利用 K-means 聚类方法，对内蒙古 84 个旗县进行聚类分析。

通过分析结果可知，可以将旗县分为 5 大类，第一类包括了 27 个旗县，第二类包括了 49 个旗县，第三类包括了 2 个旗县，第四类包括了 5 个旗县，第 5 类包括了 1 个旗县，具体结果如表 7.21 所示。

表 7.21　　　　　　　　　　每个聚类中的旗县个数

	1	27
	2	49
聚类	3	2
	4	5
	5	1
有效		84
缺失		0

每一个类别中具体的县域名称如表 7.22 所示。

表 7.22 内蒙古各县域分类

类别	旗县名称
第一类	海拉尔区、满洲里市、牙克石市、扎兰屯市、乌兰浩特市、科尔沁左翼中旗、科尔沁左翼后旗、开鲁县、奈曼旗、扎鲁特旗、霍林郭勒市、巴林左旗、克什克腾旗、翁牛特旗、宁城县、敖汉旗、锡林浩特市、西乌珠穆沁旗、土默特左旗、托克托县、和林格尔县、土默特右旗、鄂托克前旗、杭锦旗、集宁区、乌拉特前旗、杭锦后旗
第二类	阿荣旗、莫力达瓦达斡尔族自治旗、鄂伦春自治旗、鄂温克族自治旗、陈巴尔虎旗、新巴尔虎右旗、新巴尔虎左旗、额尔古纳市、根河市、阿尔山市、科尔沁右翼前旗、科尔沁右翼中旗、扎赉特旗、突泉县、库伦旗、阿鲁科尔沁旗、巴林右旗、林西县、喀喇沁旗、二连浩特市、阿巴嘎旗、苏尼特左旗、苏尼特右旗、东乌珠穆沁旗、太仆寺旗、镶黄旗、正镶白旗、正蓝旗、多伦县、清水河县、武川县、固阳县、达尔罕茂明安联合旗、卓资县、化德县、商都县、兴和县、凉城县、察哈尔右翼前旗、察哈尔右翼中旗、察哈尔右翼后旗、四子王旗、丰镇市、五原县、磴口县、乌拉特中旗、乌拉特后旗、阿拉善右旗、额济纳旗
第三类	准格尔旗、伊金霍洛旗
第四类	达拉特旗、鄂托克旗、乌审旗、临河区、阿拉善左旗
第五类	东胜区

第一类包括了集宁区、临河区、海拉尔区霍林郭勒市等 27 个旗县。这些旗县在 F1 中的得分都比较高，排名比较靠前，同时在综合因子排名中也比较靠前，在产业发展过程中，F1 的贡献非常大，所以这些县域的产业发展水平都比较高，发展相对比较全面，因此这些县域需要在此基础上，继续不断发展，发挥优势产业，同时带动其他县域产业发展。

第二类包括了四子王旗、丰镇市、五原县等 47 个旗县，这些旗县占据了全省的大多数，分布也比较广，这说明内蒙古各县域在产业发展过程中大多数对于居民生活保障的措施都相对较完善，居民生活保障是产业发展乃至经济发展的基础，因此这些旗县需要继续保持，并且不断完善并成熟各自的居民保障体系。

第三类包括准格尔旗和伊金霍洛旗，这两个旗县位于内蒙古中部的鄂尔多斯市，这两个旗县在工业发展水平方面一直位于内蒙古各旗县的前列，是内蒙古主要的工业旗县，工业发展水平较高，在近几年的全国工业百强县以及西部县域百强县的排名中，这两个旗县的排名都位于前5名。因此，这两个旗县可以继续保持如今的发展优势，并带动整个内蒙古县域不断发展。

第四类包括达拉特旗、乌审旗等5个旗县，这5个旗县分别位于内蒙古中西部的鄂尔多斯市、巴彦淖尔市和阿拉善盟，这几个旗县在F4中排名都比较靠前，说明这几个县的农业发展水平比较好，巴彦淖尔市的乳品产业、肉类产业是其优势产业，阿拉善盟的原盐产量比较高，因此这些地区比较适合发展农业。

第五类中包括东胜区，东胜区位于鄂尔多斯市，鄂尔多斯市内有大量的矿产资源，近年来鄂尔多斯市的生产总值一直位于内蒙古各盟市中的第一名，且东胜区的综合因子排在第一名，因而可以说明东胜区产业发展实力强劲。

三、乡村振兴背景下内蒙古县域产业发展研究结论与政策建议

（一）研究结论

县域经济是连接城乡发展的重要桥梁，内蒙古地域辽阔，县域的覆盖面积非常广，内蒙古县域经济的发展对于推动内蒙古乡村振兴具有重要支撑作用，且内蒙古区域内许多地区仍属于欠发达地区，因此研究内蒙古县域产业发展，对促进乡村振兴战略在内蒙古地区的深入实施，推动内蒙古经济高速发展，具有现实意义。

利用因子分析法和聚类分析法对内蒙古县域产业进行了综合评价分析，两种方法的结合使得评价结果更加科学客观，利用因子分析法将原始评价指标中的14个指标分为5个公共因子，分别是产业发展规模因子、产业发展保障因子、工业发展因子、农业发展因子、产业实力因子。从分析结果中可以看出，综合实力强劲的旗县地区，产业规模、社会保障设施都比较完善，某一产业比较发达的地区依然存在着规模以及基础设施不完善等问题。

通过聚类分析将内蒙古84个县域分为五大类，最后的分析结果与上文的因子分析法所得出的结论基本一致。

（二）政策建议

县域经济的发展关键在于县域产业，2022 年中央一号文件提出要在大力发展县域富民产业，提升农村消费水平，支持大型企业资源下沉县乡，落实农民就业创新政策，推动农村产业绿色发展。内蒙古县域产业发展过程中，仍然存在着三次产业结构不合理、产业区域性差异大、产业发展水平低等问题，因此在推动内蒙古县域产业发展中，要注重以问题为导向，加快产业转型升级步伐，促进经济快速发展。

1. 促进产业结构调整，构建产业新体系

目前内蒙古县域产业依然存在着结构不合理的问题，因此需要加快县域产业结构调整，坚持市场化和产业化，提高农牧业现代化发展速度，巩固和提升农牧业基础性地位。内蒙古县域面积占据了内蒙古总面积的 98%，同时农村大部分坐落于县域，按照 2022 年关于乡村振兴发展的要求，需要加大力度发展县域内具有比较优势的产业，推动形成类型丰富、协同发展的产业体系。要全力构建现代农牧业体系，提高农牧业科技化和信息化水平，深化农牧区供给侧结构性改革，推动县域农牧区由大区向强区的转变。加快新兴产业发展步伐，首先要逐步增加先进技术装备工业的发展规模，重点扶持节能环保行业大力发展，新能源技术产业培育速度提高，把高新技术资讯业培养成县域支柱产业；在服务型经济社会高速发展的今天，首先要让生产性服务业、生活性服务业与新时期的经济社会发展需要相适应，着力凸显服务业的特点和高端水平，使其与现代制造业、农牧业统筹发展，与社会民生发展和国家社保体制相互融通。

2. 推动三次产业协调发展

随着经济的不断发展，内蒙古县域产业规模以及产业实力的不断提升，推动着内蒙古县域产业不断转型升级，产业结构优化，县域经济实力不断加强，也进一步为居民生活以及产业发展提供了更多的保障，助力内蒙古乡村振兴不断发展。

（1）加快农村三次产业融合发展，助力实现农业产业化和农业现代化

内蒙古东西跨度大，地域辽阔，有着丰富的草场资源，为农业发展提供了坚实的基础，在过去很多年，对于推动内蒙古县域经济发展提供了强大的支撑作用。但是综合来看，目前内蒙古各县域农业发展种类较为单一，传统

农业的占比仍然很大，农业劳动生产效率比较低，导致农产品利润率比较低，难以增加农民的收入。因此，新时期在政府政策的大力支持下，形成农村三产融合发展新格局，将农业与工业、服务业结合起来，形成农业现代化体系，着力提升农民收入。具体来看，一是提升农产品供应链，加快农业生产效率，提高农产品的利润率；二是创建农产品产业园区，推动产业集群的形成，提升农产品加工的专业化，可以创造农业新业态，这在一定程度上可以解决农村就业问题；三是拓宽农产品销售渠道，将农村电商与农业相结合，利用逐渐成熟的互联网和物流条件，可以实现农产品跨地区、大批量的销售，增加农民的收入。

（2）实施工业强县战略，加快工业化进程

纵观内蒙古县域产业近些年来的产业结构变化，第二产业仍旧占据很大的比重。内蒙古经济发展快速的呼包鄂经济圈中，包头市与鄂尔多斯市是典型的重工业城市，工业的发展推动了当地经济的快速发展。对于内蒙古县域来说，要充分依托区域内丰富的资源禀赋，促成以工业为中心的增长极的不断形成，再通过传播带动效应，提升周围地区的经济发展水平。具体来看，在形成增长极的过程中，各县域要实施相应的政策，吸引更优质、大型企业的加盟，进而提高当地工业发展的专业化程度。依托优质大型企业的成熟配套设施设备，大力发展高新技术产业，鼓励高新技术企业将总部设立在县城，将乡镇作为主要的生产基地，着力将县乡工业做大做强。对于工业特别发达的旗县，要将优势资源型工业作为发展重点，着力将优势资源转化为标准产品，最终将其转化为可以面向消费群体的产品。

内蒙古县域内资源禀赋比较丰富，各旗县可以依据本地区的实际资源情况将新能源、新材料等新兴优势特色产业作为重点发展方向，凭借县域的比较优势，逐步扩大产业的发展规模，提升产业层次，进而逐步提高企业的核心竞争力；同时大力推动工业园区建设，目前工业园区逐渐成为县域重大项目引进和建设的平台，各级政府做好配套政策支持，引导优质项目园区的集聚，在保持产业特色、立足自身工业发展的基础上，能够持续扩大产业规模，促进产业集群的形成，注重以企业需求为导向，吸引企业到来并能够"留下来"。

发挥龙头企业带动作用，根据本地区具体情况，培育具有本地特色以及本地优势的项目，加大生产要素在各部门之间的流动速度，推动产业的快速发展。尤其是对于经济相对不发达的县域，要全力发展本地的龙头企业，从而带动县域工业的整体发展，提高县域工业产品的质量以及效益，促进县域经济的持续健康发展。

（3）推动第三产业发展，提升县域服务业发展水平

内蒙古县域第三产业蓬勃发展，占据比重越来越大，提高了县域居民的收入水平，也增加了县域居民的就业岗位，因此促进内蒙古县域产业持续发展就需要大力提升县域服务业发展水平。各旗县可以依据本地特色，发展特色旅游产品，打造特色旅游目的地，开展旅游示范区试点工作，建设特色小镇，推动各地区服务业多元发展。例如呼伦贝尔的大草原，牙克石市的冰雪产业以及阿拉善盟的沙漠资源等，都是依托本地区的特色资源，形成当地独特的旅游品牌。政府需要发展财政支持作用，完善基础设施建设，推动当地餐饮、住宿、娱乐等传统旅游业的不断转型升级，提高服务业发展水平。另外，要大力发展金融服务、康养、电子商务、信息科技等新兴服务业，将不同的产业进行融合发展，加大对旅游产品的宣传力度，开展旅游资源项目的咨询工作，吸引更多外地资金的流入。

3. 推进特色产业发展，壮大县域产业实力

要想推进内蒙古县域产业发展，需要发展特色经济与特色产业，依据本地特色优势资源，推动特色产业发展。内蒙古西部地区工业发展规模较大，可以带动其他产业发展，提高产业转型升级的速度，例如西部地区的阿拉善盟，区域内沙漠覆盖面积比较大，沙产业是其特色产业，阿拉善盟可以依托沙产业带动经济发展；东部地区可以利用区位优势和资源优势着力发展农业、畜牧业和奶业，乡村振兴战略提出要继续实施奶业振兴行动，比如呼伦贝尔市与蒙古国和俄罗斯接壤时，可针对地方情况，进一步发挥口岸管理经济，同时开发与利用呼伦贝尔市的特色草原资源，大力发展绿色食品产品，并把握我国开展国家自然资源资产编制试点地区建设的好契机，共同打造独属于呼伦贝尔市的绿色食品发展之道；通辽市和赤峰市充分借助自身资源优势，促进本区域制造业和第三产业的高速发展；中部区域借助呼包鄂经济区的发展和辐射带动，进一步整合自身资源优势、人才、区域地理资源等，以当地优势产业为带动，多个产业同步发展，扎实推进各地特色产业的快速发展。

4. 推动创新发展，提升产业规模化

内蒙古各县域要紧紧围绕创新发展，提升创新成果促进产业转型升级的

速度，政府支持企业和高校以及科研院所的深度合作，破解在发展过程中存在的技术难题。乡村振兴战略要求完善县域科技领域支持机制，深化创新体制改革。内蒙古是西部欠发达地区，创新资源比较匮乏，因此各县域要充分借鉴发达地区县域的成功案例，吸引高端人才留在本县域，打造自主创新的新道路，围绕"科技兴蒙"行动的指导思想和战略内涵，大力开发创新平台，将资金倾斜到研究开发、技术转移、检验检测认证、知识产权、科技咨询等新兴科技产业，逐步形成创新驱动发展格局。

5. 加强社会保障，增进人民福祉

根据内蒙古"十四五"规划与乡村振兴中对县域社会保障体系的要求，居民生活保障是县域产业发展的基础，要逐步落实县域居民基本养老保险政策，统筹推进城乡低保措施。因此各县域要完善社会保障机制体制和福利体系，建立多层次住房保障措施，提高公共服务能力与社会保障水平，形成全域范围、公正合理的现代社会保障体系。加强县域医疗卫生基础设施建设，推动蒙医药中医药的发展；鼓励县域内居民就地创业就业，支持重点人群就业工作，形成成熟的就业服务体系，落实合理、科学、有效的就业政策。各级政府要加大对偏远县域地区的交通设施等的支持建设力度，根据不同县域的具体地理位置，构建合适的交通网络，包括公路、铁路、机场等，打通偏远县域与其他地区的连接通道，促进当地经济的不断发展。

第三节　乡村振兴与我国县域产业发展的浙江范例

一、浙江县域产业发展特点

县域，城市之末，乡村之首。2021 年中央一号文件 11 次提及"县域"，强调要加快县域内城乡融合发展，把县域作为城乡融合发展的重要切入点。到 2022 年，中央一号文件则在产业发展等方面做出了进一步、更加细化的要求。县域兴，则经济稳。县域是我国社会治理和经济发展的基本单元，根据赛迪顾问县域经济研究中心编制的《2020 中国县域经济百强研究》数据，全国百强县以不到 2% 的土地、7% 的人口，创造了全国约 10% 的国内生产总值。产业兴，则县域兴。乡村振兴有两大难点：一是怎样去进行乡村振兴；二是如何实现农业农村现代化。2021 年中央一号文件就指出：把产业链主体留在县城，让农民更多分享产业增值收益。发展县域经济，优化、壮大县域产业是关键，县域产业是县域经济发展的基石，县域经济发展动力在产业，潜力在产业，突破口也在产业。本案例尝试从县域着手，从县域产业切入来探究乡村振兴的两个关键问题。

县域兴，则乡村兴；产业兴，则县域兴。案例以浙江省 62 个县域单位为研究对象，将研究重点聚焦于县域产业，通过构建县域产业发展指标体系，分层次、分产业测度了县域产业发展水平。研究发现：（1）县域产业发展水平整体较稳定；（2）县域产业发展呈现明显的"东强西弱"特点；（3）城市之间县域产业发展水平差距较大；（4）城市内部县域之间产业发展水平差距较大；（5）分产业来看，不同城市、不同产业发展贡献度差异较大；（6）分层次来看，产业规模、产业效益各自贡献度差异较大。基于以上分析，对县域产业发展提出了六点政策思考，以期为浙江省从县域产业角度出发更好地实施乡村振兴战略提供参考。

二、研究设计

（一）研究方法

1. 县域产业高质量发展包含层面

县域产业高质量发展意义深刻、内涵丰富，既包括单个产业自身高质量发展，也包括各产业之间的互相协调发展，是综合性、多方面相互关联、相互促进的过程。本书选取的指标力求既能体现现阶段县域三次产业的发展水平，又能体现三次产业的发展潜力。

2. 指标体系构建原则

（1）针对性原则。紧扣"县域产业"进行指标体系的设计，所选指标力求能充分反映县域产业的发展规模，同时也更加关注县域产业高质量发展的效率。（2）因县制宜原则。不同县域的产业发展有不同的区域特点，本书尽可能在选取指标时选择能体现县域产业发展的特色指标，同时也兼顾县域产业发展的共性指标。（3）简明和可获得性原则。本书尽量选取与县域产业紧密相关的、可获得的和具有代表意义的指标，且选取的指标要简明、可量化，避免定性指标对县域产业评价结果的影响。

3. 指标体系的建立

借鉴陈学云和程长明、张虎和韩爱华的研究成果，充分考虑县域第一、第二、第三产业高质量发展的内涵，同时也确保县域数据的可得性，构建了3 大一级指标、2 大层次、30 项具体指标，进一步综合评价浙江省县域产业的整体发展水平（见表7.23）。

表 7.23 县域产业发展水平测度指标体系

目标层	一级指标	层次	二级指标	单位	属性
县域产业综合发展水平	第一产业发展水平	产业规模指标	第一产业增加值	亿元	+
			第一产业增加值占国内生产总值的比重	%	+
			第一产业从业人员比重	%	−
			农业增加值	亿元	+
			农业增加值占国内生产总值比重	%	+
		产业效率指标	第一产业增加值增长率	%	+
			第一产业劳动生产率	万元/人	+
			农作物机耕面积占总播种面积的比重	%	+
			第一产业就业率增长率	%	−
			人均粮食产量	吨/万人	+
	第二产业发展水平	产业规模指标	第二产业增加值	亿元	+
			第二产业增加值占国内生产总值的比重	%	+
			第二产业从业人数	万人	+
			工业增加值	亿元	+
			工业增加值占国内生产总值比重	%	+
			第二产业从业人员比重	%	+
		产业效率指标	第二产业增加值增长率	%	+
			第二产业劳动生产率	万元/人	+
			第二产业就业率增长率	%	+
			规模以上工业企业利润率	%	+

续表

目标层	一级指标	层次	二级指标	单位	属性
县域产业综合发展水平	第三产业发展水平	产业规模指标	第三产业增加值	亿元	+
			第三产业增加值占国内生产总值的比重	%	+
			第三产业从业人员比重	%	+
			第三产业从业人数	万人	+
		产业效率指标	第三产业增加值增长率	%	+
			第三产业就业增长率	%	+
			第三产业劳动生产率	万元/人	+
			人均年末移动电话用户数	（户/人）	+
			人均民用汽车拥有量	（辆/人）	+
			人均社会消费品零售额	万元/人	+

注：规模以上工业企业利润率＝规模以上工业企业营业利润/营业收入；某产业劳动生产率＝该产业增加值/该产业从业人数；相关增长率是与前一年数据作比；人均社会消费品零售额＝社会消费品零售总额/该县域年末常住人口数，其余人均水平同理。

4. 评价方法选择

对于评价县域产业高质量发展的 30 项指标，最为重要的就是对这些指标赋予不同的权重。目前，确定指标权重的常用方法有主观赋权法和客观赋权法。主观赋权法是一种基于评价者主观的经验和掌握的信息来赋权的方法，该方法的运用受决策者主观感受的影响较大。客观赋权法是基于原始数据之间的关系，采用一定的数学方法来确定权重，该法摒弃了人的主观感受，评价具有较强的数学理论基础。本书所采用的方法是客观赋权法里的熵权法。具体测算步骤如下：

（1）原始数据整理。对收集到的原始数据进行整理，去除、线性替换个别统计错误和缺失数据。

（2）数据标准化。为了充分保证评价结果的真实性和科学性，本书选择对采集的原始数据进行标准化。

正向指标（指标值越大对评价越有利）：

$$z_{ij} = \frac{a_{ij} - \min(a_j)}{\max(a_j) - \min(a_j)} \tag{7.20}$$

逆向指标（指标值越小对评价越有利）：

$$z_{ij} = \frac{\max a_j - a_{ij}}{\max a_j - \min a_j} \qquad (7.21)$$

式中：a_{ij} 为第 i 个样本中第 j 个指标的数值；z_{ij} 为标准化以后数值；$i = 1$，2，$\cdots$，m；$j = 1$，2，$\cdots$，n；同时，为防止求信息熵时出现 ln0 的问题，将 z_{ij} 进行坐标平移，得到平移后的数据矩阵 $z'_{ij} = z_{ij} + \alpha$，本书取 $\alpha = 0.00001$。

（3）计算第 j 个指标下第 i 个样本占该指标的比重。

$$P_{ij} = \frac{z'_{ij}}{\sum\limits_{i=1}^{m} z'_{ij}} \qquad (7.22)$$

式中：$i = 1$，2，$\cdots$，m；$j = 1$，2，$\cdots$，n。

（4）计算第 j 个指标的熵值。

$$e_j = -N \sum\limits_{i=1}^{m} P_{ij} \ln P_{ij} \qquad (7.23)$$

式中：N 为正常数，并且 $N = 1/\ln n$。

（5）计算第 j 个指标的信息效用值。

$$d_j = 1 - e_j \qquad (7.24)$$

（6）计算各项指标的权重。

$$W_j = \frac{d_j}{\sum\limits_{j=1}^{n} d_j} \qquad (7.25)$$

式中：W_j 表示熵权法确定的第 j 个指标的权重。

（7）计算各样本的综合得分。

$$s_i = \sum\limits_{j=1}^{n} w_j \times z'_{ij} \qquad (7.26)$$

式中：s_i 为第 i 个样本综合评价值。

（二）数据来源

本文原始数据主要来源于《浙江统计年鉴》《中国县域统计年鉴》以及浙江省各地级市统计年鉴、县级单位统计年鉴，部分数据来源于各县域年度国民经济和社会发展统计公报。

三、测度结果与分析

（一）测度结果

基于县域第一产业、第二产业和第三产业发展3个一级指标及30个二级指标的数据，利用熵权法对浙江省11个地级市、62个县域单位的县域产业发展水平进行测度，结果见表7.22。测度结果显示，62个县域单位的县域产业发展水平的平均值为0.27599，浙江省县域产业发展总体仍存在较大提升空间且各县域产业发展水平呈现出高低不同的特点（见表7.24）。

表7.24　　　　　　浙江省县域产业发展水平测度结果

城市	县域单位	第一产业发展指数	第二产业发展指数	第三产业发展指数	产业规模发展指数	产业效益发展指数	综合指标评价	排名
杭州市	萧山区	0.14574	0.20977	0.16182	0.39742	0.11992	0.51734	1
	余杭区	0.11025	0.15797	0.24727	0.38911	0.12638	0.51549	2
	富阳区	0.10954	0.11108	0.09307	0.20452	0.10917	0.31369	20
	临安区	0.09969	0.08889	0.07258	0.17099	0.09017	0.26116	31
	建德市	0.10831	0.07862	0.04887	0.13900	0.09681	0.23581	38
	桐庐县	0.08588	0.06861	0.06976	0.14109	0.08315	0.22424	43
	淳安县	0.11543	0.04989	0.05808	0.14075	0.08266	0.22340	44
宁波市	鄞州区	0.09828	0.13950	0.24925	0.33911	0.14792	0.48703	3
	奉化区	0.09913	0.12323	0.05744	0.17475	0.10505	0.27981	27
	余姚市	0.17587	0.17293	0.10411	0.29770	0.15521	0.45291	5
	慈溪市	0.13239	0.24679	0.10354	0.35039	0.13233	0.48273	4
	象山县	0.16995	0.08011	0.07374	0.19329	0.13051	0.32379	17
	宁海县	0.12173	0.11707	0.08421	0.19388	0.12913	0.32301	18
温州市	洞头区	0.04079	0.05327	0.06137	0.07061	0.08482	0.15543	62
	瑞安市	0.09189	0.13850	0.10902	0.22727	0.11214	0.33940	14
	乐清市	0.06847	0.14446	0.11974	0.22631	0.10635	0.33267	15

续表

城市	县域单位	第一产业发展指数	第二产业发展指数	第三产业发展指数	产业规模发展指数	产业效益发展指数	综合指标评价	排名
温州市	永嘉县	0.06912	0.07472	0.07281	0.13229	0.08436	0.21665	46
	平阳县	0.07193	0.09216	0.06690	0.13446	0.09652	0.23099	41
	苍南县	0.08240	0.10514	0.08271	0.18441	0.08583	0.27025	29
	文成县	0.07844	0.02362	0.05917	0.09339	0.06785	0.16124	60
	泰顺县	0.07228	0.04979	0.03786	0.07794	0.08199	0.15993	61
嘉兴市	平湖市	0.07903	0.13884	0.07069	0.17797	0.11060	0.28856	24
	海宁市	0.08846	0.15966	0.11031	0.22150	0.13693	0.35843	10
	桐乡市	0.09432	0.14125	0.10799	0.22424	0.11932	0.34356	13
	嘉善县	0.11139	0.10804	0.08019	0.18225	0.11736	0.29961	22
	海盐县	0.09400	0.11379	0.05779	0.14765	0.11792	0.26557	30
湖州市	德清县	0.07115	0.11147	0.06298	0.14703	0.09858	0.24560	34
	长兴县	0.12386	0.11129	0.09334	0.19288	0.13561	0.32849	16
	安吉县	0.10360	0.09024	0.08593	0.15901	0.12075	0.27977	28
绍兴市	柯桥区	0.08923	0.17101	0.11745	0.27488	0.10280	0.37769	7
	上虞区	0.13958	0.13743	0.09593	0.23022	0.14272	0.37294	9
	诸暨市	0.11012	0.15555	0.10820	0.26379	0.11007	0.37386	8
	嵊州市	0.11692	0.09869	0.06909	0.18195	0.10274	0.28470	26
	新昌县	0.07345	0.09222	0.07173	0.13682	0.10058	0.23740	36
金华市	金东区	0.08748	0.06462	0.16574	0.12805	0.18979	0.31784	19
	兰溪市	0.10492	0.08199	0.04945	0.15107	0.08530	0.23636	37
	东阳市	0.07606	0.08658	0.09401	0.15652	0.10013	0.25665	32
	义乌市	0.06920	0.10732	0.21574	0.27346	0.11880	0.39226	6
	永康市	0.04297	0.11881	0.08519	0.14774	0.09923	0.24697	33
	武义县	0.10985	0.07191	0.05283	0.12715	0.10743	0.23458	39
	浦江县	0.05321	0.05576	0.06787	0.11495	0.06189	0.17683	54
	磐安县	0.08829	0.04345	0.05368	0.10804	0.07738	0.18542	51

续表

城市	县域单位	第一产业发展指数	第二产业发展指数	第三产业发展指数	产业规模发展指数	产业效益发展指数	综合指标评价	排名
衢州市	江山市	0.10341	0.06369	0.04977	0.11112	0.10576	0.21687	45
	常山县	0.08312	0.05296	0.04890	0.09366	0.09132	0.18498	53
	开化县	0.08775	0.04429	0.05325	0.08638	0.09891	0.18529	52
	龙游县	0.08732	0.05078	0.05666	0.09319	0.10158	0.19476	48
舟山市	岱山县	0.16085	0.08060	0.04604	0.17420	0.11330	0.28750	25
	嵊泗县	0.23297	0.03940	0.07839	0.19602	0.15474	0.35076	12
台州市	温岭市	0.11421	0.14069	0.10321	0.26959	0.08852	0.35811	11
	临海市	0.11889	0.10440	0.08143	0.20647	0.09826	0.30473	21
	玉环市	0.10886	0.11843	0.06587	0.17431	0.11885	0.29316	23
	三门县	0.11807	0.07120	0.04901	0.12153	0.11676	0.23829	35
	天台县	0.08899	0.06474	0.07881	0.11666	0.11589	0.23254	40
	仙居县	0.10505	0.06354	0.05992	0.10944	0.11907	0.22851	42
丽水市	龙泉市	0.10297	0.04321	0.05175	0.10674	0.09119	0.19793	47
	青田县	0.05097	0.05267	0.06053	0.09011	0.07407	0.16417	59
	云和县	0.06797	0.06209	0.04055	0.08690	0.08371	0.17060	57
	庆元县	0.08379	0.04042	0.05063	0.06936	0.10548	0.17484	56
	缙云县	0.06653	0.05460	0.04687	0.08688	0.08112	0.16800	58
	遂昌县	0.09318	0.04904	0.04675	0.09439	0.09457	0.18896	49
	松阳县	0.09025	0.04473	0.04064	0.09817	0.07744	0.17561	55
	景宁自治县	0.08517	0.02959	0.07077	0.07720	0.10833	0.18553	50

（二）结果分析

1. 县域产业发展水平整体较稳定

整体来看，浙江省 62 个县域单位中，县域产业综合发展水平较稳定，综合发展水平普遍集中在 0.20 ~ 0.40 之间，共 41 个县域单位，占比达 66.13%（图 1）；而综合发展水平处于相对较低水平，即发展水平在 0.15 ~ 0.20 之间的有 16 个县域单位，如龙泉市、龙游县等，占比 25.81%；县域产业发展水平处于相对较高水平，即发展水平在 0.40 以上的县域单位有 5 个，如萧山区、鄞州区等，占比达 8.06%。浙江省地处长三角核心区域，优越的地理位置给县域经济的发展提供了良好基础，2015 年浙江省发布《浙江省人民政府关于全面开展县域经济体制综合改革的指导意见》，为浙江省进一步发展县域产业给予了政策上的支持。浙江省县域产业发展水平分组如图 7.11 所示。

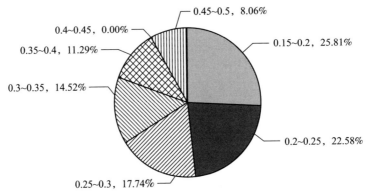

图 7.11　浙江省 62 个县域单位县域产业发展水平分组

2. 县域产业发展呈现明显的"东强西弱"特点

浙江省 11 个地级市中，城市与城市之间的县域产业平均发展水平呈现出较为明显的区域分布差异。杭州市（0.32730）、宁波市（0.39155）、嘉兴市（0.31115）、湖州市（0.28462）、绍兴市（0.32932）和舟山市（0.31913）6 个地级市的县域产业平均发展水平都超过了 0.27599 的全省平均水平，而温州市（0.23332）、金华市（0.25587）、衢州市（0.19548）、台州市（0.27589）和丽水市（0.17821）5 个地级市的县域产业发展水平则呈现出较为明显的劣势。依托 ArcGIS 平台可以看出，浙江省县域产业发展水平呈现出明显的"东强西弱"的特点，6 个县域产业发展水平较高的地级市恰是以杭州为界限，东起向上海和杭州湾方向，而县域产业发展水平处于相对劣势的 5 个地级市恰为杭州以西的城市，不同的区位条件、地缘因素使得各城市的县域产业发展呈现出了不一样的结果。

3. 城市之间县域产业发展水平差距较大

在浙江省 11 个地级市的 62 个县域单位中，若以 0.25 的县域产业发展水平为分界点，则不同城市之间的县域产业发展水平呈现出较为显著的差异。其中，以宁波市、嘉兴市和舟山市为代表，三个城市内所有县域单位的产业发展水平均超过了 0.25，县域产业整体发展水平在浙江省内处于较高的地位，且宁波市鄞州区、慈溪市和余姚市更是呈现出省内较为领先的水平，值得注意的是，最临近浙江省的嘉兴市，其所有县域单位的产业发展水平均超过了 0.25；而县域产业整体处于中间发展阶段的城市有湖州市、绍兴市，两个城市的特点是城市内有超过 60% 的县域产业发展水平较高，但是有极个别的县域单位仍然处于相对落后的位置；最后一类是县域产业发展水平整体相对落后的城市，有杭州市、温州市、金华市、衢州市、台州市和丽水市，它们的特点是城市内部有个别县域单位产业发展水平较高，但是城市内产业发展水平超过 0.25 的县域比重未达 60%，其中杭州市程度较轻，为 57.14%，而衢州市和丽水市则较为严重，两个城市内所有县域单位产业发展水平均低于 0.25，因此未来县域产业结构仍需进一步深入优化、调整。县域产业发展水平超过 0.25 的县域单位比重如表 7.25 所示。

表 7.25　　　　县域产业发展水平超过 0.25 的县域单位比重

城市	县域个数	超过 0.25 的县域单位比重（%）	城市	县域个数	超过 0.25 的县域单位比重（%）
杭州市	7	57.14%	金华市	8	37.50%
宁波市	6	100.00%	衢州市	4	0.00%
温州市	8	37.50%	舟山市	2	100.00%
嘉兴市	5	100.00%	台州市	6	50.00%
湖州市	3	66.67%	丽水市	8	0.00%
绍兴市	5	80.00%			

4. 城市内部县域之间产业发展水平差距较大

城市内部县域之间的产业发展水平也呈现出较大差异，如杭州市、温州市、湖州市、绍兴市和台州市，这些城市县域产业发展的特点是"高低差异大"，以浙江省杭州市为例，其城市县域单位中萧山区、余杭区县域产业发展水平均达到了 0.50 以上，在浙江省处于遥遥领先的地位，然而，其城市内的临安区、建德市、桐庐县以及淳安县的县域产业发展水平却在 0.20 左右徘徊；再以温州市为例，其城市内县域单位中瑞安市、乐清市的县域产业发展水平均在 0.33 左右，然而永嘉县、洞头区、文成县、泰顺县的县域产业发展水平却均在 0.15 附近。因此，需要进一步关注城市内部不同县域之间产业发展水平的不均衡现象。

5. 不同城市、不同产业发展贡献度差异较大

将不同县域单位产业发展水平进行分产业细化，可以发现不同城市、不同产业之间贡献度差异较大。通过分析比较可以看出，县域产业发展水平以第一产业、第二产业为主要驱动的城市有杭州市、宁波市、湖州市和绍兴市，这些城市的特点是城市内部县域单位的第一产业、第二产业发展贡献度均超过 30%，而第三产业贡献度偏低。以杭州市为例，杭州市 7 个县域单位中第一产业、第二产业贡献度超过 30% 的县域单位分别为 5 个、6 个，占比分别达到了 71.43% 和 85.71%，而第三产业发展贡献度超过 30% 的县域单位只有3 个，占比仅为 42.86%。县域产业发展水平以第二产业、第三产业为主要驱动的有金华市，金华市 8 个县域单位中，第二产业、第三产业发展水平贡献率超过 30% 的个数均为 5，占比达 62.50%。而也存在一些城市以某一单一产业为主要驱动，如嘉兴市以第二产业为主要驱动，第一产业、第三产业贡献度相对偏低，衢州市、舟山市、台州市和丽水市则以第一产业为主要驱动，第二产业、第三产业贡献度相对偏低。当然，也有一些城市第一产业、第二产业、第三产业发展贡献度相对均衡，如温州市，其 8 个县域单位中，绝大部分县域单位三次产业发展水平相对均衡，第一产业、第二产业、第三产业发展贡献度超过 30% 的县域单位个数分别为 5、7、6，占比分别为 62.50%、87.50% 和 75.00%。不同产业发展贡献度超过 30% 的县域单位比重如表 7.26所示。

表 7.26 不同产业发展贡献度超过 30％的县域单位比重

城市	县域单位数量/个	第一产业发展贡献度超过30％的县域单位比重	第二产业发展贡献度超过30％的县域单位比重	第三产业发展贡献度超过30％的县域单位比重	城市	县域单位数量/个	第一产业发展贡献度超过30％的县域单位比重	第二产业发展贡献度超过30％的县域单位比重	第三产业发展贡献度超过30％的县域单位比重
杭州市	7	71.43%	85.71%	42.86%	金华市	8	50.00%	62.50%	62.50%
宁波市	6	66.67%	66.67%	16.67%	衢州市	4	100.00%	0.00%	0.00%
温州市	8	62.50%	87.50%	75.00%	舟山市	2	100.00%	0.00%	0.00%
嘉兴市	5	40.00%	100.00%	40.00%	台州市	6	100.00%	50.00%	16.67%
湖州市	3	66.67%	100.00%	33.33%	丽水市	8	100.00%	37.50%	25.00%
绍兴市	5	60.00%	100.00%	40.00%					

6. 产业规模、产业效益贡献度差异较大

在衡量不同产业发展水平的指标体系中，本书有意将指标体系划分为两大层次：一类用来代表县域产业发展规模的水平；另一类用来代表县域产业发展效益的水平，通过测度结果分析比较发现，这两大层次指标在衡量县域产业发展水平中呈现出了较大差异。可以看出，绝大部分城市产业发展是由产业规模发展占主导，如杭州市、宁波市、温州市（除洞头区、泰顺县以外）、嘉兴市、湖州市等，这些城市的特点是，县域产业发展水平中产业发展规模贡献度超过了 50％，居于主导地位；而也有极个别城市的县域是以产业效益发展占主导，如温州市洞头区、泰顺县、金华市金东区、衢州市开化县、龙游县等，这些县域单位呈现的特点是产业发展效益贡献度超过了50％。综合来看，浙江省多数城市、多数县域单位的县域产业发展仍然以规模驱动，以产业效益驱动的县域单位数量仍然较少，未来供给侧结构性改革仍需进一步推进，县域产业发展也需要进一步提质增效。

四、结论与政策建议

（一）主要结论

以县域单位为研究对象，县域产业为研究重点，以浙江省 11 个地级市

62 个县域单位为例展开，通过构建 3 个一级指标、2 个层次、30 项具体指标，综合测度浙江省县域单位的产业发展水平，得出如下结论：（1）综合来看，浙江省县域单位产业发展水平整体上较为统一、稳定；（2）分区域来看，浙江省县域产业发展呈现出明显的"东强西弱"区域分布特点；（3）浙江省城市与城市之间县域产业发展水平差异较大；（4）在城市内部，县域产业发展水平差异较大，有的地区甚至表现出两极分化的现象；（5）通过将综合发展指数分产业拆分来看，不同区域不同产业贡献度差异较大，城市与城市之间县域产业发展驱动方式呈现出多样性；（6）通过将综合发展指数分层次拆分来看，以产业规模、产业效益为贡献度的发展指数在县域之间呈现出较大的差异，其中绝大部分县域的产业的发展是由产业规模驱动，然而也存在个别城市的县域是以产业效益驱动，未来县域单位内产业的转型升级，供给侧结构性改革仍需进一步深入推进。

2021 年中央一号文件再次强调"乡村振兴战略"，提出要统筹县域产业，壮大县域经济，强调要举全党全社会之力加快农业农村现代化，让广大农民过上更加美好的生活。对浙江省县域产业高质量发展来说，这既是一次机遇，也是县域产业发展的一次挑战，实施乡村振兴战略最艰巨最繁重的任务在农村，最广泛最深厚的基础在农村，最大的潜力和后劲也在农村，浙江省县级政府应把握机遇积极部署制定和实施国家质量兴农战略规划，充分落实一号文件中的"五级书记抓乡村振兴"措施，利用浙江省良好的区位优势以及数字经济发展优势，明确县域产业发展目标，建立健全质量兴农评价体系、政策体系、工作体系和考核体系，推动农业由增产导向转向提质导向。对于我国其他地区县域产业发展而言，应充分把握乡村振兴战略层面要求，找准目标，抓住机遇，用好政策，实现发展。

（二）政策建议

1. 以主导产业为龙头，延伸产业链

由浙江省县域产业发展的特点可知，产业发展水平的优劣不是取决于某一产业独自的优良表现，而是取决于县域单位中一二三产业的协调发展。县域产业之间的整体协调发展中最切实可行的一个发展模式是以主导产业为龙头，利用工业园区建设、高新技术园区建设等区域内重大工程、以发展主导产业为首的重大项目，积极吸引外部资金、人才以及企业主体落户园区，通过实施"一县一产"和产业之间的相互联系带动其他产业的发展。浙江省传统龙头产业较多、分布较为广泛，如化工、医药、通信设备制造、批发零售、交通运输以及仓储和邮政业等，近年来，浙江省大力发展高科技前沿产业、先进制造业、数字经济产业以及科学研究和技术服务业发展迅猛，这些传统、新兴的优势龙头产业分布于各个县域单位中，应充分把握并加以利用。同理，对于我国其他地区县域产业发展而言，应充分了解县域自身发展的区位特点、区域资源、交通等条件，把握乡村振兴契机，以县域主导产业为发动机进而驱动其他产业的发展，以实现县域内经济高质量发展。

2. 以特色产业为抓手，拓展价值链

全面推进乡村振兴战略，补齐农业领域发展短板，一个重要以及可行的方略是以特色产业为抓手，延长农产品产业链，拓展价值链实现增值，如通过培育县域内优势特色产业，挖掘建设特色农业、特色小镇和特色休闲旅游业等，以点及面带动其他产业的发展。由浙江省县域产业发展水平看出，浙江省县域单位中存在一二三产业均表现较弱的区域，针对此类地区，应充分挖掘、培育县域内部的特色产业，立足当地资源禀赋和产业基础，突出特色，发展特色。近几年，特色产业扶贫也是当下我国巩固脱贫攻坚重要成果、实施乡村振兴战略的重要手段。浙江省在农业产业扶贫上取得了比较明显的成绩，应充分把握和利用好现有成果，继续巩固拓展，着力培育和打造县域战略性新兴产业和特色优势产业。乡村振兴战略背景下，对于我国其他地区县域产业发展，尤其是工业基础薄弱、以农业发展为主要带动型的区域，更应充分抓住战略机遇，立足乡村的特色优势资源，优先构建农业全产业链体系，把产业链主体留在县域，让农民在产业增值中获得更多收益，实现农村强、农民富的美好愿景。

3. 加大科技创新力度，为县域高质量产业发展提供支撑

科技是第一生产力，科技也是推动县域产业转型升级的必备因素。党的十九大指出，创新是引领发展的第一动力，科技创新引领社会全面创新。以浙江省为例的县域产业发展同样也需要科技创新，县域产业要实现高质量发展，除了吸纳劳动力、资金和土地等生产要素之外，更亟须吸纳科技创新元素。浙江省是创新大省，2018 年浙江省发布《浙江省人民政府关于全面加快科技创新推动高质量发展的若干意见》，提出要让科技创新成为实现高质量发展的强大动能，新经济成为推动高质量发展的主引擎。浙江省应充分利用

已有的地理位置优势、数字经济优势、人力资源优势以及文化优势，加大科技创新力度，培育发展新动能，充分借鉴和利用脱贫攻坚中取得的科技创新经验成果，继续加快传统产业革新，助力新兴产业发展。当前我国县域单位中农业农村经济发展的基础条件、目标任务都发生了深刻变化，农业发展已由增产导向转变为提质导向，而相对于城市中心，县域产业发展所需要的资金、人才、政策和环境等要素相对较为薄弱，要实现跨越式发展必然需要科技创新的支撑。

4. 深化农村金融供给，助力农业农村现代化

2019 年浙江省银行业金融机构总计为 12990 个，从业人数为 25.21 万人，银行业金融机构资产总额达 16.82 万亿元，同比增长 10.37%，金融业发展在全国处于较为领先地位，浙江省县域单位应加以充分利用，加快培育、建立以农村产业融合主体的引导机制和激励机制，政策层面给予配套支持，如成立专门针对农村产业融合发展的产业扶持基金和风险补偿基金，支持和引导新型农业经营主体向农村产业融合方向发展。同时，县域单位还应积极探索建立国家支持政策和从业主体经营效益的共享机制，也可探寻将财政补贴资金量化给农民后以入股方式参与农业产业化经营的模式，让农民成为股东，获得一二三产业融合发展带来的收益。对我国其他地区而言，尤其是金融发展基础较为落后的地区，首先政策方面应给予一定的倾斜，支持地方政府发行一般债券和专项债券用于现代农业设施建设和乡村建设行动；其次可以尝试设立乡村振兴基金，充分调动民间金融资本和社会力量的参与。

5. 因县制策、因产施策，助力县域产业提质增效

由浙江省县域产业发展水平测度结果可以看出，即使在经济发展较为优良的长三角区域，其省域不同城市之间、同一城市不同县域单位之间、相同县域单位不同产业之间甚至同一产业不同层次之间的发展水平都呈现出水平不一、高低不齐的特点，这为政策的制定提供了思路。即无论是针对浙江省还是针对我国其他地区而言，在制定区域政策、产业政策时，都应当充分考虑区域特点以及产业发展的基础，尤其是要以县域单位为考量，政策制定者应充分结合不同城市、不同县域单位的经济基础、资源条件以及文化特点，做到"因县制策、因产施策"，真正实现县域产业的优化升级、提质增效，为县域经济高质量发展提供有效的政策支持。

第四节　北京东方农道公司致力乡村振兴建设①

一、北京东方农道公司简介

东方农道文化产业集团股份有限公司总部位于北京市房山区，是一家扎根中国乡土，以国家乡村振兴为使命，以东方文化复兴为己任，有着强烈社会责任感的新时代综合服务型集团公司。东方农道公司的第一大股东是中国500强企业——天津荣程集团，核心创始团队成员孙君、田野、王磊、赵兴朋等是深耕中国乡建工作近二十年的乡建领军人物，成功实施了河南开封乡村振兴1+6项目、河北阜平县全域脱贫攻坚项目、安徽巢湖三瓜公社、河南信阳平桥郝堂村、河南信阳新县田铺大湾、山东烟台长岛北城村、湖北武当山元和观村、四川平武高村、山西大同长城文化带等400多个闻名全国的村庄，大部分项目都建立起了有着内驱动力的村集体经济发展模型，走上了乡村发展的正轨，许多项目得到了现任国家领导人的关注和认可。

经过多年不断摸索和实践，公司积累了丰富的乡建经验，形成了一套"大设计＋大运营——东方农道乡村振兴全系统解决方案"，通过提供乡村大设计、产业规划、品牌建设、运营管理、项目建设管理、乡村治理、人才培训、集体经济重构、农村金融应用等九大服务板块，东方农道文化产业集团已经成为一家在国内具有重要影响力的乡村建设系统性解决方案专业机构。

二、北京东方农道公司乡村振兴成功案例

北京东方农道公司在全国范围内成功开发多个乡村，使这些村由穷变富，这部分简单列举部分成功案例。

---

① 习近平在河南考察时强调　坚定信心埋头苦干奋勇争先　谱写新时代中原更加出彩的绚丽篇章，新华网，http：//www.xinhuanet.com//politics/leaders/2019 – 09/18/c 1125011847.htm？ivk sa = 1024320u。

1. 山西大同实现城市周边的一二三产业融合区

概况：项目位于山西省大同市平城区马军营街道，小石子村，全村经济发展缓慢，信息闭塞，全村总面积 8000 多亩，其中耕地面积为 1350 亩，总人口 580 人。2009 年集体收入 32 万元，农村总收入 900 万元，人均纯收入 3020 元。2022 年 2 月 19 日东方农道文化产业集团为平城区小石子乡村振兴示范区提供了全部设计服务，并全程陪伴项目建设的支持设计落地，打造小石子乡村振兴示范区典范。

模式：一村带动整个街道管辖区的乡村振兴一二三产业融合，项目所在地的卧龙山滑雪场于 2023 年 2 月开业。

2. 山西忻州通过文旅产业带动当地经济

概况：2017 年 6 月 21 日，习近平总书记考察山西省忻州市岢岚县宋家沟。宋家沟村 3/4 的土地是陡坡地。2017 年，作为易地扶贫搬迁的集中安置点，周边 14 个村 265 人搬进宋家沟，搬来的几乎都是深度贫困户。到 2018 年底，宋家沟村农民人均可支配收入达到 7791 元，贫困人口全部脱贫。山西省忻州市岢岚县宋家沟"文旅产业带动当地经济"

成就：2021 年，司法部、民政部，命名宋家沟村为第八批"全国民主法治示范村（社区）"。

模式：在建设移民新村时，宋家沟村"借势"周边的宋代长城、北齐军事遗址苏孤戌、古堡等历史文化资源，以及华北地区最大的亚高山草甸荷叶坪草原等自然资源，开发建设了游客中心、停车场等旅游设施，打造出以北方民居特色、民俗风情为主题的乡村旅游体，努力传承弘扬农耕文明和农村文化。

3. 山西晋城的"公司+基地+合作社+农户"模式

概况：陵川县古郊乡松庙村是太行一号旅游公路沿线的一个贫困村。松庙村抢抓太行一号国家风景道建设机遇，按照多业融合，整体提升，分步实施的思路，大力发展乡村旅游产业，将松庙村逐步打造成集康养旅游观光和研学游相结合的特色乡村游目的地。

2020 年 7 月，第十二届全国政协副主席、民革中央原常务副主席、康养产业研究会会长齐续春率领民革中央调研组前往松庙驿站调研考察。

阶段性运营成果：2020 年"十一"期间引流 20 万人，带动沿线 4 个乡镇、60 多个贫困村近 9000 贫困人口增收；2021 年陵川县 29 个乡村全面启动。

4. 山西大同融合农文旅发展助推乡村振兴

概况：项目位于山西省大同市灵丘县，历史悠久、自然风光优美、人文景观独特、闻名中外的平型关大捷就发生在这里。近年来，该县依托"红、古、绿"资源优势，紧紧抓住创建国家级全域旅游示范县有利契机，将旅游公共服务建设作为实现全域旅游的基础，通过农文旅深度融合构建业态和产品，助推乡村全面振兴。

模式：本模式体现三个特点，一是农文旅深度融合发展，二是深化旅游公共服务，三是创新农文旅融合方式。

5. 河南漯河突出本土文化的乡村振兴示范点设计

概况：项目位于河南省漯河市临颍县皇帝庙乡商桥村，通过深入调研，结合本土文化，对商桥村核心区建筑进行了规划设计、并对相关精品示范户室外、室内、庭院景观进行了深化改造，历时短，落地快，作为2023年中国农民丰收节河南省主会场，保证了项目按时完工，丰收节顺利开幕。

模式：商桥村"食尚年华"田园综合体项目占地600余亩，汇集了按照世界领先设施标准建设的设施农业集群、以5G物联网打造的智慧农业种植区、以前店后坊形式展示一二三产业融合的主题农庄街区、"一年四季有花开、一年四季花不同"的温室花世界、以二十四节气为主题的特色大田、婚庆广场、萌宠乐园、无动力乐园、滨水民宿、辣椒种植展示区域、共享农场、农场盲盒等。

6. 河南信阳内置金融、逆城市化背景下的系统乡村建设和农文旅融合

概况：村域面积20余平方千米，耕地面积不足2000亩，户不过千，由于没有突出的发展优势，曾长期是省级贫困村。2009～2011年，以"夕阳红养老资金互助社"的内置金融为核心的、以"四权统一"（产权、财权、事权、治权）和"三位一体"（经济发展、社区建设、社区治理）为主要特征的村社共同体重建实验。2011～2013年，以"郝堂茶人家"建设为契机的、以探索适应逆城市化趋势建设的"三生共赢"模式，即生产生活生态共赢的、农村农业服务业化的新农村建设实验。

成就：2013年，郝堂村被住建部列入全国第一批12个"美丽宜居村庄示范"名单，被农业部确定为全国"美丽乡村"首批创建试点乡村。

7. 河南信阳发展红色旅游助力乡村振兴

概况：北京东方农道公司在河南省信阳市新县田铺大塆设计"红色旅游

助力乡村振兴"项目。经过几年的努力，田铺大塆先后入选中国第三批传统村落、省级美丽乡村建设试点、中国景观村落。

2019 年 9 月 16 日至 18 日，习近平总书记在河南省信阳市新县田铺乡田铺大塆考察调研，他指出，发展乡村旅游不要搞大拆大建，要因地制宜、因势利导，把传统村落改造好、保护好。依托丰富的红色文化资源和绿色生态资源发展乡村旅游，搞活了农村经济，是振兴乡村的好做法。①

模式：强化文化引领，壮大集体经济，培育特色民宿。

8. 安徽巢湖实行电商特色产业模式

概况：项目位于安徽省巢湖市，共由 3 个自然村构成，即南瓜电商村、冬瓜民俗村、西瓜美食村，其核心理念就是把农村建设得更像农村，实现一、二、三产业融合体验基地，其阶段性运营成果是 2017 年接待游客 500 万人次。

以三瓜公社为实施主体的巢湖经济开发区国家农村产业融合发展示范园，包括巢湖半汤汤山及周边村庄 12 平方千米。通过拓展农业功能，提升一产品质，带动二产发展，促进三产升级，实现"三产"（绿色一产、精品二产、休闲三产）融合，"三生"（生产、生活、生态）融合，"三旅"（农旅、商旅、文旅）融合。

成就：2017 年获得安徽省首批特色小镇第一名，2019 年获"省级特色商业示范街区"称号，2020 年获国家七部委授予的"国家融合发展示范园"称号。

9. 安徽合肥"蜀山模式"的"试验田"

概况：项目位于安徽省合肥市蜀山区小庙镇马岗村小岭南民宿，近年来，合肥蜀山区加大乡村振兴投入，坚持以生态环境治理与人居环境整体提升为抓手，以"农的本质、村的风貌、人的参与、居的变化"为内在要求，重点打造乡村振兴示范区——将军岭·小岭南，成为该民宿夺得榜首的"秘诀"。

模式：政府负责整体的大布局、大规划，企业负责整体的运营落地，不同的业态纷纷为乡村助力，不仅能留住村民创业、就业，更多的将会是一个跨界融合的乡村综合体。

10. 河北阜平"公司 + 基地 + 农户""专业合作社 + 农户"模式

概况：阜平是国家级贫穷县，交通闭塞，人口流失严重。这一转机出现

---

① 阜平、阜平，我是田野，三农中国，2021 年 3 月 28 日，http：//www.snzg.cn/。

在 2012 年 12 月 30 日，习近平总书记到访阜平县龙泉关镇骆驼湾村和顾家台村。2015 年，以孙君、田野、王磊等为核心骨干的主创团队在河北省阜平县做全县精准扶贫与美丽乡村建设。

成就：2019 年 6 月 6 日，列入第五批中国传统村落名录。骆驼湾村人均可支配收入达到了 13620 元，七年增长 14 倍多；2019 年 12 月 12 日，骆驼湾村入选"2019 年中国美丽休闲乡村"名单；2019 年 12 月 31 日，入选第二批国家森林乡村名单；2020 年 8 月 26 日，入选第二批全国乡村旅游重点村名单；2020 年 11 月 3 日，汪洋在阜平骆驼湾考察。

11. 河北阜平"党建引领 + 产业扶贫"

概况：顾家台村，位于河北省阜平县龙泉关镇，是历史悠久、具有光荣传统的革命老区；因地处深山、土地贫瘠，也是典型的太行山区深度贫困村。2012 年底共有贫困人口 110 户 270 人，贫困发生率高达 75%。2012 年 12 月 30 日，习近平总书记到访顾家台村。2015 年，以孙君、田野、王磊等为核心骨干的主创团队在河北省阜平县做全县精准扶贫与美丽乡村建设。

模式：顾家台村从根本上制定长期发展规划，推动产业脱贫致富。在精准扶贫背景下，驻村工作队更加注重乡村发展的可持续性。

12. 山东烟台长岛北城村扇贝产业"集体经济 + 美丽乡村"

概况：扇贝之乡——山东烟台长岛北城村，所属海岛环境优美，海水质量为国家一级标准，尤为适合栉孔扇贝生长，扇贝养殖也是当地渔民主要创收产业，但扇贝一直卖不上价，令养殖户苦不堪言。在东方农道公司的帮助下，北城村迎来的转机，成立专业合作社，构建"党支部 + 合作社 + 基地 + 养殖户"集约化产业经营模式，通过标准化、品质化、规模化、品牌化的梳理，使农民收入实现从不赚钱到赚小钱，再到赚大钱的迅速飞跃。

阶段性成果：2020 年通过品牌化打造后，平台积累客户 300 万人；同等产量扇贝年销售额从 2.2 亿元增长至 2.8 亿元；截至 2020 年，农民年收入已增长至 30 万~120 万元，村集体收入达到 4000 万元。

13. 湖北襄阳"五山模式 – 建设环保生态型新农村"

概况：项目位于湖北省襄阳市堰河村谷城县西南山区，隶属于"湖北十大名茶之乡"湖北省五山镇，面积只有 12 平方千米，有 4 个村民小组，303 户 1050 人，拥有 1200 亩生态茶园。获得了全国文明村、全国先进基层党组织、全国绿色小康村、全国最佳宜居村庄、中国最美休闲乡村、全国生态文化村、全国农业旅游示范点、中国乡村旅游模范村、全国创先争优先进单位等称号，成为湖北省的明星村。

模式：良好的生态环境是特色，是农业、农村健康发展的基础。以现代农业理念为引领，以生态旅游开发为目标，大力推进农业与乡村旅游业的深度融合，着力打造以农业休闲度假为特色的生态农业园地。

14. 湖北武汉"内置金融＋合作社"模式

概况：项目位于湖北省武汉市江夏区五里界街道童周岭村小朱湾，是村中一个集中了29户的小自然村湾，紧挨着武汉最大的湖——梁子湖畔。能否通过此次新农村建设，将村湾以及区域内其他湾子的价值激活，提高农民的生活质量和经济收入，让更多的年轻人回到家乡，形成良性的村庄发展态势。

模式：秉承"经营乡村"的理念，阐述如何用适度的增量来激活乡村巨大的存量，恢复农民主体地位，坚持乡村自治原则，延续其自身发展规律，使村庄给农民带来持续的经营价值，让政府的资金在为农民服务的每个环节都产生可持续的价值。

15. 江苏宿迁"乡村振兴全系统示范村"

概况：洋河三葛酒村位于江苏省宿迁市，地势平坦，地处淮海平原，具有浓厚的苏北风土人情，紧邻古黄河廊道，风景优美、气候分明。

运营目标：三葛酒村的规划建设结合当地村风民俗，打造了锄酒小筑、青创中心、孙君院子、三葛水街、红砖区精品民宿等多个业态聚合的新农村。致力于将其打造成中国乡村振兴全系统示范村。

16. 四川绵阳"以乡村旅游带动民宿＋文创IP"模式

概况：项目位于四川省绵阳市平武县高村乡，地处绵阳北部，是九寨沟东线门户，是绵阳市重要的生态腹地和水源涵养地。

模式：重建乡贤文化，为乡村文明铸魂添翼；开发乡村文创，以物件推动乡土文化复兴；保护乡村生态，以公益旅游走可持续之路。

17. 北京山楂小院"闲置农宅盘活＋农村普惠金融服务"模式

概况：项目位于北京市延庆区，2015年，东方农道公司发现延庆区下虎叫村闲置农宅盘活是一个很好的机会，于是租赁了一个院落，经过精心设计改造，"山楂小院"品牌就此诞生。

模式：第一个院子成功后，村民们意识到"山楂小院"这个模式是可行的，而且隐居乡里是要带着村民们一起挣钱，于是后来多个村集体和农户也都主动加入。

三、参与阜平美丽乡村建设

2021 年初，在我国脱贫攻坚战取得全面胜利之际，《求是》杂志发表了习近平总书记重要文章《在河北省阜平县考察扶贫开发工作时的讲话》。纪录片《答卷：阜平这十年》，以习近平总书记 2012 年底到阜平贫困山区视察讲话为统领，聚焦阜平全面践行总书记嘱托，以"让乡亲们过上好日子"为目标，干部群众拧成一股绳，一茬接着一茬干，一步一个脚印，努力交上脱贫攻坚奔小康的优异答卷为主线，通过《时代号角》《合力攻坚》《兴业富民》《乡村振兴》四集的篇幅，全面反映阜平打赢脱贫攻坚战，开启乡村振兴新征程的奋斗历程和亮点成效。阜平的乡村振兴与东方农道公司努力分不开。

（一）时代号角

阜平地处太行山腹地，距北京 240 千米，境内沟壑纵横，土地贫瘠。全县山场面积 326 万亩，占总面积的 87%，耕地面积仅 21.9 万亩，人均 0.96亩，俗称"九山半水半分田"。

阜平，是著名的红色革命老区。早在 1925 年，这里就成立了中共党组织。抗日战争时期，阜平不足 9 万人口，就有 2 万多人参军参战，5000 多人光荣牺牲。

阜平是深度贫困县，是典型的革命老区、太行山深山区、贫困县"三合一"地区。统计数据显示：直到 2012 年，阜平仍有近一半人深陷贫困，全县30% 人口没有初中以上学历。2014 年经精准识别，人口 20 多万的阜平县，有建档立卡贫困人口 4.44 万户、10.81 万人，贫困发生率达 54.37%。

在阜平，不少村庄长期凋敝，残垣断壁随处可见，破旧的房子"十室九空"。在这些村庄没有结婚喜庆，没有青年幼儿，只剩下几个老人守着空宅。

2012 年 12 月 29 日，习近平任中共中央总书记后不久，冒着零下十几摄氏度的严寒，来到太行山深处的骆驼湾村和顾家台村，进村入户看真贫，和乡亲们一起商量脱贫致富之策，勉励当地干部群众："只要有信心，黄土变成金。"就是在这里，习近平总书记向全党全国发出了脱贫攻坚的动员令，吹响了打赢脱贫攻坚战的总攻号角。习近平总书记的到来给阜平人民以巨大的温暖和激励，更让阜平贫困群众看到了战胜贫困的希望。

2013 年初，阜平被确定为"燕山—太行山片区区域发展与扶贫攻坚试点"，阜平县进入了向贫困宣战、向小康进军的发展新阶段，一场改变阜平 10 万贫困群众命运的大决战即将在这里拉开序幕。

阜平相当一部分村庄农民生活居住条件非常恶劣。一些大山深处的村庄，20 年没有建新房、20 年没有娶进媳妇。恶劣的生活居住条件是阜平农民陷入贫困的一个重要原因。因此，阜平县委县政府决定把改善农民的生活住房条件放在脱贫攻坚战的突出位置。阜平县计划通过三种办法来改善农民的生活住房条件：整体搬迁整合、改造提升和就地城镇化，在此基础上植入适宜产业，配套公共设施，改善农村人居环境等，提升农民的生活品质。

在全县域范围内实施上述计划，涉及全县 106 个村，6 个乡 7 个镇，17 个移民安置区，共计 15.6 万人口，工程浩大、任务艰巨，仅 2015 年开工的项目就达 200 多个。按当时实际情况，阜平县很难完全依靠自身的力量来完成这项浩大而艰巨的任务，因此，阜平县决定向外求援。

2015 年 8 月，受中国城镇化促进会城市与乡村统筹发展委员会邀请，泽田河北建设工程有限公司（北京东方农道公司的前身）团队在董事长田野的带领下来到阜平，正式加入阜平脱贫攻坚战。

（二）合力攻坚

1. 艰难开局："阜平不脱贫，我们不撤岗"

在全县域范围内大规模实施村庄改造提升工程，阜平县在规划、建设、施工管理、财力保证、群众工作、农村社区治理等各方面都备感力不从心。对于统筹委来说，也是第一次在全县域范围内参与统一组织实施村庄改造提升工程，因此，这项工作开局并不顺利。当时 23 规划设计团队，100 多名设计师驻场，设计师多的时候达到 300 多人，还有几百个施工单位，整设计、施工、预算、监理、造价、施工图等交叉作业，团队衔接出现问题。比如，一些设计师调研不够，仍然以城市规划设计体系固有思维模式来设计民房，有的设计造价过大，超过政府承受能力等。

为了鼓舞大家的士气，统筹委向全体参战的设计师和管理人员提出了一个响亮的口号：阜平不脱贫，我们不撤岗。

2016 年 7 月，为了加强对脱贫攻坚战工作的领导和组织协调，经过统筹委与阜平县委县政府协商，阜平县成立了"美丽乡村建设工作指挥部"，县委书记郝国赤任总指挥，统筹委会长李兵弟任总顾问，其他相关领导也分别担任了不同的职务。同时还构建了三级项目实施组织管理框架，统筹委对应的分别是顾问组、项目部和乡镇村庄项目组。

为了解决团队在规划设计和项目统筹管理方面存在的问题，统筹委考虑到田野董事长乡村建设经验丰富，熟悉农村工作的因素，希望田野董事长所带的团队在阜平的项目统筹管理工作中发挥主要作用。

2. 研究政策：为项目落地创造条件

在阜平村庄改造提升工作刚开始时，遇到的最大困难，是如何让农民接受政府的计划安排和设计师的规划设计，有人说，阜平脱贫困，难在规划设计之外的事，尤其是难在体制与资源整合。一句话就是难在统筹。具体来说就是如何让政府方、设计方、管理方、村委会、施工队、农户等6方拧成一股绳。

从2015年下半年开始，在县委和县政府安排下，田野董事长用了半年多时间配合政府做政策研究工作。差不多走遍了全县所有行政村，通过入户调查、与当地村干部群众座谈讨论等，摸清了全县农民住房的基本情况。

调研中发现，村庄改造提升主要有三大块：基础设施、公共建筑和民房改造。前两项（市政、道路、管网、村部、学校、广场、卫生室等）比较简单，由财政全额补贴，只要按图施工即可，而民房改造非常复杂，因为涉及千家万户，每个农户情况和要求都不一样。核心的问题是确定奖补标准和奖补面积，奖补标准太高、面积太大，超出政府承受能力；而奖补标准太低、面积太小，农民又没有积极性。因此田野董事长把主要精力用在奖补政策研究上，为此做了大量的调查研究，包括对农民房子进行测量，对建筑材料和人工费进行市场调研等，然后与县领导进行反复讨论和修改，最后形成了《阜平县美丽乡村建设搬迁整合项目安置补偿政策》《阜平县美丽乡村建设提升项目支持政策》等。2016年7月，阜平县把这些政策以及其他相关资料编印成《阜平县美丽乡村建设工作指导》，用于指导全县的美丽乡村建设工作。

3. 打通关节：创建民建项目管理机制

有了可操作性的奖补政策及其他配套政策之后，接下来要解决的是这么多房子由谁来建和如何建的问题。

在农村调查发现，在村庄实施民房改造提升项目有六个特点，即施工的零星性、项目的分散性、方案的多变性、材料的基础性、场地的局限性、设计的艺术性等。根据这些特点，依靠当地的个体施工队来承接这些项目是最佳选择。

不过，这些个体施工队：第一看不懂设计图纸；第二不知道怎么找政府结账要钱，也不知道如何向农户收钱（自筹部分）；第三掌握不了施工工艺；第四农户要挑毛病或提要求无法应对等。为了解决这些难题，在乡镇一级成立"民建项目管理中心"，那些施工队干不了的事全部交由民建项目管理中心来做。

"民建项目管理中心"成立后，一是对施工队进行统一技术培训，传授施工要点、施工工艺等；二是对接设计单位，规划设计单位只需要把图纸交给中心即可，不要像以前那样经常蹲守在现场指导；三是对施工质量和建筑材料选用进行把关；四是按照施工节点向政府申请工程款和收农户的钱；四是协调解决施工队与政府或农户之间的矛盾纠纷等。

这样通过"民建项目管理中心"就把设计方、管理方、村委会、施工队、农户关系理顺了，大家各司其职，设计师只管做好设计的事，施工队只管做好施工的事。民建项目管理机制的确立，大大提高了村庄改造提升项目的施工进度，这是阜平县村庄改造提升项目能够快速推进的一个秘诀。

（三）兴业富民

1. 打响美丽乡村建设"第一枪"

在县委的规划中，阜平全县脱贫攻坚战的重点在龙泉关镇，尤其是要把骆驼湾村和顾家台村作为重中之重来打造，力争做成全国脱贫攻坚的样板。

公司接到任务后四处采点，最后在龙泉关镇龙泉关村一道街找到一个废弃的林场森林防护站，这里地处龙泉关军事古镇中心位置，地理位置非常好，于是决定在这里建一个高端精品民宿酒店，后来把这个酒店取名为"龙泉关镇森林驿站"。

2015年9月中旬，在阜平社会各界的瞩目下，"龙泉关镇森林驿站"开工建设。这个项目推进速度可以说是异乎寻常：县里做出决定的当天上午就通知产权单位林场，下午便开始腾空房屋，第二天就举行开工仪式，县镇村领导都参加，第三天早上开始拆除旧房。克服了种种困难，大干100天后，给县里交一份满意答卷。

这个项目的开工建设，标志着阜平县脱贫攻坚战正式打响。此后，经过近一年的内部装修和配套设施建设，"龙泉关镇森林驿站"于 2017 年 10 月 27 日正式开门迎客。"龙泉关镇森林驿站"作为高端精品民宿酒店的设计得到了高度认可，也对整个阜平县以全县域美丽乡村建设助推脱贫攻坚起到了引领示范作用。

在"龙泉关镇森林驿站"建成以后，公司接着又马不停蹄完成了龙泉关镇所在地的休闲广场、戏台改造、观音阁修缮、382 省道两侧民房改造等项目建设。

2. 试点村破土动工

在阜平脱贫攻坚战拉开序幕之后，阜平县领导要求全县村庄改造提升工程也必须马上启动，并确保在冬季冰冻期之前破土动工。2015 年 9 月，阜平县里公布了第一批 8 个改造提升试点村和 4 个搬迁整合村名单，其中龙泉关镇 3 个村被列入改造提升试点村，即骆驼湾村、顾家台村和平石头村。县里要求每个试点村在年底前必须有 20 户动工改造，以形成一批带头示范户，为第二批试点村和全县大规模实施村庄改造提升工程做好示范，并积累经验。因为阜平地处深山，冰冻期来得早，11 月下旬就进入冰冻期无法施工。时间紧、任务重，县委要求设计和施工团队在国庆节期间就必须进入试点村开展工作。

这是一场冬季硬仗。2015 年 10 月初，东方农道公司团队来到龙泉关镇，开始了骆驼湾、顾家台和平石头三个村庄的改造提升工作。村庄改造提升是一项新事物，农民信奉眼见为实，很多农民对于政府的号召心里没底，不知道改造后的房子成什么样，也不知道自己掏的钱和政府配的钱划不划算。所以工作刚开始时，工作难度不小。

经过与驻村县镇村干部一起，挨家挨户做宣传发动工作，同时把工作重点放在引导村干部和党员带头做示范户上。县里也给示范户提供了更加优惠的政策，终于每个村确定了 20 户示范户。

然后就是抢时间设计和施工。设计团队 10 多个年轻人，在镇里给的一个房子里住宿和办公，去村里交通不便，他们就骑三轮车、骑摩托；白天入村调研，晚上加班做方案，有一次赶项目硬是干到了第二天早上 5 点。统筹委要求设计师必须与当地老百姓打成一片，因为只有这样才能了解老百姓的真实想法，才能得到有价值的第一手材料，这样做出的设计方案才能接地气，并最终赢得老百姓的信赖。

施工队整个冬季都在争分夺秒施工，一直干到春节之前，气温在零下 20 度才停工，但设计工作一直没有停止。与此同时，为了让农民对政府树立信心，我们决定先做给农民看，就是先从村集体房产改造入手，先从基础设施和公共建筑入手，把村标、学校、幼儿园、卫生室、幸福院、村民活动中心等建起来。政府在建这些东西，当地老百姓就认定政府是真干事，随之参与改造的积极性便调动起来了。到了 2015 年底，骆驼湾和顾家台村报名改造的户数达到 80% 以上。

3. 旧村改造换新貌

"山高沟深龙泉关、石头缝里挣钱难"，是阜平县龙泉关镇的真实写照。龙泉关镇位于阜平县西部 35 千米处，与山西五台山相连，属太行山深山区，镇域面积 153 平方千米，辖 12 个行政村，54 个自然村，镇总人口 3253 户 7948 人。2012 年，农民只能在零碎的地块里种些玉米和土豆，年人均收入不足一千元。

2015 年阜平县试点村改造提升工作开局顺利，2016 年阜平县决定加快第二批 16 个搬迁整合村和 12 个搬迁整合加改造提升村的建设进度，然后再完成全县所有计划项目。2016 年 4 月 20 日，这是一个令人难忘的值得纪念的日子，在阜平县委县政府和统筹委共同努力下，在下关村领袖小院召开了阜平县美丽乡村建设启动仪式。阜平全县大规模的以全县域美丽乡村建设助推脱贫攻坚项目建设大幕正式拉开。

为了配合龙泉关镇的村庄改造提升工程，2016 年年底，公司与阜平县龙泉关镇政府商议，成立龙泉关镇"民建项目管理中心"，协助镇政府做好村庄改造提升项目管理工作。该中心的工作内容包括农户报名、施工队选拔、合同签订、技术培训以及质量进度把控等。

项目管理中心成立后，通过公开招选的方式，筛选了 43 支施工队。但是当地的施工队过去主要是做公共建筑，对当地具有传统风貌特色的民宅接触比较少，也看不懂图纸、掌握不了相关技术工艺等。为了解决这些问题，项目管理中心会同设计团队对这些个体施工队进行了技术培训，从选料、工艺、风格等各方面向他们传授相关知识和技术，确保他们承建的项目达到设计要求。

从 2015 年进入龙泉关镇到 2018 年，历时 3 年多时间，在各方面的共同努力下，龙泉关镇 43 支施工队，完成了包括骆驼湾、顾家台在内的 12 个行政村 1049 户的提升改造和搬迁整合，总改造面积达 10.4 万平方米，政府投入资金达 2.3 亿元。昔日破败的旧村庄，如今蝶变成美丽乡村。2020 年 11 月，龙泉关镇骆驼湾村成功获评第六届全国文明村。

（四）乡村振兴

1. 美丽乡村建设：乡村旅游业从无到有

阜平县从一开始的定位就是以全县美丽乡村建设助推脱贫攻坚，也就是说村庄改造提升不仅是为了改善农民的生活居住条件，还要通过村庄改造提升建设美丽乡村，再通过配套设施的建设，大力发展乡村旅游业，使之成为帮助农民脱贫致富的新产业新业态。因此，阜平县将 38 个村列入旅游扶贫重点村。

为了实现这个目标，统筹委确定了阜平县"石基础、黄泥墙，水青瓦、木抬梁，小披檐、花格窗，三合院、老柴房"的山区民居特色，以及"依山就势、村落有致，一主两厢、平台建房、盘山村路、树影果香"的村容村貌特色，然后依此进行统一规划改造。公司也十分注重村标和村庄其他公共设施建设，并在政府支持和社会资本以及当地农民积极参与下，推进乡村旅游建设工作，建设内容包括餐饮、住宿、小吃作坊、会议室、娱乐休闲等 20 多种业态。

骆驼湾和顾家台村被阜平县列为"乡村旅游示范村"，经过各方共同努力，2017 年，骆驼湾和顾家台全村脱贫出列，曾经的"乱石滩"变成了"幸福湾"。2020 年 9 月 22 日，阜平县顾家台骆驼湾旅游度假区国家 AAA 级旅游景区授牌仪式在骆驼湾举办。2020 年 11 月 5 日，中共中央政治局常委、全国政协主席汪洋调研阜平县骆驼湾村，对该村的改造设计工作及脱贫攻坚工作给予了充分肯定。

骆驼湾和顾家台村一些农民利用自家改造后的新房开农家乐和民宿。例如，骆驼湾村的孙振泽老人，岁数大了不方便外出打工，搬进改造后的新房后，瞅准村里发展旅游的机会，开了个农家乐，生意很好，夏季基本上每天都是爆满。

2. 陪伴式服务：把群众满意作为最高标准

统筹委要求所有团队实行陪伴式服务，即驻村规划驻村设计驻村指导建设。驻场工程管理人员，经过一段时间的磨合后，融入了当地村民生活，与当地干部、村民、施工队之间建立起了很好的沟通机制，赢得了村民的信任，推动了项目快速落地。公司累计现场指导和解决项目实施过程中的问题，平均每户不低于 20 次，全镇共有改造提升户 1049 户。

3. 阜平脱贫：从"贫困样本"到"脱贫样本"

阜平脱贫攻坚战是一个大战役，它有多条战线，公司涉及的只是其中的一条战线，其他战线同样艰难曲折，也同样精彩纷呈，尤其是产业扶贫战线。在党中央和社会各界的支持关心下，阜平人民同心奋斗，全县农民人均可支配收入从 2012 年的 3262 元提高到 2020 年的 10830 元。2020 年初，随着河北最后一批 13 个贫困县摘帽，阜平县脱贫了。

"民亦劳止，汔可小康。"从几千年前的《诗经》开始，"小康"就成为中华民族的美好向往。阜平的脱贫，是中国反贫困斗争伟大决战中的一个缩影，是中国共产党领导的史诗般战胜绝对贫困艰巨工程的真实写照。阜平已成为中国贫困山区经济社会转型发展的一个样本。

第五节　山东邹城后八里沟村产业兴旺实现乡村振兴①

山东省邹城市后八里沟村作为新时代乡村振兴的典型，实现了从一个贫困村、落后村到远近闻名的全国文明村、共同富裕村的大转变、大跃升。后八里沟村的乡镇振兴成功经验就是卓越村党委书记＋集体经济模式。

一、山东省邹城市后八里沟村发展简介

山东省邹城市后八里沟村因距老县城八里路、地处丘陵地带而得名，村民 512 户，1760 人，过去是出名的穷村、乱村、落后村，集体负债 20 余万元，村民穷、干部散。村民守着山岭薄地土里刨食、进城打零工，偏僻小村里污水横流、"小偷碰头"，"一把电水壶、一张破桌椅、一只手电筒、一本欠账 20 万元的旧账簿和一个破败的村委会院子"是村委会的真实写照。村里房屋低矮、道路狭窄、垃圾遍地，经济排名在街道倒数第一。

---

① 打造共同富裕的乡村治理共同体，人民论坛网，2023 年 3 月 17 日。http：//www.rmlt.com.cn/2023/0317/668545.shtml。

2005 年，新的一届村级班子任职后，以党组织为核心，以孝善文化聚心，以红色文化强心，坚持村民自治，全力发展集体经济的创新发展模式，于 2006 年创办第一个集体企业，2006 年开始，利用来料加工、借用朋友开拓的成熟市场等方式，先后开办了集体企业酱菜厂、水泥预制件厂、金属制品厂，不到两年时间，创收 260 多万元，还清了 20 万元欠款，剩余部分为 15 户"五保"老人建设新住房、为全村改善饮用水设施等。

2008 年开始，后八里沟村陆续开发建成 200 多万平方米的商品房；2012 年成立鑫琦集团，涉及建筑安装、地产开发、商贸物流、教育培训、医养康养、文化旅游等持续性服务产业，平均年产值 20 多亿元，2014 年投资 15 亿元建成 26 万平方米邹城市最大商业综合体——鑫琦国际广场；2017 年，在全省率先完成股份制改革，2018 年投资 10 亿元建成集幼儿园、小学、初中、高中十五年一贯制的北大新世纪实验学校；2020 年投资 3 亿元建成综合为民服务中心；2021 年投资 3.3 亿元建成中医医养康养为老中心；2022 年投资 3.6 亿元建成 4 万平米、300 间客房的五星级酒店；2023 年实施以城带乡、以城富农，流转 3000 亩土地、投资 13 亿元，葡萄酒文体小镇项目正在建设中。建成 30 万平方米的经营性用房，涵盖文化餐饮一条街、花鸟虫鱼市场、汽车美容城、农贸市场、烧烤城等，助推 500 余户农民创业致富，安置 3800 余人就业，成为邹城市最大的农产品直接消费地和农民创业就业乐园。现在，全村的集体资产已达到 60 亿元，直接在村集体企业就业的有 1000 多人，每家拥有 400～500 万元的股份，村民人均年收入 6 万元。村民变股民，人人是主人，年年有分红，走出了一条一心向党、村民同心、共同富裕的道路，先后荣获"全国文明村""中华孝善模范村""全国民主法治示范村""全国先进基层群众性自治组织"等三十余项国家级荣誉。

二、乡村振兴不可或缺的村党委书记

当人们看到后八里沟村如今的璀璨繁华车水马龙，谁能想象到它了无生机一派荒芜的过去？当人们看到鑫琦集团现在的产业兴旺生机勃勃，谁能联想到它死气沉沉萎靡不振的曾经？当人们看到宋伟书记集多重荣誉于一身的风光无限，谁又能知道他熬过多少不为人知的苦难？

十八年，风雨兼程，后八里沟村党委书记宋伟带领全村老少爷们走出泥窝奔向共同富裕；十八年，摸爬滚打，宋伟书记带领全体鑫琦人开疆扩土迎来崭新局面；十八年，人生有多少个十八年？宋伟书记把自己最宝贵的青春全部献给这片养育他的土地，全部献给这片土地上的父老乡亲！

1975 年出生的宋伟，在家里兄弟六人中排行老六。早些年，看着父母为了给哥哥们成家耗尽力气、一贫如洗，他心疼又无奈。17 岁那年，为了走出农村、圆自己的军旅梦，宋伟穿上军装，成为一名光荣的解放军战士。4 年的军旅生涯，宋伟先后干过工兵、侦察兵和勤务员等。1996 年 12 月，宋伟带着"优秀士兵"和"三等功"喜报光荣退役。他在饭店端盘子洗碗，炸油条卖早点，走街串巷收酒瓶、收破烂，在建筑工地学做泥瓦匠，经过几年的艰苦奋斗，2004 年，29 岁的宋伟已经有了自己的建筑公司和物业公司，从苦劳力变成包工头，积累几百万元的资产。年利润超过百万元。

2004 年宋伟被乡亲们选为后八里沟村党委书记，带着对家乡、对乡亲们的深厚情感，2005 年初，宋伟返乡创业。那些年，宋伟不但弃了自己城里装修舒适的楼房回村居住，还早起晚睡，早上 6 点起床，既当吹号员，又当保洁员；晚上既是保安，还是矛盾调解员。白天，他带头干活，片刻不闲，晚上，他开会部署，通宵达旦。

退村上楼是后八里沟村发展的一个重要转折点。2007 年下半年，邹城市出台"城中村"改造政策，鼓励条件适合、成熟的处在城区的村庄退村建楼，改善居住环境。宋伟很快意识到，这是实现村庄发展的难得机遇。可是因为地理位置偏僻，市里的改造计划中并没有后八里沟村。机不可失失不再来，宋伟一趟趟到街道和市里去汇报情况，递交村庄整体搬迁、改造的申请报告，争取改造名额。最后立下了保证不出乱子、顺利完成任务的"军令状"，市里才同意将后八里沟村补入计划。当时建筑材料都是从熟人那里赊来的，建筑队也是同行的老熟人。按照计划，他们建楼只占用 100 多亩地，老百姓搬上楼以后，占地 400 多亩的老村址会立刻拆迁复垦。宋伟承诺：不要村民花一分钱，按照老房子人人平等，搬家住楼，并免费安装电磁炉、油烟机、太阳能等家用电器，免收水、电、暖、煤气费。

为了新建小区，宋伟拿出了自己的 300 万元，同时又从村里筹集了 100 多万元，注册了开发公司，个人占股 30%，2017 年股权量化分红时，股权改革时应得 13 亿元股权收益和股权。为了实现共同富裕，为了实现回村任职的初心，宋军说服家人将个人持有的 13 亿元股权收益和股权无偿捐给了全体村民。

后八里沟村的变化是翻天覆地的，也是一个奇迹。这个翻天覆地的奇迹，正是宋伟一手绘制的卓越作品。后八里沟村的发展史告诉我，没有宋伟这个当家人，不少的产业和民生项目根本无从谈起。

1. 卓越的政治品格。宋伟有很高的政治素养，他树立了崇高的信仰，他熟悉党的历史和理论，他心中始终装着后八里沟村的乡亲，执政为公，不谋私利，不徇私情，不优亲厚友，公平正义，以身作则，率先垂范，具有敢于担当和顽强拼搏的精神。这正是一个卓越的基层领导人应有的政治品格。

宋伟一心为村民，坚持共同富裕。他富了，则达济天下，在领导后八里沟村建设中，自掏腰包为村民修路修厕，把自己年利润百万元以上的公司无偿献给集体，捐出 13.5 个多亿的股权收益和股权用于共同致富。

2. 卓越的领导视野。领导视野就是能看到普通群众所看不到的东西。而这一点，又正是制约领导创造业绩的关键因素。一些基层领导人，所能做的就只是参会、开会，维持局面。而宋伟始终保持着思想的张力，不但能够准确把握政治方向，还善于分析自身利弊因素，抓住有利发展时机。

例如，他透析后八里沟村居城郊耕地薄，把依托城市和为城市服务作为发展定位。再如，他透析后八里沟村根植孟子故里和宋氏孝德祖训，把特有的地域和家族文化共识，作为扶正风树正气的突破口。

3. 卓越的领导能力。他领导后八里沟村，领导鑫琦，总能引领发展方向，找到问题症结，拿出解决办法，按照既定目标坚定的走下去，不达目标决不罢休。(1) 用权，他推行民主治理，把监督覆盖全体党员和村民，出台的每一项治理办法，都深受欢迎、深得人心。(2) 用人，他坚持公心，"不论家庭、不论相貌、不论学历、不论男女，只论忠诚、只论道德、只论能力"，坚持"想干的给机会、能干的给平台、干好的给荣誉"，提拔和重用思想好、素质高、想干事、能干事、干成事的员工。(3) 用钱，他聚焦民生，面向全体村民和全体员工，坚持发展成果集体共享，向老人倾斜，向孩子儿童学生倾斜，打造和谐幸福家园。(4) 用物，他激活村自然资源，盘活闲置土地、存量资产、人力资本，有力有效地提高了生产力。(5) 用文，他创办"一校一报一广播"，"一馆一橱一作业"，建设孝善后八，建设红色后八，建设文明后八。

4. 卓越的管理能力。现在的后八里沟村，是 30000 多人的较大社区，领域涵盖党、政、军（武装部）、企、商、教、文、医，集体产业包括教育科技、中医康养、文化旅游、建筑地产、商贸物流等多类别，公共资产近百亿元。宋伟作为核心管理者，管人、管事、管物、管文、管心，使后八里沟村呈现一派清明景象。

三、走集体经济道路

为了打开思路，谋求更大发展，后八里沟村组织党员干部和村民代表到华西、南山集团等先进地区学习，极大地激发了全体村民发展集体经济的热情。后八里沟村的集体经济也从此走上了快车道。

从 2012 年开始，后八里沟村整合各种资源，搭建了新型集体经济平台——鑫琦集团，建立了奖罚分明、按劳分配的正向激励机制，确保了集体经济可持续发展。党的十九大后，后八里沟村又根据中央的要求，率先在全省实行了集体产权制度改革，按照共同富裕的要求，照顾老小、体现公平、激励青年，将股权分配给村民和员工。改制后的集体企业，变成了村民员工自己的企业，人人都是主人翁，发展的劲头更足了。

后八里沟村集体经济的特色是吃透政策、把握时机、敢为人先、大胆出手。不断壮大集体经济，通过积极争取，后八里沟村承诺不给政府添麻烦、多给村民谋利益，2007 年底，政府批准了新村建设规划，后八里沟村利用新村建设的有利时机，成立集体房地产公司，在全体村民的共同支持下，当年完成新村建设、拆迁上楼、开发商品房，集体盈利 3600 万元，一举打开了产业振兴的新局面。

从后八里沟村看，他们 2005 年开始走集体经济道路，以村集体有效整合了村的资源，让"沉睡的资产"变成了"活跃的资本"，后又按照共同富裕的要求，实行了集体产权制度改革，将股权分配给村民和员工，全体村民变股民，真正实现了共同富裕。肯定地说，后八里沟村不走集体经济道路，是绝不会逆风翻盘的。只有走集体经济道路，才能实现共同富裕。集体经济是共同致富的逻辑起点，具有着内在的对应逻辑关系。后八里沟村的发展，充分说明了这一点。

后八里沟村发展壮大了，由穷变富了。

当集体资产达到较大规模后，又于 2017 年根据中央的精神实施了产权制度改革，成立股份经济合作社，为全体村民配发股份，每户家庭分到原始股值 400 万～500 万元，创新股权设置，村民除每人 1 股成员股外，为 60 岁以上老人增配 2 股，分别为营养股和医疗股；为 20 岁以下的孩子增配 1 股，为求学成才股；为工作满两年的员工配发贡献股、荣誉股。

发展集体经济的目的是共同富裕，但集体经济必须依靠人才来发展。后八里沟村过去是个空壳村，青年都外出打工，这些年，为了吸引青年、留住人才，后八里沟村逐步建立起完善的制度。以事业吸引青年。逐步把集体经济平台做大，让青年回归。历届村两委班子讲拼搏、讲奉献，不谋私利，不优亲厚友，吸引了大批年轻人回村工作；以成才激励青年。"不论家庭出身、不论容貌、不论学历、不论男女，只论忠诚、只论道德、只论能力"，坚持"想干的给机会、能干的给平台、干好的给荣誉"，不断提拔和重用思想素质高、想干事、能干事、干成事的员工；以平台磨砺青年。对一些有潜力的青年和大学生，经常给他们提供多个岗位历练，让他们在创新和落实力上有提升；以待遇留住青年。为员工配股、配车、配房，新入职的大学生，薪资都高于本地公务员的工资水平，但要求也高。现在，有 600 多名村内外青年在村集团工作。2023 年又招聘了 20 多名大学生。

四、实现全面乡村振兴

生活富裕以后，后八里沟村进一步开展文明乡风和村庄有效治理，全面实现乡村振兴。

1. 乡风文明

后八里沟村民富起来了，摆在宋伟等村干部面前的工作也已变为如何保证后八里沟村能世世代代地富下去。在学习研究中央政策后，宋伟等村干部最终决定从"家风"入手，靠"孝"继续"富"下去。

"先人后己，先老后少。以孝为先，根深叶茂……父慈子孝，兄宽弟忍。夫倡以和，妇随以顺……"在后八里沟村采访可以发现，家家户户中堂上都挂着统一装裱的《宋氏祖训》。家是孝的发生地，也正是因为孝才使得家在每一位村民心中有了更重的分量。

"懂孝善才能有好家风，好家风才能培育出好村风。村风好了，也就没有了发展的后顾之忧。"在村民心目中，"孝"字有着千钧的分量。

从 2005 年开始，后八里沟村就每月 1 日为老人发放价值 50 元的营养品福利，现在增到了每位老人 300 元；每月固定时间为老人们理发、洗澡，组织老人们做保健操、练太极拳；为当月过生日的老人们过集体生日，发放 5000～10000 元的祝寿红包，不知不觉间，一个"孝"字，成了后八里沟村给每位村民灌输最多的"基本准则"。

2. 村民自主治理

实行村民自主治理，说白了就是让村民治村。村民治村，实现有效治理，在深层反映的是村民当家做主，在形式上则表现为村民民主。后八里沟村随着集体企业的发展，现在已是 30000 人的大型社区，但该村一直坚持村的管理体制。他们这样做的想法，就是为村民治村提供条件。

一是真正行使选举权。村党支部和村委会，完全由村的党员和村民选举产生。二是全员参加管理。即村的党员和村民全员参与村的管理，每出台一项新的举措和办法，都广泛走村民路线，征求村民意见，吸收村民建议，真正使全体村民参与到村的管理中。三是全方位监督。主要是监督"两委"和财务，村服务中心设专门服务平台，账目可以随时查，问题可以随时解答，并在村报《鑫琦之声》设"曝光台"，以随时制止损害集体和群众利益的行为发生。四是志愿服务治理。推行"我爱我家"服务治理，成立 9 支志愿服务队伍，广泛开展各类志愿服务，实行小区无物业管理，调动男女老少齐上阵，做到了村民的村由村民治，群管群服群治，实现了乡村治理的新高度。这个模式，对于农村治理极有意义。

第八章

乡村振兴背景下县域产业高质量
发展模式探讨

第一节　县域产业发展模式
演进路径

一、县域经济产业发展模式

所谓经济发展模式，在经济学上是指在一定时期内国民经济发展战略及其生产力要素增长机制、运行原则的特殊类型，它包括经济发展的目标、方式、发展重心、步骤等一系列要素。

（一）县域经济发展模式

所谓县域经济发展模式，是关于县域经济发展道路的总结，是对不同类型县域经济发展的"典型"进行的高度概括。

（二）县域产业发展模式

县域产业发展模式是指关于县域产业经过较

长的时间发展，是对县域产业极具特色的成功发展经验的理论的高度概括。

二、县域产业发展模式演进的共性路径

从各种县域产业发展模式的总结中我们可以得出，每一种县域产业发展模式都具有自身独特的生命力所在以及较强的适应性，既有极具特色的优势，也有发展不足的劣势。而县域产业的不断发展只有克服时空环境的限制，发挥当地区域本身存在的优势，弥补发展的劣势，才能不断获取新的生命力，从而使自身的发展更加可持续。显然，县域产业发展模式要想获取新的生命力就要从县域产业发展方面进行创新。每一种县域产业发展模式的创新演进都有着不一样的路径特征，如果对每一种县域经济发展模式的独特之处的创新演进路径都分别进行分析显然是非常难的，相对而言，分析县域经济发展模式创新演进的共性路径应该是一种比较理性的选择。

（一）从横向视角的县域产业发展模式演进路径分析：产业特色化发展道路

从横向的视角来看，在同一空间区域存在着不同的县域经济发展模式，县域产业发展模式之间也存在相互竞争的关系。每一种县域产业发展模式想要在彼此激烈的博弈中找到自身的优势地位，在竞争策略方面要采取一定的方法。比较理性的选择方法之一就是进行差异化的错位竞争策略，如果具体到县域产业发展模式的创新演进，就是县域产业要走特色化的发展道路。所谓特色就是一种县域产业发展模式不同于其他县域产业发展模式的基本特征，与其他产业模式存在不可替代的差别。从某种方面上来说，特色乃是县域产业发展模式的生命之源，只有与众不同、富有特色的县域产业发展模式才有生存空间。特色不仅可以帮助县域经济发展模式在既定空间场域的择优竞争中谋得一席之地，而且可以帮助不同县域经济通过运用不同的资源获得一致的发展，从而缓解在稀缺资源领域的竞争。

（二）从纵向视角的县域产业发展模式演进路径分析：可持续发展道路

从纵向的视角来看，各个地方的县域产业发展模式都是在特定的时间经历着由生到死再重获新生的一个过程。因此，在纵向视角下，走可持续

发展道路就是不同县域经济发展模式创新演进的共性路径选择。可持续发展包括两层含义：第一层含义是一般意义上的可持续发展，也就是强调所采取的县域经济发展模式能够实现经济、社会、资源和环境保护的协调发展，达到一种既满足现代人的需求又不损害后代人满足需求能力的发展状态；第二层含义是指字面意义上的可持续发展，即更加注重所选择的发展模式能够促进县域经济在一定时期内保持健康稳定的发展，从根本上不会陷入一种困境。实际上，可持续发展从发展目标层次上为县域经济产业发展模式设置了一个共同特征，即一种成功的县域经济发展模式无论其是何种存在状态，都应该能够从目标上保证县域经济的健康可持续发展。

第二节　县域产业发展模式考察

县域产业发展模式因地域而不同，其发展地区的主导产业也不相同。所谓县域产业发展模式，就是县域产业发展经验的一个总结。县域主导产业指的是在县域经济发展过程中起到主导作用的产业，在产业结构中处于主要支配地位，县域主导产业对县域的技术进步以及产业的转型升级具有重大的导向和推动作用，本节对过去几年全国县域产业发展模式进行分析与归纳，总结出以下县域产业发展成功模式。

一、主导产业驱动发展模式

县域经济在我国经济和社会发展中具有极其重要的地位和作用，没有县域经济的壮大，就没有全国经济的繁荣，尤其是在我国经济转型发展时期，它对缩小工农之间、城乡之间差距、转移农村剩余劳动力、促进农村城市化、工业化、现代化和大中城市的发展具有重大作用。在进行县域产业经济的主导产业选择时既要考虑我国的国情，还要考虑当下经济发展的总体目标。而正确选取了主导产业，也就找到了该地区经济发展的动力。由于主导型产业具有专门化比较高的显著特征，具有带动当地整个区域经济发展的作用，因此一定要因地制宜，选择综合效益高、发展潜力大的主导产业，只有这样才能带动区域的发展。主导产业通过前瞻、回顾和旁侧三方面效应诱导、同时带动和促进其他产业发展，从而更加有利于其他各产业之间进行协调发展，也有利于县域产业结构得到进一步的优化，有利于促进整个县域经济的持续健康稳定的发展。依据常见的分类方法：三次产业分类法划分可以将县域产业经济划分为农业主导型、工业主导型和第三产业驱动型。

（一）农业主导型

以农业为主导的县域产业经济，该主要特征就是在于农业及其农业延伸产业的发展是整个县域经济发展的主体力量。农业主导型产业模式可以看出农业在县域经济发展中的基础性作用，实施"规模经营、专业经营"的策略，实现农业的产业化，有效发挥农业较强的前向产业关联效应，以带动县域经济整体全面发展。

人类社会的发展不断向前，科技在不断进步，产业之间更加紧密联系，出现了从未有过的产业。但无论经济如何发展，我国农业的基础性地位将永远不会改变。自从 1978 年我国实行改革开放以来，我国在现代化的程度上已经不断提高，但以农业为基础的国民经济始终没有改变，党的十七届三中全会也明确提出在国家事业发展过程中，农业、农村、农民问题也是不可回避的。要搞清楚"三农"问题的在经济发展过程中的基础和地位。与此同时，我国的 2000 多个县，工业发展刚刚起步，仍然处于现代化建设初期。因此，正确选择经济发展路线，更好地实现"农工贸"一体化，仍然是我们继续要探索的问题。以农业为主导的县域产业经济主要是看市场变化和发展前景，它并不只是指通过粮食产量高和种植面积的扩大来进行农产品的数量上的扩张。它的主要特点是通过发展农业及其相关的农产品来扩大市场，推动县域经济向前迈进。

（二）工业主导型

近年来，一些县认识到工业的发展对县域经济发展发挥的重要性，认为工业化发展是社会经济发展的必经阶段，是县域经济产业发展的核心问题。因此才提出"工业立县""工业强县"，这样的说法更加凸显工业在县域经济发展中的主导性地位。在现代化社会经济发展过程中要加大对工业化的建设，可以让农村剩余劳动力进入乡镇、城镇工业队伍中，满足城镇对有效劳动力的需求，这样不仅可以有效促进农产品加工业更好的发展，而且解决了农村劳动力剩余的问题，为工业的发展提供了良好的社会环境，使用工业化的管理方式对农业进行管理，改变传统农业的经营方式。所以大力发展工业，以工业为主导然后推动县域产业经济发展，是县域实现稳步发展的重要模式。从现代县域产业发展模式来看，工业主导型发展模式无论从产值方面还是就业比重方面都已占主导地位，现在县域经济的产柱工业是农村工业，带来乡镇工业的蓬勃健康发展。

（三）第三产业驱动型

以服务业为主导类型的县域经济，突出了服务产业在县域经济发展中的带动作用。随着人们生活水平的不断进步，人们现在对生活方面的要求越来越严格，另外科技的进步也给人们带来不同的生活体验。尤其是从消费方面我们可以发现人们追求的生活质量在不断提高，现在服务行业发展速度比较快，蕴含的潜力巨大，有利于带动商品的交换并且它包含的信息量巨大。而且，在现代县域经济中，增长最快的也是服务业，它的发展速度逐渐成为衡量城市现代化和区域经济竞争力的一个重要标志。改革开放以来，人们的消费水平日渐提高，以服务为主的发展模式在以后的县域经济发展中作用不可估量。从当前比较成功的例子来看，依靠第三产业带动县域经济发展的模式主要有两种：

（1）旅游资源开发模式。有些县（市）虽然在第一产业、第二产业方面相对薄弱，但具有丰富的旅游资源，如历史古迹、自然风光、民俗文化，这些资源具有发展旅游业的潜在优势。旅游业作为一项包括吃、住、行、游、购、娱六大要素在内的综合性产业，与数十个部门相关联，旅游业发展可以带动许多关联行业的发展。并且随着交通工具的不断更新，居民的可支配收入在不断增加，公司带薪假期的延长和全球化的不断深入，以及国家对旅游业的逐渐重视，旅游业已经呈现出持续发展势头。相对于经济基础比较薄弱的县（市）来说，发展旅游业具有投资周期短、见效快、污染小等一系列的特点，把旅游业作为先导产业往往有利于动员各方面的力量共同参与县域经济的开发，使县域经济得到超常的发展。

（2）休闲农业是一个典型的农业生产、农民生活和农村生态合二为一的综合性产业。在实现乡村振兴的路上，休闲农业是一个重要举措。休闲农业可以充分发挥农村生态环境优美、乡村文化生活丰富、宜居宜游的天然独特优势，增进人们对农业和农村的美好生活体验，更加享受乡土乐趣，真实感受独特的生活价值，将生产、生活、生态很好地融合到一起，并将这种结合优势发挥到最大化。伴随着我国经济由高速增长转向高质量发展，在大城市生活的人们对闲暇时间追求多样化的生活体验的需求在不断增加，而旅游度假也慢慢成为人们休闲娱乐的首选。城市工作的人们想要逃离城市的喧嚣，带着不同的心情回归乡村自然环境中使身心得到全面放松。这就为休闲农业的进一步发展提供了发展空间。休闲农业的发展必须坚持可持续发展原则，坚持人与自然和谐共处，坚持人口、资源、环境协调发展，坚持走生产发展有序、生态环境良好、人民生活富裕的文明发展道路。

甘肃省武威市凉州区高坝镇蜻蜓村作为中国最美休闲乡村之一，以杨氏历史文化、凉州民俗文化、汉传佛教文化为依托，坚持创意农业为发展理念，打造了承载历史传奇和地域文化内涵的特色小镇——"蜻蜓庄园"。蜻蜓庄园集特色产业、现代新村、文化街区于一体，最引人注目的是"普罗旺斯"庄园，将田园风光、休闲度假、民俗文化、农事体验集于一身，让人体验生态农业、开心农场的惬意，成为五凉大地新农村建设的一道醒目标杆。同时蜻蜓村还是凉州区的日光温室"千亩村"，蜻蜓日光温室标准化示范园区是蜻蜓日光温室千亩园区的核心示范点。该园区依托凉州区蜻蜓蔬菜专业合作社，采取"合作社＋基地＋农户"的经营模式，由合作社统一进行技术指导、产品收购和销售，园区已初步形成了规模化种植、标准化生产、商品化处理、品牌化销售、产业化经营的发展模式，对凉州区乃至武威市的日光温室产业发展起到了很好的示范带动作用①。

二、地方特色产业驱动发展模式

按照县域产业发展的特色内容，可以将县域产业发展模式分为资源禀赋型、劳务经济型、外向经济主导型和承接产业转移等发展模式。

（一）资源禀赋型

资源禀赋驱动型模式是指通过开发本地优势资源带动县域经济全面发展的模式。县域产业发展的资源优势包括生物资源、能源和矿产资源。科学发展县域经济要求依托资源优势集约开发优势资源，培育出有特色、有优势的

---

① 刘晓辉. 武威市休闲农业发展模式研究［J］. 甘肃农业，2021（1）：47 – 49.

地方工业体系。这种县域产业发展模式存在很大的争议，该模式优点是可以将当地自然资源与所带来的经济收益"正比兑换"，在一段时间内存在较高的发展速度。缺点在于如果对某种资源依赖很大，就会使县域经济陷入"路径依赖"的困境，资源如果不足，将会对县域经济的发展产生致命的打击，所以它是被动的发展模式。另外，政府如果不对资源加强保护，就会产生比较严重的环境问题。但尽管如此，这种发展模式在我国县域产业发展的初期并不鲜见，是我国部分县域发展经济的现实选择。资源禀赋发展模式多出现在能源、矿产较为富集的地区。河北省迁安市、武安市，内蒙古自治区伊金霍洛旗、准格尔旗等均大体属于这种模式。

（二）劳务经济型

劳务经济驱动型模式是利用人力资源提供劳务服务带动县域经济发展的模式。我国存在富裕的劳动力，尤其在县域地区，人多地少，存在着大量待业人员，积极开展涉外劳务输出，在增加劳动者收入、加快内地县域经济发展等方面发挥着巨大作用。发展涉外劳务经济作为县域经济的重要组成部分，既可使涉外劳务人员自身获得收入，又可使涉外人员增长见识、更新观念，促进当地经济发展。对于人力资源充足而经济欠发达的县域，做大做强劳务经济也是发展本地经济的一种选择。

劳动经济发展模式也是促进河南省县域经济发展常见的一种形式，以劳动力输出和劳务经济发展为主，对资源匮乏、经济落后但人口众多的地区，更具实效性。河南属于劳动力密集的省份，人口稠密，新县、固始、淮阳等县是河南省劳务经济发展的典型代表。新县处于多山的森林地带，适宜农耕区域较少，人均农耕不到 6 分，富裕农民达 80000 余名。基于以上事实，新县将劳务经济特别是对外输出劳务的发展视为经济增长的突破口，鼓励农民向外发展，离开山区走向其他地市或国家赚取货币。新县劳务输出起始于1984 年，直到 1994 年开始向国外派遣劳动力。目前，新县劳动力遍布美国、英国、新加坡和泰国等 30 多个国家和地区，是河南省第一个以劳务经济为主的县（市），其外汇收入和外汇存款占新县收入较大比重。

（三）外向经济主导型

外向带动模式主要是指利用"三资"企业的较好发展带动整个县域经济

社会全面进步发展，当地县域地区通过积极参与国际经济贸易与加强合作，最大限度发挥本县地区经济的比较优势，从而取得较好的经济效益。外向型的县域工业经济更多的是以国际市场为主要导向，工业产值中外销产值比重较大，外资依存度和外贸依存度都比较高。江苏的昆山模式、广东的顺德模式和福建的晋江模式都是这一模式的代表。

（四）承接产业转移模式

目前，国际、国内产业分工正在发生着深刻变化和调整。随着我国东部地区劳动力、土地等生产要素价格的不断上涨，东部地区一些产业竞争优势正在慢慢消失。相比之下，中西部地区广大县域资源丰富、生产要素成本低、市场潜力大的优势逐渐凸显。东部沿海地区将要向中西部地区产业转移的步伐正在加快。积极承接国内外产业转移，有利于加快中西部地区新型工业化、城镇化进程，促进区域协调发展。中西部地区在承接产业转移和产业结构调整升级过程中，要科学合理规划产业布局，遵循因地制宜的原则，以市场为导向，合理选择主导产业，提高产业对接整体水平，完善产业服务支撑体系，营造良好的产业对接环境。国家批准安徽皖江城市带、广西桂东、重庆沿江、湖南湘南、湖北荆州等地区为国家承接产业转移示范区。这些地区是承接产业转移促进县域经济发展的典范。

三、县域经济增长型模式

当前，我国县域经济社会的主要发展模式是经济增长型，特点是以经济"量"的增长为目标。经济增长型模式在增强县域经济实力、壮大社会微观基础的同时，存在着社会建设滞后、生态文明缺失等弊端。按照党的十八大提出的新要求，县域经济社会需要由经济增长型模式向统筹发展型模式转型。改革开放以来，随着新时期党的基本路线的确立和工作重心的转移，我国县域经济社会发展逐步形成了以注重经济总量增长为主要特征的经济增长型模式。

（一）区位优势发展型

区位优势发展型县域主要利用沿海、沿边或紧邻政治经济中心的区位优势，发展港口经济、服务经济和贸易经济等，属于较早实现经济腾飞的地区，主要集中在我国东部沿海地区。

（二）市场导向发展型

市场导向是针对国内市场和国际市场而言的，到底是面向国内市场还是面向国际市场，也即内向型和外向型。在我国东部具有区位优势的县域，发展外向型经济、开展跨国贸易是其经济发展的主要特征。而一些内陆县域由于位置所限，其市场主要面向周边地区，大多属于内向型。借助对外交往便利的优势，以区域外的市场为导向，通过经济要素的内外交流促进经济发展，其最为突出的特征就是外向型，这种外向型起初由经济活动引起，而后渗透区域和人们的社会活动中。采用这种模式的百强县主要通过对外开放，从外界引进资金、技术，内部则提供自然资源、劳动力以及与生产配套的设施设备。如张家港在 1992 创建了全国唯一的内河型保税港区——张家港保税区，为国内外工商企业营造最有利的软硬投资环境，努力使张家港保税区发展为我国对外经济的重要联结点。同时，创办了全国县级市首个国家级境外经贸合作区——埃塞俄比亚东方工业园，境外投资连续多年位居江苏省县市第一，实现了经济发展由内向外的历史性跨越，走出了一条发展外向型经济的"张家港模式"。这种模式的优势在于能够充分利用外部的一切资源，与自身的优势要素相结合，实现县域的高速甚至是跨越式发展，劣势是增加了县域经济的对外依存程度，若不注意吸收和同化，在经济动荡的时期，很有可能陷入发展的困境①。

第三节　乡村振兴背景下县域产业发展模式展望

在乡村振兴的大背景下，县域应该采取什么样的产业发展模式？什么样的产业发展模式适合当地县域的发展？这些问题不仅对于我国经济社会发展具有非常重要的意义，而且对于从国家战略层次方面上来看实现乡村振兴也

---

① 张明，刘曦．县域经济发展模式研究——以全国百强县为例［J］．城市地理，2014（12）：204－205.

是非常重要的。县域产业发展模式因地域而不同，其发展地区的主导产业也不相同。产业发展模式应该根据县域的具体情况，立足当地县域发展存在的优势和潜力，突出产业经济差异化发展，提升县域经济在我国经济发展中的重要性。

本节对过去几年全国县域产业发展模式进行分析与归纳，并结合乡村振兴背景，探讨县域产业发展模式。

一、农业生产模式

以农业为主导的县域产业经济，主要特征就是农业及其农业延伸产业的发展是整个县域经济发展的主体力量。农业主导型产业模式可以看出农业在县域经济发展中的基础性作用，实施"规模经营、专业经营"的策略，实现农业的产业化，有效发挥农业较强的前向产业关联效应，以带动县域经济整体全面发展。农业主导型的县域产业在发展过程中呈现以下几个特征：一是具有区域性，农业主导型县域产业的发展模式在选择上与整个县域经济发展情况相关，每个县域因地理位置、人口与劳动力结构、市场发展等方面的不同，使农业主导型县域产业模式具有明显的区域性；二是具有动态性，经济发展过程中，县域产业发展所需的资源及科学技术等逐渐会有突破性发展，因此使农业主导型县域产业模式具有动态性；三是具有导向性，农业主导的县域发展会促使农业结构转型升级，持续演进；四是具有领先性，农业主导是产业发展的基础和先驱，能够有效吸收科技成果并进行转化。

以农业为主导的县域经济主要是看市场变化和发展前景，它的主要特点是通过发展农业及其相关的产品来扩大市场，推动县域经济向前迈进，这可以通过三方面来实施：一是根据市场，进行农业结构的改革。例如，畜牧、水产、养殖、瓜果、蔬菜是农业结构的重要部分，县域可以以此培育出具有当地特色农产品；二是农副产品在进入市场前已在县域内进行加工分类、包装，根据不同的品质来制定不同的价格，既提高了利润，也树立了良好的口碑，有利于县域农产品突破原有的市场，进入沿海发达城市市场甚至走向国际市场；三是建立起适合农村市场的制度和机制。为传统农业向现代农业的过渡打下基础，突出和体现县域农业的优势，以促进县域经济的蓬勃发展。

休闲农业是一个典型的农业生产、农民生活和农村生态合而为一的综合性产业。休闲农业是实现乡村振兴一个重要举措。伴随着我国经济由高速增长转向高质量发展，在大城市生活的人们对闲暇时间追求多样化的生活体验的需求在不断增加，而旅游也慢慢成为人们休闲娱乐的重要首选。这就为休闲农业的进一步发展提供了发展空间。休闲农业可以充分充分发挥农村生态环境优美、乡村文化生活丰富、宜居宜游的天然独特优势，可以增进人们对农业和农村的美好生活体验，将生产、生活、生态很好地融合到一起，并将这种结合优势发挥到最大。休闲农业的发展必须坚持可持续发展原则，坚持人与自然和谐共处，坚持人口、资源、环境协调发展。

二、工业主导模式

工业化是一个地区发展的重要路径以及社会经济发展的必经阶段，是县域经济产业发展的核心问题。工业基础好的县域可以确立"工业立县""工业强县"，显示出工业在县域经济发展中的主导性地位。这样可以让农村剩余劳动力进入乡镇、城镇工业中，满足城镇对有效劳动力的需求，不仅可以有效促进农产品加工业更好的发展，而且可以解决农村劳动力剩余的问题。所以大力发展工业，以工业为主导然后推动县域产业经济发展，是乡村振兴背景下县域实现稳步发展的重要模式。

在工业立县的主导型模式里，要注重依托本地传统特色产业，我国不少传统产业是以其独特的资源禀赋或以其专有的技术工艺流传于世的，通过这些传统方法生产出来的产品成为远近闻名的地方土特产，但是由于传统工艺自身特点的影响，致使其生产规模一般较小。而某些乡镇则充分利用传统的产业基础和已经形成的市场，充分吸收现代化的先进技术，把产业规模做大做强。做好一县一业。

三、资源禀赋型产业模式

资源禀赋型产业模式是指通过开发本地优势资源带动县域经济全面发展的模式。县域产业发展的资源优势包括生物资源、能源和矿产资源。科学发展县域经济要求依托资源优势集约开发优势资源，培育出有特色、有优势的地方工业体系。该模式优点是可以将当地自然资源与所带来的经济收益"正比兑换"，在一段时间内存在较高的发展速度。如果对某种资源依赖很大，就存在县域经济陷入"路径依赖"的困境，所以它是被动的发展模式。这种发展模式在我国县域产业发展的初期并不鲜见，是我国部分县域发展经济的现实选择。资源禀赋发展模式多出现在能源、矿产较为富集的地区。

在经济社会发展过程中，一些乡镇依托本地传统产业发展特色镇域经济。我国不少传统产业是以其独特的资源禀赋或以其专有的技术工艺流传于世的，通过这些传统方法生产出来的产品成为远近闻名的地方土特产，但是受传统工艺自身特点的影响，致使其生产规模一般较小。而某些乡镇则充分利用传统的产业基础和已经形成的市场，充分吸收现代化的先进技术，把产业做大做强。例如辛安镇的传统产业是针织加工业。"胶东针织加工出口第一镇"就是该镇一直都享有的美誉。又如嘉兴崇福镇围绕"运河文化古城、中国皮草名城"的城市定位，实现一二三产联动发展；王江泾镇坚持优化生态环境，加快调整产业结构，大力建设"运河文化旅游强镇""文明生态江南名镇"。

四、城乡产业融合模式

城乡产业融合是指推动城乡间的人才、资本、技术等要素自由流动，推进城市与农村的优势互补，实现不同产业相互渗透、相互交叉、融为一体的动态发展过程，是促进城乡融合发展的关键，是加快转变农业发展方式和实现乡村振兴的重要抓手。近年来，农村改革试验区在城乡产业融合方面做出一系列探索，其经验做法具有借鉴价值。

（一）农业产业强镇引领模式

立足县域城乡区位条件和资源禀赋，以规划为引领，统筹推进县域内空间布局，着力培育农业产业强镇，发挥集镇的纽带作用，推动城乡产业发展，形成"强镇引领产业融合"的发展路径。推动县域城乡空间重构、功能整合。浙江海盐试验区正在试行这种模式，海盐县着力优化城乡空间布局，统筹考虑城乡区位条件和资源禀赋，编制国土空间规划、国民经济和社会发展规划，推进城市和镇、村集群发展，提升特色小镇功能，推动产业、社区、文化、旅游功能叠加，实施特色小镇培育 2.0 版行动，强化科技创新和体制创新，加大要素投入，推动县域经济转型升级。着力建设特色产业强镇，以中心镇建设培育为牵引，优化园区等各类平台，推进产业基础再造、产业链提升和数字化转型，打造"一区一业""一镇一品"升级版，实现"镇"到"城"的跨越，形成特色强镇与城乡产业互促发展的格局。

海盐县打造"望海街道生猪果蔬特色农业强镇"，以美食小镇产业为基础，促进农旅融合，围绕生猪、畜牧、蔬菜产业打造全产业链，推动农业与二三产业融合，提升农业效益。依托现代互联网技术，形成从源头到餐桌涵盖生态养殖、透明工厂、肉品加工、冷链物流等生猪产业所有环节的产业链布局，成功打造浙江省首条生猪全产业链，并建成全国首家地方猪文博园，推动了生产、加工、文化、旅游的一、二、三产业融合发展。

（二）农产品加工产业园区驱动模式

立足乡村特色优势产业，通过建立园区发展农产品加工和精深加工产业，把产业链主体留在县域、把价值链收益主要留给农民，促进城乡产业发展，形成"园区驱动产业融合"的发展路径。以四川成都试验区金堂县为例。金堂县通过盘活集体建设用地和闲置宅基地，开展土地综合整治，推动集体经济组织与社会资本合作，打造成都（金堂）农产品精深加工园区，推动农村一二三产业融合发展。

（三）农业产业化联合体带动模式

打造农业产业化联合体，发挥龙头企业作用，构建新型农业经营主体合作联盟，明确各类主体在产业链中的功能定位，推进各类主体一体化经营，促进城乡产业一体化发展。

五、承接产业转移模式

目前，国际国内产业分工正在发生深刻变化和调整。随着我国东部地区劳动力、土地等生产要素价格的不断上涨，东部地区一些产业竞争优势正在慢慢消失。相比之下，中西部地区广大县域经济区资源丰富、生产要素成本低、市场潜力大的优势逐渐凸显。东部沿海地区将要向中西部地区产业转移的步伐正在加快。积极承接国内外产业转移，有利于加快中西部地区新型工业化、城镇化进程，促进区域协调发展。中西部地区在承接产业转移和产业结构调整升级过程中，要科学合理规划产业布局，遵循因地制宜的原则，以市场为导向，合理选择主导产业，提高产业对接整体水平，完善产业服务支撑体系，营造良好的产业对接环境。国家批准安徽皖江城市带、广西桂东、重庆沿江、湖南湘南、湖北荆州等地区为国家承接产业转移示范区。这些地区是承接产业转移促进县域经济发展的典范。

六、商贸物流产业发展模式

优越的区位、便利的交通、完善的基础设施、区域产业融合或是商业经营传统，这些是县域发展商贸物流产业的基础条件。而能够顺应商贸物流业的发展趋势，构建以供应链服务为导向的商贸综合体、供应链服务中心和产业供应链基地等引擎项目，是促进县域商贸物流业转型升级、打造新枢纽经济的关键。

可以借鉴江苏新沂地区的成功发展模式。新沂作为亚欧大陆桥东起第一座枢纽城市，境内有陇海、新长、胶新 3 条铁路和京沪、连霍、新扬 3 条高速公路，8 条国省干线在新沂汇聚，徐连客专、临淮高铁、合青高铁相继建设，京杭运河穿境而过，并通过新戴运河直通城市腹地，通用机场已经建设完工，国家西气东输主管道、中石化成品油输油干管纵贯境内，形成"公、铁、水、空、管"五位一体的多式联运交通网络，是名副其实的交通枢纽，被省政府定位为"苏鲁接壤地区新兴的交通枢纽和商贸旅游中心、江苏新兴工业城市"。

七、现代生态农业发展模式

现代生态农业发展模式是指通过系列创新活动发展现代生态农业从而推动县域经济社会全面进步的发展模式。所谓现代生态农业是现代农业与生态农业的复合体系。它以现代工业和科学技术为基础，充分利用中国传统农业的技术精华，保持持续增长的生产率、持续提高的土壤肥力、持续协调的农村生态环境以及持续利用保护的农业自然资源，实现高产、优质、高效、低耗之目的，逐步建立起一个采用现代科技、现代装备和现代管理的农业综合体系。在该模式中，现代生态农业是县域创新的产业基础，关键性的制度、技术、市场和产品创新活动均围绕生态农业开展，县域的经济增长和发展主要依靠现代生态农业的创新来实现。

该模式形成的基本条件：一是自然环境良好，特别是水、耕地和空气都必须具有较高的质量；二是县域农业劳动力素质和生产技术水平较高，农业技术推广体系比较完善；三是县域农业基础稳固，农业主要产业初具规模，农产品在国际、国内市场有良好的声誉和较强的竞争力。

八、高新技术牵引型发展模式

通过创新活动发展高新技术工业从而带动县域经济社会全面进步。在该模式中，高新技术工业是县域创新的产业基础，资本、技术、人才等优质创新资源均流向高新技术产业，高新技术产业成为县域经济新的增长点。该模式的基本要求是：一是协调、配套的政策支持体系，高新技术产业具有高投入、高风险、高回报的特点，在其发展初期需要相应的政策支持，这些政策主要包括政府财政投入、贷款担保和贴息、风险投资、税收优惠、财政补贴、股权激励、专利和奖励政策等；二是县域工业基础较好，大型企业的存在，以及普通制造业的快速发展，都可以为县域高新技术工业的发展提供要素支持和载体资源；三是县域自主创新能力和吸收消化能力较强，能够为高新技术工业的发展提供强有力的技术支撑。

九、三产融合发展的城郊服务型产业发展模式

城郊县域以服务于中心城市的发展为导向，通过第一、第二、第三产业领域的协同创新，从而带动县域经济社会全面进步。在该模式下，县域创新的产业基础是一个围绕服务中心城市发展起来的产业体系，即城郊服务型产业体系。创新活动广泛分布在农业、工业和服务业等各个领域，邻近的中心城市的需求变化是县域创新的不竭动力。该创新模式的基本要求是：县域在区位上毗邻经济较为发达的城市，具有接受中心城市辐射的优势条件，中心城市在产品供应、加工以及生活、生产服务等方面对县域经济有一定的依赖性。

这种发展模式最突出的特点是服务的全方位性和产业创新的体系性。城郊县域承担着为中心城市提供生活、生产和流通等全方位的服务功能，这些服务牵涉农业、制造业、房地产、物流业、金融保险业、旅游业等诸多行业和领域，因此，要较好地完成以上功能，必须构建以城市的市场需求为动力、以创新农业、工业和服务业技术供给为核心、以制度创新为保障、以开发新产品获得最大利润为目标的网络体系。

十、"互联网＋"特色产业发展模式

对于县域特色产业产品的宣传，一些县域利用信息技术制订特色产品的销售方案，制定多元化的营销策略。大力提倡"互联网＋"特色产业发展模式，打破相对封闭的状态，实现优势资源、有效要素与国内大市场的相互沟通与整合。主要从三个方面进行；一是科学合理地利用新媒体，推广特色产业和特色产品。如抖音和短手视频平台等，被广泛用于推广直播。一方面可以节省线下宣传成本；另一方面不断增加对潜在消费者的覆盖，让越来越多的人对当地县域特色产品有了更深的了解。二是密切加强与有关机构和管理团队的合作。相关部门和单位可与第三方机构合作，利用中介机构推广"线上＋线下"特色产品。三是在县域特色产业发展过程中，要注重对自身工业产品品牌的明确定位，不断提高工业产品的品牌发展意识，积极引导行业协会打造特色工业产品品牌。

| 第九章 |

乡村振兴背景下县域特色产业挖掘

　　有特色的才有生命力，县域特色产业发展是县域经济的核心竞争力。本章主要讨论县域特色产业培养和挖掘。

第一节　我国经济发展的区域特征

　　改革开放后，在邓小平同志"先富论"的倡导下，我国实施了加速东部沿海地区非均衡发展战略。区域经济发展重心逐步转移到东部，由此带来了东部沿海地区的高速增长与经济繁荣。20世纪90年代以来，随着东西部差距迅速扩大，促进地区经济协调发展的要求越来越迫切。目前，我国区域经济逐渐形成了"四大板块"，即东部地区、中部地区、西部地区和东北地区。其中，东部地区包括东部沿海和南部沿海10个省份（北京、天津、河北、山东、江苏、上海、浙江、福建、广东、海南），中部地区包括6个省（山西、河南、湖北、湖南、江西、安徽），西部地区包括12个省份（重庆、四川、云南、贵州、广西、西藏、陕西、甘肃、宁夏、青海、新疆、内蒙古），东北地区包括东北三省（辽宁、吉林、黑龙江）。

一、东部地区经济发展的区域特征

我国东部地区主要包括北京市、天津市、河北省、上海市、江苏省、浙江省、福建省、山东省、广东省和海南省10个省份。在四大区域中，由于独特的区位优势，东部地区在改革开放的大潮下，经济始终保持了高速发展态势，成为我国经济相对发达的区域，集中了国家经济总量绝大部分份额，在全国经济发展中具有举足轻重的地位和作用，经过多年的发展，无论是经济发展的总量还是质量都获得了极大提升，其率先发展的模式和经验对全国其他区域具有良好的借鉴和参考意义。

改革开放以来，中国经济发展呈现明显的地区特征，一方面，东中西部形成梯度发展态势，东部沿海地区经济增长一直高于中西部地区；另一方面，东部沿海地区经济发展由南向北推进相继形成珠江三角洲、长江三角洲与环渤海湾地区三个经济圈成为中国乃至世界的经济增长高地。显而易见，东部沿海地区经济率先发展与持续增长首先得益于改革开放，改革开放使之从计划经济时期对敌斗争前线，转变为市场化改革中对外经济交流与合作的前沿。这一变化不仅意味着中国经济发展战略与政策取向的根本性调整，即从强调自力更生转向重视中外合作；从注重内地建设转向加快沿海地区发展。也实质性地改变了东部沿海地区在中国经济发展中的地位以及地区资源配置条件，即东部沿海地区以其对外经济交流与合作中的地域便利与通商传统，成为中国对外开放与经济率先发展的首选之地。同时，中央政府为了鼓励与推动对外开放实施了一系列优惠政策，进一步优化了东部沿海地区资源配置与经济发展的条件。

东部沿海地区在对外开放中的区位优势，对于地区资源配置与经济发展的意义可以概括为，由交通便捷与交流便利所带来的低运输成本与低交易费用，能够降低企业的生产经营成本，提高产品的市场竞争力，并对境内外资源流向与流量产生相应的导向作用，从而形成地域性资源集聚效应。一方面外商在国内相关优惠政策与投资机会的吸引下不断扩大在东部沿海地区的投资规模；另一方面东部沿海地区良好的创业与就业环境，致使中西部地区相关资源尤其是人力资源相继流入东部沿海地区。由此产生的地域性资源集聚效应,使东部沿海地区获得的外部增量资源不断增加,地区资源配置规模与经济总量不断增长。同时受市场供求关系约束,外部增量资源流入以市场需求为导向,能够弥补东部沿海地区资源的结构性短缺与总量供给不足。而且在境内外资源流入以及增量资源与存量资源间形成互动关系与互补结构使东部沿海地区能够利用区位优势将中国劳动力资源,丰富与劳动力成本相对低廉的比较优势,转换为地区经济竞争优势。

东部地区已率先进入经济腾飞的快车道。第一,从经济总量来看,中国经济发展总体上达到了小康水平,但经济发展很不平衡,经济发展的贡献主要是东中部地区特别是东部地区完成的。第二,从经济结构和产业结构来看,工业从整体上已经成为我国国民经济的主导产业,但就地区分布而言,我国的工业生产基地主要集中在东部和中部地区,其中农业在中部地区占有更大比重,而西部地区则主要是农牧业和采矿业。第三,从资本积累、投资和基础工业和基础设施建设等方面的作用来看,他们对西部地区的"瓶颈"制约作用并未完全消除。第四,从制度的、社会的、政治的变革来看,中西部地区同样经受了改革开放和中国三次思想大解放的洗礼,但其思想观念的开放程度、经济发展的市场化程度、社会管理的规范化程度明显落后于东部地区。

二、中部地区经济发展的区域特征

(一)生产要素方面的比较优势

生产要素主要指土地资源、资本和劳动力方面。对于土地资源,中部地区可用于工业化、后工业化的土地储备潜力较大。由于中部地区是传统的农业区,农业土地较丰富。如果能够进行良好的土地利用的产业化转型,与东西部地区比较具有较大优势(东部地区可利用的土地已经越来越少,西部地区的土地虽然较多,但能作为资源利用的土地还是较少)。当然,对于土地的有效利用,产业化转型是关键。而劳动力方面的供给,中部地区与东部地区比较则有更大的优势。中部地区是传统的农业区,其包含的江西、河南、湖北、湖南、安徽、山西6个省份,历史上大多是鱼米之乡,农业人口数量巨大。由于中国社会的结构性转型,已从一个生活必需品时代向耐用消费品时代转变,农业的效益递减,农业的剩余也呈结构性减少,农业人口过多地生活在农村反而是农村一个巨大包袱，"三农"问题的背后也是全球化时代社会大转型的必然。农村人口的离土离乡是典型的"内生"需要，即工业化、城市化是农村劳动力走向的唯一路径。与东部地区比较，中部地区的劳动力不仅有人数优势，更有成本优势。由于中部地区劳动力市场是典型的供给大于需求的买方市场，劳动力成本相对低廉，对于劳动密集型的产业而言，是一个增长的持续之源，这也是吸引东部发达地区产品换代、结构调整的重要优势之一。如果说土地、劳动力这两个生产要素确实是中部的优势的话那么资本就明显是中部的"劣势"，但我们也要辩证地看待这个"劣势"。资本都有逐利的本性，如果能提供足够的激励，资本就会青睐一个"即将开发的市场"。如果能适度地让利于资本的拥有者，并给予政治的、社会的以及经济的支持，以及时的赚钱效应给予资本一个确定而稳定的预期，那么劣势到优势的转换是可能的。这里将考验中部地区政府的谈判能力、吸纳能力和维持韧性与弹性之间的张力的能力。中部地区的振兴，更多的是政府的主动"赶考"。

（二）产业结构调整的后发成本优势

与发达地区工业化、后工业化（信息化与知识经济）比较，中部地区面临巨大的产业结构调整的压力，中部地区是传统农业化社会的"发达地区"，生产总值中的农业产值占主要部分。由于农产品的附加值在一个以耐用消费品为主的社会越来越低，农业社会中的优势在工业化时代反而是一个劣势，由于制度积累的成本过高，农业向工业的转型并不轻松。中部地区产业结构调整主要面临两个方面的问题：一是如何处理有着巨大积累的传统农业，即如何应对农业、农村和农民的转型问题；二是如何实现城市老工业向附加值高的新工业的结构转型。前者是一个城市化问题，后者则是一个工业化的问题。作为后发的中部地区，如果应对得当，也将有明显的后发优势。城市化与工业化是一个相生的问题，对于农业、农村和农民的转型，工业化为其提供发展出路，最大限度地吸纳农业人口城市化，有效地解决农业中的人多地少的传统难题。而城市化的过程又为工业化提供劳动力，最大限度地减少工业化的生产成本，使工业化与城市化的相生互动形成良性循环。中部地区产业结构调整的后发成本优势是，由于中部地区并不是传统的老工业区，传统工业的积累并不像东北老工业基地那样对结构调整构成巨大压力。因此，制度转型的成本相对较低，工业向附加值高的产业转型就具有低成本优势，在这方面，中部地区主要依赖其技术创新的能力和农业型经济结构向工业型经济结构的有效转型。

（三）技术创新的后发优势

"二战"以来世界经济飞速发展，其最主要的因素是技术的不断创新。技术创新对经济增长的贡献是显而易见的。后发地区在技术创新方面往往有两个主要的发展方式，一是发明，这需要投入非常多的资金、人力来研发新技术以取得技术创新；二是引进，通过和发达地区的技术差距比较，从比自己发达的地区引进已有的、先进的技术来达到技术"创新"的目的。技术创新的后发优势主要表现在后一个方面，即通过引进先进技术，以较低的成本、较快的速度实现技术创新。后发地区由于资金缺乏，走资金推动的技术发明之路显然不现实。比如，发达地区的技术发明投入一般都在亿元以上，而且风险也特别大。研究表明，95%的研发项目不会产生任何结果，只有5%的项目最后成为可以申请专利的技术。而且申请专利以后的技术并不都有商业价值，很多最后束之高阁，没有投入使用。所以，对于中部地区来说，与其花巨资去"造车"，还不如付少量的资金去"搭车"，形成技术创新方面的"搭车效应"。这也是后发的一个明显优势。中部地区可以通过技术模仿、引进来获得技术，很多技术模仿、引进不需要花费成本，因为专利保护期的技术引进根本不需要购买成本。总的来讲，技术模仿、引进的成本相当于技术发明成本的1/3。尽管所付的钱是发明成本的1/3，与发明成本相比，由于不需要承担风险，就是说只要付1/3，一定是成功的技术。这样，中部地区的技术创新与技术变迁的成本，远远低于发达地区。中部地区可以利用这个差距，进行快速技术变迁。这就是技术创新典型的"后发优势"：低成本、低风险、高增长。

三、西部地区经济发展的区域特征

（一）西部大开发战略实施成果显著

改革开放以来，东部地区率先发展起来，1999年末，我国提出了西部大开发战略，旨在推进西部经济快速发展，这是进入 21 世纪后国家的重大战略举措，为西部的经济发展带来了更多的机会。我国西部的总面积约占全国总面积的 71%，截止到 2019 年，中国西部的总人口为 3 亿多，约占全国总人口的 27%，GDP 总量约占全国 GDP 总量的 15%。2019 年，西部地区生产总值由 2009 年的 66868 亿元增至 205185 亿元，2020 年，西部地区的生产总值为 213292 亿元，比 2019 年增长 3.3%，增速在东部、中部、西部和东北地区四大区域中位列第一。

西部大开发战略实施的二十多年来，西部的工业化发展主要表现在两个方面：一是 1999 年到 2011 年，西部的劳动力由第一产业向第二产业不断地转移；二是 2012 年至今，劳动力逐渐向第三产业转移，这两次劳动力的转移使西部的社会生产力得到了迅速的发展，三次产业的结构也得到了不断的优化，同时在一过程中，西部的城市化整体水平呈现出线性增长，并持续向上发展。

"一带一路"建设的国际化设想和广泛实施推进，极大改变了西部地区的地理区位特征。在早期的发展过程中，西部主要是依靠当地的资源，但是资源型产业只有在对外的循环中才能够实现其更大的经济价值，因此西部的产业发展本身就具有对外发展的要求。

（二）西三角"成都 + 重庆 + 西安"发展速度加快

2009 年"全国两会"期间，重庆市常务副市长黄奇帆在重庆代表团讨论《西部大开发"十一五"规划》时，提出与重庆、成都、西安共建西部三角经济区。以西安为核心，优先发展广西北部湾经济区、关中—天水经济区和成渝经济区分别是西南和西北地区的增长引擎。目前，成渝经济区已成为西部地区最发达的经济区。广西北部湾经济区和关中—天水经济区的经济总量和发展规模有待进一步提升。西部地区地域辽阔，仅靠成渝经济区无法带动整个西部地区的经济发展。西部地区经济综合实力亟待提升。

（三）人文旅游资源丰富

中国西部拥有世界屋脊、青藏高原、壮丽的冰川山脉、浩瀚荒凉的戈壁、黄土高原的沟壑纵横、湍急的九曲黄河、美丽而美丽的青藏高原等世界一流的自然文化资源。气势磅礴的长江三峡等世界级自然文化资源，秦始皇陵、莫高窟敦煌兵马俑、拉萨布达拉宫。中共中央、国务院《关于新时代推进西部大开发形成新格局的指导意见》中提出"互联网＋旅游"等新业态发展思路，支持西部地区发挥生态优势、民族风情、边境风光，深化旅游资源开发和旅游安全。国际合作提高旅游服务水平。依托风景名胜区和边境旅游试验区，大力发展旅游、休闲、健康等服务业，打造区域重要支柱产业。

四、东北地区经济发展的区域特征

新中国成立初期，东北地区集中了一批大型重化工企业。随着经济社会的快速发展，东北地区已成为我国工业发展的重要战略区域。21世纪初，国家正式实施振兴东北战略。在各级政府出台的一系列财政金融政策、产业投资政策、资源型城市产业转型和社会保障政策的激励下，2003～2013年，东北地区经济发展迎来了十年黄金期，2018年，习近平总书记视察东北三省，举办深入推进东北振兴论坛，为东北振兴注入强大动力。

（一）自然资源丰富

东北地区最突出的区位条件是矿产资源和自然资源丰富。东北地区主要矿产资源比较齐全，包括铁、锰、铜、煤、石油等矿产资源。如辽宁鞍山、本溪的铁矿石储量占全国铁矿石总储量的1/3，松辽平原的石油储量约占全国探明储量的一半，石油城"大庆"也名扬全国。

因此，我国东北地区有许多矿业城市，由于矿产资源的开发，矿业城市正在崛起。中华人民共和国成立初期，中国东北是中国重工业的中心，也是全国工业基础最好的地区。东北地区依托矿产资源，发展了煤炭、钢铁、石油等重工业，重工业一度占全国的98％。新中国成立后，东北地区经历了几十年的辉煌。改革开放以来，也出现了传统产业衰落、重工业转型困难的情况。特别是21世纪以来，随着网络经济的发展，东北地区的经济发展在全国相对落后。

（二）东北老工业基地不断发展

东北老工业基地振兴战略实施以来，东北地区经济快速发展，市场经济不断完善，产业布局结构不断优化，计划经济时期的民生问题得到有效解决。目前，东北老工业基地已逐步形成综合发展新格局。其中，辽宁省滨海大道和大连东北亚国际航运中心现已成为东北的对外贸易的核心。此外，长春兴隆综合保税区和长吉图开发开放试验区以长春为枢纽，为东北经济建设提供了便利条件。同时，中国东北与俄罗斯毗邻，与俄罗斯的贸易日益密切，年出口额达 300 亿美元。

（三）向北开放程度加深

"一带一路"建设加强了东北地区的对外开放，开辟了东北新领域。2014 年中蒙俄经济走廊规划实施以来，三国在基础设施建设和贸易一体化互联互通方面取得积极进展。"一带一路"倡议为东北地区、从北方到东北亚和华南联盟带来了新的发展机遇。交通系统不断完善。同时，"一带一路"建设不断取得新突破，推动东北边境开发开放快速发展。跨境、边境经济合作区、跨境经济合作区、跨区域次区域合作加快推进。边境地区在国际信息和经贸交流中发挥着越来越重要的作用，过境渠道正在向跨境渠道转移，迅速发展成为东北地区深化开放的前沿阵地。

五、我国区域经济发展综合状态

从综合经济发展水平、发展活力、发展质量三方面看，全国经济发展存在着明显的沿海和内地的地域分异。

（一）各地区区域经济发展类型

（1）高质高速发展的发达地区——北京、上海、天津。这 3 个城市的经济发展水平及质量都很好，近年来发展速度较快。特别是天津，由于滨海新区的设立，其增长速度高于全国 3.4%。

（2）持续快速发展的发达地区——浙江、江苏、广东、山东。这 4 个省份的经济发展水平和速度都高于平均水平 1%。但经济发展质量相对较差。以外向型经济为主的广东受 2008 年全球金融危机的影响，地位有所下降，其余各省份在全国的地位变化不大。

（3）超高速发展的经济发达地区——内蒙古。随着我国经济发展水平的不断提高、经济规模的不断扩大，以及对能源原材料的巨大需求，能源、原材料丰富的内蒙古取得了较快的发展。2000～2010 年，内蒙古的经济地位明显上升，其 GDP 增长速度远超过全国平均水平，但发展质量较差，高速的发展是以牺牲环境为代价的。

（4）平稳发展的中等发达地区——辽宁、吉林、福建、重庆、陕西、河北、湖北、湖南、河南、宁夏。这些地区的经济发展水平、增长速度都与全国持平，大部分地区经济发展质量较好，但辽宁、吉林、河北、宁夏单位GDP耗能较高。

（5）发展缓慢的中等发达地区——海南、新疆、山西、黑龙江。这4个省份经济发展水平虽然接近全国平均水平，但是发展缺乏活力，近10年来平均GDP增长速度低于全国水平。

（6）稳定增长的较不发达地区——四川、江西、安徽、广西。这4个省份虽然经济发展水平低，但是经济发展速度略高于平均水平，经济增长质量也较好。

（7）缺乏活力的不发达地区——贵州、云南、甘肃。这三个省的经济发展水平低，且长期缺乏活力。

（8）发展较快、具有一定发展潜力的欠发达地区——青海、西藏。这两个省份目前经济发展水平较低，但近10年来发展较快。因为其资源环境条件优越，未来具有一定的发展潜力。

（二）我国区域经济发展综合分析

东部沿海地区均为发达和中等发达地区，但发展速度差异较大，既有高速发展也有发展缓慢类型；中部地区既有中等发达地区，又有较不发达地区，绝大部分省份实现平稳增长；东北三省均为中等发达地区，通过东北振兴战略的实施，辽宁、吉林两省摆脱了长期相对衰落的状态，但黑龙江发展缓慢；西部涵盖范围较广，各省差别较大，既有高速发展的内蒙古，又有稳定增长的重庆、陕西、宁夏，但贵州、云南、甘肃缺乏活力，经济落后。重庆、陕西、宁夏、四川、青海在西部大开发战略的实施下，摆脱了落后的局面，实现了经济的平稳增长。

第二节　县域产业特色性

实施乡村振兴战略，是党的十九大做出的重大决策部署，其中产业兴旺是其总的要求，如何通过产业兴旺这一总要求的带动实现乡村振兴战略的目标，是当今迫切需要重视的课题。2019 年国家出台的《国务院关于促进乡村产业振兴的指导意见》提出：在对产业进行转型优化升级的过程当中，要注重对县域层面的统筹规划问题。要把城乡一体化建设摆在优先位置，合理布局城乡产业。县域经济发展过程是以县域产业为依托的，将农民、农业、农村问题优化组合。这就要求在对县域产业进行布局时要从当地实际情况出发，以自身产业特色为基础，使县域层面的一二三产业协调、高效发展。所以，解决好发展特色县域产业的问题不仅是处理好县域产业高效发展的问题，而且关系乡村振兴战略目标的实现。

产业兴，则县域兴。县域经济的发展和县域产业的发展是相辅相成、互相依存的。发挥好县域产业的特色问题则是关于县域产业发展的关键。政府、相关部门等要积极引导县域层面企业从自身具体情况出发，因地制宜，利用好原有的比较优势，挖掘潜在的发展动力，开辟出一条适合自身发展的特色县域产业道路。

我国中部地区、东北地区环境优越、地貌类型齐全、气候生态多样，特色农业发展基础扎实。在此要以发展现代农业为主要方向，加大力度开展绿色农业的建设，不断提高农业生产效率、提升自身的创新力和竞争力。同时，以创新驱动战略为指导思想，大力推进农业现代化基础设施的构建，打造农业信息共享平台，加快相关科技成果的转化，以农业高科技来引导其高效发展。加快农业绿色化发展，推动创新农业绿色创新机制的形成，推动一体化的绿色农业生产方式。打造有影响力的龙头、主导农业产业，加强农业价值链的构建，以绿色农业的品牌为支撑，打开农产品的知名度，不断提升其自身的竞争力。坚持以质量优先，不断优化和改善相关农业体系建设，加强农产品的质量监管，保证质量的同时，发展当地农产品应有特色。

我国西部地区、东北地区工业基础较为雄厚、发展条件较突出，要着重培养和壮大当地特色产业集群，加快促进县域工业结构优化升级。相关部门要积极引导资金、人力等要素的合理配置，使得相关资源得到高效率的整合和利用，促使相关企业在此集聚，形成相当程度的规模效应。我国西部地区、东北地区要注重利用现有的产业优势，改造传统产业，整合相关有利资源，利用好国家给予的相关优惠政策，加快产业结构的升级与优化。同时，要注重产业创新能力的培养，加快科技转化速度，加深现有的产业链条和价值。

利用当地的支柱产业打开知名度，提高自身产业的国际竞争力和影响力，吸引高水平的企业集聚，加快产业的高质量发展。

我国东部县域地区经济发展实力位于全国前列，在此适宜大力发展特色第三产业，培育新的经济增长点。现代服务业的高速发展会大力推动县域整体经济的进步，是产业结构转型升级的关键推手。发展好由东部县域特色的第三产业（包括服务业、金融业、住宿餐饮业等），关键在于积累和扩大现有存量，积极挖掘潜在增量。大力发展生产性、服务性产业。推动产业间的有机合作，扩大产业链价值，提升产品知名度。

第三节　县域特色产业挖掘

一、贯彻新发展理念，挖掘县域特色产业绿色发展

在乡村振兴背景下，充分挖掘我国县域特色产业，落实好我国的新发展理念，做好产业发展规划。考虑到我国县域较多，资源状况、地理位置不同。在县域特色产业发展过程中，要梳理好县域各细分产业现状、层次，结合区域特色，形成错位发展，联动协调推进的产业格局。当前，我国经济处于高质量的增长阶段，县域产业不能只注重经济效益而忽视社会效益，要实现县域特色产业绿色发展，实现县域特色产业新旧动能转换，加大推进高质量发展是大势所趋。首先要关注县域特色产业的社会效益，打造有竞争力的资历型、创新型、价值型产业链，淘汰投机式产业，打牢产业链发展的根基；其次要关注到需求与供应的关系，不能盲目引进县域热门产业，造成产能过剩，产品滞销，县域资源的浪费。

二、发挥资源优势，挖掘县域产业特色化发展

县域产业是发展县域经济的重要支撑。我国幅员辽阔，地大物博，东部、中部、西部、东北地区等四个地区，每个区域的县域都具有明显的特色，比如农产品种植、畜牧养殖依据不同的地理位置与气候条件，形成不同的产业

区域，不同的产品种类。因此在充分挖掘县域特色产业时，应当遵循因地制宜打造符合县域发展的特色产业原则。关注到本地的特色农业，发挥资源的优势，形成以当地县域资源为主要基础，构建具有自身特点的县域特色农业、工业或者旅游产业发展模式。要实现县域特色产业的跨越式发展，发挥好自身的比较优势，不断挖掘当地特色资源，放大县域特色的优点，使县域特色产业能够更加具有竞争优势。

发挥县域在农业生产基础、劳动力、土地、光热资源方面的比较优势，发挥好县域在地理位置、交通便利等优势。紧跟中国经济发展动向及市场供需情况，将县域优势资源转与产业的相互结合，为县域特色产业发展提供充足的动力。首先，沿海县域要充分利用区位优势。其次，中西部地区的县域，要依托土地、光热等优势资源区域，依托当地自然资源的优势，交通区位优势，承接东部发达地区产业的转移。

三、提升县域产业承载力，挖掘特色产业可持续发展

在乡村振兴背景下，发挥县域特色产业，实现特色产业的挖掘。要提升县域产业的自身承载能力。挖掘县域特色产业的过程中，避免盲目的发展，坚持走绿色发展的道路，将传统的优势产业不断转型升级，延长产业链条，发展符合当地的现代县域特色产业。例如以农业发展为基础的特色县域产业，扩大产业链条，实现农业的转型升级是新型城镇化发展的趋势。城镇要培植绿色企业，做响做亮做大品牌，把农业产业升级、延伸产业链条、新型城镇化建设有机结合，推动现代农业转型升级，打造"一乡一业"特色品牌。坚持走融合发展之路。当前我国相当一部分县域打造特色产业，实现特色产业的发展，提升县域产业的承载能力为挖掘的特色产业提供充足的发展动力。

四、开展数字县域建设，挖掘县域特色产业

在乡村振兴的背景下，挖掘县域特色产业，要创新数字县域建设。充分挖掘我国的县域特色产业要做好技术升级改造的准备，解决市场信息不完善和市场信息不对称的问题，充分了解县域特色产品的市场经济信息，因此县域政府要实现创新型以及多元的发展。引进外来投资，获得支持县域特色产

业发展市场信息、资金和技术支持，实现相对封闭的县域与更广阔的外界市场信息的交流。

在数字县域建设过程中，要健全县域产业经济信息化发展，发展县域电子商务。"互联网＋"等思维模式的逐渐兴起，县域农村农业的经济信息凭借电子商务模式开始相互适应，合理衔接。因此，在充分挖掘我国特色的县域产业的同时，要考虑技术已经相对成熟的电子商务的影响。要以信息化带动数字县域的发展。促进县域经济往数字化、智能化的方向发展，能够集中更多的市场信息挖掘县域的特色产业。继续开展县域信息产业构建。打破城乡信息领域的核心技术障碍，以 IT 技术为主的信息产业为重点，加强我国县域的数字技术创新，通过数据技术扶持我国县域特色产业快速发展，充分带动县域特色产业发展。

第十章

乡村振兴背景下县域产业三产融合

在整个国民经济中，县域经济占据了很大比重，在整个县域经济发展进程中，县域产业具有不可或缺的作用。县域经济的发展模式体现在县域经济的主导产业或特色产业的优势上。县域产业经过多年的发展，形成了各具特色的模式。发展模式也就是对其发展经验的总结，是从发展经验到其发展理论的飞跃。县域产业发展模式是县域产业发展道路的理论性总结与概括，是从不同区域形成不同类型的县域主导产业以及当地特色产业成功发展的条件、途径、措施和效果等方面的高度概括。本章是根据乡村振兴战略对县域产业提出的新要求和新任务，分析乡村振兴战略背景下县域产业发展的新特点、新任务、新问题、新挑战，并结合当前具有借鉴意义的县域产业发展模式，总结适合各地发展的县域产业发展模式。

第一节　乡村振兴背景下县域
三产融合内涵

三产融合是一种产业升级，乡村振兴背景下

县域产业三产融合成为乡村产业兴旺的重要内容。

一、县域三产融合发展的本质特征和内涵

县域产业融合是农村高质量发展的要求。农村三产融合发展要求转变传统的经济发展方式，拓宽农民的增加收入的渠道，提升农民的收入。县域三产的融合不是简单的线性相加，而是发挥三者相乘的优势，表现出以农业生产为基础，农村工业为支撑，高质量的服务引领，县域三次产业相互促进，深度发展。

关于县域三产融合，从产业发挥作用来看，县域一二三产业融合发展以农村一二三产业各产业组织之间相互融合渗透和交叉重组作为路径。打破了以前传统的生产、加工、销售相互孤立的链条机制，通过新技术、新业态、新的商业模式，带动农村资源、生产要素、技术的优化重组。从交易费用理论来看，县域三产融合是满足多样化的消费需要为前提，利用产业之间组合的创新，从横向与纵向延伸产业链延伸，多个部门合作，不断生成新的产业与新的模式过程。县域产业融合也有其独到的机制与动因。总体上来看，产业融合是因地制宜，在资源禀赋结构差异的基础上，以市场需求为导向，通过专业化的生产，交叉产业，激发农业产业的价值链，实现县域三次产业相互融合、协调发展的过程。

二、县域三产融合的主要模式和基本形态

（一）县域三产融合的主要模式

根据农村产业的内涵，从县域三产融合角度出发，县域三产融合的主要模式包括产业内融型、产业链延伸型、产业交叉型、科技渗透型。

（1）产业内融型。该模式的实质是第一产业内部各行业间的融合，是不同产业之间的有机结合，目的是实现农村生产要素资源的自由流动。将传统的农村资源相互整合、循环利用，调整产业结构，充分发挥农业发展的潜力。

（2）产业链延伸型。这种模式注重产品附加值的提升，产业链的延伸是

以农产品生产为依托，产业链向横向与纵向延伸，整合农村产业的资源，发挥产业链条的附加价值，突出农产品的市场竞争力。

（3）产业交叉型。该模式主要是农业部门与工业部门、工业部门与服务业部门、服务业部门与农业部门的相互融合。主要是农业与其他产业跨过区域边界，匹配产业功能模块等发展方式实现农业与其他产业深度融合，提升产业的附加价值，进而实现农业产业创新发展。

（4）科技渗透型。该模式通过现代生产技术、电子商务平台以及物流网络，转变传统的农业产业链，培育新型的农业生产模式，培育龙头企业，实现信息化的农业与农产品在线上与线下的深度融合。

县域三次产业融合是横向融合，从横向融合角度来看，"三产"融合的模式可以分为三种，一是分工合作模式，主要是通过创新的方式，发挥农业、制造业以及服务业等主体优势，提升农产品的市场竞争力；二是空间产业集聚模式，主要是发挥特区特色农产品的品牌效应，提升市场的占有率，产业化的主体之间通过某个或某几个要素实现相互联合，提升产品市场的占有率。

（二）县域三产融合的本质特征

（1）县域三产融合的本质是农民生活更加富裕。在乡村振兴的背景下，生活富裕是其理念。三产融合有助于实现乡村振兴，乡村振兴中的主体与利益主体是农民，因此最基本的目标是提升农民的收益。在三产融合的过程中节约农业的交易生产成本，提升农产品的附加价值，给农民增加更多的收入机会，有效地提升农民的收入水平。

（2）产业融合的本质是农业产业链的进一步延伸。县域三产融合要求在生产环节当中，农业与工业、服务业生产环节的有效链接。另外，农业的发展依托新产业、新业态、新模式与新平台，不仅涉及产业之间的相互融合、产业之间利益的链接，也拓展了农民的利益空间，实现了农业价值的增值。

（3）县域产业融合是不断升级的过程。在县域产业高质量发展的过程当中，随着新业态、新产业的出现，产业的聚集更加具有集聚性的特征，这些平台不仅有良好的硬件条件，还聚集大量的资金、技术与人才优势，为三次产业的融合发展提供新的发展空间。

第二节　乡村振兴战略与县域三产融合的互动关系

长期以来，城乡结构的二元经济体制不断拉大我国城乡之间的差距，资源逐渐单向流向城市，造成乡村的衰落。乡村振兴开启我国城乡融合的新时代。乡村振兴战略的实施，将改变我国城乡二元经济结构的现状，使资源进行双向的流动，形成良性的互动。在农业发展过程中，农业地位的逐渐弱化是我国经济社会发展短板。由于农业自身生长周期长、深化空间小、产出受到自然资源的影响、技术进步缓慢、市场受行政调控等特点，使农业不能像制造业与服务业一样快速发展。实现乡村的振兴，能够缩小城乡之间的差距，促使资源双向流动。三产融合是乡村振兴实现产业兴旺的关键举措、主要动力和重要途径。

一、县域三产融合是实现乡村振兴产业兴旺的关键举措

县域三产融合以农业资源为核心，更大范围地进行有效的配置，延伸产业链条，解决单一农产品、初级农产品价值低的问题，将农产品进行深加工，带动食品等轻工业的发展。农村产业在融合发展过程中也并不是简单的线性组合，产业融合的过程中会产生许多创新元素。例如，农村产业在融合发展过程中可以有效降低农业的交易成本，减少传统纷繁复杂的交易成本，实现规模化经济生产，降低分散生产经营成本。另外，县域三产融合的过程中能延伸产业链条，实现工业、农业与服务业一体化发展，可以突破农业固有的局限性。通过农村三产融合实现规模化、机械化、信息化以及农业现代化的发展，实现乡村振兴的产业兴旺。

二、县域三产融合是实现乡村振兴生活富裕的主要动力

乡村振兴的主体是农民，乡村振兴的落脚点也是解决农民发展困难的问题，提升农民的收入。乡村振兴的富裕主要体现在收入水平的提升、生产技能的提升以及乡村素质的整体提升。农村产业的融合一方面可以增加农民的

收入，县域三产融合的过程中引入新的品种、设备以及技术，可增加农产品的销路，使之快速转化为附加值较高的农产品，以增加农民收入。另外，在县域三产融合发展体系中，现代生产技术以及专业化的分工能够替代传统的农产品的生产，使初级农产品进入较高的生产过程，提升产品的附加价值。三产融合的过程中也要求农民具有一定的专业技术，拓宽农民的教育渠道，主要是生产企业对农民的培训以及推动农民转移就业，增加就业机会。

三、县域三产融合是助推乡村振兴的重要路径

县域三产融合能够有效培育农业领域的新业态，是实现农业现代化的必由之路，是乡村振兴的重要抓手。县域三产融合能够有效应对城市的消费升级。在激烈的国际竞争环境中，我国农产品在价格上与进口农产品有较大的差异，农产品的三产融合积极应对城市消费升级，扩大内需。县域三产融合也符合现代农业集约式发展要求，粗放式的发展对生态环境具有破坏性，集约式的发展有利于实现乡村振兴生态宜居的理念，以生态视角利用农村资源，提升农村资源的使用效率。在产业融合的过程中，农业技术逐渐得到提升，农业产业链不断地延伸，伴随着经济下沉，县域的三产逐渐融合发展起来，尤其是农产品的深加工技术的推广。

四、三产融合是乡村振兴产业兴旺的实践宗旨

农村振兴需要产业创新作为驱动力，县域产业融合也助推乡村的振兴。乡村振兴为农村的三产融合创造了机遇与条件，县域三产融合也是对乡村振兴战略目标实现的进一步落实。县域的三产融合是产业在发展过程中逐渐创新的一个过程。农村一二三产业的融合动态的调整过程，促使农村生产协调发展，根据乡村农业的资源禀赋、因地制宜地发挥乡村产业融合创新的作用，带动乡村振兴的产业兴旺。在三产融合过程中，县域政府单位对乡村振兴战略实施和农村生产融合发展一方面要注重市场规律，紧跟市场的需求，对产业融合进行创新，通过农业，吸引二三产业将生产要素进行集聚，形成规模效应，发挥乡村振兴的作用。

第三节 县域三产融合发展实现乡村振兴的路径分析

一、推动产业横向融合，开拓农业多样化

县域的三产融合涉及面广，是一项系统性的工程，复杂程度不仅仅是单纯的农业发展。农业三产的真正融合才能有助于乡村振兴战略的高效实施，助力农业的增收、农民的增收以及农村的繁荣发展。县域三产融合复杂性之强远不是传统农业能够比拟的，这对现代农业科技的研发人员提出了新的要求。因为农业不会主动与文化、旅游等相关产业发生联系，县域三产的融合是在现有农业的基础地位的前提下，将与农业无关的产业相互结合，包括产业的相互结合、产业模式的相互结合，形成原来没有的创新，将传统的产业赋予多样的功能。县域三产的横向融合发展，不仅可以充分利用农业资源、深度挖掘传统农业的附加价值，还可以拓展起不同产业与农业领域的相互联系，将农业赋予了科技、文化、教育、旅游以及环境等多样功能。横向的融合发展实现了不同产业在农业资源之间的互动和良性循环，在乡村振兴的背景下，能够加速农村产业的发展，实现新旧动能的转换，使价值的创造更加强劲。

二、注重乡村产业形态，调整农村产业结构

"三产融合"不是三次产业简单的线性相加，是县域产业形态的进一步优化。农村自然资源丰富，在三次产业融合发展过程中应该充分挖掘乡村的资源优势，因地制宜。同时利用高新技术、互联网平台，支持乡村中电商平台的发展，完善农村基础设施建设和交通建设，支持电商产业的发展，将农村特色产品通过电商产业向外推广。在乡村振兴的背景下，乡村振兴产业兴旺的发展还应当调整乡村的产业结构，调整农村的线性的产业结构，在"三次产业融合"过程中要注重农业发挥，以二、三产业带动农业的发挥，乡村农业的发展路线向二、三产业链延伸，提升县域三次产业的发展效率。农村

中有许多的资源，做到合理有效利用这些资源，并做到可持续利用，将资源与二、三产业紧密结合，提升农产品的附加价值。

三、构建县域三产融合机制，健全三产融合政策制度

"三产融合"是在我国现实基础上提出的对农业农村发展建设的实践探索版。县域一二三产业的融合不是简单的三产业相加，需要有要素集聚、技术创新、产业组织等大量理论的支撑，是根据新时代产业高质量发展，产业智能化发展的演变，区别传统的一二三产业的线性相加。在探索中国特色农村三产融合过程中，政府要积极推进和落实"三产融合"的发展方案。三产融合的发展的对策要结合我国的历史发展阶段，不同地区应当差异化定制，根据不同的经营主体差异化实施，做到三产融合与市场对接，做到政策的有效供给，满足市场日益激烈的竞争需求。

四、发挥农村地区资源禀赋，提升农村产业附加值

农村地区拥有大量的劳动力、广袤的土地资源，其中还有初级农产品，渔业、林业、农村自然资源景观等自然资源禀赋优势。这些自然资源优势不仅是农村的优势也是中国特有的资源禀赋。因此推动县域一二三产业的融合发展，不仅可以充分有效利用农村自然资源，农村产业在一二三产业链条的延伸，也有助于降低交易成本，提升农村产业链的附加值，在农村产业的农合过程中产业附加值内部化。农村农业产业附加值的提升以及将农村产业附加值留在农村，关系到农业产业的发展是否真正的帮助农民增收。农村产业附加值的提升也要注重将产业留在农村，可以通过相对封闭的资金循环链，将利润加大的农村产业保留在农村，或者将农村产业打造有特色的品牌，先满足农村地区的循环，产生新的附加值，增加农民收入，减少增加值的外溢。

五、加快全产业链要素融合，创新产业融合模式

县域的三产融合与乡村振兴的实际相互结合，坚持农业主体的地位，将现代科学技术用于农业中，完善现代农业产学研的创新机制，将多种生产要

素相互融合，实现县域三产要素的融合发展。同时借助乡村振兴在城乡之间生产要素的流动，在尊重市场规律的基础上将生产要素深度融合。积极创建创意农村三产园区，促进"产区变景区、田园变公园、产品变礼品"。同时，创新农业发展投融资机制，引导金融机构提高贷款对存款的比例，扩大信贷投放，加强涉农担保体系建设，加大对新型农业经营主体的支持力度。从多角度出发，完善三产融合联合协调机制，解决农村产业融合的短板，推进农村的休闲农业、绿色生产农业，构建现代的农业综合体系，为乡村振兴战略落实创造更多的机遇和条件。

| 第十一章 |
乡村振兴背景下县域产城融合

　　"十四五"时期是我国向第二个百年奋斗目标进军的第一个五年，也是全面开启建设社会主义现代化国家新的征程，更是推进乡村振兴、新型城镇化发展的关键五年时期。党的十九大报告指出：要把提高农民收入为发展的最终目标，深刻落实"产业兴旺、生态宜居、乡风文明、治理有效、生活富裕"的要求，通过乡村振兴，促进农村产业融合发展，建立健全产城融合发展体制机制，为县域经济发展奠定坚实基础。

　　产城融合是指产业与城市融合发展，以城市为基础，承载产业空间和发展产业经济，以产业为保障，驱动城市更新和完善服务配套，进一步提升土地价值，以达到产业、城市、人之间有活力、持续向上发展的模式。实际上在人类社会发展中，城市化和工业化是两条发展主线，也是相互联系的，城市化的基础是工业化，工业化依赖城市化的发展，两者相辅相成。

　　县域产城融合就是在县城实现城镇化的发展，实现县城的城镇化和产业化，提升县城的城镇化水平和产业化水平，使县城更好服务乡村，以县城产业发展为基础，带动村镇农业现代化和三产发展，更好推进县域的乡村振兴。

2022年5月，中共中央办公厅、国务院办公厅颁布的《关于推进以县城为重要载体的城镇化建设的意见》指出，县城是我国城镇体系的重要组成部分，是城乡融合发展的关键支撑，对促进新型城镇化建设具有重要意义。要以县域为基本单元推进城乡融合发展，发挥县城连接城市、服务乡村作用，增强对乡村的辐射带动能力，促进县城基础设施和公共服务向乡村延伸覆盖，提升县城发展质量，更好满足农民到县城就业安家需求和县城居民生产生活需要，为实施扩大内需战略、协同推进新型城镇化和乡村振兴提供有力支撑。

第一节　城镇化的发展及演变趋势

一、城镇化发展相关概念界定

（一）城镇化

对城镇化的定义多而繁杂，但概括起来可大致分为下列几类。一是"人口城镇化"观点，持有这种观点的学者将城镇化定义为农村人口向城镇人口转化或者农业人口向非农业人口转化的过程。二是"空间城镇化"观点，该观点认为城镇化是一定地域范围内的产业结构、人口规模、环境条件、服务设施以及人们的生活方式和生活水平等要素由小到大、由粗到精、由分散到集中、由单一到复合的转换或重组过程。三是"乡村城镇化"观点，该观点强调农村与城镇之间的对立和差距，认为城镇化是一个变传统落后的农村社会为现代先进的城镇社会的自然过程。

（二）县域城镇化

1. 定义

县域城镇化是以县域为重点自下而上的本地城镇化发展范式，是以中小城镇为主要载体，吸纳农村富余劳动力转移的就地就近城镇化。

2. 重要性

县域城镇化是城镇化的最初也是基础层次，更是我国新经济背景下新型城镇化发展的重要构成部分。新经济时期，县域城镇化则是解决"三农"问题、缩小城乡差距的关键。在县域的发展过程中，城乡融合发展的重要舞台则是县域，它具有相当重要的承接作用。在改革开放进程中，具有中国特色的县域城镇化表现出色，对我国实现乡村振兴战略和推动国民经济社会的总体发展具有相当重要的意义。

3. 城镇化发展的要求

（1）合理规划城镇发展格局。

我国幅员辽阔，整体呈现发展不均衡，东部发展优于中部、西部的特点。城镇化的发展受到自然环境和自然资源的影响较大。因此，从我国实际的情况出发，在发展城镇化的过程中必须合理利用好现有的城市基础，甚至勇于打破行政区划之间的限制。我国人口众多，在发展城镇化过程中需要对相当数量的人口和产业进行合理、有效地引导。

（2）加快发展第三产业。

要推进城镇化，就要有相应的产业跟进，否则将无法保障移动的人口基本生活问题，造成严重的"空心化"问题，城镇化率也难以跟上步伐。有关实践证明，以产业尤其是第三产业带动的城镇化更富有活力。尽管跟我国自身情况相比第三产业已有了飞速发展，但与发达国家相比仍存在相当大的差距。因此，加快发展第三产业在加速发展城镇化过程中显得尤为重要。

4. 提高居民消费水平

（1）大力培养消费理念，引导新型消费方式。

国家、政府应考虑到不同收入阶层的消费水平及方式，正确引导县域居民消费行为。为此，相关部门应该不断深入挖掘迎合不同收入消费收入人群的新消费热点。

（2）加大消费税改革力度，调节收入分配。

我国过去的消费税制度没有适合扩大城乡居民的消费需求，推动消费税进行改革时必须注意将落脚点放在扩大城乡居民消费上。

5. 推动城乡一体化

城乡收入差距拉大会阻碍城镇化进程，因此，为了实现城镇化健康稳定发展，必须努力缩小城乡收入差距。经过时间检验，城乡一体化是缩小城乡收入差距最理想可行的措施。科学的城乡一体化应是在生产力水平高度发达的基础上，通过城镇与乡村的相互作用，最终形成全体居民平等共享人类文明、发展成果的城乡融合。具体可以从以下几个方面来实现。

二、新时代城镇化演变趋势

（一）新型城镇化定义

新时代的城镇化是以城乡统筹、城乡一体、产业互动、节约集约、生态宜居、和谐发展为基本特征的城镇化，是大中小城市、小城镇、新型农村社区协调发展、互促共进的城镇化。伴随中国特色社会主义进入新时代，社会主要矛盾发生转变，已由"人民日益增长的物质文化需要落后的社会生产之间的矛盾"转化为"人民对美好生活的需要同发展的不平衡不充分之间的矛盾"。近些年，在我国城镇化进到战略转型期，政府陆续出台了新型城镇化和乡村振兴战略，协调二者关系，发挥效用最大化是关键。

（二）新型城镇化演变趋势

1. 我国经济增长空间位移促使新兴中心城市崛起

近年来，我国在经济发展过程中出现了经济增长速度与质量不协调的情况，进而造成我国经济发展的空间出现错位。一些对接沿海前沿的省份，如贵州、江西、湖南、安徽等地，经济增速位于全国前列，从而拉动本省某些重点城市经济地位得以提升。

2. 需求升级催生一批新型城镇化的先进载体

随着我国经济的不断发展，我国社会的主要矛盾也跟着发生转变，同时居民也对其生活质量水平的提升的关注不断提升。随着居民收入水平的不断提升，其对自身居住水平、生活的便捷度要求升高。此时，一些小微城市、绿色发展城市、低碳城市则成为新兴城镇化发展的良好载体。

3. 劳动力回流促使县域发展潜力迸发

县城是我国乡村地区文化、经济与政治中心，在城镇管理体系中具有十分关键的作用。近年来，由于一些基础设施完善、生活条件较为优越的县城出现，使得推动我国乡村地区经济发展的新活力涌现。随着我国经济的不断发展，城镇化进程的不断推进，劳动力人口的大量回流，使得一些县域层面的人口、环境承载能力不堪重负，这时，县城则成为接纳劳动力人口、挖掘潜在发展潜力的重要载体。

4. 关键性新型城镇化制度改革持续推进

近年来，我国陆续出台了一系列新型城镇化制度改革措施，旨在进一步推进城镇化建设，但其关键性指标，如人口、土地等改革仍然滞后。政府应当结合当地实际情况，加大改革力度、完备户籍制度，从难点入手，持续释放改革红利。

第二节　县城城镇化和产城融合

一、县城城镇化的提出和要求

县城是连接城市和乡村的重要节点，县城是我国城镇体系的重要组成部分，总的来说，县城城镇化要求尊重县城发展规律，统筹县城生产、生活等各种需要，因地制宜补齐县城短板弱项，促进县城产业配套设施提质增效、市政公用设施提档升级、公共服务设施提标扩面、环境基础设施提级扩能，增强县城综合承载能力，提升县城发展质量，更好满足农民到县城就业安家需求和县城居民生产生活需要，为实施扩大内需战略、推进新型城镇化和乡村振兴提供有力支撑。

2022 年 5 月，中共中央办公厅、国务院办公厅颁布了《关于推进以县城为重要载体的城镇化建设的意见》，目的是立足资源环境承载能力、区位条件、产业基础、功能定位，进一步补齐补强县城短板弱项，建设一批具有良好区位优势和产业基础、资源环境承载能力较强、集聚人口经济条件较好的县城，使得公共资源配置与常住人口规模基本匹配，特色优势产业发展壮大，市政设施基本完备，公共服务全面提升，人居环境有效改善，综合承载能力明显增强，农民到县城就业安家规模不断扩大，县城居民生活品质明显改善。并通过县域为基本单元推进城乡融合发展，发挥县城连接城市、服务乡村作用，增强对乡村的辐射带动能力，促进县城基础设施和公共服务向乡村延伸覆盖，强化县城与邻近城市发展的衔接配合。

县城城镇化对于不同区域和特点的城镇化提出了不同的要求。科学定位，区别对待，按照不同的要求，形成一定的发展模式，加快发展大城市周边县城，积极培育专业功能县城，合理发展农产品主产区县城，有序发展重点生态功能区县城，引导人口流失县城转型发展。

县城城镇化对县城产业支撑提出要求。重点发展特色优势产业，重点发展比较优势明显、带动农业农村能力强、就业容量大的产业，统筹培育本地产业和承接外部产业转移，促进产业转型升级。以"粮头食尾""农头工尾"为抓手，培育农产品加工业集群，发展农资供应、技术集成、仓储物流、农产品营销等农业生产性服务业。根据文化旅游资源禀赋，培育文化体验、休闲度假、特色民宿、养生养老等产业。并依托各类开发区、产业集聚区、农民工返乡创业园等平台，引导县域产业集中集聚发展。支持符合条件的县城建设产业转型升级示范园区。并提出要发展物流中心和专业市场，打造工业品和农产品分拨中转地。根据需要建设铁路专用线，依托交通场站建设物流设施。

二、产城融合的含义和发展理念

县城城镇化的发展离不开产业的支撑，产城融合能够更好地促进县城城镇化的发展，更好地通过产业兴旺促进乡村振兴。

（一）产城融合的定义

"产城融合"是相对于"产城分离"而提出的一个发展思路，是指以城市为基础，承载产业空间和发展产业经济，以产业为保障，驱动城市更新和完善服务配套，进一步提升土地价值，以达到产业、城市、人之间有活力、持续向上发展的模式。

一般认为，产城融合的内涵有广义和狭义之分。广义上可理解为工业化与城镇化的融合；狭义上可理解为产业区与城区的融合。

实际上，产城融合中的"产"应当涵盖所有的产业，但其中的农业，往往易被忽略。农业不仅对城镇化发展具有显著的产品贡献、劳动力贡献，还有市场贡献、外汇贡献和区位贡献。随着我国经济发展水平的不断提高，其与大数据及互联网产业的不断结合发展，我国城乡一体化进程也随之加快，其中产业和农村、城市之间有机结合发展的新兴产城融合形态的生态局面也初见规模。

（二）产城融合的社会意义

产业融合是我国推进趁机转型升级和新型城镇化建设的有力手段，对于实现土地集约化，扩大产业空间，加速产业聚集起着关键性作用，并且可加大就业人口，避免盲目城镇化建设造成的"空城"现象，对于城市整体产业生态体系建设也起着不可替代的作用，是促进城乡一体化进程的"催化剂"。

（三）产城融合的发展理念

（1）建立"以人为本"发展理念。产城融合要求加强城乡基础设施连接，推动水电路气等基础设施城乡联网、共建共享，全面提升公共服务和社保水平。合理布局教育、医疗、文化、旅游、体育等公共服务设施，配套建设住居、商业、娱乐、休闲等设施，提升宜居宜业水平。加快城镇人口集聚，促进城乡居民就业，建立城乡均等的社会保障和救助机制，实现城乡基本公共服务均衡发展，确保城乡居民在产城融合发展中生活条件改善、生活水平提升，共享产城融合红利。

（2）建立"绿色生态"发展理念。产城融合要求统筹处理好经济发展与生态环境保护的关系，严格建设项目及产业准入门槛，避免出现"先生产，后治理"的环境问题。大力发展循环经济，推动形成绿色低碳的生产生活方式。

三、产城融合的原则

（1）协同发展的原则。一般来讲，产业"空心化"和城市"孤岛化"是区域发展中要着力避免的问题，要防止区域发展的"两化"倾向。按照产城融合发展原则，区域发展需要协调和处理好产业与城镇发展的空间关系，把产业园区作为城镇化的支柱，实现真正意义上的规模经济效益和社会效益，让城镇辐射和带动作用真正实现，这样就能实现区域经济的快速增长。

（2）同步推进的原则。产城融合要求产业发展与城镇建设在时间上要同步进行、协调配合。一方面围绕工业发展需要优化城镇功能，确保城镇化有产业带动，另一方面工业化有城镇支撑，有效防范产业发展"超前城镇化"或"滞后城镇化"现象，避免生产、生活的错位发展，确保"两化"在时间上同步发展。

（3）规划先行的原则。产城融合发展理念，要求按照生产空间集约高效、生活空间宜居适度、生态空间山清水秀的原则，科学规划全区空间发展布局，促使发展空间布局更为优化。对产业集聚区、人口集聚区、综合服务区、生态保护区等在内的功能分区进行统筹规划，探索网络化、多中心、多功能的田园城市发展模式，合理安排城镇及产业发展规模和布局，使每个城镇都有产业园区为支撑，每个产业园区都有城镇为依托，形成产城融合、互动发展的格局。

四、产城融合的主要发展路径

（1）政府做好产城互动规划，引领产城发展。首先以政府为主导，做好产业、城市前瞻性的规划和定位，准确定位符合区域持续发展的产业、城市规划及城市功能配套，加强城市功能规划与产业发展定位，避免盲目地兴城导致县城空心化，或者产业定位不准确，产业优势难以发展。

（2）把握产业趋势，做好产业定位。做好县域产城融合，要避免一般城镇化的弊端，把县城最新的土地资源、空间资源用于发展具备竞争力的优势产业或战略新兴产业，引领产业升级转型和经济增长动力转化。积极引入优质的、符合条件的产业园区企业，借助社会进行招商引资。降低政府打造工业园区的经济压力，通过市场化运作筛选、提升产业竞争力。

（3）注重县域特色产业和主导产业的发展，打造特色县城。县城要以现有资源和产业为基础，发展特色产业，创建特色县城。

（4）探索建立县域"产城融合示范区"。为了积极有效推动县域产城融合发展，可以考虑在全国范围内选择 80 个左右条件成熟的县城开展产城融合示范区建设工作。到 2025 年，示范区经济社会发展水平要显著提升，经济增长速度快于一般县城总体水平，常住人口城镇化率明显快于一般县城平均水平，产业体系加快形成，城镇综合服务功能不断完善，生态环境进一步优化，居民生活质量明显提高，将示范区建设成为经济社会全面发展、产业和城市深度融合、城乡环境优美、居民生活更加殷实安康的新型县城。

第三节　城镇化建设和县域产业发展
对城乡融合的作用分析

在县域经济发展中，城镇化和工业化发展是相互作用的，城镇化是产业发展的前提和基础，在县域产业发展中作用重大。产城融合促进了县域城镇化和产业的发展，县域城镇化和产业的发展进一步促进了产城结合。

一、城镇化与产业发展

（一）产业结构转换升级促进城镇化发展

党的十八大提出了中国特色的"新四化"目标，要求"工业化和城镇化良性互动"。随着农村劳动力人口不断向城市迁移，城镇化得以迅速发展，当人口转移的边际效应等于城市可接纳边际收益时，劳动力向城市转移的边际效应等于边际成本，农村劳动力市民化效益达到峰值，即城市吸纳人口能力达到饱和，若农村人口持续输入，将造成"城市病"。通过产业结构优化，可有效改善城镇化水平，进而缓解"城市病"症状。

（二）城镇化发展带动产业结构转换升级

参考"比较优势理论"并结合我国目前经济发展水平，通过引进国外先进技术拉动我国产业改造是较为有效的手段。城镇化的高度发展，不仅能拉动本土消费水平，还可引进国外优质投资力度，以下归纳了城镇化进程中推进县域产业结构升级的几个方面。

1. 创新能力

创新作为推动县域产业升级的"催化剂"，是激发县域产业新活力的必然要求。目前，我国农村地区人口居住较为分散，农村经济仍以小农市场经济为主，缺乏良好的创新环境，加之农民对新型交易方式和新兴科学技术接受度较差，导致我国农村地区发展停滞不前。通过城镇化的不断发展，农村人口接触到更广范围的市场和人员，开阔了视野，进而容易接受新鲜事物的涌入。与此同时，也可带动第二、第三产业的发展，推进城镇产业升级改造。

2. 集聚效应

劳动力的涌入可降低人力成本，进而减少产业升级的成本。第三产业有两个基本特点：一是要求生产和消费在时空上高度一致，即生产和消费都在甲地；二是在同一区域内，收入水平恒定下，人口数量达到一定规模，方可分摊成本，即高于盈亏平衡点，方可提供有效供给。

3. 消费结构

消费结构的改变是需求导向性产业升级的关键点，城镇化建设中带来人口结构多样化，进而影响整体的消费结构和消费层次向更高级、更广泛的层面变化，助推产业结构升级改造。

二、城镇化、县域产业发展对城乡融合的影响作用

城镇化建设离不开当地三产的支撑和城乡要素的相互流动。城乡融合也不仅是空间层面的融合，还需要精神文明的结合。地方政府需打破城乡融合过程中的各项壁垒，建立系统性工程，稳健推进产城融合，实现县域城镇化和产业发展。

（一）以农业产业兴旺为基础，推动城乡产业融合发展

农业是农村地区经济的核心产业，农业产业兴旺也是城乡融合的重要发展目标。通过农业发展助推城乡融合发展，具体来看：（1）要大力发展现代农业，引入先进技术水平。传统农业的更迭势在必行，农村地区应当大力引入新兴科技，"科技耕田"；（2）应当提高农村土地的利用率，大力推广种养结合、立体种养等循环农业模式；（3）借助农业供给侧结构性改革优化产业结构，农村地区低端粗加工农产品较多，具有品牌性的高质量产品较少，应该注重农业产品品牌打造，通过品牌强农促进农产品转型；（4）应全面推进标准化生产，发展生态农业、绿色农业，探索联耕、代种、土地托管等模式推动农户提高劳动效率，增加农民收入渠道。

（二）以要素优化配置为目标，推进城乡融合发展

一是要加强城乡要素资源配置；二是要打破制约城乡资源流动的壁垒；

三是借助资源有效流动激活市场。例如，在推动土地要素自由流动环节，可借助农村集体产权制度改革提高效率，要建立健全农村产权交易市场，对农村资产进行清产合资；要探索利用集体建设用地使用权，改善农村房屋市场结构；要合理应用农村产权抵押融资模式，如商业银行推出的"土地流转收益贷款"等，解决土地要素变更过程中融资难的问题。

（三）以农村治理有效为重点，推进城乡基本公共服务均等化

城乡基本公共服务建设是城乡融合的核心领域，加大基本公共服务覆盖面，将服务触角延伸至乡村，达到城镇公共服务均等化。一是要加大教育资源的投入，借助人口动态监测等模型，科学配置教育资源。政府和教育部分应共同搭建城乡教学平台，通过平台促进城乡教育交流。加大农村地区教育设施的建设，使农村地区学生可接触计算机、互联网，缩小城乡教育差距。二是要加大医疗卫生资源的投入。通过医疗软、硬件更新，城市向农村输送新的医务人员和先进技术，提升农村地区医疗卫生体系。

（四）以生态宜居为关键，推动城乡生态环境融合发展

生态环境建设是城乡融合可持续发展的前提，在城乡融合进程中，应避免对农村地区改革的"生搬硬套"，应结合农村地区实际情况，"因地制宜"。一是发挥农村地区的引领作用，促进城市生态文明建设。二是在建设过程中，加强农业资源保护工作，建立健全补偿机制、修复机制，尽可能地降低因发展经济带来的环境资源损失。三是对具有深厚历史的名镇、名村要百分百保留原貌，着力打造一批有特色的秀美乡村。

第十二章

乡村振兴背景下县域产业高质量发展战略

乡村振兴战略是党的十九大做出的重要决策部署。2017 年 10 月，党的十九大首次提出乡村振兴战略，经过几年的实践，乡村产业振兴、乡村人才振兴、乡村文化振兴、乡村生态振兴、乡村组织振兴工作已经取得一定成效。2021 年中央一号文件提出了"打造农业全产业链，把产业链主体留在县城""立足县域布局特色农产品产地初加工和精深加工"的要求，2022 年中央一号文件强调全面推进乡村振兴重点工作，提出"大力发展县域富民产业。支持大中城市疏解产业向县域延伸，推动形成'一县一业'发展格局"。县域已经成为乡村振兴战略贯彻的主战场，以县域为整体单位，大力发展县域产业，实行县域产业高质量发展，可以更好地推动乡村振兴工作。做好这项工作，需要加深认识，构建全方位乡村振兴下县域产业的发展战略。

第一节　乡村振兴背景下县域产业发展成就和战略形势

发展战略，须要立足现实，树立未来愿景，成就与形势就是我们面对的现实基础。经过几年的实践，乡村产业振兴、乡村人才振兴、乡村文化振兴、乡村生态振兴、乡村组织振兴工作已经取得一定成效。县域产业也有了一定发展，随着乡村振兴的深入开展，县域产业的高质量发展会面临许多新情况、新问题。

一、乡村振兴工作的成就

乡村振兴，实质上是一项融生产、生活、生态、文化等多要素为一体的系统工程。近年来，我国乡村在乡村振兴战略下的产业兴旺、生态宜居、乡风文明、治理有效、生活富裕几大方面都取得了一定成绩。

（1）产业兴旺方面。发展支柱产业，产村融合，产游融合，实现第一产业和第三产业的发展，大力发展休闲农业，农业文化旅游，发展特色旅游。

（2）生态宜居。实现农村的绿水青山、田园风光。

（3）治理有效。因地制宜改造村庄基础设施，完善乡村公共服务。

（4）乡风文明。培养健康向上的文化习惯和良好行为，孝顺老人，邻里和睦，遵守道德原则，建设和谐社会。

（5）生活富裕。以村民为中心，开展美丽乡村建设，村民充满幸福感，也吸引了外出打工人员回村发展。

二、县域产业高质量发展面临的形势和困难

（1）发展数字经济和平台经济蕴含新机遇，积极推进数字产业化、产业数字化，引导数字经济和实体经济深度融合，抓住国家实施数字乡村发展战略纲要的机遇，加快县域乡村网络设施等信息基础设施建设，积极发展乡村新业态，创新电子商务进乡村等流通服务新体系，强化农业农村科技发展，推动数字经济向社区、向乡村延伸。鼓励发展平台经济新模式，积极发展"互联网＋生产""互联网＋创新创业"，打造县域经济高质量发展新引擎。

（2）以县城为城镇化载体推进城乡融合发展蕴含新机遇。要抓住健全城乡融合发展体制机制和政策体系的机遇，协调推进乡村振兴和新型城镇化，突出推动城乡要素合理配置，健全农业人口市民化机制、城市人才入乡激励机制、乡村金融服务体系、科技成果入乡转化机制。

（3）国家全面推进乡村振兴重点工作实施的机遇。聚焦产业促进乡村发展。

①持续推进农村一二三产业融合发展。重点发展农产品加工、乡村休闲旅游、农村电商等产业。推进现代农业产业园和农业产业强镇建设，培育优势特色产业集群，实施"数商兴农"工程，推进电子商务进乡村。促进农副产品直播带货规范健康发展。②支持大中城市疏解产业向县域延伸，引导产业有序梯度转移。大力发展县域范围内比较优势明显、就业容量大的产业，推动形成"一县一业"发展格局。引导具备条件的中心镇发展专业化中小微企业集聚区，推动重点村发展乡村作坊、家庭工场。③加强县域商业体系建设。实施县域商业建设行动，促进农村消费扩容提质升级。加快农村物流快递网点布局，实施"快递进村"工程，推进县乡村物流共同配送，加快实施"互联网＋"农产品出村进城工程，建设县域集采集配中心。④促进农民就地就近就业创业。落实各类农民工稳岗就业政策。推进返乡入乡创业园建设，大力开展适合农民工就业的技能培训和新职业新业态培训。

第二节　县域产业高质量发展的指导思想和原则

如何实现乡村振兴背景下县域产业高质量发展？这是新时代我国县域产业转型调整所面临的重要命题。研究这个命题的先决条件是必须精准把握新时代县域产业实现高质量发展的原则及其总体目标。只有厘清什么是县域产业高质量发展以及新时代县域产业实现高质量发展的内在要求，才能更好地推进县域产业由低水平向高质量发展阶段转变，进而助力新时代我国县域产业发展实现新的飞跃。

一、指导思想

深入贯彻习近平新时代中国特色社会主义思想，深入贯彻党的十九大和二十大精神，牢固树立新发展理念，落实高质量发展要求，坚持农业农村优先发展的原则，按照产业兴旺、生态宜居、乡风文明、治理有效、生活富裕的总要求，在乡村振兴背景下，大力发展县域产业，推动县域三次产业融合，实现县域产业高质量发展，进一步推动乡村振兴战略，实现农村共同富裕，让农村成为安居乐业的美丽家园。

二、发展原则

（一）创新发展是动力

1912 年熊彼特在其著作《经济发展理论》中首次提出"创新理论"，探讨了经济增长模式与周期波动问题。他认为，"创新"的实质就是构造一种新的生产函数的过程，就是重新组合生产要素和条件并将其引入生产体系。这种不断实现新的生产要素和生产条件的新组合的过程也揭示了"经济发展"的规律。熊彼特的创新理论包括五个维度，即产品创新、技术创新、市场创新、要素创新和组织管理创新，通过这五个方面的创新进一步带动经济发展。这一理论对于新时代县域产业实现高质量发展具有一定的适用性。新时代县域产业实现高质量发展就是要推进县域经济结构转型、动力转换，质量变革、效率提升，从而推进县域经济由低效率低水平向高效、集约、创新的发展阶段转变。实现新时代县域产业高质量发展的落脚点在于产业，产业是县域经济发展的支撑，只有产业实现高质量发展，才能进一步强化县域经济发展的内生动力。而实现产业的高质量发展则必须要加快产品创新、技术创新、市场创新、要素创新以及组织管理创新。基于此，才能实现县域产业提质增效和提档升级，从而为新时代县域经济实现高质量发展提供强有力的支撑和保障。因此，创新发展是新时代县域产业实现高质量发展的动力。

（二）产业融合发展是关键

所谓产业融合发展，是指不同产业间或同一产业内的不同行业部门间相互交叉、相互渗透、相互融合，最终形成新的产业的动态演变过程，其本质仍然是产业结构不断高级化和合理化的过程。产业融合具有形态多元化、边界模糊化、发展竞合性的特征，通过产业融合发展能够进一步创新产业发展的组织形态和发展模式，从而促进经济内生发展。这也是县域经济实现由低质量发展阶段向高质量发展阶段逐步推进的重要理论依据。在新的时代背景下，县域经济发展将进入结构调整、动力转换、质量和效率变革的重要时期，新的产业部门将形成和发展并成为这一时期县域经济发展的新的潜力源。而新的产业部门的形成与发展离不开产业融合发展，尤其是农村一二三产业融合。只有实现农村一二三产业深度融合发展，才能进一步创新县域农业、工业以及服务业产业发展模式，深入推进工业化、信息化、农业产业化以及城镇化同步发展，进而提升县域产业集聚效益和规模经济效益。因此，新时代县域经济实现高质量发展的关键在于产业融合。

（三）可持续发展是基础

对于县域经济而言，其可持续发展的内涵应该包含以下几方面：一是可持续发展主要解决资源的利用和配置问题。实现资源合理配置、提高资源利用效率是推进县域经济健康发展的重要前提和有效路径。二是可持续发展重点解决县域环境污染问题。治理环境污染、提高县域空间和环境承载力，是实现县域经济发展和生态效益双赢的客观要求。三是可持续发展是构建和谐社会，推进县域公平和发展的重要支撑。县域经济发展必须遵循可持续发展理论，这是推进县域经济绿色健康发展，实现县域经济向高质量发展阶段转变的必由之路。在新的时代背景下，县域经济可持续发展更加强调对经济资源的合理利用和配置，强调解决粗放式经济发展所带来的环境问题，强调绿色技术和绿色生活方式的普及，这些都对县域经济结构转型、质量变革、动力转化等提出了新的要求，有助于推进县域生态效益、经济效益、社会效益等实现共赢。因此，可持续发展是新时代县域经济实现高质量发展的基础。

（四）城乡融合发展是保障

新时代县域产业实现高质量发展必须深入推进城乡融合发展，打造新型工农城乡关系，促进城乡社会、经济、文化等领域全面融合，进而推进城乡要素资源双向流动、城乡基本公共服务均等化以及城乡差距持续缩小，这也是实现县域产业由不平衡不充分发展向高质量发展阶段转轨的基础保障。一方面，新时代县域产业实现高质量发展需要促进农业现代化发展。农业现代化发展既是乡村振兴的总目标和总要求，也是衡量新时代县域产业高质量的标志之一，农业现代化的过程就是传统农业向现代农业转变的动态演进过程，是提升农业产业层次、提高农业生产效率、提高农业科技水平的重要方式。这一过程离不开现代工业技术以及信息化技术的支撑和带动，通过现代工业以及信息产业与农业的深度融合，进一步推进农业现代化发展，实现城乡产业融合，进而促进县域产业向更高质量发展。另一方面，新时代县域产业实现高质量发展需要加快农民市民化进程。只有推进农民市民化进程，才能促进城乡公平发展，实现以人民为中心的新型城镇化发展，从而推进县域社会融合发展，进而重塑新的城乡关系。因此，城乡融合发展是新时代县域产业实现高质量发展的保障。

三、总体目标

（一）创新县域产业发展模式

要实现县域产业实现高质量发展，必须创新经济发展模式。要以互联网大数据等现代信息技术为依托，实现与工业和服务业的深度融合。这既有助于推进县域产业融合发展，实现新产业集聚，也是推进县域经济向高质量发展阶段转变的必然要求。一是依托"互联网＋农业"，推进电商农业发展，不断整合农业资源，拓宽农业产业链、价值链和供应链，打通农业生产加工流通环节，进一步推进农村一二三产业融合发展。二是围绕"互联网＋工业"，推进县域工业智能制造化发展，通过互联网与县域工业的深度融合，创新工业发展模式，促进工业产业转型升级，实现县域工业高质量发展。三是依托"互联网＋服务业"，创新县域商业发展新模式，构建高效、智能、便捷的县域服务业发展新格局。这既有助于满足县域居民对美好生活的需要，也有助于推进城乡要素的自由平等流动，从而加快城乡融合发展。

（二）培育县域产业发展新动能

摆脱县域产业不平衡不充分发展的关键在于培育县域产业发展新动能。一是培育县域经济发展新产业。要充分依托现有的县域产业基础，引入新的现代生产要素对原有产业的生产技术和生产工艺进行改造和优化，从而提升产业竞争力，培育新的产业经济增长极。同时，挖掘县域资源优势，形成特色优势资源，通过产业培育形成产业优势和经济优势，进而优化县域产业结构，提升县域产业发展质量。二是培育县域产业发展新市场。要拓宽县域产业发展市场空间，营造县域产业发展新的市场环境，推进县域经济"走出去"和"引进来"相结合，实现县域产业更大范围的开放发展。三是培育县域产业发展新组织。新的产业的形成和发展壮大离不开新的产业组织的引领和带动，要围绕新的产业培育新的组织，包括新企业、新职业经理人等。只有这样，才能加快新产业生产加工流通的全要素全产业发展，进而为县域产业发展提供新的动能。

（三）打造县域经济发展新机制

1. 打造县域经济绿色发展机制

始终把绿色发展理念贯穿县域经济发展的全过程，培育和打造县域经济绿色发展机制。一是要改变城乡居民的生活消费理念，提倡绿色生活、绿色消费，促进节约型、低碳型生产生活方式的形成。二是要加快绿色技术的应用与推广，加速企业技术创新升级，推进绿色技术、低碳技术等对传统产业和企业生产技术的升级和改造。三是要加强县域环境治理，做好县域经济绿色发展规划，提高县域经济的环境承载力，进一步助推县域经济效益、生态效益和社会效益实现共赢，为全面决胜小康社会打下坚实基础。

2. 健全城乡融合发展机制

一是创新城乡要素资源合理流动机制。要加快推进城乡之间人才、技术、资金等要素资源的自由平等流动，为实现城乡融合发展奠定基础。二是创新城乡基本公共服务供给机制。一方面，创新农村社区管理服务机制，打造新型农村社区，为农村居民提供丰富而实用的便民服务。另一方面，创新农村社会事业服务机制，积极发展和引进教育产业、医疗产业以及环保产业等产业部门，兼顾公平与效率，为农村居民提供更优质的社会化服务，推进城乡基本公共服务均等化发展。

3. 构建县域经济发展的要素投入引进机制

发挥市场、政府、社会、企业的功能与作用，以市场为主导，以政府为推手，以企业和社会为主力，切实推进建立县域经济发展的要素投入和引进机制，转变县域经济发展方式，实现县域经济健康持续有序发展，也为新时代县域经济实现高质量发展提供有力支持。

第三节　乡村振兴背景下县域产业高质量发展的战略目标

一、加强农业现代化，推动县域经济发展

（一）农业现代化的内涵及重要性

1. 农业现代化的含义

农业现代化是指由传统农业转化为发展现代农业，把农业的发展建立在现代科学支撑的基础上，用现代的工业、科学技术武装农业，用现代的经济科学管理思想来指导农业生产，构建低能耗、产量高、质量优的农业生产体系和高效农业生态系统。

2. 农业现代化的重要性

（1）农业现代化是县域经济的主体内容和重要基础。我国农业资源十分丰富，为县域产业的发展提供了充足的产业支撑和物质基础，在推动产学研结合和农业、科学、教育的共同发展上起到了基础性的重要作用。农业现代化的发展相当程度上提升了县域经济科技含量，促进了农产品加工产业的发展。同时，优化我国较为落后的县域工业结构，创新发展农业发展体系，增强县域经济发展的内在活力，使农民有很大程度的收入提升。

（2）农业现代化是实现高质量县域产业发展的重要推力。解决好"三农"问题是实现新时代县域经济高质量发展的关键。在对传统农业进行改革的过程中不断推进农业、农民、农村生产的现代化进程，推动城乡全面融合发展，满足乡村振兴要求和总体目标，这是实现县域经济向高质量发展的现实路径。伴随着县域产业的高效发展，现代农业的体系结构也在持续优化，县域居民收入不断增长，为县域产业的高质量发展奠定坚实的基础。

（二）县域现代农业建设的方向

以乡村振兴战略为指导，全面贯彻党的十九大和二十大精神，坚持解放思想、改革开放、创新驱动、科学发展，以"四化同步、富民强县"为总要

求，以"稳基础、兴产业、促科技、壮龙头、保安全、创机制、强服务"为重点，立足县情，突出特色，加快县域现代农业建设，为推动县域经济发展、全面建成农村小康社会提供基础支撑。

（1）扩大规模经营，培育新型市场主体。深化改革，创新农业生产机制。加快农村的土地流转，推进农业现代化社会化服务，为农业的现代化发展注入持续动力。用创新、先进的思维、市场管理理念促进现代农业的发展。要加快资金、技术、人才等方面的资源流动。科学指导农业生产进行布局，支持农业优势产区的建设。

（2）夯实基础，突出县域特色。加强农业现代化的基础设施建设，增强、挖掘乡村的综合生产能力和发展潜力。不断加强新品种的研发与培育、提高农业现代化的科技含量。要形成县域优势产业的特色化、一体化。坚持培育县域特色的优势产业。将稳定国家粮食生产安全作为县域现代农业发展的最重要和最基本的任务。同时，将主攻方向定位培育特产优质产业，积极发展特色的新型农业产业。

二、优化县域现代产业体系

（一）实现三次产业协调、高效发展

（1）第一产业是基础。我国县域现代农业发展的总体立足点应该落于统筹城乡规划，立足各区域产业的特色资源优势，科学、有针对性地确立现代农业发展的战略和重点。与各村镇的职能相结合，多方面综合考虑以确定农业产业的发展路径以及城乡之间的发展总体要求。将农村田园景观、农业产业、自然生态环境资源优势充分发挥，结合当地区域的特色资源条件，打造具有当地独有的、符合区域自身发展的新型农业，为农村现代化的发展和壮大提供强有力的支撑。

（2）第二产业是重点。2020年，我国工业基本实现现代化，全国的工业空间布局规模建立。反观我国大多数县域区域仍然处于工业化的初期阶段，部分县域地区的工业化问题残存。从我国县域工业发展的阶段性特征出发，我国目前的县域产业应首推工业发展。重点在于提升工业的主导地位，推进工业龙头企业的高端化发展，提高工业产业的技术含量，增强工业企业的核

心竞争力，引导和促进相关特色产业集群的形成。

（3）第三产业是方向。休闲农业和观光农业是发展方向，大力推进乡村旅游业的发展。大力建设县域流通体系，发展乡村电子商务。

（二）大力促进县域产业园区转型升级

（1）加快产业转型升级，优化园区产业结构。要科学统一规划园区内部的产业的布局问题，要注重发挥不同产业园区各自优势，确立我国县域产业园区的发展目标和总体要求，着重引进发展态势迅猛和发展潜力充足的产业在此集聚，形成高质量、高效率的县域特色产业园区聚集地。不断淘汰落后产业，扶持新兴产业。要不断筛选有光明未来的新兴产业，加大对其科技水平、人才、资金等支持力度，积极改造传统产业。

（2）强化要素集聚，提高园区承载能力。努力提升县域产业园区的现代化、一体化水平，吸引优势资源在此集聚。科学引领发展基础好、潜力大的相关产业在园区发展，走出一条适合自身园区发展的特色产业布局道路。对相关主导产业、龙头产业进行科学监管与引导，用科学方式进行招商引资。

（3）创新相关体制机制，增强园区核心竞争力。积极引导多元化投资公司形成，规划园区内部招商引资问题。为建立好"园中园"吸引发展势头良好、历史悠久的行业龙头企业加入，以企业带动科技投入的方式建设园区。树立专业化建园的指导思想，增强园区核心竞争力，构建良好的园区营商环境。

（4）加强信息技术发展和数字县域建设。

（三）加快提高县域创新能力

将国家的创新能力进一步细化则落脚于县域层面的创新能力，作为我国创新能力体系建设的基础环节，与我国整体的创新相比，县域层面的创新能力构建则更加凸显其多样性、不均性。

（1）发挥县域政府作用，努力营造良好创新环境。伴随县域城镇化改革步伐的不断加快，县级层级能够给予的社会化服务也在不断增多，政府作为提供公共服务的主体对创建社会环境下的创新行为有着不可替代的作用。良好的社会公共化服务及优质的创新背景对于县域创新环境的创建起到的是关键作用。因此，县域层级管理部门应该从多方面入手，加快建设良好的县域创新环境。

（2）构建创新体系、县域科技创新平台。迈进新经济时代，采取适度超前、基础先行的发展理念对快速提升县域创新能力有着可观的效果。加快构建信息平台建设，从而深度发展共享平台经济。在县域共享平台中，使用者可实现数据共享，从而加快科技转化成果，降低信息传递成本，加快创新体系建设。

（3）提升县域企业核心竞争力。在提升企业核心竞争力的过程中，激励相关企业的科技创新活动，对其进行的高科技项目给予资金、人才支持。同时，在过程中注重产业结构的转型和升级，科学指导企业开展重大项目的科研创新活动，引导其起到示范、带头作用。此外，相关部门及企业要对部分项目进行挑选，引导构建领头企业，做好后续的推广工作。

三、促进一二三产业融合发展

实现一产和二产的融合，实现一产和三产的融合。重点发展农产品加工、乡村休闲旅游、农村电商等产业。积极推进现代农业产业园和农业产业强镇建设，培育优势特色产业集群，进一步实施乡村休闲旅游提升计划，带动县域产业升级。

四、积极承接邻近大中城市转移产业

积极承接大中城市疏解产业向县域延伸，实现产业有序梯度转移，实现县域跨越式发展。同时，大力发展县域范围内比较优势明显、带动农业农村能力强、就业容量大的产业，促进产业向园区集中、龙头企业做强做大。

五、大力发展县域特色产业

依据本地的资源和产业基础，大力发展特色产业，形成县域的核心产业竞争力和特色发展模式，推动形成"一县一业"发展格局，推进一镇一品、一村一品，以增加规模效益和集群效益，实现产业兴县、产业强县。

六、产城融合助力县域产业高质量发展

抓住县城为载体的城镇化发展机遇，大力推进县域产城融合，推进县域产业高质量发展。

立足资源环境承载能力、区位条件、产业基础、功能定位，分类施策，加快发展大城市周边县城、积极培育专业功能县城、合理发展农产品主产区县城、有序发展重点生态功能区县城、引导人口流失县城转型发展。在全国范围内基本建成各具特色、富有活力、宜居宜业的现代化县城，通过县城的城镇化发展带动县城的产业发展并传递到乡镇的产业发展。

七、打造县域产业高质量发展的营商环境

与城市相较，县域营商环境的改造提升更需重视。县一级处在承上启下的关键环节，是发展经济、保障民生、维护稳定的重要基础。优质的营商环境将成为县域产业发展硬环境和软环境的综合体现，是吸引力、竞争力，更是创造力、驱动力。因此，如何打造优质、高效的营商环境，尤其是建设高效透明政务环境、打造有吸引力的投资环境、创建高质量的发展环境，成为县域产业发展需要重点思考和探讨的问题。

（一）提供针对服务，建设高效政务环境

从企业开办到破产注销，在其全生命周期中会经历众多审批、政府服务，政务环境的好坏直接影响一个地区经济环境运行的速度和质量，因此高效透明的政务环境是促进企业健康发展的重要因素。

县域政务环境建设应有针对性地进行优化。与城市相比，县域具有服务企业、服务项目，甚至针对重大项目"一事一议""保姆式服务"的可能性，有利于创造更加高效的政务环境。

（二）发展优势产业，打造有吸引力的投资环境

营商环境体现一个区域的竞争力，良好的营商环境更能激发市场活力，更能吸引投资者和创业者，促进投资自由化便利化。县域投资环境建设倾向

于立足传统产业，重点发展优势产业，紧抓特色优势突出、功能定位清晰、集聚效应明显、辐射带动力强、财政贡献率高的主导产业，发挥特色竞争优势，改造提升传统产业，将有潜力的新兴产业加快培育成为主导产业。

（三）拓展人才生态，创建高质量的发展环境

县域高质量的发展环境应优先拓展人才发展空间。人才是发展县域经济的政策倡导制定者、龙头企业的经营管理者、核心技术的引进创造者，在很大程度上影响或决定着县域经济的发展方向、发展速度、发展潜力、市场竞争力和经济效益。

八、加强县域产业金融支持

为了将相关县域产业发展的特定目标实现，金融支持的作用凸显。其中，金融业就是通过各种资本、金融资源的重新整合与分配为扶持对象提供应有的服务。县域金融的相关资源配置作用在县域产业的发展过程中提供了长久的、强劲的后方支持。

（一）合理放松政府管制，规范发展县域非正规金融

1. 合理放松对金融市场进入的管制。我国金融市场进入管制在曾经的经济体制改革步伐中的确起到了维护金融体系稳定的重要作用。但是其内在管理的行政化、死板化以及管理体制的官僚化弊端重重。政府对于金融的过度管制造成了当今我国县域区域内最严重的金融问题。而相对较低的金融市场准入资格以及相对简便的进入堡垒，民营经济则给予县域企业更多的发展机会，给予县域企业可持续的金融支撑。

2. 规范发展县域非正规金融组织。在一定程度上放松对县域金融的管制，还要在政策上对民间非正规金融借贷进行科学、合理地引导。同时，相关立法机构要加快推出针对县域非正规金融部门的法律法规，有章可循地对其进行引导和一定程度上的合法管理。在实际工作中，有效、高速地整合相关县域非正规金融企业组织，使其在有科学领导的前提下归入正规金融行业，使县域产业的发展得到更多、更充足的金融支持。在相关监管部门的监管下允许成立一定数量的县域民间银行，允许其试点经营。

（二）建设分工合理、功能互补的县域多元化金融组织体系

县域金融组织体系要加大力度支持当地龙头和主导产业的发展，用不断改革金融支持的方式为县域产业的发展增添不竭动力。

改善、减少我国县域层面存在的以供给为主的金融抑制行为，其中关键在于对其金融体系制度进行适量的金融深化改革。要把传统的县域金融体系进行全方位改革，充分发挥其商业性、合作性、政策性的服务功能，发挥其有机的良好作用。增强县域正规金融体系的服务功能，在一定程度上给予其较为灵活的授信额度和较快捷的审批权限。缩短县域金融机构的审批流程，给予机构一定的自主性，构建金融风险约束体制与激励信贷规模机制相结合的金融信贷体系，有针对性地提高为县域产业服务的能力。

九、优化县域公共服务体系

实现城乡公共服务均等化，优化县域公共服务体系。促进城乡一体化发展、社会和文化协调发展以及社会资源和社会服务公平分配、实现公平和效率的统一。

十、大力发展县域中小企业，加快县域民营经济建设步伐

在推进经济高质量发展以及建设国家现代化经济体系的过程中，中小民营企业的发展是其中不可忽视的重要力量。在全面迈向建设社会主义现代化的进程中，我国的民营经济要得到应有的重视。要推动县域产业高质量转型升级发展，就要在县域大力发展支持民营经济，大力发展县域中小企业，充分发挥民营经济对地区经济发展的带动作用。

第十三章

乡村振兴背景下县域产业高质量发展路径与对策建议

近年来，县域产业不断快速发展，但是在发展过程中，依旧存在着许多制约县域产业发展的因素，乡村振兴战略的出台，为县域产业的发展提供了契机和良好机会。本章结合前文提出的县域产业的影响因素等相关问题，提出乡村振兴背景下县域产业高质量发展的发展路径和对策建议，核心内容就是乡村振兴，产业先行；县域产业发展，从地域上分两步走，先县城后乡村，以县城带乡村；从产业内容来看，科技先行，一二三产业融合。

第一节　乡村振兴助力县域产业高质量发展的路径选择

一、从组织上高度重视县域产业的发展

乡村振兴，产业先行。国家和省级以及县级

三级政府，要高度重视县域产业的发展，国家要制定国家级县域产业发展规划，制定县域产业发展的产业政策，各级政府要成立乡村振兴与县域产业发展领导小组。尤其要加强县级领导，成立县一级乡村振兴与产业发展领导小组，县长任组长。在组织机构完备的情况下，以县域产业作为抓手，并由县政府统一本县的产业规划。

二、以县为整体推动乡村振兴战略

整县推进乡村振兴战略，把县作为落实乡村振兴战略的一级单位。乡村振兴如果以村为单位推进，就会分散推进慢，效率不高，不如按县域统筹安排，有利于县域资源优化配置，实现县域规模经济。

三、县域产业发展两步走，先县城后乡村，以县城带乡村

县域产业发展两步走，先县城后乡村，以县城带乡村，县城是县域的核心，在以县为整体推动乡村振兴的基础上，大力推进县城为载体的城镇化建设，实现县城城镇化和产业化的和谐发展，依据资源禀赋和产业基础发展各具特色的县城发展模式，例如，大城市周边县城、专业功能县城、农产品主产区县城、重点生态功能区县城、人口流失县城。并以县城为中心辐射村镇，带动整个县域发展。

四、加强县域产业科技力量

近年来，我国县域科技创新能力明显提升，但科技发展水平特别是关键核心技术创新能力与国际先进水平仍有较大差距。我们要从国家发展的实际需要出发，迎头赶上，加强基础研究，提高技术创新能力，努力实现重大突破。创新驱动机制的制定要充分考虑县域产业实际，切实落实人才制度和各项奖励制度，更好地提高科技创新的主动性和积极性，充分激发创新主体的内生动力。同时，有效的宣传吸引了更多的企业和人才加入。只有这样，才能创造出更多的创新理念和更先进的技术。为更好地为县域产业转型升级提供技术支撑，需要将县域产业创新与科技创新充分融合，进一步提高成果转

化成功率和转化平台效率。

五、重视发展县域农业

"重视农业，夯实基础，夯实国家纲领"。以发展特色农业为核心，因地制宜，充分发挥资源、市场、技术等比较优势，实现农业专业化生产和专业化布局，同时增加农民收入，积极培育农业主导产业，为全县提供优质产业，为发展提供雄厚的物质基础和产业支撑。

加快县域农业产业化发展。目前，县域农业规模经营水平对县域农业可持续发展具有较强的促进作用。贯彻政府的土地流转政策，引导农民们按照自愿补偿的原则，逐步实现农地经营权的流转。在相关法律法规政策的引导下，确保土地流转后的长期稳定，以适当的方式发展规模农业；依靠政府的财政资金，完善农业的信贷机制，鼓励吸收社会资金投入农业生产；向国外学习，引进国内外具有丰富经营经验的农业管理龙头企业和农业生产经营合作社，直接参与农业生产经营管理过程，提高农业经营水平。

重视化肥、农药的合理使用，加快科技投入，改进和替代污染严重的传统化肥和农药，提高农药投入的利用效率，减少农药残留和流失，土壤和农产品中的化肥，确保化肥和农药使用量零增长；为减少传统农业化学造成的农业面源污染，应增加农业化学中生物技术的含量，大力发展有机肥、低碳农药、可降解农膜等农化产品。借鉴上海等县农药化肥负增长经验，因地制宜发展农业机械化，解决因农药投入减少而导致的减产增效问题。

六、立足县域特色产业

"一域一品"以县为基本单位，根据国内外市场需求，充分发挥地方资源优势。通过大力推进规模化、标准化、品牌化、市场化建设，一个或几个县拥有一个或多个市场潜力大、区域特色明显、附加值高的主导产品和产业。

（一）发展"别具一格"的特色县域产业

发展县域产业，首先要瞄准一个特殊时期，即聚焦个性化、地方特色产业，选择特色产品，积极推广和大力发展，形成地方特色，如品牌形象、技术特色、外观特色、客户服务等，特殊原料、传统秘方、历史文化、自然特色、独特的销售网络等方面为其赢得了持久的竞争优势，获得了非凡的经济效益。

(二)"集中一点"发展县域特色产业

发展县域特色产业，必须从特色产业入手，集中县域优势资源，采取非常措施，实现重点突破。从不同地区的发展经验来看，共同点并不多，但战略重点围绕一个特色点，挖掘深加工潜力，逐步做大做强特色产业，在激烈的竞争中形成领先优势。

七、选好县域支柱产业

(一) 促进县域产业集聚效应形成

要与县域现代工业一起，立足自身实际，做大做强，做好传统产业改造和现代化建设，推动传统县域向优质化、专业化、绿色化方向转型。促进项目续建，寻求经济发展的产业支撑，把开发区作为县域产业高质量发展的重要平台。高度重视高质量、高质量开发区的建设和发展，使之成为高质量发展的先导区和主战场。进一步完善基础设施，不断完善载体功能，推动一批有实力、有潜力的企业和项目入园，形成产业集聚效应。

(二) 改善县域产业营商环境

要努力营造优质营商环境，推动县域主导产业发展、"三个深化、三个现代化"活动和机关效能革命，加强政策落实，对于企业生产经营中存在的问题能够及时解决，为企业的正常发展提供良好的外部环境，营造良好的生态环境，坚持问题导向，依靠科技手段；集中力量抓好重点领域，继续做好大宗商品管控工作，在扬尘治理等工作中，为城市大气污染防治做出贡献。要提高规划修编标准，高规划经营农业，大力实施城市路网、旧管网、废水及废水处理等基础设施的现代化改造，加强精细化管理，强化小区仓储功能。创造精神文明，提高公民文明素质和城市文明程度。

八、区域金融助力县域产业高质量发展

在乡村振兴的背景下，县域产业是经济发展中的重要环节，县域产业中突出的是农业，农业的产业化发展关系着我国未来农业发展的趋势，也关系农民的收入。当前我国县域产业发展要适应时代的要求，县域产业的发展需要区域金融的助力。因为金融是现代经济的命脉，县域产业的发展离不开金融的支持，在产业化的市场环境中，龙头企业、专业合作社等，每个阶段都离不开金融的支持。

（一）发挥政府的担保县域产业的基金作用

随着中国金融市场的逐步融合，不断成熟，政府也要在乡村金融体系中发挥"看不见的手"的作用，加强金融在县域产业政策方面的支持。乡村经济具有脆弱性、产业抵御风险的能力弱的特点，然而金融资本在服务的提供具有较强的逐利性。在这种矛盾的基础上，需要政府发挥"看不见的手"的作用，建立有利于乡村产业发展的信用合作机构，发挥政府的担保基金作用，在政府担保公司平台下与金融机构相互结合，对符合条件的乡村经济体发放财政贴息贷款，提升金融机构对乡村信贷业务的积极参与度，让县域具有脆弱性的产业能够得到更多的金融支持。

（二）特色金融产品助力特色产业发展

乡村振兴战略提出以来，县域自足自身资源禀赋特点，打造县域具有特色的产业。同理，金融作为县域产业发展的经济基础，金融系统应立足县域特色产业，提高特色产业的信贷效率，缓解特色产业链上下游融资主体抵押担保难的难题，金融机构围绕特色产业生产、加工、储藏、销售、物流等环节，探索开展全产业链金融服务。特色产业的发展不能离开金融产品的支持，金融机构根据"一县一特""一特多品"原则，瞄准特色产业的融资需求设定特色的金融产品，例如"稻虾贷""金银花贷""辣椒贷"等，为特色产业发展提供全方位、立体式的金融服务。

（三）夯实涉农金融服务保障

在乡村振兴的背景下，县域产业中的农业与国家的粮食安全计划以及广大农村居民的生活密切相关。县域农业的发展需要较多的农业金融服务保障。一是推进合作关闭农业保险和农业信贷。鉴于此，保险机构应继续开发新的信用保险产品，分散农业信贷风险；同时，商业银行和保险机构应加强联系与合作，积极发展农村金融共同体，研究开发新型农业保险贷款，共担风险，共享社区利益，为农村改革提供有力支持。二是开放农业期货市场。监管机构的金融机构能够适当放宽农业的未来条件和市场安全，将农产品引入未来市场，并利用未来市场的进一步改善来控制回报预期。此外，政府部门可以与保险机构、商业银行合作，推进"未来"试点工作的实施，推动保险资金有效进入金融领域的支农业务，分散农业经营者风险，促进县域农业高质量发展。

第二节　东部地区县域产业高质量发展的对策建议

东部是我国经济率先发展地区，东部县域产业水平相对较高，针对东部县域产业发展中存在的问题，在乡村振兴背景下，应该从以下方面加强县域产业的发展。

一、发展特色产业尤其是特色农业

农业是县域产业的特色，要发展具有优势的特色农业。

从传统县域经济发展模式上看，集中型经济是其重要特点，同一产业企业聚集，比较优势较为突出，浙江金华火腿产业、湖南浏阳烟花产业和山东金乡大蒜产业都是很好的例证。特色经济是县域产业的突破点，寻找当地优势产业，加以改造升级，打造独立品牌，是有效助推县域经济发展的捷径。

二、发展战略性新兴产业

要大力支持战略性新兴产业发展，充分发挥产业政策的导向作用，促进产业竞争力的提升，将国家产业投资基金落到实处，尽快培育出一批具备战略性的新兴产业。产业结构升级，目标是从"三低"逐步向"三高"演化，即高附加值、高效率和产业链高端环节，战略性新兴产业的发展与之完美契合。在过往历史发展过程中存在着一些问题，如过度投资、重复建设等，今后企业因重视发展思路，明确发展方向，保持创新体制的可持续性发展，在体制上与当地政府有机结合；在模式上，加强商业模式和先进技术的对接，进而实现高端产业的发展目标。

三、实现产业升级

在县域产业发展中，坚决淘汰落后产能，有力化解产能过剩。这些问题产业多数安全性较低，对环境污染严重，生产效率低下，资源浪费严重，是过往在粗放式经济发展中的遗留产业。县域经济要紧跟时代要求，调整优化产业结构，对过剩产业积极化解，将节能减排深入到产品开发的全过程中去。

四、加大内部创新能力

自主创新是实行赶超战略的根本途径，就县域而言，自主创新既是对自身竞争力的提升，也是对我国民族产业的贡献。当地企业应在明确发展创新产业的基础上，借政府帮助和金融手段筹集创新资金，打造创新团队，搭建创新平台，促进企业的科研发展。企业只有提升自主创新的能力，产业结构才能得到有效改善，才能在大的竞争环境下站稳脚跟。在当前中国经济新常态下，只有立足县情，发挥特色产业，推动产业集群，提升自主创新能力，才能保证县域经济稳步、健康地发展。

五、重视环境保护

经济发展与环境保护一直是难以权衡的问题，我国一直以来提倡可持续发展，东部地区政府需在大力倡导产业革新的基础上，重视资源节约和环境保护方面的工作，推崇"十分投入、三分环保"的发展战略，兼顾产业结构、经济稳定性、福利变化与资源利用和生态环境代价。建立环境友好型、资源节约型社会是远大发展目标的体现，也是东部地区县域经济发展的必经路径。

东部县域地区经济与产业发展不可将当地环境的破坏作为代价，一定要与当地环境的保护相互结合，促进经济高效发展。在我国经济发展脚步不断加快的国内大背景下，我国东部县域地区将会面临多种多样的困难与挑战。在面对人力资源的流失、环境成本的不断上升以及金融资源的相对缺乏，在东部县域地区大力发展相关产业时，对于环境保护力度不能削弱只能不断加强。而这一战略思想的持续收益必将大于当期支出。在环境质量低下的区域发展经济与产业是很难给高质量的发展提供更多有益效应的。我们应当看到，东部县域地区的经济发展在大力推动产业结构转型升级的过程中要注重经济、社会发展的稳定性，注重生态价值，使其成为助推经济、产业发展的另一重要力量。

六、优化县域产业发展环境

东部地区县域应顺应时代要求，建立健全县域产业政策体系，为产业高质量发展提供有力的制度支撑和环境保障。首先，当地政府应协助企业营造亲商、重商、爱商的良好氛围，加强城镇基础设施建设，提升政务服务和金融服务质量，以消除县域经济发展的"堵点"和"痛点"。其次，应加大财源建设力度，落实财政激励政策，落地优质投资项目，盘活闲置资金和闲置用地。加大对高级人才的吸引力，出台"引进人才、留住人才、培养人才"的优惠政策。最后，加大对外开放力度，借助国家"一带一路"合作，提升东部区域经济中心地位，致力于打造东部县域产业开放发展新高地。

第三节　中部地区县域产业高质量发展的对策建议

本节基于中部县域产业现状以及存在的问题，从产业集群、资源整合、空间优化布局以及产业政策方面来阐述中部六省县域产业在已有的发展基础上如何在乡村振兴的背景下实现高质量的发展，为中部县域经济兴旺发展提供动力。

一、实现三产融合，推进产业升级

针对中部县域三产融合水平不高，要加强中部县域三次产业的融合，实现农业与加工业融合，充分挖掘县域之间农业的多功能功能，把农业与服务业融合起来，大力发展县域休闲农业和观光农业。

加强县域制造业升级发展，增加科技含量、提高产品附加值，同时，通过人财物的增加，提升县域服务业的发展，尤其是生产性服务业。

二、培育壮大中小企业特色产业集群，实现县域产业跨越式发展

东部地区县域产业发展中要充分利用产业集群形式。中小企业可以利用集群优势弥补中小企业的弱势，产生规模效应，降低生产成本。目前，中部地区县域首先要以传统产业技术改造为重点，充分依托低成本优势，着力抓好产业内部结构调整。在承接东部地区传统产业转移的过程中，县域要利用中部地区独特的区位优势，加快中小企业集聚，培育产业集群的载体功能，在产业结构升级后，发展高技术含量、高附加值的高新技术产业集群，进一步促进县域产业高质量发展。

三、优化县域产业空间布局，助力中部县域产业高质量崛起

中部实现县域经济的崛起，就应充分发挥中部地区优势基础上，优化县域产业空间布局，助推县域产业高质量发展。中部县域应科学确定农业空间、

制造业空间、服务业空间和生态空间。中部地区实现县域产业高质量的发展，应积极依托中部地区运输渠道，壮大重点轴带人口产业聚集能力，县域产业发展要融入城市群的发展，利用城市群多轴多极多点的网络化空间开发格局。

四、加大政策支持力度，实现中部县域产业高质量发展

随着中西部地区的经济发展的不断崛起，中部地区综合交通运输体系不断完善，新型的产业不断兴起，开放程度不断提高。适应新时期中部崛起，要瞄准中部县域产业的重点和重点领域，逐步完善财政、金融、土地、人才、创新等政策支持体系，促进中部崛起，充分发挥中部县域产业比较优势，加快比较优势向经济优势和发展优势转变。加大对县域企业的金融支持力度，积极争取国家政策性银行的政策支持。发展中部县域产业之间多式联运的经营方式，培育多式联运主体，构建强有力的中部县域产业体系，支持中部县域产业高质量发展。

五、加快中部县域主导产业培育，促进区域性经济圈形成

从中部县域整体来看，中部县域制造业具有良好的基础，工业行业门类齐全，目前缺少主导产业对产业的引导，中部六省县域虽然工业门类齐全，但缺少核心关键技术，应积极打造"安徽制造""湖北制造"等中部六省县域品牌，提升中部六省制造供给的质量和效率。通过中部县域主导产业的培育，加快制造业产业集群的形成，有差异性、有目的性地培育中部特色产业，延长产业链条，使中部六省县域的经济开发区、工业园区逐渐向产业集群方向转型，并主动融入城市群与经济圈的规模效应，建立跨省或跨市县域与县域的区域性经济圈，使中部县域产业的发展更具有竞争力。

第四节　西部地区县域产业高质量发展的对策建议

目前，在西部大开发战略的指导下，西部县域经济取得了长足的发展。近年来，西部县域经济总量逐年增长，在全国的比重保持稳定，西部县域居

民生活水平不断提高，消费能力不断增强。县域的固定资产投资和地方财政实力也取得了长足的发展，使西部县域的竞争力明显增强。

　　然而，在县域工业发展的过程中，受地理位置、资源禀赋、机制等因素影响，也存在着许多制约西部县域工业发展的问题。本节在分析目前西部县域经济及产业发展现状及存在的问题的基础上，提出乡村振兴背景下西部县域产业高质量发展的政策建议。

一、注重"三产"融合，发展现代新型农业

　　农业是县域工业发展的基础，其生产效率决定了县域经济的稳定发展。在产业发展过程中，西部各县要因地制宜，充分发挥自身资源优势，加强农业与其他产业的融合发展，开创现代农业发展新模式。同时，要加快构建现代农业产业化体系，扩大县域农业内涵和外延，大力推进农业产业化，大幅度提高农产品附加值和农业比较效益，扩大农业产业链通过种植加工，促进农业产业化和产业化。整合西部县域三产，完善西部县域农业生产组织，实现农民专业化、专业化。

二、构建县域产业高质量发展体系

　　目前，西部地区许多县市结构调整缓慢，市场适应性较弱。因此，有必要构建一个完整的、高质量的县域产业发展体系。在完善优质强县产业发展体系的过程中，一是以发展新兴产业为基础，推动农业生产加工向工业化、深加工方向不断发展，进一步推进制造业产业链现代化；另一方面，着力优化升级传统产业，积极培育新兴产业，打造一批优势明显、功能定位准确、经济效益高的重点产业，有效提升了县域经济发展的整体水平。二是不断加强县域服务业的发展和建设，积极运用现代信息技术，进一步推进物联网和互联网的实际应用，为促进县域服务业的发展和建设寻找有利条件。县域服务业主要是信息消费、文化消费和生活消费。服务型经济带动了县域经济的快速增长。第三，全面实施县域经济创新发展战略，以科技创新驱动县域经济发展模式和产业结构。根据产业发展和信息化发展建设、智能制造创新发展的实际需要，鼓励和支持企业开发个性化制造、基于移动互联网的智能制

造等新型制造方式，并推动县域工业经济向科技创新迈进。产业创新等多元化创新方向的发展，要求在县域经济的整体发展中引入新的资源。

三、创建产业集群创新机制，提高创新能力

西部县域产业集群发展应注重创新机制建设，注重科技创新，引导集群内企业进行技术创新，加强与学校的科研合作。在当今知识经济时代，县域工业的高质量发展要鼓励企业培育自身优势，以创新带动县域经济发展，如尽快引进西部县域产业集群的技术和设备，建设世界一流的生产线等，西部县域产业集群无论是产品开发还是工艺创新都始终处于领先地位。

四、培育西部县域旅游新业态

西部县域有独特的自然资源和文化景观。应该积极发展和挖掘旅游业的新潜力，提高旅游基础设施建设，提高旅游招待能力。在旅游开发战略中，根据不同的功能定位，仔细设计路线和旅游产品，建立旅游名片；积极地瞄准市场，固定广告；依靠绿色生态环境，建立西部山区生态避暑胜地；吸引东沿海或远程区域的游客到西部旅行；并充分利用互联网技术的支持，创建"互联网＋旅游"模式，使用互联网平台进行品牌推广，积极使用现代信息技术和网络平台，从而提高旅游品牌的知名度。

五、走新型工业化道路

工业是推进区域工业发展的重要途径，西部地区有许多环境保护区，也是环境脆弱区。西部地区经济发展应立足资源优势，大力开发利用清洁能源，大规模利用水资源，发展水电产业；坚持环境友好与经济可持续发展相结合的原则，充分遵循国家中心活动区规划的要求，限制开发高耗能、高污染的工业，社会需要发展绿色产业。

第五节 东北地区县域产业高质量发展的对策建议

本节根据东北县域产业存在的现状与问题提出相应的东北县域产业高质量发展的对策建议，涉及县域产业集群的建设、产业创新、优良的营商环境以及人才培育等方面。

一、建立制造业产业集群，注重企业创新发展战略

东北县域在实现县域产业高质量发展的基础上必须打破各种资源的壁垒，形成信息、稀缺资源相互共享，相互协同的长效机制。在制度方面，东北县域要精简办事流程，破除阻碍县域产业实现规模经济的障碍，建立完整有效的管理体制。鼓励东北地区之间进行技术合作交流，形成具有东北县域特色的产业集群，形成长效的协调发展机制，使区域各种资源政策充分互享。东北县域制造业转型升级要把创新战略放在首要位置，提高市场之间竞争能力。建立完善的创新技术机制，精准实现微观与宏观调控，充分发挥产业集聚优势效应。

二、发展适合东北县域的生产服务业，建设现代化服务业产业集群

生产服务业是制造业快速发展的有力保障，积极探索有利于东北县域产业发展的生产服务业，不仅可以提高东北区域整体经济实力，也有助于整合东北县域分散的资源，提升产业之间的聚集程度。东北县域要充分把握当今制造业转移的新浪潮，抓住制造业产业转移的机遇。通过生产服务业的搭建，借助新型的科学技术发展知识密集型的制造业和适合自身发展的工业，打造"服务＋制造"网络化生产服务体系，引进行业内有资金有技术的大企业、大集团，走东北县域的新型工业化道路，实现县域产业的高质量发展。

三、推进机械化的建设，优化农业产业结构

东北三省的县域是国家重要的粮食生产区域和商品粮基地，具有农业大省的典型特征，但仍存在科技水平偏低、农业产业结构不合理等问题。东北县域农业应当注重耕作机械化程度，因为机械化作业是衡量一个地区农业是否发达或者现代化的重要指标之一。黑龙江省、吉林省与辽宁省县域应该深入实施农业机械化战略，重点构建先进的配套农机机械，建设农机产业园区，发展现代化的新型农机装备制造，提升东北县域农业单位生产效率。

大豆、玉米、杂粮杂豆是东北县域重要的粮食作物，例如黑龙江省嫩江市大豆生产约465万亩、小麦100万亩、玉米50万亩的种植面积，在东北县域农业产业结构优化，首先应该加大农业的管理力度，推动农村商业的连锁经营与统一配送，优化交通运输路线，降低农产品的运输成本，其次东北县域应根据自身的农业特色，依托当地的粮食、畜牧等优势产区，培育农产品的龙头企业，进行产品的深加工，创建农产品品牌，并根据市场的需求，逐渐改变农产品产业结构的比重，从而使黑龙江省农业由传统转向现代化，推动农业县域经济发展。

四、完善产业进入与退出政策，全力优化营商环境

东北县域应注重民营经济的发展，适当放宽市场的准入限制，优化东北县域的营商环境，确保市场公正、公平与有效的竞争，严禁向民营企业设置不合理的行业壁垒。东北县域存在因成本过高难以退出的重型企业，应当以体制为着眼点，淘汰不符合市场要求的产能，县域政府制定硬性的指标化解产能，促进更多的资金、技术、人才等生产要素遵循市场的流动。同时，在县域落后产业行业的调整过程中，应当注失业人员保障体系的建设，妥善安置失业人员，在岗人员通过专业的培训，提升工作技能，提升行业的生产效率，减少劳动成本的上升。在审批程序方面，提升办事效率，改善服务的质量，简化审批等不必要的工作流程，经常进行实地调研，发现中小企业发展难点和痛点，随时帮助企业解决电力、土地、基础设施的难题，为东北县域产业高质量的发展提供良好的营商环境。

五、优化结构，推动产业的转型升级

东北县域深化供给侧结构性改革，努力实现县域产业的高质量发展。一是做好传统产业的升级转型。资源型的传统产业应该狠抓技术、使用新的工艺替代传统的工艺，积极推广新能源的使用，东北县域之间建立资源产业联盟与研发基地。例如海城市具有丰富的菱镁产业，利用本地有力的资源，对菱镁矿山资源合理整合，改善有关镁的产品结构，大力发展镁建材、镁化工、镁合金产业，延长产业链条。二是创新发展高新技术产业。东北县域具有丰富的矿产资源，发展钢铁、石油等重型产业，在原有的基础上注重研发新能源、高端的装备制造产业，县域根据自身的那特点打造影响的产业园，最终实现产业结构的转型升级。

参 考 文 献

[1] 鲍辉. 中国四大经济区经济差异分析——基于泰尔指数的分解分析 [J]. 中国发展, 2010, 10 (4): 77 - 80.

[2] 曹亚梅. 浅谈县域经济发展对实现脱贫攻坚、乡村振兴的促进作用 [J]. 全国流通经济, 2020 (21): 112 - 113.

[3] 车文斌. 国内大循环与县域担当 [J]. 当代县域经济, 2020 (10): 22 - 27.

[4] 车文斌. 县域走进高质量发展新时代 [J]. 当代县域经济, 2018 (3): 26 - 31.

[5] 陈学云, 程长明. 乡村振兴战略的三产融合路径: 逻辑必然与实证判定 [J]. 农业经济问题, 2018 (11): 91 - 100.

[6] 陈宗岚, 刘习平. 资源约束下县域产业集聚对经济增长的影响 [J]. 统计与决策, 2013 (16): 96 - 98.

[7] 陈运平, 黄小勇. 泛县域经济产城融合共生: 演化逻辑、理论解构与产业路径 [J]. 宏观经济研究, 2016 (4): 135 - 142.

[8] 程凌燕. 新型农业经营主体推动农村三产融合发展路径研究 [J]. 农业经济, 2021 (8): 50 - 52.

[9] 董黎晖, 杨平宇, 宋国防. 我国产业经济发展的着力点与政策取向 [J]. 河南社会科学, 2016, 24 (12): 79 - 86, 124.

[10] 杜传忠, 王鑫, 刘忠京. 制造业与生产性服务业耦合协同能提高经济圈竞争力吗? ——基于京津冀与长三角两大经济圈的比较 [J]. 产业经

济研究，2013（6）：19 – 28.

[11] 杜文忠，唐贵伍. 西部地区县域特色产业发展对策研究 [J]. 重庆大学学报（社会科学版），2010（3）：1 – 6.

[12] 范富. 县域兴，中国兴；县域强，中国强 [J]. 中国城市经济，2004（10）：36 – 37.

[13] 范和生，朱翔，黄永明. 中部地区的崛起与协调发展 [J]. 区域经济评论，2019（5）：82 – 88.

[14] 费瑞波，郑晓奋. 中部地区一二三产业融合研究：现状评判和路径选择 [J]. 武汉商学院学报，2018，32（1）：37 – 41.

[15] 干春晖，郑若谷，余典范. 中国产业结构变迁对经济增长和波动的影响 [J]. 经济研究，2011，46（5）：4 – 16，31.

[16] 高焕喜. 县域经济有关基本理论问题探析 [J]. 华东经济管理，2005（4）：71 – 73.

[17] 辜胜阻，李华，易善策. 推动县域经济发展的几点新思路 [J]. 经济纵横，2010（2）：34 – 38.

[18] 郭爱君. "双循环"格局下县域经济发展的新思路 [J]. 人民论坛，2021（2）：34 – 37.

[19] 韩保江. 乡村振兴与新型城镇化协同发力 [J]. 中国金融，2021（8）：29 – 31.

[20] 何德旭，姚战琪. 中国产业结构调整的效应、优化升级目标和政策措施 [J]. 中国工业经济，2008（5）：46 – 56.

[21] 何立峰. 深入贯彻新发展理念 推动中国经济迈向高质量发展 [J]. 宏观经济管理，2018（4）：4 – 5，14.

[22] 胡春力. 我国产业结构的调整与升级 [J]. 管理世界，1999（5）：84 – 92.

[23] 胡旺阳，姜宇飞. 关于东北地区发展现代服务业的思考 [J]. 北方经济，2009（16）：39 – 41.

[24] 黄凌云. 乡村振兴背景下乡村旅游与农村三产融合发展路径研究 [J]. 农业经济，2021（11）：73 – 74.

[25] 黄祖辉. 准确把握中国乡村振兴战略 [J]. 中国农村经济，2018（4）：2 – 12.

［26］金道铭．加快县域经济发展 推进山西转型跨越［J］．山西农经，2012（3）：2-5．

［27］金雨，周跃．大连市近十年县域经济发展时空演变分析［J］．国土与自然资源研究，2018（2）：5-8．

［28］靳贞来．县域经济综合竞争力的内涵及评估体系探讨［J］．生产力研究，2006（3）：118-119．

［29］江华锋，付秀彬，张红．产业生态学视角下的县域产业集群发展研究——以河北高阳县为例［J］．生态经济，2013（8）：128-132．

［30］李彩华．中国经济转向高质量发展阶段的历史必然性［J］．中南财经政法大学学报，2019（1）：9-17．

［31］李朝辉．调整产业结构，打造充满活力的边境经济合作区［J］．中外企业家，2014，（3）：86-86．

［32］李峰．深入实施新旧动能转换重大工程加快资源型城市创新转型持续发展步伐［J］．山东经济战略研究，2018（Z1）：64-69．

［33］李国胜．论乡村振兴中产业兴旺的战略支撑［J］．中州学刊，2020（3）：47-52．

［34］李金昌，史龙梅，徐蔼婷．高质量发展评价指标体系探讨［J］．统计研究，2019，36（1）：4-14．

［35］李梦娜．新型城镇化与乡村振兴的战略耦合机制研究［J］．当代经济管理，2019，41（5）．

［36］李培峰．新时代文化产业高质量发展：内涵、动力、效用和路径研究［J］．重庆社会科学，2019（12）：113-123．

［37］李霞．产业结构与经济增长的关系［J］．唯实，1998（Z1）：18-19．

［38］李振佑．准确把握高质量发展的科学内涵［N］．甘肃日报，2020-08-20（7）．

［39］梁瑞华．我国农村三产融合发展的实践探索与推进建议［J］．中州学刊，2018（3）：51-55．

［40］李永强，冯淑慧．旅游产业与县域经济耦合协调发展研究——来自桂林阳朔县的经验证据［J］．技术经济，2020（9）：82-88．

［41］刘闯．基于比较优势和幼稚产业保护理论的区域视角：浅析中部

地区城镇工业化的新发展及启示［J］．现代管理科学，2019（5）：72－74．

［42］刘国斌，韩宇婷．新时代县域经济实现高质量发展的思路与对策［J］．税务与经济，2019（6）：55－61．

［43］刘国亮，薛欣欣．比较优势、竞争优势与区域产业竞争力评价——以山东省制造业为例［J］．产业经济研究，2004（3）：35－41．

［44］刘洪，杨伟民．关于煤炭城市产业结构调整的几个问题［J］．中国工业经济研究，1992（8）：48－52．

［45］刘玲娅，张娅，黄晓平．县域经济发展水平评价指标体系构建、测试与分析——以贵州省为例［J］．商展经济，2020（11）：113－116．

［46］刘伟．以绿色产业推动城镇化高质量发展的路径研究［J］．经济纵横，2022（4）．

［47］刘晓东．关于江西县域经济发展的瓶颈及其对策［J］．科技广场，2012（7）：229－234．

［48］刘迎军．关于陕西高质量发展的路径选择［J］．陕西发展和改革，2019（6）：4－10．

［49］刘勇，李仙．中部崛起在区域高质量协调发展战略中的地位和作用［J］．金融经济，2019（15）：12－15．

［50］刘云刚．大庆市资源型产业结构转型对策研究［J］．经济地理，2000（5）：26－29．

［51］刘志彪．强化实体经济推动高质量发展［J］．产业经济评论，2018（2）．

［52］刘遵峰，王小慈，张春玲．对河北省县域特色产业发展的探究［J］．生态经济，2013（2）：119－121．

［53］龙奋杰，邹迪，王雪芹，王爵．县域资源可达性研究——以贵州省为例［J］．城市发展研究，2015，22（12）：19－24．

［54］罗来军，文丰安．长江经济带高质量发展的战略选择［J］．改革，2018，No.292（6）：15－27．

［55］吕萍，余思琪．我国新型城镇化与乡村振兴协调发展趋势研究［J］．经济纵横，2021．

［56］吕薇．探索体现高质量发展的评价指标体系［J］．中国人大，2018（11）：23－24．

[57] 马倩．区域经济发展模式内涵、标准的再探讨 [J]．中小企业管理与科技（上旬刊），2015（12）：124.

[58] 马晓燕，骆玲．基于支柱产业理论体系构建的研究 [J]．财经科学，2005（5）：134-140.

[59] 马长发，朱晓旭．西部地区新型城镇化和乡村振兴互动关系研究 [J]．生态经济，2021，37（5）：99-105.

[60] 梅小安，喻金田．县域经济主导产业的选择、评价及实证分析 [J]．科学学与科学技术管理，2003（7）：46-48.

[61] 母爱英，徐晶．县域经济高质量发展评价研究——基于河北省118个县的实证分析 [J]．河北经贸大学学报（综合版），2019，19（2）：51-58.

[62] 彭迪云，李林．中部地区生产性服务业发展的分工协作机制初探 [J]．江西社会科学，2011，31（5）：221-226.

[63] 齐建珍．资源型城市转型学 [M]．北京：人民出版社，2004.

[64] 权斌，罗鹏，邓连望，王剑刚．电商兴赣——关于江西农业电商发展状况的调研报告 [J]．农业与技术，2015，35（18）：234-235.

[65] 任其俊．我国产业布局的现状及其发展趋势分析 [J]．现代经济信息，2013（13）：7.

[66] 尚勇敏，曾刚．区域经济发展模式内涵、标准的再探讨 [J]．经济问题探索，2015（1）：62-67.

[67] 尚勇敏，鲁春阳，曾刚．区域经济发展模式的阶段适用性研究 [J]．经济问题探索，2015（9）：80-87.

[68] 史学慧，张振鹏．新时代文化产业高质量发展的新亮点、新要求和着力点 [J]．出版广角，2019（9）：14-17.

[69] 宋恩明．东北地区推广小型农业机械的途径 [J]．湖北农机化，2019（22）：23.

[70] 宋文月，任保平．改革开放40年我国产业政策的历史回顾与优化调整 [J]．改革，2018（12）：42-53.

[71] 苏东水．产业经济学 [M]．北京：高等教育出版社，2010.

[72] 苏毅清，游玉婷，王志刚．农村一二三产业融合发展：理论探讨、现状分析与对策建议 [J]．中国软科学，2016（8）：17-28.

［73］孙晓华，刘小玲，翟钰．地区产业结构优度的测算及应用［J］．统计研究，2017，34（12）：48－62．

［74］谭明交，向从武，王凤羽．中国农业产业在乡村振兴中的转型升级路径［J］．区域经济评论，2018（4）．

［75］唐建荣，陈波．海南省发展县域特色经济的宏观思考［J］．中国集体经济，2010（12）：27－28．

［76］谭宁．县域产业集群转型升级的作用、发展瓶颈和成功案例［J］．云南社会科学，2014（4）：76－80．

［77］汪启慧．苏皖省际边缘区县域经济发展水平实证研究［J］．中国经贸导刊（中），2020（8）：40－42．

［78］王帆．县域经济可持续发展的共享模式研究［J］．农村经济与科技，2019，30（8）：178－179．

［79］王国勇，杨文谢．贵州城镇化发展：现状、问题及对策研究［J］．城市发展研究，2015，22（7）：4－6，22．

［80］王丽洁．京津冀县域经济发展水平研究［D］．北京林业大学，2016．

［81］王丽娟，吕际云．学习借鉴熊彼特创新创业思想的中国路径研究［J］．江苏社会科学，2014（6）：267－271．

［82］王林生．大数据支撑文化产业高质量发展［N］．中国文化报，2019－12－14（1）．

［83］王璐，周霖．县域经济对城镇化的推动作用研究——以阜平县为例分析研究［J］．企业导报，2016（17）：96．

［84］赵伟．县域经济发展模式：基于产业驱动的视角［J］．武汉大学学报（哲学社会科学版），2007（4）：481－486．

［85］王海平，周江梅，林国华，等．产业升级、农业结构调整与县域农民收入——基于福建省58个县域面板数据的研究［J］．华东经济管理，2019（8）：23－28．

［86］王伟．高质量发展的六大内涵［J］．中国林业产业，2018（1）．

［87］王伟光、马胜利、姜博．高技术产业创新驱动中低技术产业增长的影响因素研究［J］．中国工业经济，2015（3）．

［88］王业斌，王旖旎．多措并举推进西部地区产业高质量发展［J］．人

民论坛，2019（35）：90－91.

[89] 魏杰、汪浩. 结构红利和改革红利：当前中国经济增长潜力探究 [J]. 社会科学研究，2016（1）.

[90] 吴碧波，任文. 乡村振兴背景下西部地区农村城镇化的困境与推进 [J]. 区域经济评论，2022（2）.

[91] 吴敏，黄玖立. 省级开发区、主导产业与县域工业发展 [J]. 经济学动态，2017（1）：52－61.

[92] 吴福象，蔡悦. 中国产业布局调整的福利经济学分析 [J]. 中国社会科学，2014，（2）：96－115.

[93] 吴国平. 发展江西县域工业思考——以进贤县为例 [J]. 现代商贸工业，2015，36（20）：25－26.

[94] 肖玉明. 县域经济发展新趋势 [J]. 决策与信息，2018（6）：64－74.

[95] 徐磊，陶金源，张孟楠，张蓬涛，张俊峰. 基于多源数据的环京津贫困带县域产业承接潜力测度及分区优化 [J]. 地理与地理信息科学，2021，37（2）：135－142.

[96] 徐小平. 发展中小企业集群 实现中部县域经济跨越式发展 [J]. 武汉理工大学学报（社会科学版），2011，24（4）：498－501.

[97] 许光洪. 我国矿业城市的产业结构调整及其发展途径 [J]. 中国人口·资源与环境，1998（1）：26－30.

[98] 杨春峰，刘妍. 东北老工业基地装备制造业转型升级研究 [J]. 经贸实践，2017（18）.

[99] 杨晓军，宁国良. 县域经济：乡村振兴战略的重要支撑 [J]. 中共中央党校学报，2018，22（6）：119－124.

[100] 叶超，于洁. 迈向城乡融合：新型城镇化与乡村振兴结合研究的关键与趋势 [J]. 地理科学，2020，40（4）.

[101] 殷晓茵，李瑞光，何江南，李静贤. 乡村振兴战略与农村三产融合发展的实践逻辑及协调路径 [J]. 农业经济，2022（1）：52－54.

[102] 余东华. 制造业高质量发展的内涵、路径与动力机制 [J]. 产业经济评论，2020（1）：13－32.

[103] 余鲁. 西部大开发与重庆优势产业的选择 [J]. 渝州大学学报

（社会科学版），2001（1）：23－26.

［104］袁富华，张平．经济现代化的制度供给及其对高质量发展的适应性［J］.中国特色社会主义研究，2019（1）：39－47.

［105］袁湘龙．论我国区域经济发展模式的选择［J］.湖南科技学院学报，2005（10）：180－183.

［106］约瑟夫·熊彼特．经济发展理论———对于利润、资本、信贷、利息和经济周期的考察［M］.北京：商务印书馆，1990.

［107］约瑟夫·熊彼特．资本主义、社会主义与民主［M］.北京：商务印书馆，2007.

［108］岳立，雷燕燕．新时期甘肃省县域经济高质量发展水平测度及空间差异研究［J］.甘肃行政学院学报，2020（5）：113－123，128.

［109］占海明．新旧动能转换下，县域经济如何实现跨越式高质量发展［J］.经济研究导刊，2019（21）：48，199.

［110］张丹荣．推进山西县域经济发展的思考［J］.经济问题，2008（3）：119－120.

［111］张东峰．谈推进辽宁县域经济发展的几个问题［J］.农业经济，2018（11）：38.

［112］张海军．县域经济的提出及其内涵研究述评［J］.现代交际，2011（10）：137－138.

［113］张建伟，图登克珠．乡村振兴战略的理论、内涵与路径研究［J］.农业经济，2020（7）：22－24.

［114］张健，李宇瑾．县域经济在新型城镇化建设中的作用研究［J］.现代经济信息，2014（9）：459－460.

［115］张里阳．培训机制建设对城乡一体化发展的推动作用——以县域经济发展为背景［J］.人民论坛，2015（35）：232－234.

［116］张琳．浅析辽宁县域文化产业发展的思路与对策［J］.劳动保障世界，2018（17）：57－58.

［117］张强．推动县域经济高质量发展的思考［J］.国际公关，2020（2）：289.

［118］张团聚．贵州省县域工业园区在产业结构转型中的问题研究［J］.对外经贸，2016（3）：76－78.

[119] 张学芳. 基于新旧动能转换的山东省资源型城市产业升级研究 [J]. 中外企业家, 2018 (15): 222.

[120] 张毅. 县域经济的内涵、特征及作用 [J]. 调研世界, 2009 (11): 27 – 29.

[121] 张志强, 熊永兰, 张宸嘉. 中国县域经济发展: 环境、障碍与对策 [J]. 中国西部, 2019 (3): 17 – 24.

[122] 赵大全. 实现经济高质量发展的思考与建议 [J]. 经济研究参考, 2018.

[123] 赵放, 刘雨佳. 农村三产融合发展的国际借鉴及对策 [J]. 经济纵横, 2018 (9): 122.

[124] 赵剑波, 史丹, 邓洲. 高质量发展的内涵研究 [J]. 经济与管理研究, 2019, 40 (11).

[125] 赵文江. 山西省发展县域经济的哲学思考 [J]. 品牌 (理论版), 2009 (8): 43 – 47, 79.

[126] 赵霞, 韩一军, 姜楠. 农村三产融合: 内涵界定、现实意义及驱动因素分析 [J]. 农业经济问题, 2017, 38 (4).

[127] 赵玉芝, 董平. 江西省县域经济差异特征及其成因分析 [J]. 人文地理, 2012, 27 (1): 87 – 91.

[128] 郑芳. 持续推进县域产业扶贫问题研究 [D]. 湘潭大学, 2020.

[129] 中共中央 国务院关于新时代推进西部大开发形成新格局的指导意见 [J]. 中华人民共和国国务院公报, 2020 (15): 6 – 14.

[130] 中共中央国务院关于全面推进乡村振兴加快农业农村现代化的意见 [N]. 人民日报, 2021 – 02 – 22 (1).

[131] 钟代立, 王欢芳. 城镇化发展、产业结构升级与城乡消费差距 [J]. 统计与决策, 2022, 38 (7).

[132] 张虎, 韩爱华. 制造业与生产性服务业耦合能否促进空间协调——基于 285 个城市数据的检验 [J]. 统计研究, 2019 (1): 39 – 50.

[133] 周秋平, 黄东益, 王和浩. 发展县域品牌农业的思考 [J]. 中国农业信息, 2015 (22): 3 – 5.

[134] 周相云, 郭声栋, 曾广炆. 中部地区县域经济发展存在的主要问题及对策 [J]. 江西农业学报, 2007 (1): 144 – 146.

［135］朱关鑫，吴勤学．区域支柱产业的选择、优化和转换——兼论山西省产业结构的转换［J］．中国工业经济研究，1990（4）：14，49－55．

［136］朱纪广，侯智星，李小建，许家伟．中国城镇化对乡村振兴的影响效应［J］．经济地理，2022，42（3）．

［137］邹家明，刘彦，于涛．振兴东北经济区中的县域经济发展［J］．学术交流，2007（5）：118－121．

［138］Albrecht，D. E. 1998. The industrial transformation of farm communities：Implications for family structure and socioeconomic conditions. Rural Sociology 63：51－64．

［139］Fisher，D. R. 2001. Resource Dependency and Rural Poverty：Rural Areas in the United States and Japan. Rural Sociology 66：181－202．

［140］Fisher，M. 2005. On the empirical finding of a higher risk of poverty in rural areas：Is rural residence endogenous to poverty? Journal of Agricultural and Resource Economics 30：185－199．

［141］Kojima，Kiyoshi，2000，The Flying Geese' Model of Asian Economic Development：Origin，Theoretical Extensions，and Regional Policy Implications，Journal of Asian Economics，11，375－401．

［142］Lewis，Arthur，1958，Unlimited Labor：Further Notes，Manchester School of Economics and Social Studies，XXVI（Jan.），pp. 1－32．

［143］Okita，Sabro，1985，Special Presentation：Prospect of Pacific Economies，in：Korea Development Institute（ed.），Pacific Cooperation：Issues and Opportunities（pp. 18－29）. Report of the Fourth Pacific Economic Cooperation Conference，Seoul，Korea，April 29－May 1．

［144］Townsend，P. 1979. Poverty in the United Kingdom：A survey of household resources and standards of living. Univ. of California Press．

［145］Vernon，R.，1966，International Investment and International Trade in the Product Cycle，Quarterly Journal of Economics，190－207．

后　　记

　　县域兴则国家兴；县域强则国家强。县域是国民经济体系中最基本的单元，是国家经济发展战略和国民经济政策实施的基本单元。县域经济是我国国民经济快速、健康、稳定运行与增长的关键节点，社会经济发展实践表明，哪里的产业发展得好，哪里的经济发展水平就高。产业兴则县域兴，产业强则县域强，县域产业的发展已成为我国产业高质量发展的重要组成部分。

　　从事产业经济学教学多年，对县域产业多有关注。乡村振兴成为国家战略以后，我们就开始构思此书，查阅资料，反复构思，几经春秋，几易其稿，终成此书。

　　参加本书写作的研究生有的已经毕业了，先后参加的研究生有焦洪坤、刘曦薹、索苗苗、郑想、藏杨杨、陈亚宁、刘根、刘颖、李俊俊、宋丽，谢谢各位同学，由于他们的参与，本书得以顺利完成。

　　本书的出版，感谢北京工商大学科学研究院和经济学院的大力支持。

　　本书的出版，感谢东方农道文化产业集团股份有限公司提供独家案例。

　　本书得以出版，还要感谢经济科学出版社的李林副主任和李一心编辑，感谢李林副主任对书稿提出的宝贵意见，感谢李一心编辑的耐心而细致的编辑工作。

　　本书的出版，感谢一直以来关心本书出版的亲朋好友。

2023 年 10 月于北京望山园